身心系统自我管理引论

SHENXIN XITONG ZIWO GUANLI YINLUN

王延章 著

大连理工大学出版社

图书在版编目(CIP)数据

身心系统自我管理引论 / 王延章著. -- 大连：大连理工大学出版社,2021.12
ISBN 978-7-5685-2728-6

Ⅰ.①身… Ⅱ.①王… Ⅲ.①自我管理 Ⅳ.①C912.1

中国版本图书馆 CIP 数据核字(2020)第 196537 号

大连理工大学出版社出版
地址：大连市软件园路 80 号　邮政编码：116023
发行：0411-84708842　邮购：0411-84708943　传真：0411-84701466
E-mail：dutp@dutp.cn　URL：http://dutp.dlut.edu.cn
大连图腾彩色印刷有限公司印刷　大连理工大学出版社发行

幅面尺寸：170mm×240mm　印张：30.25　字数：405 千字
2021 年 12 月第 1 版　2021 年 12 月第 1 次印刷

责任编辑：邵　婉　张　娜　　　　　　责任校对：齐　悦
封面设计：奇景创意

ISBN 978-7-5685-2728-6　　　　　　　　　　定　价：108.00 元

本书如有印装质量问题，请与我社发行部联系更换。

序言一

我怀着欣赏学习的心态，读完了王延章教授在他三十余年从事系统工程研究的基础上，并通过七年讲座与五年之余的系统写作的努力，所完成的《身心系统自我管理引论》书稿。该书研究的主题是适合国家经济社会发展的要求并紧密地符合系统工程理论发展潮流的命题。根据作者在该书前言中所介绍：近一个世纪以来，科学技术的急剧发展促进了人类经济社会的巨大变化，也影响着人们身心的变化，并引发许多现代疾病。为应对身心环境巨变，作者提出人们必须管理好自我内在的身与心。我十分同意该研究主题。在本书的六章内容中，作者应用了热力学、系统科学（例如耗散系统）等基本理论和系统工程方法论，综合了中、西医学，生物科学与心理学等学科，阐释了人体身心系统的基本结构、功能及其与环境的关系，分析了认知过程。用问题导向方法梳理了各类主要身心系统问题。最后，在继承与发展的基础上，开拓性地提出了身心系统管理的原理与方法。它是一本严肃与创新的著作。

有关本书丰富独特的内容，留待读者们自己去阅读体会。作序者由于长久从事宏观社会经济发展的研究，因此将从较宏观的角度，阐释该书对系统工程发展的趋势及对国家经济社会发展的意义，做出两点评述：

该研究符合当前国际系统理论与系统工程学术界发展的前沿潮流

自贝特朗斐(Ludwig von Bertalanffy,1901—1972)在1950年所著的《物理与生物学的开放系统》在美国《科学》杂志发表后,引起了学术界的普遍重视。1956年,包尔定(Kennelth Boulding,1910—1993)发表了他的《一般系统论——科学的框架》。1954年,成立了一般系统论国际学会(ISGST, International Society for General Systems Theory)。国际上有关系统科学理论,有了极大的发展。例如,金奇[①](Gigch, J. P. V.)在其1978年的《应用一般系统论》中,对系统理论做了硬系统理论及软系统理论的分类。后者主要包括行为科学与社会科学。其系统类型包括人类、社会系统与组织。相应地,受一般系统论影响而于1957年由哥特(Harry Goode,1909—1960)与麦克霍耳(Robert Engel Machol)共同发表著作《系统工程:大规模系统工程导论》后,硬系统工程在国际上得到了极大的应用和发展,例如,航天工程、运输系统工程及电力系统工程等。系统工程经历了将近六十年的发展,它应用于硬系统工程领域,业已十分成熟。但在社会系统领域的研究与应用,还相对薄弱。虽然贝特朗斐在他1968年修正版的《一般系统论》前言中提出:"……系统理论是一项远远超越技术问题与需求,而具有极广阔的视野,对科学有新导向并覆盖了从物理学及生物学直至行为与社会科学到哲学等学科的全部。"[②]但在软系统工程领域,它的研究应用远不如硬系统工程。因为社会系统的研究对象是人及人群的相互作用行为。美国著名社会学家派生斯(Talcott Parsons)1951年在所出版的《社会系

[①] John P. Van Gigch (1978) Applied General System Theory 2nd ed. pp.38-39. New York: Harper Collins Publisher.

[②] Bertalanffy L.V. (1968) General System Theory Revised Edition. P.vii New York: George Braziller.

统》中将社会系统定义为:"社会系统是由众多个人行动者,在一种物质性或环境状况下相互作用所组成。行动者在'满意度最优化'趋势的驱动下,他们与所处的客观状况及相互作用者的关系,由文化结构系统与共享的代码(例如言语、艺术等)而定。"① 派生斯所定义的社会系统行动仅是三类行动之一,还有其他两类行动系统:一类是行动者的人格系统,另一类是建立于它们行动中的文化系统。王延章教授所著该书的内容,对构成社会系统基本单元的人,做了开拓性的探索。它研究了人的身心系统构成、问题及其管理原理与自我管理方法。它扩充了一般系统论与社会系统理论的应用,符合当前软系统工程发展前沿的思潮。

对我国经济社会发展的贡献

2016年10月,中共中央、国务院印发了《"健康中国2030"规划纲要》(后续简称为《纲要》)。该《纲要》由一个序言和八篇共二十九章所组成。在该《纲要》的序言中提出:"健康是促进人的全面发展的必然要求,是经济社会发展的基础条件。实现国民健康长寿,是国家富强、民族振兴的重要标志,也是全国各族人民的共同愿望。"该《纲要》的第二篇标题是"普及健康生活",其中的第四章和第五章的主题分别是"加强健康教育"和"塑造自主自律的健康行为"。该《纲要》的第三篇"优化健康服务"中第九章的标题是"充分发挥中医药独特优势"。将《纲要》的上述内容与王延章教授所著的《身心系统自我管理引论》的内容相比较,可见该书的主题与内容,十分切合《纲要》的内容要求。该书的第二章至第四章的内容分别是身心系统的构成、身心系统论认知和身心系统问题。这三章的内容是非常具体的健康教育内容,它十分适合《纲要》第四章的要求。该书的第五章及第六章的主题——身心系统管理

---

① Parsons,T. (1951) The Social Systems pp.5-6. New York:Free Press.

原理和身心系统自我管理方法与《纲要》第五章所提出的"塑造自主自律的健康行为"基本符合与一致,并具体地为《纲要》的第五章所提出的要求提供了较详尽的科学原理与方法的支撑。《纲要》第九章提出了"充分发挥中医药独特优势"的命题。而该书在绪论的第二节中,就提出了"黄帝时期的身心修炼",特别在该书第五章的内容中,就较简明扼要地阐释了《黄帝内经》的主要内容。在第六章中,又阐释了身心系统中医的评价法。因此,该书的许多理论与学术的阐述,与《"健康中国2030"规划纲要》相一致。它有助于促进《纲要》的实施,对中国经济社会的发展与我国全面建成小康社会将会做出贡献。

总之,本书的内容十分丰富,在系统理论与管理科学方面,都有基于实践的创见。作序者仅能以偏概全。就以上两个方面的成就做了评述,供读者参考。

王慧炯
2018年5月于北京

序言二

近年来,由于社会经济的发展和人民生活的改善,人们越来越关注自己的健康问题。但是有的人对健康的理解过于狭隘,认为不生病就是健康。现代科学认为,健康应该包括人的形体、精神、心理、智商、道德、环境适应能力等多方面的因素,这里可以归纳为生理和心理两个方面:一方面,如果生理上不健康,不能长时间保持充沛的精力和体力,甚至还会为一些疾病所困扰,根本无法进行正常的社会活动和日常生活。另一方面,如果心理上不健康,就会经常处于焦虑、郁闷、孤僻、自卑、怨恨、猜忌等不良心理状态,同样不可能在学习、工作和生活中充分发挥个人潜能,完成工作和学习,取得成就和发展。生理和心理各要素之间又存在着相互关联和影响。所以,协调好自我生理与心理以及和社会环境的关系,保持身心健康,不仅是医疗水平技术问题,更重要的是人的自我管理问题。

最近几年,为了满足人们对健康知识的渴求,出版了大量有关保健医疗方面的书刊,既有学术专著,又有科普读物,但多半是偏于生理或者心理单一方面,缺少从身心两方面的结合来阐述生命现象以及与自然和社会的关系。尽管现在也出现了像"身心医学"以及类似的提法,探讨了身心两方面的关系,但还没有形成比较系统的学科结构。

王延章教授这本《身心系统自我管理引论》的出版正是为了弥补这一缺陷。

正如书中所说的,作者是在自己身心管理的实践中体会到需要把身心两方面作为一个系统来进行自我管理,利用他深厚的系统学科的功力,结合自己的生活实践进行素材的收集和整理,通过思考形成概念体系,尝试着构建一个身心系统自我管理的学科框架。

书中首先阐明作者所理解的身心系统自我管理的意义,然后从系统科学和管理学视角,应用系统工程方法论,系统地分析、对待和处理疾病和健康,从更宽泛的知识范畴和时空域着眼,从身心系统整体出发,把从疾病的预防、医治到康复的医学模式上升为现代管理学模式,并主要强调自我管理。接着从不同医学理论介绍了身心系统的构成和对身心系统论的认知,并应用系统科学理论把身心系统的认知提升到系统论水平。在此基础上,梳理和分析了常见的身心系统问题,运用系统科学理论与方法诠释相应问题表象,分析问题出现的原因。然后论述了作者对身心系统管理原理和身心系统自我管理方法的见解。结合这些见解,作者还旁征博引了古今中外哲学、医学、心理学、系统科学、管理学的有关论述,以及人们(包括作者本人)在生活实践中获得的比较成功的经验。由于人的身心问题涉及的内容过于宽泛,而有关人的生理、心理的现有理论与各种流派的基础不尽相同,形成的论点和结论也不尽相同,甚至会相互矛盾,因此书中更多的是将它们罗列出来,供广大读者结合自己的身心条件和社会经济条件,加以思考和选择。正如作者在书中所说:"人类最需要的知识是对自己的身心的科学认知。"

近百年来,在自然科学飞速发展的基础上,现代医学在防病治病方面取得了巨大的成就,目前还在不断地利用现代科学技术和工具来充实和发展保健和医疗事业。但是必须承认,还有许多疾病的病因、发病机制还未能认识清楚,对人体的全部生命规律还缺乏全面、深入的了解,对人的健康要求也随着社会经济、科学技术、环境生态的变化而不断改变。当代的医学成就还远远无法满足人类对身心健康的要求。为了推动有关身心健康研究的进一步发展,除了要对每一个领域中的各类细微的具体问题进行精深的探究和实践外,还需要超越原来的学科进行跨领域、跨部门的交叉研究和综合试验,这就需要有正确地处理跨学科的方法,这本书虽然提供的是有关个人的身心管理的理念和方法,但也同时提出了一些跨领域跨学科的要求和启示,希望能够引起交叉学科的研究者和感兴趣的广大群众的关注,从而有更多的人士来从事交叉学科的研究和运用。这也是大家对本书另一方面的期盼。

2018 年 5 月于大连

序言三

物竞天择，适者生存。随着自然环境、经济环境的变化和科学技术的迅猛发展，人们所面临的社会环境的复杂性显著增加，这些变化也带来了人的心理环境的变化。人们在适应世界变化，管理身外事物的同时，常常忽视对自我身心的管理。对人类而言，身体是立命之本，心理是生命的精神灵魂所在。如何科学地管理自我的身心系统，是一个重要的科学问题。

从古代开始，我国先贤便十分重视身心系统的管理，如《礼记·大学》中所言："古之欲明明德于天下者，先治其国；欲治其国者，先齐其家；欲齐其家者，先修其身；欲修其身者，先正其心；欲正其心者，先诚其意；欲诚其意者，先致其知，致知在格物。物格而后知至，知至而后意诚，意诚而后心正，心正而后身修，身修而后家齐，家齐而后国治，国治而后天下平。"在儒家思想中，修身，是齐家、治国和平天下的基石。而现代的生命科学、医学和心理学等科学的发展，也为我们进一步系统地对身体系统和心理系统进行自我管理提供了科学基础。

需要着重指出的是，身心一体的系统是更加复杂的大系统，具有繁多的复杂性特征。并且人的身心系统面临着众多的问题，如价值观、幸福观、意志力、情绪和思维等心理系统问题；消耗代谢、能量传输和身体子系统协调等身体系统的问题；身心冲突和心理早熟等身心系统问题。根据系统科学的思想，身心系统不仅包含不同层次的子系统，同时也被包含在家庭、社会、自然等更大的系统中。如何从系统科学思想方法论的视角，将古今先贤的思想与科学的研究方法相结合，针对自我身心系统的历史及现状，提出身心自我管理方法，促进人的身心健康，促进社会和谐发展和自然的可持续发展，是一个值得思考的问题。

本书融合了《易经》《道德经》《黄帝内经》等古典思想，并结合了系统科学和管理学的原理，形成系统化的知识体系，构建身心系统自我管理学。本书首次详细阐述了身心系统自我管理学的理念、身心系统的构成、身心系统存在的问题、身心系统管理原理和自我管理方法等，具有重大的理论价值。在本书中，作者将自己对身心系统自我管理的研究成果阐述得通俗易懂，所提出的方法体现了对身心系统的系统整体性认知及系统思想和方法论，对身心健康自我管理水平的全面提升具有重大的意义，特向广大读者郑重推荐。

2018 年 5 月于北京

前　言

随着人类科学技术和经济的发展，特别是近一个世纪以来，现代的工业技术和信息技术的发展，人们的生活环境发生着天翻地覆的变化。但现代科学技术是一把双刃剑，它一方面极大地扩展了人的能力，使人类能够钻天入地，移山填海，深探苍穹，细窥原子，使经济生产力大幅度提高。然而另一方面，特别是以互联网、云计算等为代表的信息化和智慧化的推进，现代人的体力劳动正在被机器逐渐取代，劳动方式向智慧化的劳动方式转化，每个人或劳动者正面临自身劳动素质的智慧化提升压力。更由于人类的经济效益的片面最大化，人造物的快速膨胀，自然物的过度开发，人类生存条件和身心环境正在恶化。而现今的社会各类关系变得异常复杂，个人与社会矛盾加剧，身心系统的社会环境复杂化。自然、经济、科技和社会环境的变化也带来心理环境的变化。人类的个体身心系统正处在自然、经济、社会和人文的复杂系统中，这一系统存在自然矛盾、社会矛盾、人天矛盾、人我矛盾和身心矛盾，它们的对立统一、演进变化推动这一系统的发展。同时，万事万物全球化、整体化、同质化、纠结一体化，已成为现在地球村自然、经济、社会和人文形态的新特征。人类在创造复杂的世界同时，也在创造自我生存的复杂性，而复杂性的孪生子就是脆弱性。

现代人虽然通过科学技术和先进的生活与工作方式，避免了原始性的自然和社会伤害引发的大量疾患，但正面临着前所未有的现代身心系统问题和各种现代疾病，特别是慢性病的困扰。身心系统疾病仅靠原始性自愈或辅助医疗的方式已不能很好地奏效。面对这些环境的变化，一个人如何认知、如何前行和如何应对，往往一片茫然。相对个人来说，对这个环境客观世界的改造是极端有限的，按照达尔文进化理论，只有适者才能生存。人们不能完全地改变这个世界，就得要适应这个世界。所以，为了应对身心环境巨变，人们在管理身外之物的复杂性的同时，也必须要科学地管理好自我内在的身与心。

有关身心自我管理，古今中外都有很好的研究基础，只是因为时代地域及整个人类的科学发展水平不同，各国度的文化不同，以及信息和知识的共享程度不同，使得相关研究或认知有所不同。中华民族五千年的灿烂文明，一直伴随着身心修炼、自我修养的文化传承。当代快速发展的生命科学无疑对身心系统认知与管理也做出了重要贡献。而科学的心理学发展，对个体心理现象的描述与说明，以及揭示的心理发生发展的规律等，深化了人们对心理系统的认知。毫无疑问，中医学、西医学以及身心医学等现代医学为身心系统的认知与管理奠定了科学基础。

在面对当今复杂的人生活动及巨变的环境的同时，人们还要面对上述浩如烟海的各种学说理论、众说纷纭的身心管理及养生之法：昨天有人说吃这个好，今天又有人说吃这个不好；今天说这个理或方法对，明天又会有人说不对。有关身心系统的局部理论，特别是身心相关科学著作和文章也多如牛毛，一个人穷其一生也不能学完。但天人之道，殊途同归，而系统科学思想与理论就是理解诠释这一同归之道的方法论。可以说，古今中外身心系统自我管理都在不同视域给予了重要的关注,在相应的视域内都有深厚的理论和实践凝练以及相应的效果。当今复杂的人生活动、各类科学和实践高度融合,人们的认知广度和深度都在无限地推进,但我们不能深陷这茫茫无际的知识海洋,要跳出这广袤的宇宙苍穹,突破各自知识视域的边界,更全面系统地认识宇宙世界,融会知识海洋之大道,从而更加科学地认识自我身心系统,进而做到自觉地管理身心系统。因此,这本书运用系统科学思想与方法,融会提升身心系统管理理论和方法,以便做到自觉地、科学地管理身心系统。

全书共分六章:第一章绪论,主要论述身心认知与管理的意义,身心自我管理研究发展和身心系统自我管理学的构想;第二章身心系统的构成,主要从中西医学视域传承对身心系统的基本构成的认知,具体介绍了身体系统的基本构成、心理系统的基本构成和身心系统的环境关系;第三章身心系统论认知,具体运用系统科学思想方法论,提升对身心系统的耗散系统论特征、有机生命系统和身心系统综合整体认知;第四章身心系统问题,主要运用系统的整体联系特性,梳理了心理系统问题、身体系统问题、身心不和系统问题和身心环境系统问题,以及综合整体问题,是身心系统管理的着眼点;第五章身心系统管理原理,主要梳理了古典原理、系统学原理和管理学原理,旨在为身心系统自我管理融会出具体指导思想与遵循之理;第六章身心系统自我管理方法,即给出可灵活借鉴的具体系统管理之法,分别从身心系统评价方法、心理管理方法、身体修炼方法、对待疾病的方法和身心综合运行管理方法五个层面进行了论述。

作为前言的结束语,引用书中一段话:"看大千世界,芸芸众生,车水马龙,人潮涌动,人生百态!人们每天忙忙碌碌,大都在管理着身外之物,试问有多少人在忽略或没有科学地管理自我的身与心!按中华民族的传统,百善孝为先,《黄帝内经》序言中有:'为人子而不读医书,犹为不孝也。'当今时代的每个人的身心系统都存在一定的问题。放任自流,靠自身组织自愈或仅靠医疗方式解决都是不可能完全奏效的。所以,启动身心系统自我管理势在必行。"

作　者

2018年5月于大连

目 录

第一章 绪 论 / 1

第一节 身心认知与管理的意义 / 2
 一、应对身心环境巨变的需要 / 2
 二、身心认知的社会及自我需求 / 10
 三、身心系统自我管理的意义 / 12

第二节 身心自我管理研究发展 / 15
 一、中国古代身心修炼 / 15
 二、生命科学对身心系统管理的贡献 / 18
 三、医学对身心系统管理的贡献 / 21
 四、心理学对身心系统管理的贡献 / 26
 五、身心系统自我管理的相关研究 / 29

第三节 身心系统自我管理学的界定 / 33
 一、身心系统自我管理学的范畴 / 33
 二、身心系统自我管理学方法论 / 36
 三、身心系统自我管理学的意义 / 40
 四、本书的宗旨与组织 / 42

第二章　身心系统的构成 / 45

第一节　身体系统的基本构成 / 45
　　一、五脏六腑 / 46
　　二、消化系统——能量获取 / 51
　　三、血液循环系统——能量输运 / 54
　　四、神经系统——信息处理 / 59
　　五、内分泌系统——机体调节与控制 / 63
　　六、免疫系统——身体防御系统 / 68
　　七、肌骨系统——形体运动系统 / 73

第二节　心理系统的基本构成 / 78
　　一、心理系统的构成要素 / 78
　　二、感知系统 / 79
　　三、记忆系统 / 82
　　四、意识系统 / 89
　　五、行为系统 / 93

第三节　身心系统的环境 / 101
　　一、自然环境 / 101
　　二、经济环境 / 109
　　三、社会环境 / 111
　　四、文化环境 / 114
　　五、家族环境 / 117

目录

第三章　身心系统论认知 / 122

第一节　身心耗散系统论 / 122
一、普里戈金耗散系统 / 123
二、身体系统耗散特征 / 128
三、心理系统耗散特征 / 131
四、身心系统综合耗散特征 / 135

第二节　有机生命系统 / 138
一、细胞与生命 / 139
二、生命基本机能单元及生化过程 / 141
三、新陈代谢 / 145
四、生机系统与外环境的四大基本关系 / 150

第三节　身心系统综合整体认知 / 153
一、系统科学与整体性 / 154
二、身体系统综合整体性 / 157
三、心理系统综合整体性 / 162
四、身体与心理的综合整体性 / 166
五、身心系统的动态整体性及其演化 / 172

第四章　身心系统问题 / 179

第一节　心理系统问题 / 179
一、知识系统问题 / 181
二、心理系统目的性问题 / 189
三、意志力问题 / 192

四、思维与注意力问题 / 197

　　五、情绪与抑郁问题 / 200

第二节　身体系统问题 / 204

　　一、耗散代谢不够 / 204

　　二、总能量水平低 / 208

　　三、能量输运系统不畅 / 211

　　四、头颈部系统血液循环障碍 / 228

　　五、肌骨系统血液循环与代谢障碍 / 234

　　六、现代系统论问题 / 239

第三节　身心系统不和问题 / 240

　　一、主从关系紊乱 / 240

　　二、身心无束 / 243

　　三、身心冲突 / 246

　　四、心理早熟引发的身心问题 / 249

　　五、身心系统熵增 / 251

第四节　身心环境系统问题 / 253

　　一、人与自然环境系统问题 / 254

　　二、人与经济环境系统问题 / 259

　　三、人与文化环境系统问题 / 261

　　四、人与社会环境系统的纠结 / 264

第五节　身心系统问题综合分析图谱 / 269

第五章　身心系统管理原理 / 272

第一节　古典原理 / 272

　　一、易理 / 273

二、《道德经》/ 279

　　三、《黄帝内经》/ 285

第二节　系统学原理 / 295

　　一、整体性原理 / 295

　　二、耗散原理 / 307

　　三、新陈代谢原理 / 319

　　四、系统哲学原理 / 323

第三节　管理学原理 / 329

　　一、计划与规划管理 / 332

　　二、自我组织 / 338

　　三、指挥与协调管理 / 341

　　四、自我控制与约束 / 345

第六章　身心系统自我管理方法 / 349

第一节　身心系统评价方法 / 350

　　一、西医指标法 / 350

　　二、中医评价法 / 351

　　三、心理评价法 / 351

　　四、系统评价法 / 356

第二节　心理管理方法 / 360

　　一、学习知识，树立科学的世界观和人生观 / 360

　　二、确立科学的价值观和幸福观 / 365

　　三、树立科学的劳累观 / 373

　　四、博爱少怨保持心理系统的耗散 / 378

　　五、提升快乐的正能量 / 382

第三节　身体修炼方法 / 386
　　一、系统全面地使用身体 / 387
　　二、科学饮食增加血液总量 / 392
　　三、促进肌骨系统血液循环 / 396
　　四、科学地饮水与多洗浴 / 401
　　五、增加肺活量 / 405

第四节　对待疾病的方法 / 409
　　一、促进健康态上升的跃变 / 409
　　二、以身心系统整体观念对待疾病 / 413
　　三、对待疾病贵在预防 / 418

第五节　身心综合运行管理方法 / 423
　　一、身体带心的运行管理 / 424
　　二、心带身体的意念运动 / 429
　　三、工作生活中的科学劳作 / 432
　　四、身心系统大管理 / 438

结语　启动身心系统再造工程 / 442

参考文献 / 444

后　记 / 452

致　谢 / 460

第一章
绪　论

如图 1-1 所示,一个人在自然社会之中,而自然社会又在人心中。一个人生于自然客观世界,并与他人关联合作,生活在这个自然社会客观世界中。人类在生产生活实践活动中认识这个世界,在脑海和心灵深处形成对这个世界的形象和认知,这个在脑海中的世界叫主观世界,这就是心。而在心之外的,包括自身和他人及自然的一切实在则是客观世界。人的一生就是不断地在进行着改造这个客观世界和改造自己的主观世界的活动。以下就是一个人的身心与环境的宏观系统图谱,蕴含着人与自然、人与他人、身与心的关系。正是人在天之中,天在人之内;我在人之中,人在我之内;心在身之中,身在心之内。

图 1-1　身心与环境的宏观系统图谱

一个人是自然社会客观世界的个体,在这个世界出生,与万物和其他人构成了这个世界。人之初和年老时更多的是被这个世界所供养,而在青壮年时期更多的是要为这个世界做出奉献。这个世界充满着自然内在的、社会内在的、社会与自然的各种复杂的矛盾运动。一个人与自然、与社会,其身与心及身心的内在,时刻存在着各种矛盾的交织演化。一个人的身心健康与快乐就是由这些矛盾运动所主导的。因此,正确地认识这些矛盾,科学地管理这些矛盾就是身心认知与管理的本要。一个人相对于这个世界是一个独立的整体,由身体和心理构成,按系统学概念称为身心系统。身心系统以自然社会为环境,也称身心环境。身心系统的行为主体是个人,人的成长和发展是在社会和自然的规制或称为他管的环境下,通过自我管理进行的。一般来讲,他管是一个人难以左右的,而只有自我管理才是自己可控的。所以,身心系统要强调自我管理,这也就是本书的主题。

本章作为开篇,首先,对身心系统自我认知和管理的必要性和意义做个简单的讨论。然后,对身心系统自我管理的已有相关研究进行概要的梳理和介绍。最后,给出身心系统自我管理作为一门新的交叉性综合学科的一个构想框架。

第一节 身心认知与管理的意义

一、应对身心环境巨变的需要

地球村的特殊宇宙环境造就了它丰富的水资源、大气资源和合适的太阳能资源,并由这些无机物的能量流转演化,从混沌到有序,涌现了有机生命。由单细胞生命演化到今天五彩缤纷的万千生物,并创生和进化了人类,使得地球村有了人类社会和人类文明,有了今天的你我他。但随着人类科学技术和经济的发展,特别是近一个世纪以来,现代工业技术和信息技术的发展,人们的生活环境正在发生着天翻地覆的巨变,面对这些环境,如何认知、如何前行和如何应对往往使人感到一片茫然。相对于个人来说,对客观世界进行改造是极其有限的。按照达尔文进化理论,只有适者才能生存,人们不能完全地改变这个世界,就需要适应这个世界。所以,对身心系统进行自我管理是应对身心环境巨变的需要。

(一)自然环境巨变

自然环境是人类安身立命的第一基础支撑环境。在过去近半个世纪的发展进程中,随着人口的快速增长和经济的迅速发展,劈山填海,毁林造地,生产、生活废物排放,自然生态环境恶化等状况随处可见。全球自然资源被过度开发,人与自然矛盾加剧,人类赖以生存的自然生态环境在发生巨变。

食物及食物供应链在逐步走向复杂和脆弱。 其中农药、化肥、重金属、转基因、病毒病菌污染等引发的食品安全和全球食品短缺问题突出。自然生态系统提供的各种食物是人类维持生存和健康的首要基础条件。在农村,村民的生活和健康状况往往直接取决于当地生态系统的食物生产状况。在城镇,居民对生态系统的食物依赖性转移到整个饮食供应链,而由于其中链路复杂,物流环节储运管理难度加大,食品污染等可能性增加。

淡水污染与短缺。 淡水是自然生态系统最重要的供给支撑,是人类生活和健康必不可少的物质要素之一。除了直接的饮水需求外,人类食物生产的供应链中各个环节也都需要水。此外,个人卫生维护、洗衣做饭、废弃物质的稀释和排放以及再循环都离不开淡水,而现今全球可以获取的淡水资源数量已经大幅下降。

大气污染加剧。自然的清新空气,正在随着发电、交通等工业燃烧化石燃料,以及农业生产和生活中的秸秆焚烧等被悄然污染;尤其在大城市,室外空气污染更加严重。清新空气是人体血液循环、新陈代谢必不可少的物质基础条件,直接影响心肺健康。从全球范围看,城镇空气污染每年都会诱发心脏病和肺病,是导致人口死亡率上升的一个重要因素。

生态环境恶化。由植物、动物和微生物群落构成的生态系统在上述环境中也变得复杂化,形成它们自身的问题,并作为人类的生物环境把相关问题反作用于人类。人类传染病是由病毒、有害细菌及其他微生物或寄生虫引起的,但在正常的生态系统关系制约下,一般致病因子只能在特定的地区和季节才能表现出致病性,诱发人类疾病。但是,人为引起的生态系统恶化,常常会改变生态过程对致病因子分布范围及活动能力的影响机制,如伐木和修路,破坏或侵占野生动物的栖息地;修建水坝、灌溉、引水等改变地表水的分布及数量;改变农业土地利用方式;不科学的城镇化过程;致病因子变异、气候失稳、人口迁移、国际旅游与贸易;等等。

此外,由于地质结构的内在演进,地震、海啸等地质灾害频发;由于大量排放 CO_2 等温室气体导致的全球气候变暖,气候环境也变得极其不稳定,冰雪、暴雨和飓风等气象灾害不断。

(二)经济环境的变化

经济基础是人们安身立命的第二基础支撑环境,但现今的经济环境相对于几十年前已有巨大的变化。首先,是经济生产方式的变化,从工业化、自动化到智能化,经济生产力大幅度提高,特别是互联网、云计算等信息化和智慧化的推进,生产分工、组织和流通关系等生产方式发生转变。现代人的体力劳动正在被机器逐渐取代,劳动方式向智慧化方式转化,这样每个人或劳动者正面临自身劳动素质和智慧化提升的压力。

其次,人们正纠缠关联在多元经济方式之中,计划经济或再分配经济向市场经济的转型,经济结构快速演变,工业化速度加快,服务业发展,等等。随着以信息化为支撑的现代工业革命的兴起,商品化、交换市场模式在迅速变化。经济生产分配的一次分配、二次分配模式在转变。金融证券、基金、股票及各种理财产品及网络化虚拟经济也正在改变着人们的经济生活。

新经济时代给人类创造和带来更多物质财富的同时,也带来了就业问题。经济增长速度相对于劳动力供给增长速度的放缓、资本和技术对劳动的替代等,使就业形势变得紧张。人们大多不得不面对就业和适应新的劳动岗位的压力,以及失业保险、城镇最低生活保障制度还不够完善等问题。

由于物质的丰富,新型消费品及消费服务不断涌现,社会消费观念、行为和模式也在转变。人们经济收入水平的差异加大,消费活动中的攀比行为也在凸显,如何适应或满足个体及家庭的消费需求,也是人们面临的身心环境问题。

(三)科学技术的迅猛发展

当今世界科学技术正在以前所未有的速度发展,但现代科学技术是一把双刃剑。一方面,科学技术极大地扩展了人的能力,使人类能够上天入地、移山填海、细窥原子。现代卫星、航天等太空技术,遁构机、重型挖掘机、起重机等入地移山技术,高速铁路的陆上快速通达,核能的开发与利用等,科学技术给予人类前所未有的能力;另一方面,科学技术也使人类增加了对自然的破坏能力,进一步耗用自然资源,恶化自然环境。同时,由于机械化、自动化和人工智能等科技发展,人类自身体能越来越多的闲置,现代人类身体素质大不如前。所以,面对科学技术的发展这把双刃剑,我们必须用科学的身心系统自我管理方法去应对。

信息技术的发展更超出了几乎所有人的想象,光子、生物和量子计算机都在加速研究,这些新型计算机无论在设计还是功能上,都将远超现有的电子计算机所拥有的能力。传感器、物联网、因特网泛在化,云计算、云存储等计算及存储资源集泛于一体,极大发挥了资源的使用价值及效率,并扩展了人类的记忆和计算能力。同时,信息技术的重点正在由技术转向数据和信息,即当今正处在大数据时代,并进一步向知识处理及管理应用的智慧化时代迈进,人类也将迎来机器比人类更聪明的挑战,面向新的地球文明。但是,信息技术的发展与广泛信息化,也带来了人们生活模式的负面变化。宅男、宅女、低头族数量猛增,人们的工作生活及个体行为已经不知不觉存留在信息技术打造的虚拟世界中。你的生命除了睡眠外,可能大半时间都与手机或电脑等网络接入端共度。

生物技术的发展正在或将要改变医药、农业、制造业等行业的生产和发展方式,进而改变着未来的世界。生物科学发展最引人注目的是人们能够通过基因工程技术操控生命,从而可以使本来存在缺陷的物质迅速向好的方向进化。同时还可以采用生物技术使免疫系统的细胞获得益向进化,以提高身体免疫能力。特别是克隆技术的发展,可以使科学家能够培育出人体的各种组织器官,以更换人体伤损组织,使临床医学发生一场深刻的革命。但是生物技术也带来一定的负面影响,相关争议不断。例如,基因能否成为专利,食用转基因食物的可能影响,转基因等基因变异对生物生态系统原有关系秩序的干扰等。这不仅是科学问题,还涉及伦理以及人类的健康和自身发展问题。

(四)社会环境的复杂化

每个人都是社会人,身心系统的社会环境逐渐复杂化。一个人的社会保障依赖于其所在的国家,正所谓国泰民安。但现今的国家和民族已与国际政治、军事、经济及文化等全球大系统紧密联系在一起,全球资源短缺及发展的差异,全球化与多元化的政治经济格局等成为地球村经济社会的新特征。因此,一个民族或国家的顺利发展必须依赖安定良好的国际环境以及自身的自强不息,一个人的身心必须以民族和国家为大环境,顺应国家民族发展之大势。

此外,一个人日常最紧密的社会关系环境是家庭、单位和国家内部治理体系与模式。恋爱、婚姻社会观念与环境也在变化,每个人都要正确面对和处理相应的问题。家庭责任有关子女教育、老人赡养,这些也都因为人口结构变化、经济差异形成新的社会问题。个人素质与工作水平、人际交流能力,以及所在单位行为群体的人文环境与工作模式等,构成了个人日常的复杂社会活动环境。

社会环境的深层要素还是来自文化和人类价值取向。作为一个人,为什么要来到地球村?到底来干什么?大多数人很难给出令自己满意的回答。当然,这个问题的本质是世界观和人生观问题,树立什么样的人生观也是现代人类文明及哲学等社会科学研究的核心问题。一个人刚来到世间,不知什么叫人生观,只是本能地维系自身的存在,并从前辈及社会学习感悟人生的意义和价值所在。由于现代社会的国际化,东西方文明交融,信息媒体泛在,人类价值取向多元化,一些人相应的身心系统运行失去科学明确的目标,出现价值取向紊乱和信仰危机。

社会环境变化还包括生活方式的改变。城市化、网络化和现代化使得人们的经济生产和社会活动方式发生了巨大变化。现在生活居住、办公环境、出行交通环境高度现代化,如楼房别墅、地下车库、私家轿车、办公大楼、室内装修等。一个白领居住在精装修的屋室内,用着计算机或看着电视,早上起来吃过冰箱里存储及微波炉加热的早饭,乘电梯到地下车库,开上自己的轿车,一路摇摇手臂,踩踩油门,并无多少的体力消耗,来到办公楼的地下停车场,停好车,乘电梯来到自己的办公室,由空调控温,使用计算机和电话办公,忙碌一天,下班后以前述过程的逆序行程回到家中,第二天再重复同样的活动。试想这样的他或她的身体一天中是否都禁陷在房间与车内,还有多少机会与大自然亲密接触?此外,越来越多的人正在越来越多地使用移动电话、网络以及电子商务服务等,工作生活室内化,即所谓的宅。这样的活动方式,人们对四肢运动的依赖性会逐渐消失,将导致向"大脑人"进化并引起心理与身体的异化和病变。

(五)心理环境的剧烈演变

自然、经济、科技和社会环境的变化也带来心理环境的变化。为了适应现代经济和社会生活,必须提升自身的知识水平和生产生活技能,心智与心理活动能力是与之相关的基础。但现在社会正处在信息和知识大爆炸时代,人们时刻要面对并处理来自各方面的大量信息,应接不暇。新事物、新知识不断涌现,学习速度跟不上知识更新的需求。学习和信息处理活动是以心理活动为载体的,如何快速科学地处理信息和学习知识是人们心理所必须面对的活动。同时,由于人们信息视野的开阔与心智局限,巨量的社会经济自然系统的信息及人类社会日益增长的知识,无疑构成了人们心理上新的压力环境。

概言之,身心系统的原生态的自组织自愈时代已不复存在。如图1-2 所示,人类的个体身心系统正处在自然、经济、社会和人文的复杂巨系统中,这一系统存在自然矛盾、社会矛盾、人与自然矛盾、人我矛盾和身心矛盾,它们对立统一,演进变化并推动这一系统的发展。同时,万事万物全球化、整体化、同质化,纠结冲突加剧,已成为现在地球村自

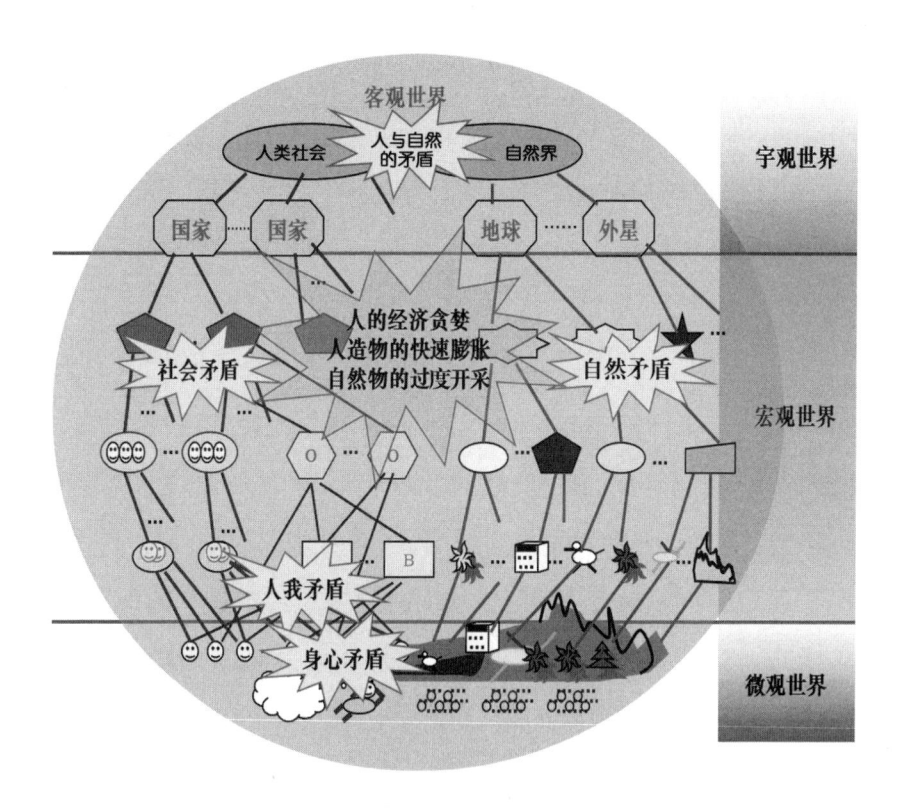

图 1-2 现代地球村系统的描述

然、经济、社会和人文形态的新特征。由于人类的经济效益的片面最大化、人造物的快速膨胀、自然物的过度开发,人类生存条件和身心环境正在恶化。人类在创造复杂的世界的同时也在创造着自我生存的复杂性,而复杂性伴随着脆弱性,所以,人们在应对身外之物复杂性的同时也必须科学地管理好自我的身与心。

二、身心认知的社会及自我需求

一个人不是自己主动来到这个世界上的,是人类社会和家庭父母使然,所以他或她必然与这个家庭及社会紧密关联着,并在依赖家庭和社会的同时,也被家庭和社会依赖着,也就是说社会需要他或她。所以,一个人只要在这个社会中生存,他或她的人生就要负起两个责任,即社会责任和自我责任。

责任是指由一个人的资格,包括作为人的资格和作为角色的资格所赋予,并相应地从事某些活动、完成某些任务以及承担相应后果的法律和道德规制。责任感是指个体对自身在人类社会和自我发展中所承担责任的一种意识。社会责任意识就是要求对大众、对社会要有一种强烈的感情,"先天下之忧而忧,后天下之乐而乐"就体现了一种强烈的社会责任意识。而社会责任感作为一种道德情感,主要是指一个享有独立人格的社会成员应该对国家、社会、集体以及他人所负责的认识及情感和信念,以及与之相应的遵守规范、承担责任和履行义务的自觉态度。

(一)社会责任与需求

社会责任是通过一个人的社会角色来体现的,也是一个人的价值所在。社会责任是社会法和经济法中规定的个体对社会整体承担的责任,可分为角色责任和法律责任两种。前一种是指一个人所担当的角色分内应做的事,如职务岗位责任等。这种责任实际上是一种角色义务责任或者说是预期责任。第二种是因没有做好分内之事,即没有履行角色义务所应该承担的一定形式的不利后果或强制性义务,如违约责任、侵权责任等。

一个人得以生存及获得财富,理论上都是依靠社会持续地从社会取得的,因此,社会的稳定、和谐、有序是成就个人事业的大环境和大前提。每个人除了应该尽到自己的家庭责任外,还应当在力所能及的范围内担负起作为一个社会成员应当承担的社会责任,为社会的整体繁荣与和谐尽力。正所谓"天下兴亡,匹夫有责"。

若要负起如上责任,满足社会需求,首先就要提高自身认知水平。在现代社会环境下,要端正对自我价值的认识,不能一味地追求自身利益,更不能因为自身利益而损害他人的利益。其次就是要提高自身文化修养,而文化修养的本质是提升自身的知识水平,知识水平后续将称为知识系统水平,是心理系统的核心系统。一个人连自我身心为何物、社会是什么都不清楚,就不可能正确理解自我和社会,就不可能为社会承担责任,所以对于身心系统的自我认知是社会的需要。

(二)个人责任与需求

个人价值是指个人或与社会一起在生产、生活中为满足个人需要所做出的发现及创造,是个人自我发展及社会对于个人发展的贡献。包括个人的个人价值与社会的个人价值。

个人价值与社会价值并不是截然相反的概念,是相生相伴的。按照马克思的理念,重视人的社会价值,认为人与社会密不可分,人是社会的人,是一切社会关系的总和。但同时,也强调人的自我价值,社会是由人组成的。他说:"在选择职业时,我们应该遵循的主要指针是人类的幸福和我们自身的完美。"马克思还认为:"人们只有为同时代人的完美,为他们的幸福而工作,才能使自己也达到完美。""历史承认那些为共同目标劳动因而自己变得高尚起来的人是伟大人物;经验赞美那些为大多数人带来幸福的人是最幸福的人。"

自身的价值实现与责任担当,同样需要认识自身的需求也就是身心系统的运行目标,这个目标是建立在身心系统的科学认知基础上的。不论是社会价值还是自我价值,都是身心系统运行的需求动力,也是身心系统科学认知的动力。在人类历史上,那些真正的圣人、伟人,其价值都是在为社会服务的过程中凝结的,都是把社会价值作为自我价值的基础。正如爱因斯坦所说:"请学会通过使别人幸福快乐来获取自己的幸福,而不是要用同类相残的无聊冲突来获取幸福。"他在《我的世界观》一书中写道:"要追究一个人自己或一切生物生存的意义或目的,从客观的观点看来,我总觉得是愚蠢可笑的。可是每个人都有一些理想,这些理想决定着他的努力和判断的方向。就在这个意义上,我从来不把安逸和享乐看作生活目的本身——我把这种伦理基础叫作猪栏的理想。照亮我的道路的,是善、美和真。"

三、身心系统自我管理的意义

前述从环境变化、社会和自我发展的需求视角,讨论了身心认知和自我管理的必要性,现概括下身心系统自我管理的重要意义。具体有如下几点:

(一)身心系统自我管理是一个人实现自我的根本途径

自我管理是一个人成功所必需的。一个能实现自我的人,首先,一般具有自我目的性,即具有人生目标;其次,具有为实现该目标而做的努力;最后,坚持不懈。看看芸芸众生,有那么多人终其一生都没有实现自我,不快乐、不幸福,但一般不是因为没有目标,而是因为缺乏科学的人生目标,或没有把后两个方面做到位,没有进行科学的身心系统自我管理。

(二)身体是立命之本

身体是人类的立命之本,人的生命的存在就是身体系统中心脏在跳动,脑在活动。现代医学判定真正的死亡是脑死亡,而脑死亡是指包括脑干在内的全脑功能丧失的不可逆转的状态。如果脑干发生结构性破坏,脑死亡了,那么心理系统也就烟消云散了。所以,身体是精神灵魂的基石载体,是立命之本。目前,世界上还没有人怀疑身体健康的重要性,可以说健康高于一切。没有强健的身体,一切无从谈起。

(三)心理是立命之魂

人与动物的本质区别就是人有复杂科学的心理系统,心理是生命的精神灵魂所在。不论是从内在自我或外在环境方面来看心理系统都是复杂的,特别是随着现代科学技术的迅猛发展,人类社会活动的高度关联,知识与信息爆炸式地在影响每个人,人的心理复杂性与日俱增。所以,需要科学地管理自我的心境。正所谓心态好,身体才会好,而心理健康,身体才会快乐。

(四)身心综合管理是应对世界复杂性之必要

身与心是相辅相成、对立统一的。现代人身与心的关联性要远大于旧时代的人,而身与心的相互作用自古以来就是相辅相成的。身与心虽然有各自的特殊活动规律,但在身心系统总体上则具有其各自系统不具有的整体性特征,特别是当今的社会人,这种整体性特征更为突出。所以,要系统化地进行身心综合管理,即要做到身心合一。

(五)身心综合管理是提升人的素质与能力的根本途径

每个人都在社会中扮演着相应的角色,承担着一定的工作任务,完成工作任务的量和质与人的身心素质和能力密切相关。如果一个人既有健康的身体又有豁达睿智的心理,就可能完成更多更好的工作任务。否则,就有可能不胜任所从事的工作,而被繁重的工作任务压垮。一个人的素质与能力取决于其身心综合管理能力。

(六)身心综合管理是健康快乐人生之基石

健康快乐是身心系统素质的综合表象,在主体上健康是指身体,快乐是指心理。按现代的理念,心理更需要健康,身体也需要快乐。身与心的快乐与健康是相辅相成、密切关联的。但身体系统是物质的,具有物理、化学和生物学等的约束性,是有边界、有能力极限的。而心理系统的主体活动是在虚拟世界中进行的,可以说这个世界是无边界的,心理活动的能力也是无极限的。人生的大多数不快乐基本上都是心远离了身、身心不合而导致的。从大系统更高境界上讲,和谐是自然美和幸福快乐的真谛。科学认识身与心,调整心态,让身合、心合、身心合、身心与环境合,实现身心综合管理,这是人生健康快乐之基石。

综上所述,正如著名中医学家吴以岭院士所倡导:"健康需要管理,身体需要经营。"他在一次记者访谈中描述:古往今来多少人孜孜矻矻追求名利,呕心沥血,夜以继日地经营着事业与财富,殊不知当事业有成、生活富足时,却身患重病甚至英年早逝。多少惨痛的教训提醒我们,要比经营事业与财富更认真地经营自己的身体,建立自己的健康目标和生命预期,从饮食起居、工作习惯等各方面养成有益健康的生活方式,了解自己身体所处的状态,并采取系统有效的预防或治疗措施。

看大千世界,芸芸众生,车水马龙,人潮涌动,人生百态!人们每天忙忙碌碌,大都在管理着身外之物,试问有多少人在忽略或没有科学地管理自我的身与心!按中华民族的传统,百善孝为先,《黄帝内经》序言中有:"为人子而不读医书,犹为不孝也。"当今时代的每个人的身心系统都存在一定的问题。放任自流,靠自身组织自愈或仅靠医疗方式解决都是不可能完全奏效的。所以,启动身心系统自我管理势在必行。

第二节　身心自我管理研究发展

有关身心自我管理,古今中外都有很好的研究基础,只是因为时代、地域及整个人类的科学发展水平不同,各国度的文化不同,以及信息和知识的共享程度不同,所以相关研究或认知有所不同。下面从中国古代、生命科学、医学和心理学四个方面对与本书宗旨相关的研究要点做一下梳理。

一、中国古代身心修炼

中华民族五千年的灿烂文明,一直伴随身心修炼、自我修养的文化传承。列于中华民族文化三大瑰宝中的《道德经》和《黄帝内经》是关于中华民族身心修炼的经典思想与理论著作。《道德经》侧重于心理系统的管理,《黄帝内经》则侧重于身体的管理。

(一)黄帝时期的身心修炼

黄帝时期的身心修炼研究成果主要体现在《黄帝内经》之中。《黄帝内经》是一部综合论述中华民族医学即中医理论的经典著作。它以古代的解剖知识为基础,以中国古代的哲学思想,特别是整体性思想为指导,通过对万千生命现象的长期观察以及医疗实践的反复验证,而形成重要的理论原则和学术观点。

《黄帝内经》分为《素问》和《灵枢》两部分,为我们认知人体生理、病理、诊断以及治疗奠定了基础。书中基本素材来源于中国古代人对生命现象的大量的长期观察、临床实践以及简单的解剖学知识。如"饮入于胃,游溢精气,上输于脾,脾气散精,上归于肺,通调水道,下输膀胱"(《素问·经脉别论》)以及"膀胱者,州都之官,津液藏焉,气化则能出矣"(《素问·灵兰秘典论》)的记载,是对人体水液代谢过程的形象描述,成为后世治疗水肿病从肺、脾、肾三脏入手的理论基础。又如,"高粱之变,足生大丁,受如持虚"(《素问·生气通天论》),是说过食高膏厚味容易使人罹患疔疮类疾病。从今日临床来看,糖尿病、痛风病等的发生,无一不与过食肥甘厚味有着密切的关系。

此外,《黄帝内经》也论及了养生、预防、针灸、调摄等诸多方面,时至今日,都有效地指导着人们防病治病。特别是其有关"治未病"思想与本书的自我身心管理思想一致,管理并不是治病,而重心在治未病。"是故圣人不治已病治未病,不治已乱治未乱……夫病已成而后药之,乱已成而后治之,譬犹渴而穿井,斗而铸锥,不亦晚乎!"(《素问·四气调神大论》)在当前的大系统和大综合的身心系统化时代,这些观念更为世人所瞩目。

黄帝时期除了《黄帝内经》外,相传还有三十七卷的《黄帝外经》,但可能永远失传了。据民间传说,当时的三位名医中名气最大的是俞跗。他的医道非常高明,特别是在外科手术方面更胜一筹。据说,他治病一般不用汤药、石针和按摩,而是诊断清楚病因后,对症做手术,用刀子划开皮肤,解剖肌肉,结扎筋脉,除去病根。这实际上就是现在西医的外科手术。经过这番手术之后,病人的精神和形体很快就能恢复正常。所以,那时人们称赞俞跗的医术是"出丧的灵车能返回,要埋的死人能复活"。

在俞跗晚年的时候,黄帝派仓颉、雷公、岐伯三人,用了很长时间,把俞跗的医术整理出来,篡成卷目;然而还没有来得及公布于众,仓颉就去世了。后来,俞跗的儿子俞执,把这本书带回来交给父亲修订。不幸全家遭到了大火,房屋、医书和俞跗、俞执全家人,一起化为灰烬。这也许是《黄帝外经》失传,至今没有找到的原因吧。

(二)道家的身心修炼

道家从春秋战国时代即为诸子百家之一,奉老子为道德天尊,《道德经》即其支撑理论,进而形成道教。《道德经》的"道生一,一生二,二生三,三生万物",就是说"不停地无中生有、有又还无地周而复始运转变化"。

在当今世界,道教有关道法自然、珍爱生命、珍爱自然,追求人与自然的和谐,实现修身养性等思想也具有各种积极的意义。

(三)儒家的身心修炼

儒家也是先秦诸子百家之一,其创始人是孔子。儒家在先秦时期和诸子地位平等,在秦始皇"焚书坑儒"时受到重创,在汉武帝实施专制统治"罢黜百家,独尊儒术"后又兴起。儒家思想是以孔子学说为宗旨的思想。

儒家思想是在对夏、商、周三代的传统文化进行总结、概括和继承基础上而形成的一个完整的思想体系。儒家思想基本分为"内圣"与"外王"，即个人修养与政治主张两类。儒家政治思想是"仁政""王道"以及"礼制"，其理想是"大同""大一统"，其政治学主要阐述君臣关系、官民关系。孔子"君使臣以礼，臣事君以忠"，孟子"民为重，社稷次之，君为轻"，荀子"从道不从君，从义不从父，人之大行也"，是儒家政治学的代表性主张。

儒家"内圣"即个人修养，是指人通过自身的心性修养所达到的一种高尚境界。孔子所说的"修己以安人""修己以安百姓"，就是"内圣外王"之道，其中"修己"是"内圣"，"安百姓"是"外王"。"圣"是理想人格的最高境界，达到这一境界的人就是"圣人"。而主体一旦达到仁、圣的精神境界，必然要释放出巨大的精神力量，见之于政治实践，成就"外王"事业。"内圣"就是要加强道德修养，形成正确的人生观、世界观和价值观，养成高尚的道德人格，这是做人的根本，是建功立业的条件，也是一个人心理健康的重要标志之一。

儒家身心修养的特点是身心交关，在日常生活中修炼身心，强调不把日常生活作为身心修炼的负担，要以心调身、以身养心，进而达到"终日挥形而神气不变，俯仰万机而淡然自若"的心态。

二、生命科学对身心系统管理的贡献

身心系统是生命的一种高级形态，人类对它的基础认知来自生命科学。当代快速发展的生命科学无疑对身心系统认知与管理具有重要贡献。生命科学更广泛地可称为生物学，是以分子遗传学为主的研究生命活动、生命的本质、生命的发育等规律，以及各种生物种群之间和生物与环境之间相互关系的科学。

(一)生命科学概述

生命科学是系统地阐述与生命特性有关的重大课题的科学。支配着无生命世界的物理和化学定律,同样也适用于生命世界,并赋予生命物质一种神秘的活力。对于生命科学的深入了解,无疑也能促进物理、化学等人类其他知识领域的发展。比如生命科学中一个世纪性的难题是:"智力从何而来?"我们对单一神经元的活动了如指掌,但对数以百亿计的神经元组合成大脑后如何产生出智力却知之甚少。可以说,对人类智力的最大挑战就是如何解释智力本身。对这一问题的逐步深入破解也将会相应地改变人类的知识结构。

生命科学相关科学问题有很多,如生物物质的化学本质是什么?这些化学物质在体内是如何互相转化并表现出生命特征的?生物大分子的组成和结构是怎样的?细胞是怎样工作的?形形色色的细胞怎样完成多种多样的功能?基因作为遗传物质是怎样起作用的?什么机制促使细胞复制?一个受精卵细胞,怎样在发育成由许多不同类型的细胞构成的、高度分化的多细胞生物的奇异过程中使用其遗传信息?多种类型细胞是怎样结合起来形成器官和组织的?物种是怎样形成的?什么因素引起进化?人类现在仍在进化吗?在一个特定的生态小环境中物种之间的关系是怎样的?何种因素支配着此生境中每一物种的数量?动物行为的生理学基础是什么?记忆是怎样形成的?记忆存储在什么地方?哪些因素能够影响学习和记忆?智力由何而来?除了地球上,宇宙空间还有其他有智慧的生物吗?生命是怎样起源的?等等。对这些问题的解答,无疑会使我们加深对身心系统的认知。

(二)分子生物学与基因

生命科学的基础分支分子生物学的突破性成果[①],成为生命科学的生长点,使生命科学在自然科学中的位置发生了革命性的变化。20世纪50年代,遗传物质DNA双螺旋结构的发现,开创了从分子水平研究生命活动的新纪元。此后,遗传信息由DNA通过RNA传向蛋白质这一"中心法则"的确立以及遗传密码的破译,为基因工程的诞生提供了理论基础。蛋白质的人工合成,使人们认清了生命现象并不神秘。

基因来自父母,几乎一生不变,但由于基因的缺陷,对一些人来说天生就容易患上某些疾病,也就是说人体内一些基因的存在会增加患某种疾病的风险,这种基因就叫疾病易感基因。只要知道了人体内有哪些疾病的易感基因,就可以推断出人们容易患上哪一方面的疾病。然而,我们如何才能知道自己有哪些疾病的易感基因呢?这就需要进行基因检测。

通过基因检测,可以告诉一个人有多高的风险患上某种疾病,可向人们提供个性化健康指导服务、个性化用药指导服务和个性化体检指导服务。就可以在疾病发生之前的几年甚至几十年进行准确的预防,而不是盲目保健。人们可以通过调整膳食营养、改变生活方式、增加体检频度、接受早期诊治等多种方法,有效地规避疾病发生的环境因素。

作为世界性的基因工程,如人类基因组计划基本完成以后,对医学将产生更深刻的影响。那时很多基因疾病,也可以通过生活和环境改善来防治。现在主要治病药就是化合物,不久的将来,不仅化合物是药品,蛋白质、基因和细胞等都可以是药物,甚至某些组织和器官也可以是药物。

---

① 重庆大学"认识生命"课程报告

(三)生物组织克隆

生命科学的另一大进展就是生物组织克隆。在胚胎学上,克隆是指通过无性繁殖的手段,从一个细胞获得遗传上相同的细胞群或个体群,这些细胞叫克隆细胞,个体群称为克隆动物。直到20世纪末,人们才有足够的知识和科学实验结果,能把某一成年动物的体细胞移入一个去除遗传物质的成熟卵母细胞,然后移入另一只成年动物体内,让它生长发育,最终产生具有与体细胞相同基因的幼体即克隆动物。

克隆技术的突破是一项伟大的科学成就。该技术施用于组织、植物和动物,已促成癌症、糖尿病和恶性纤维化等疾病新疗法的成功开发。将来可用来为事故中受伤者制造代用皮肤、软骨或骨组织,以及为受伤脊髓制造神经组织。

三、医学对身心系统管理的贡献

医学是以治疗预防生理疾病和提高人体生理机体健康为目的,研究和处理人的健康定义和相关问题的一种科学。毫无疑问,医学也是身心系统认知与管理的基础学科。狭义的医学主要专注于疾病的治疗和机体有效功能的极限恢复研究,而广义的医学在狭义的基础上,还包括中国养生学和西方的营养学。现在世界上的医学发展日新月异,学科不断深化细分,但从方法论上及非医学专业视角来看,主要可分为两大体系:一是西方微观西医学,即西医;二是东方宏观中医学,即中医。

医学的科学性在于应用基础医学理论的不断完善和实践的验证,例如应用生化学、生理学、微生物学、解剖学、病理学、药理学、统计学、流行病学、中医学及中医技能等来治疗疾病与促进健康。虽然东西方思维方式的不同导致研究人体健康与外界联系及病理机制的宏观微观顺序不同,但现在东西方文化正在交融,中西医也正在结合。随着实践经验的积累和理论的形成,必将诞生新的医学即人类医学。

(一)中医学对身心系统管理的贡献

中医学起源于三皇五帝时期,相传伏羲发明了针灸并尝试草药。在公元前3000多年,中国的轩辕黄帝写下了人类第一部医学著作《祝由科》,后世人在这部医药著作的基础上不断增补删改,逐渐形成了后来的《黄帝内经》和《黄帝外经》。到汉代,医学家张仲景总结了汉代以前的医学成就,继承了《黄帝内经》等基本理论和丰富的医药知识,结合自己的临床实践,写成了《伤寒杂病论》,从而确立了中医学辨证论治的理论体系,为后世中医学发展奠定了坚实的基础。《黄帝内经》是中华民族文化的三大瑰宝之一,是中医的理论基础,在世界上第一个提出了"不治已病治未病"这一预防医学观点。

中医学理论体系由理、法、方、药四个方面构成,主要阐明中医学的基本理论、基本规律和基本方法。它是一种以整体观念为指导思想,以气、阴阳、五行诸学说为论理方法,以脏腑、经络、精神、气血、津液为生理病理基础,以辨证论治为诊治特点的独特的医学理论体系。

中医学因其历史悠久并具有较完备的医学理论体系,至今未见衰亡。世界各民族都有自己的传统医学,但大多被西方医学所替代,而中医学没被替代的原因就在于中医学并非简单的传统医学,它具有相当完备的理论体系做指导。中医医生在治疗疾病时可根据理论分析治疗从未接触过的疾病,这是一般经验医学难以做到的。即使是常见病,中医学也是从辨证施治入手进行治疗,而不重复以往的经验。中医学理论源于经验,又反过来指导实践,并通过不断往复的复杂过程逐渐完善。

中医学由以下理论和方法构成：

(1)有关人体正常形态生理的理论,主要有藏象、经络、形体官窍、精神、气血、津液、体质学说。

(2)有关疾病发生发展变化的理论,主要有病因、发病、病机学说。

(3)认识与处理疾病的理论与方法体系,包括治疗原则与方法,药学、组方的理论及诊法、辨证理论等。

(4)有关疾病预防与延寿的理论与方法体系,包括养生、保健、康复理论与方法等。

影响、制约和指导中医学理论与方法的核心思想和方法论是在古代哲学,特别是精气、阴阳、五行等学说影响下建立的整体观、恒动观和辨证观,它们是中医学理论体系中的最高层次,是中医学的主要特色。

中医学的整体观、恒动观与辨证观与现代系统科学的思想方法论相一致,身心系统自我管理的核心思想就是要运用现代系统科学、生命科学和管理学等理论与方法,把身心作为一个整体系统进行科学管理。所以,大部分中医学理论与方法,特别是思想方法方面对身心系统的科学认知和管理颇有裨益。而现代中医学正处在现代化发展进程中,中医学自身的基本理论也将在继承的基础上不断得到创新和发展。

按照现代信息论、系统论和控制论的观点,西医学单纯地重视微观分析而忽略了整体结构和整体功能。而中医学讲究整体"感悟",但缺乏微观聚集涌现性的分析,未免带有很多主观因素,缺乏客观的定量和定性。若中医学的诊察疾病能参考现代医学的微观分析,将辨证与辨病相结合,实现宏观与微观分析的统一,把分析与综合相结合的方法引入中医理、法、方、药的研究中,使中西医二者有机结合,互相借鉴、补充,避免各自的片面性、局限性,则将有利于中西医学的优势互补。

(二)西医学对身心系统管理的贡献

西医学即西方国家的医学,是相对于中医学而称的。从它的发展史上来看,它分为正在发展的近现代西方医学和已淘汰的古代西方医学这两个不同的体系。

其中,古代西方医学起源于古希腊时期,它的理论学说体系的奠基人是希波克拉底,古代西方医学认为人体是由血液、黏液、黄胆液、黑胆液组成的,而且各个部分是相互联系的,身体中充满了各种液体,这些液体的平衡是机体赖以生存的基本条件,它们的平衡与否反映在气色、气质和性情上。在诊疗方面,主张注意病人的个体特性、环境因素和生活方式对患病的影响,重视卫生饮食疗法,但也不忽视药物疗法。由于它的基础理论内容是错误的,所以它在西方国家的近代时期就被淘汰了。

近现代西方医学起源于西方国家近代时期,是这一时期的西方国家学者在否定、摒弃掉古代西方医学理论后,发展起来的一套全新医学体系。它的理论学说都与生物学、化学、物理学、数学等现代科学学科有着颇为密切的关系。西医学的内容大体分为如下三部分:

1. 基础医学

一是研究人体结构和生命活动规律的学科,包括人体解剖学、人体生理学、人体组织学、人体胚胎学、人体免疫学、医学生物化学、医学生物物理学、医学生物力学、医学分子遗传学、医学分子生物学、人体细胞学,等等。二是研究疾病的发生、发展过程及其原理的学科,如医学微生物学、医学寄生虫学、病理解剖学、病理生理学、医学心理学、医学病毒学、医学细菌学,等等。三是研究治疗原理和方法的学科,如临床药理学、中药药理学等。

2.临床医学

临床医学主要研究疾病的临床表现及其病因、病理,对病人实施诊断和治疗。包括内科学、外科学、妇科学、儿科学、传染病学、放射学、产科学、男科学、眼科学、耳鼻喉科学、精神医学、皮肤病学、肿瘤学等多种专门学科。

3.预防医学与公共卫生学

预防医学与公共卫生学主要研究防治病害、改善和创造有利于健康的环境条件、讲究卫生、增强体质、防御疾病、延长寿命的规律和方法,包括流行病学、卫生统计学、毒理学、环境卫生学、营养学、食品卫生学、职业病学、少儿与学校卫生学、妇幼卫生学,等等。

与中医学用整体论观点来研究人体和疾病的思想不同,西医学研究思想主要倾向于还原论观点,强调分析、实验、定量的研究,对于人的健康和疾病的认识注重生物学内容,注重形态结构和局部定位,注重特异性的病理改变、特异性的病因和特异性的治疗等。

西医学从人体构成微观层面通过人体解剖学、人体生理学、人体组织学、人体免疫学、医学生物物理化学对身体系统进行了分解认知,通过大量实验和临床实践,进行统计定量分析,从而提供了对身体系统的深入细致的构成认知。西医有关病因、病理、诊断和治疗理论与方法,特别是改善和创造有利于健康的环境条件、讲究卫生、增强体质、防御疾病、延长寿命的规律和方法等都是身心系统自我管理的基础。

无论是中医学还是西医学,从诞生至今,其作用都是以治已病为主。20世纪末,全球医学界大讨论最终结论是:最好的医学不是治好病的医学,而是使人不生病的医学。所以,人类医学的未来应该是科学地治未病,让人少得病、不得病。即身心疾病系统地预测并告知已病、未病是由哪些因素引起的,通过个性化科学管理达到未病先防、有病早知、重病康复的目的。

中医学和西医学,从二者现有的思维方式的发展趋势来看,均正在走向现代系统论思维,中医药学理论与现代科学体系之间具有系统同型性,属于本质相同而描述表达方式不同的两种科学形式。而西医学也正从大量的微观分科走向还原综合。中西医学可望在现代系统论思维上实现交融或统一,进而给世界医学理论带来新的革命,同时会对身心系统管理提供更加科学的医学支撑。

四、心理学对身心系统管理的贡献

心理学一词来源于希腊文,意思是关于灵魂的科学。灵魂在希腊文中也有气体或呼吸的意思,因为古代人们认为生命依赖于呼吸,呼吸停止,生命就完结了。随着科学的发展,心理学的对象由灵魂改为心灵。直到19世纪初,德国哲学家、教育学家赫尔巴特才首次提出心理学是一门科学。而起初心理学、教育学同属于哲学的范畴,后来才各自从哲学的襁褓中分离出来。科学的心理学不仅对心理现象进行描述,更重要的是对心理现象进行说明,以揭示其发生发展的规律。

(一)心理学的构成

心理学是一门研究人类及动物的心理现象、精神功能和行为的科学,包括理论心理学与应用心理学两大领域。心理学研究涉及知觉、认知、情绪、人格、行为和人际关系等许多领域,也与日常生活的许多领域如家庭、教育、健康等发生关联。心理学一方面尝试用大脑运作来解释个人基本的行为与心理机能,另一方面也尝试解释个人心理机能在社会行为与社会动力中的角色。同时,心理学也与神经科学、医学、生物学等科学有关,因为这些科学所探讨的生理作用会影响个人的心智及心理。

心理学分为五个子领域,即神经科学、发展心理学、认知心理学、社会心理学和临床心理学。神经科学研究通过观察人类大脑的反应来研究他们的心理;发展心理学是研究人类是如何成长、发育和学习的一门学科;认知心理学是通过计算机方法来研究心理,即将心理比喻成计算机,看人类是如何辨别语言和辨认物体的等;社会心理学则是研究人类的群体行为;临床心理学主要研究心理健康和心理疾病。

(二)心理学的研究对象

心理学的研究对象就是心理现象,即我们非常熟悉,并随时会接触到、感受到的精神现象,又称心理活动,简称心理。研究对象可从不同维度分为如下几个方面。

1.心理过程

心理过程是指一个人心理现象的动态过程,包括认识过程、情感过程和意志过程,是关于正常个体心理现象的共同特性方面。认识过程也称认知过程,是个体在实践活动中对感知信息的接受、编码、贮存、提取和适用的心理过程。它主要包括感知觉、思维、记忆等。情感过程是指个体在实践活动中对事物的态度的体验过程。而意志过程是个体自觉地确定目标,并根据目的调节支配自身的行动,克服困难,以实现预定目标的心理过程。以上三种过程不是彼此孤立的,而是相互联系、相互作用构成个体有机统一的心理过程的三个不同方面。

2.个性心理

个性心理是一个人在社会生活实践中形成的相对稳定的各种心理

现象的总和。包括个性倾向、个性特征和个性调控等方面,反映人的心理现象的个别性一面。个性倾向是推动人进行活动的动力系统,反映了人对周围世界的趋向和追求,主要包括需要、动机、兴趣、理想、信念、价值观和世界观等。个性特征是个人身上经常表现出来的本质的、稳定的心理特征,主要包括气质、性格和能力。个性调控是个人对自己心理和行为的控制和调解,是以自我意识为核心的。自我意识是个人发展到一定阶段出现的个人借以对自己的心理和行为(包括个性倾向和个性特征)进行认识、评价、控制、调解,从而形成一个统一的个性心理结构系统。

3. 意识

意识是指现时被个人感知到的心理现象。例如,我们在进行记忆活动时,能感知记忆活动的目的、记忆的对象、采用的记忆方法、达到的记忆效果,甚至能感知自己的记忆特点、改变记忆策略等,这样的记忆活动处于意识状态。

4. 无意识

无意识是指现时未被个人感知到的心理现象。以记忆为例,有时我们并没有某方面内容的记忆目的,也没有想着要记住它,却在不知不觉中记住了,甚至还很牢固。有时自己也不知道从哪里获得以及是否有某方面的记忆。在记忆心理学中,前者是无意识记忆,后者是内隐记忆。

心理学是进行身心系统科学认知以及自我管理的基础。近年来,心理学的一个分支即正向心理学得以快速发展,其从马斯洛的人本主义心理学衍生而来,运用实验科学手法,研究人类的快乐与力量。与传统临床心理学不同,正向心理学关注健康人的保健。目前,正向心理学已获得了一些实验性的肯定。

五、身心系统自我管理的相关研究

把身心作为一个系统和进行自我管理的研究,在国内外也有一定的研究基础。主要的代表性成果有心身医学和个人自我管理。

(一)心身医学

把身心作为一个系统的研究,医学界在20世纪30年代就已开始,并发展为心身医学,形成科学体系。"心身医学"一词是德国精神医师亨罗斯于1918年正式提出的,1935年美国精神病学家、心身医学的开拓者之一邓伯(Dunber)加以采纳,并于1939年在他领导出版的《美国心身医学杂志》和1944年建立的美国心身医学会上加以推广。心身医学是一种系统医学,它的概念形成,正是基于心身医学与"社会-心理-生物医学模式"(西方又称之为综合医学模式),以及中西医学比较研究的探讨。

心身医学是强调心身交互作用论和身心关系,认为心理和身体是两种本质不同但又交互影响、交互作用的实体的心身关系理论,又称心身交感论。"身"即身体、肉体的东西,是外在可观察的事物,而"心"即精神、感觉、沉思、选择、判断、决定、思维、想象,其最重要的特征是思想。"心"和"身"都是我们作为人的特征,而且是一个不可分割的整体,思想是通过大脑来进行的,而大脑就是我们称之为"身"的那个东西或者说是"身"最重要的部分。有大脑并不意味着你一定有"心"、有思想,大脑只是提供了"心"和思想的一种物质基础,只是提供了思想的客观能力。心与身之间并非相互独立,心、身、脑三位一体,不存在纯思维主体,主张心身统一论,二者互为因果、相互决定、相互制约、相互塑造,处于一种不断变化的运动状态之中,即"动力系统观"。

心身医学的研究范畴不仅仅限于某一器官和系统的疾病本身,也不仅仅指疾病的病理学。它是研究疾病的倾向性、易患性、疾病的起因、预后、病前躯体和心理方面的前驱性特征。

心身疾病是心身医学的研究和治疗对象。心身疾病的概念还在不断完善中。目前认为,"心身疾病"是指心理社会因素起着重要致病作用的躯体器官的病变或功能性障碍。像原发性高血压、消化道溃疡、神经性呕吐、偏头痛、支气管哮喘、慢性疲劳等都是常见的心身疾病。

心身疾病的预防是与每个人的健康息息相关的。当代社会的竞争压力可谓史无前例,由此而产生的种种普遍的心理和身体问题正在频发。心身医学从医学视角把身心疾病系统地联系起来,是对本书身心系统的认知和管理的有力支撑。

(二) 自我管理

自我管理在现今的企业和社会组织中已得到普遍的重视,但大多是指企业员工群体,特别是独立的工会组织的自我管理,员工方面的目标是维护工人利益和培养工人的共同意志,而企业方则是通过鼓励员工自我管理来提升工人的生产效率。还有一类自我管理的研究是面向管理者的,而其中一个重要理念就是,"要想管好别人,必须先管好自己"。强调一名优秀的管理者,首先应是自我管理的典范,自我管理内容包括自我定位、自我目标、自我心态、自我突破和自我学习管理等。

更广义上的自我管理涉及人生的八大领域,即健康、工作、心智、人际关系、理财、家庭、心灵思考和休闲自我管理。这八个方面都会在时间维度展开,随时间而演化,而一个人正是(也不可能不是)这些活动的行为主体。人的生命及相对个人的时间具有有限性,怎样用好个人的时间资源,发挥时间资源效率,也是自我管理的重要内容。下面简要梳理几个重要的自我管理内容。

1. 时间自我管理

有效地进行时间自我管理首先必须有一套明确的远期、中期、近期目标,其次是要建立一个科学的价值观和信念,根据目标制订长期计划和短期计划,然后分解为年计划、月计划、周计划、日计划等,最后是相应的日结果、周结果、月结果、年结果等的反馈和计划的修正。时间自我管理与目标设定、目标执行有相辅相成的关系,时间自我管理与目标自我管理是不可分的。

唯有计划,才有效率和成功。评估时间管理是否有效的指标是目标实现的程度。时间管理关键的要素是目标设定和价值观,时间自我管理技能的关键技巧是习惯,如果运用时间自我管理工具变成习惯了,就什么都变得有序了,进而也就有效了。人的生活不能像工厂,你可以在工作中幽默,也可以在生活中浪漫,时间管理绝不是让人变得机械化。但在人性化工作、生活中,人往往会对时间管理失控。这时关键是要对浪费时间的事情学会说"不"。

2. 潜能开发自我管理

潜能开发的本质是脑力开发,即人的心智和心灵思考的开发。可分为五个层次,第一层次开发是"知识更新",第二层次开发是"技能开拓",第三层次开发是"思维创新",第四层次开发是"观念转变",第五层次开发是"潜能发掘"。个人的成功是潜能开发的过程。一个人进行潜能开发是全方位的,一个人既有的能力只是总能力的一小块,而更大的一块则在水底,你无法看到,水面下的那一块正是人类的奥秘之所在。

潜能开发包括设立目标,使目标视觉化,把目标放在板子上叫梦想板。自我正面暗示,排除负面暗示,正面暗示能使你充满自信。光明思维,即思考问题要看到事物光明面,积极的心态很重要。综合情绪,情绪与智力正如鸟之两翼、车之两轮,可以帮你走向成功的彼岸。放松自己,使心灵松弛下来。总之就是要吸收和释放出正能量,时刻抵御负能量。

3.健康自我管理

健康管理分为狭义和广义两种。狭义的健康管理仅指在医学领域范畴下针对个体的身心健康的管理。广义的健康管理是建立在生理学、心理学、组织行为学等学科的研究基础上的,对个体发展完善状态的研究和实践。对个体的健康管理主要关注管理的要素有行为、营养、关系、环境、心理等。健康管理活动的流程一般为认知—评估—策略—实施。在个人操作层面,健康管理可以分解为专家咨询、评估和分析、纠正和提高几个环节。

4.学习力自我管理

学习力是一个人学习态度、学习能力和终身学习之总和。一个人一生要面对和处理万千事物,处理好这些事物的基础就是要科学地认识这些事物,把握事物规律,这就需要学习。而人时刻会接触新事物面对新问题,因此人要不断地学习,正所谓"活到老,学到老"。所以一个人的学习力,是动态衡量人才质量的真正尺度。

学习力自我管理包括自觉反省、与人交流、自我改造、自主学习等。一个人除了在学校学习知识提升自我学习力外,更重要的是培养自主学习、在实践中学习的能力。一个人必须在进行学习生活规划时,自主地选择学习项目,安排自主学习计划,勤奋快乐地学习。

现有的自我管理研究,大都在身体、心理和环境三者的关系上只注重一个或两个方面,而没有有机地统一这个关系。健康管理大都限于医学视角,缺乏系统科学思想方法的指导,也没有从管理学视角,运用管理理论与方法去研究和处理自我管理问题。

第三节　身心系统自我管理学的界定

一、身心系统自我管理学的范畴

由前面的梳理和论述我们对身与心可以建立起一些不同角度的认知概念,这是我们进一步进行身心系统自我管理研究的基础。身体系统、心理系统都是非常复杂的系统,身心一体的系统是更加复杂的大系统,具有几乎人类认识到的复杂性科学中所有复杂性特征。现今的研究大都局限在如医学、生命科学和心理学局部视角,身心系统的管理和责任主体也界定不清,身体保健、饮食疗法、健康管理、养生大讲堂等充斥各媒体,众说纷纭,各有所道。因此,有必要把各家所长融会贯通,把各类局部的道理汇聚成更大的道理、更系统化的整体认知。这就是本书引论身心系统自我管理学的初衷。下面就身心系统自我管理学的理念、研究对象、研究特征、派生来源和研究目的等范畴做一下界定。

(一)身心系统自我管理学基本理念

身心系统自我管理学从字面上有四个关键词,即"身心""系统""管理""自我",旨在强化相应的核心理念。"身心"表示身心系统自我管理学研究的客观事物对象是身与心,并强调它们相互作用的整体性。"系统"的含义,一是指把身与心看作一个系统并与环境构成一个整体加以认知，二是强调运用系统科学思想方法论进行已有相关学科研究成果的集成、融合和提升。"管理"，首先是强调身心需要管理，而不能再让身心放任自流；其次是指要应用现代管理学理论与方法对身心进行系统化的管理。"自我"，是指身心系统管理的主体和责任人是自己，强调自我对身心系统的认知和管理，而不是靠医生或他人来管理。

(二) 身心系统自我管理学的研究对象

身心系统管理学的研究对象及内容可分为两大层次：一是关于身心系统的客观对象即身体、心理和环境各自构成的系统及整体系统研究，包括构成要素及要素间的相互关系、层次关系、动态特性、发展演化规律、稳定性及可控性等的系统层面的研究，需要集成生命科学、医学和心理学等基础理论和成果；二是关于身心作为一个系统的管理理论和方法的研究，特别是怎样按照系统科学原理进行身心系统与环境的综合管理问题研究等，需要融会系统科学和管理学。

(三) 身心系统自我管理学的研究特征

身心系统自我管理学的研究与其他有关身心健康的学科不同，具有自身的明显特征。首先，其不是单纯从医学、生命科学、心理学、养生学或健康管理学某一两个视角出发，不是各自学科的分支，也不是它们的简单还原与交叉，而是从人的身与心与自然和社会关联整体出发，着力研究综合涌现的整体性特征。其次，身心系统自我管理学以系统科学为思想方法论，以管理学为手段，从学科的关联密切程度上讲，贴近系统学和管理学。再次，身心系统自我管理学不同于一般管理学，一般管理学大都是在管理他人和身外之物，而其强调自我管理，管理对象和管理者是一体的，俗语说"自己的刀难削自己的把"，自我管理更具挑战性。最后，身心系统自我管理学具有很强的实践特征，强调学以致用，提升自我的身心系统认知,每个个体都可以不等待他人的辅助,自我领悟身心系统自我管理之道,遵行身心系统自我管理之法或创建自我管理之法。

(四)身心系统自我管理学的派生来源

毫无疑问,身心系统自我管理学不会无源而生,它的产生具有时代背景和深厚的学科背景。时代背景在本章第一节已有所论述,现今身心系统所处的自然、经济和社会环境正在发生巨变,身心及环境系统复杂性凸显,人们物质与精神生活水平显著提高,对身心系统有更高的需求,而身心系统无管理或简单或放任自流的管理已不能适应时代的要求。在学科层面,各种养生、健康管理、自我管理等学说到处可闻可见,特别是生命科学、心理学、心身医学、系统科学和现代管理学等为身心系统自我管理学奠定了相关研究基础,它们是身心系统自我管理学的生命源泉。

(五)身心系统自我管理学的研究目的

身心系统自我管理学的研究目的可分为几个层面,首先是在人类的实践层面,为人们日常学习、工作和生活中如何把身心系统自我管理融进其中,进行身心系统的自我认知、自我审视与评判,发现身心系统问题,进行自觉的身心系统自我管理提供科学的理论和方法性指导。让人们能对各种相关的古今中外的医学、养生和健康管理等学说有一个更加系统化的综合认知与把握,并能密切系统全面地结合自己身心系统实际,这个实际包括身心系统的遗传及人之初状态、成长发展历程和现实身心系统状态,以及未来可能面临的学习、工作和生活状态,从而依据身心系统自我管理学找到适合自我的模式及相应的方法,制定科学的身心系统自我管理规划、实施方案和自我控制规则,并持之以恒遵行之。

其次是在学科层面。当今的世界和人类社会,知识大爆炸,学科发展越分越细,新学科层出不穷,这是科学研究方法还原论的发展进路,有其深究细挖的科学之道理。但是学科交叉也被科学发展所重视,并逐渐成为主旋律。身心系统自我管理学研究的一个目的就是作为系统科学和管理科学的交叉学科,主要目标是拓宽系统科学和管理科学的视野,通过对身心系统的自我管理研究,完善和发展系统科学和管理科学。同时,能够融会生命科学、医学和心理学等学科,构建身心系统自我管理学的学科体系。

二、身心系统自我管理学方法论

方法论作为一般的诠释就是人们认识世界、改造世界的根本方法。而一般的方法论是指能够普遍适用于各门具体科学并起指导作用的范畴、原则、理论、方法和手段的总和。对应一个特定问题域或系统,方法论是关于问题阶段、任务、工具、方法技巧的论述。方法论会对一系列具体的方法进行分析研究、系统总结并最终提出较为一般性的原则。身心系统自我管理学方法论分为两个层面:一是指对身心系统的认识和对其进行自我管理的根本方法,或称为身心系统自我管理方法论;二是指身心系统自我管理研究的方法论。

(一)身心系统自我管理方法论

身心系统自我管理方法论是关于身心系统的科学认识和对其进行科学的自我管理的根本方法。它是人们用什么样的方式、方法来观察身心系统和处理身心系统问题的方法论。概括地说,身心系统自我管理方法论主要解决身心系统"是什么"的问题,以及如何解决"怎么办"的问题。

首先,由于身心系统的高度复杂性,特别是涉及心灵世界,对身心系统的科学认知涉及人们关于"世界是什么、怎么样"的根本观点,即涉及人的世界观这一根本认知基础。一定的世界观原则在身心系统的认识过程和管理实践过程中的运用表现为方法。身心系统自我管理方法论就是有关这些方法的理论。世界上不存在与世界观相脱离、相分裂的孤立的方法论,也没有不具备方法论意义的纯粹的世界观。一般地讲,方法论是哲学范畴概念,由世界观决定。身心系统自我管理方法论将遵从辩证唯物主义世界观,坚持身心系统的认识和管理实践从实际出发,实事求是。从事物的普遍联系和永恒运动中把握事物,分析事物自身的矛盾和解决这些矛盾。所以,哲学是身心系统自我管理的最顶层方法论。

其次,身心系统自我管理的具体方法论则是系统科学方法论。系统科学方法论是20世纪发展起来的以系统论方法、控制论方法和信息论方法为代表的方法论。其为人类的科学认识提供了强有力的主观手段,不仅突破了传统方法的局限,而且深刻地改变了科学方法论的体系。这些新的方法,既可以作为经验方法,作为获得感性材料的方法来使用,也可以作为理论方法,作为分析感性材料上升到理性认识的方法来使用,而且作为后者的作用比前者更加明显。具体来说,它是按照事物本身的系统性,把对象放在系统的形式中加以考察的一种科学方法。即从系统的观点出发,着重从整体与部分之间,整体与外部环境的相互联系、相互作用的关系中,去认识和考察对象,寻求整体获得最佳功能的科学方法。身心与环境作为一个系统整体,而生命科学、医学和心理学已为身心系统认知提供了大量的系统学视角下的感性材料,所以,系统科学方法论必然是身心系统自我管理的具体方法论。

最后,身心系统自我管理方法论也必然要引入一般的管理学理论。由于管理对象的不同,现今的管理理论学派众多,对应身心系统自我管理可以借鉴的学派有系统管理学派、行为科学学派和经验主义学派等。系统管理学派采用系统理论和观点来考察管理对象的组织,分析组织的构造。行为科学学派采用典型的心理学知识、行为分析方法来研究管理对象的组织、组织中的非正式组织及相互关系。经验主义学派的研究方法是实证的、案例分析性的,对象直接是组织、组织中的管理问题。由于身心系统自我管理的复杂性,其管理方法论必须在现有管理理论的基础上,针对生命科学、医学和心理学已为身心系统认知提供的大量的感性材料,应用哲学和系统科学方法论进行管理方法论创新。

(二)身心系统自我管理研究方法论

身心系统自我管理是一门科学,涉及的科学问题和研究内容众多。那么如何发现问题、认识问题、给出解决问题的方法,如何验证它们,给出可以传承和重用的知识信念等,就需要建立相应的科学研究方法论。科学研究方法论是关于探讨科学研究的发生、形成、检验以及评价的方法论问题,是架构在理论与实践之间的一座方法论的桥梁。

马克思主义哲学以其实践第一性、唯物辩证法和历史唯物主义的观点去认识世界,指导着改造世界的实践活动,并取得了巨大的成就,向世人证实了它的实践性和科学性。所以马克思主义哲学是进行一切科学研究的基本世界观和方法论的指导,是进行身心系统自我管理科学研究的指南。

身心系统自我管理科学研究是一个动态的、永无止境的探究过程,方法的运用是极其重要的,其中归纳和演绎、分析和综合、类比和假说等的逻辑思维方法是科学研究过程中必不可少的工具。此外，随着脑科学的发展，人们越来越注意到非逻辑的思维如灵感思维、形象思维在科学研究中的不可替代的作用，特别是对应身心系统自我管理科学研究的复杂综合情境，形象思维将扮演更重要的角色。

由于身心系统自我管理科学研究方法论的研究对象、性质和特征的不同，其与自然科学、人文、社会科学研究方法均不相同。它具有自然科学研究方法与人文、社会科学研究方法相结合的特征。其强调从实践来理解现实，注重实践的革命和批判的意义。以唯物辩证法为原则，坚持客观性和全面性、发展观和矛盾观。特别注重现代系统科学方法论。现代系统科学的发展补充和丰富了唯物辩证法的内容，也为科学研究注入了新的方法，这是身心系统自我管理科学研究方法论的核心。

从科学研究的范式上讲，身心系统自我管理科学研究需要将现有的实验法、理论推演法、计算与模拟法和数据挖掘四种科学研究范式相结合。实验法包括医学的实验、临床实践、案例分析等仍是身心系统自我管理科学研究的实证性主体方法。而理论推演法包括以生命科学、医学和心理学等基础理论为基础，运用现代系统科学方法论进行身心系统认知与自我管理的综合整体性的分析推演，以及以心象为基础的形象思维分析推演等为核心理论分析方法。同时，身心系统自我管理科学研究也将运用现代的计算机、网络、云计算和大数据技术，通过数据挖掘、知识发现等理论和方法，进行精细的计算机模拟可以求解大规模逻辑方程组，实现身心系统的更加综合和整体行为分析。此外，通过传感器、泛在网络和大数据可以获知更大范围和更加深入、具体的身心系统信息以及身心系统管理案例，为身心系统自我管理研究奠定素材基础。

三、身心系统自我管理学的意义

由于身心系统自我管理具有重要意义,那么研究如何进行身心系统自我科学管理学科,即身心系统自我管理学的研究与发展也必然具有重要的意义。其重要意义可从如下两个层面来诠释:

(一)实践意义

身心系统自我管理学的实践意义首先体现在,现今的人在所处的时代、社会经济和自然环境下,开始认识到身心系统自我管理具有重要意义。那么如何实现身心系统自我管理、管理什么、怎么管理等问题就需要科学的理论和方法的指导。身心系统自我管理学会通过相应的研究和有关理论和方法的梳理、总结并满足这一需求。

(1)现今还有相当多的人,出于社会、经济、家庭和自身原因,还没有认识或开始进行身心系统自我管理,他们的身心系统状况正面临很多关于健康的问题,需要有相应的学科提醒或认识这些问题,以使其能够做到治未病,提升自己的身心系统健康水平和生命质量。

(2)对应于现今的大多数病患者,如何科学地看待病患,从身心和环境的关联整体上分析和认识病患产生的原因、机理,如何身心同治、标本同治、系统辨证施治,不仅仅限于医学层面,而从身心系统自我认识和自我管理层面综合施治,可能会收到更好的效果。特别是对于大多数慢性病和癌症患者具有更重要的实践意义。

(3)身心系统自我管理学虽然不是关于长生不老的学问,但至少它探讨通过自身的认知和自我管理来提升身心系统健康水平,从而延年益寿,提升自身工作和生活正能量,创建自我生命的高质量。

(二)学术意义

身心系统自我管理学是关于人类社会和自身健康发展的重要学科,其还具有如下几个方面的重要学术意义:

1.它的发展将对系统科学的发展提供新动力

身心系统是世界上最复杂的一类系统,具有迄今人们发现的几乎所有的复杂性特征,并存在更多的奥秘还没有被发现。所以身心系统自我管理学的研究与发展,必将拓展系统科学的研究内容和发现新的特征机理,同时实现系统科学与身心系统自我管理学的互动创新式发展。

2.它的发展将促进管理科学的发展

身心系统自我管理学也属于管理科学范畴,由于其管理对象包括身体这个复杂生命体和无边际的心灵心理系统,而管理的行为主体是自我,这个自我被嵌入在相应的研究对象之中,因此,它又与一般的管理学不同,身心系统自我管理学的研究与发展,无疑会给管理学带来前所未有的新挑战,从而促进管理科学的发展。

3.它的发展将反作用于支撑它的相关基础学科发展

身心系统自我管理学是架构在生命科学、医学、心理学、心身医学、养生学和健康管理学等学科基础上的,是运用系统科学和现代管理学对这些学科理论和方法的融合与升华,同时必然会涌现新的综合整体特征,形成身心系统自我管理学的更高层次的理论与方法。这些理论与方法会揭示和联系起这些基础学科的相关理论与方法,为这些学科的研究与发展提供系统化的局境特征的支持,从而反作用于这些相关的基础学科发展。

四、本书的宗旨与组织

(一)本书的宗旨

本书的一个初衷是基于对所见、所闻和亲历的一系列相关疾病和生命陨灭事件的观察、思考和感悟,并引起极大的兴趣和使命感,想从系统科学和管理学视角,对这些事件做一些探讨。应用系统工程方法论,从更宽泛的知识范畴和时空域梳理事件的前因后果,特别是整体性关联关系,去探寻人们可能会忽略的一些环节,找到相应的脆弱性。其核心思想就是系统科学思想,即强调多学科的系统化的身心系统及其环境的动态整体认知。而把身心系统的运行维护和素质提高,从疾病的预防、医治到康复的医学模式上升为现代管理学模式,并主要强调自我管理的主体作用。本书初步形成的主要观点概述如下:

(1)所有身心疾病的最根本原因,就是身体组织不合、心事心理不合、身心不合,以及与环境不合。

(2)人类最需要的知识是对自己的身心的科学认知。如果每个人都能系统科学地认识自我,那么地球村或许就会和平昌盛。

(3)身体不是机器,而是不断地进行新陈代谢和耗散的有机生命体,代谢与耗散是其主旋律。

(4)天道酬勤!快乐、积极、勤奋地运动你的身与心,你会更健康、年轻和幸福。懒惰、贪图安逸的幸福观是腐朽、没落和短命的。

(5)休养远不如科学地锻炼。

(6)运动或科学的"劳累"不会消耗身体储能,而会增加储能。

(7)血液循环是身体运动和新陈代谢的根本,要时刻关注和促进你的血液循环。

(8) 血液循环中的众多微循环组织更需谨慎重视，五脏六腑组织的微循环不畅，会逐渐引起其功能下降直至疾病；四肢、五官及皮肤等末梢微循环不畅，就会加速你的衰老；慢性病大多与微循环不畅相关。

(9) 有机体是一个高度有序的系统，有规律的工作与生活习惯，对于身心系统健康大有裨益。

(10) 心主身。学习知识，科学地认识你所处的客观世界，提升自身的知识水平，解放自己的心理。

(11) 从身心系统整体出发，系统地分析、对待和处理疾病。

(12) "劳累"即疲惫的本质是气血不调，主体原因是心理冲突引起的身心不合。

(13) 现代人特别是白领人群，身体最主要的管理问题是身体使用得不充分和不平衡。

(14) 身心系统的管理方法要因人而异，但要强调方法的系统整体性。

(15) 身与心的责任人是你自己，最了解你身心的是你自己，身心管理靠自己。

(16) 现在就启动你的身心系统自我管理再造工程。

人生最大的敌人就是你自己，身心系统自我管理就是要战胜这个敌人！

(二) 本书的组织

本书共分六章。

第一章为绪论，主要阐释了身心系统自我管理的意义、相关研究情况及作为一门管理学问的思考。

第二章为身心系统的构成。主要从中医和西医学视角梳理了身体系统的基本构成及身体主要系统。然后,从心理学视角摘要整理了心理系统的主要构成要素和系统。最后从自然、经济、社会、文化和家庭分析了身心系统的环境要素。本章提供对身心系统的基本认知。

第三章为身心系统论认知,主要是在身心系统基本构成基础上,应用系统科学理论把身心系统的认知提升到系统论水平。具体运用耗散系统理论阐释了身心系统的耗散特征,应用生命科学认识身体有机生命系统和应用整体论探讨了身心系统整体性。是全书的核心理论基础。

第四章梳理了身心系统问题,主要从心理系统自身、身体系统自身、身心系统综合,以及身心系统与环境系统四个方面,梳理和分析了常见身心系统问题。运用系统科学理论与方法诠释相应问题表象,分析问题出现的原因。

第五章讲述身心系统管理原理。这一章先从古代,主要是从中华民族文化的三大瑰宝《易经》《道德经》《黄帝内经》中传承相应思想和理念,给出古典的身心系统管理原理。然后运用整体性原理、耗散结构、新陈代谢、对立统一和内外因关系等理论给出系统学原理。最后从管理学视角,给出身心系统规划、自我组织、协调与控制等管理学原理。

第六章为身心系统自我管理方法。主要梳理总结了中西医对身心系统的检查评价方法,并分别给出心理管理方法、身体修炼方法、对待疾病的方法和身心综合运行与管理方法。心理管理方法主要聚焦在树立科学的世界观、价值观、幸福观,特别是劳累观认知修为等方面,而身体管理方法强调修炼不是休养,以全面促进血液循环为核心。并主张系统全面地使用身体,进行身心的全面综合运用和管理,启动身心系统自我再造工程,提升身心系统的健康水平。

第二章
身心系统的构成

　　身心的科学管理是建立在对身心系统的科学认知基础上的。现代的生命科学、医学和心理学给我们对身心系统的认知奠定了科学基础。特别是中医学在身心系统的整体性认知方面贡献颇多。医学,特别是西医,学科分类的细化冲淡了身心的系统整体性。但现代人不可不对自我身心有基本的系统认知。

　　身心系统是一个高度复杂的巨系统,至今还有大量的奥秘没有被发现和解开。本书只从身心系统自我管理需要的视角,把握身心的基本系统认知。

第一节　身体系统的基本构成

　　人的身体是由各种生物组织器官构成的,按照基础医学理论,身体系统的分子层面是生物大分子,主要是蛋白质、酶和核酸。蛋白质的功能几乎涉及人体的所有生理过程。酶是身体里的重要催化剂,体内几乎所有的化学反应都是由酶催化的。核酸具有存储和传递遗传信息功能。再上层次就是细胞、组织和器官,进而可划分为运动系统、消化系统、呼吸系统、泌尿系统、生殖系统、循环系统、感觉系统、神经系统、内分泌系统和免疫系统十大系统。但这里从管理学视角,运用系统科学方法进行梳理。为便于我们理解和把握,先从中医的五脏六腑说起,然后再从系统管理视域进行划分,分别从消化系统、血液循环系统、神经系统、内分泌系统、免疫系统和肌骨系统六方面对身体系统做一下梳理,以建立对身体系统的基本认知。

一、五脏六腑

五脏六腑是大多数中国人耳熟能详的对身体重要器官构成的基本认知,也是我们对身体系统认知的入门先验知识,让我们更易于把握。五脏六腑说法来源于中医学理论。中医学把人体内重要器官根据功能不同分为脏和腑两大类。脏,包括心、肝、脾、肺、肾,即五脏,主要指胸腔和腹腔中实心的一些器官,认为它们的共同功能是贮藏精气。精气在中医学中是指能充养脏腑和维持生命活动的不可缺少的营养物质和活动能力的总称。腑,包括胆、胃、大肠、小肠、膀胱、三焦,即六腑,大多是指胸腹腔内一些空心有腔的器官,它们具有储存消化食物、吸收营养、排泄糟粕的功能。

中医学里的脏腑,除了指解剖意义上的器官外,更重要的是对人体生理功能和病理变化规律的描述,并形成有关脏腑的理论和"藏象"学说。"藏"通"脏",指藏于内的五脏;"象"是征象或形象等表象。其核心思想是说,内脏虽隐存于体内,但其生理、病理方面的活动变化,都有征象表现在外,即构成外在表象。所以中医学的脏腑学说是通过观察人体外部征象或形象等表象来研究内脏活动规律及其相互关系的学说。

第二章 身心系统的构成

下面按照中医学理念给出五脏六腑的认知与诠释。

(一)五脏

五脏之心位于胸腔内偏左位置,在胸腹隔膜之上,两肺之间,形如莲蕊,圆而下尖,外部有心包护卫。心的生理功能主要为两方面,一是心主血脉,即心有主管血脉和推动血液循环行于脉中的作用。血指血液。脉指脉管,又称经脉,为血液之府,也是血液运行的通道。心脏和脉管相连形成血液循环的枢纽,构成一个密闭的系统。心脏有规律正常地跳动,需要三个条件:心气充沛、血液充盈、脉道通利。二是心藏神。在中医学中,神的含义主要有三:其一指自然界物质运动变化的功能和规律。其二指人体生命活动的总称,即整个人体生命活动的外在表现,如整个人体的形象及面色、眼神、言语、应答、肢体活动姿态等。其三是指人们的精神、意识、思维活动。

五脏之肺位居胸腔内,中连心脏,上连气管,通窍于鼻,与自然界之大气直接相通。肺分为左右两叶,其中充满肺泡、质地疏松。主气司呼吸,助心脏行血,通调水道。肺的生理功能分为如下四个方面:一是主气,即指肺有主持、调节全身各脏腑之气的作用。肺有通过呼吸而参与气的生成和调节气机的作用,同时吸入自然界的清气,呼出体内的浊气,实现体内外气体交换的功能。二是主行水,即指肺的宣发和肃降对体内水液的输布、运行和排泄的疏通和调节作用,参与调节体内水液代谢。三是肺朝百脉,即全身血脉均汇总流经于肺,经过肺的呼吸进行气体交换。四是主治节,即治理调节,指肺辅助心脏治理调节全身气、血、津液及脏腑生理功能的作用。

五脏之脾位于腹腔上部,胸腹隔膜之下,与胃以膜相连,"形如犬舌,状如鸡冠",主运化、统血,输布水谷精微,为气血生化之源,人体脏腑百骸皆赖脾以濡养，故有后天之本之称。脾的生理功能，一是主运化，指脾具有将水谷营养物质消化、吸收和运输的功能，以及对水液的吸收和转输，调节、维持人体水液代谢平衡的作用。二是主统血，指脾是气血生化之源，而气为血之帅，血随气行，具统摄周身血液，使血液正常运行而不溢于脉外的功能。脾的运化与统血功能健旺，则气血充盈，血液固摄有序。

五脏之肝位于腹部，横膈之下。主疏泄、藏血，喜条达而恶抑郁。肝的生理功能主要有两方面：一是主疏泄，指肝具有调畅人体全身气机，使之疏通畅达，不滞不郁的功能。人体是一个不断地发生着升降出入的气化作用的动态机体，气机即指气的升降出入运动。这一运动过程是通过脏腑的功能活动而实现的。人体脏腑经络、气血津液、营卫阴阳等正常生理功能的维持，无不依赖气机升降出入而相互联系，从而取决于肝的疏泄功能。此外，肝主疏泄也指其对气机的调畅作用，可调节人的精神情志活动，包括喜、怒、忧、思、悲、恐、惊七情。同时，气机调畅可促进消化吸收、维持气血运行、调节水液代谢与生殖等。二是主藏血，即指肝脏具有贮藏血液、防止出血和调节血量的功能。血液来源于水谷精华，生化于脾而藏于脏腑经脉。而肝内贮存适量的血液，既可以濡养自身，制约阳气维持肝的阴阳平衡、气血调和，又可以防止出血。肝内藏血也是一种缓存，因此，可在人体各部分组织的血液需求量变化时，输出或存储一定的血量，起到调节血量的作用，故肝有"血海"之称。

五脏之肾位于腰部脊柱两侧，左、右各一，右微下，左微上，外形椭圆弯曲，状如豇豆。主藏精，主水液，主纳气，为人体脏腑阴阳之本、生命之源，故称为先天之本。肾的生理功能有三：一是藏精，指肾具有贮存、封藏人身精气的作用。肾所藏精气与人体其他精气不同，是促进机体生长、发育和繁殖，和参与血液的生成，提高机体的抗病能力的精气。

肾精是胚胎发育的原始物质,人的生殖器官的发育及其生殖能力,均依赖于肾。二是主水液。水液是人体内正常液体的总称。肾主水液即指肾为水液脏器,具有主持调节人体水液代谢的功能。三是主纳气,即指肾有摄纳肺吸入之气而调节呼吸的作用。人体的呼吸运动虽以肺主导,但吸入之气,必须下行归于肾,由肾气主摄纳,呼吸才能通畅、调匀。

正所谓"人之生身源于肾,生长发育基于肾,生命活动赖于肾。肾是人体阴精之所聚,肾精充则化源足"。

(二)六腑

六腑之胆附于肝之短叶,与肝相连,即所谓肝胆相照,是呈中空的囊状器官。胆的主要功能有二,一是贮存和排泄胆汁。胆汁味苦,呈黄绿色,具有促进食物消化吸收的作用。胆汁由肝脏之精气所生化,贮存于胆,故有胆为"中精之府""清净之府"。胆汁的排泄由肝的疏泄功能调节和控制。二是胆主决断,是指胆对思维意识活动的作用,即具有判断事物和做出决定的作用。胆的这一功能对人体防御和消除某些精神刺激的不良影响,维持和控制气血的正常运行,协调各脏腑之间的关系具有重要的作用。

六腑之胃位于膈下,上接食管,下通小肠。胃的上口为贲门,下口为幽门。胃分为上、中、下三部分,即上脘、中脘、下脘,因此胃又称胃脘。胃的主要功能有二:一是主受纳,即胃具有接受和容纳水谷食物,进行初步消化腐熟,并下传于小肠的功能。故有"水谷之海""太仓"之称。胃对水谷的受纳、腐熟作用为脾的运化功能提供了物质基础。因此,脾胃同称为"后天之本,气血生化之源"。二是主通降,是指胃气即胃的功能以通畅下降为顺。人体饮入食物先纳于胃,经胃的初步腐熟消化后下传小肠进一步消化吸收,清者精华由脾转输,浊者下传大肠转为糟粕排出体外,这一过程是靠胃气的"通降"作用完成的。

六腑之小肠位于腹中,上端通过幽门与胃相接,下端通过阑门与大肠相连,为中空的管状器官,呈迂曲回环叠积之状。其主要功能,一是接受和容纳由胃初步消化的食物,并进一步消化吸收。二是泌别清浊,即在食物进一步消化过程中,将其分别为水谷精华和食物残渣,并将清者精华经脾上输于肺,以营养全身,浊者残渣下传于大肠以备排除。此外,小肠在吸收水谷精华的同时,也吸收了大量的水液,并经气化渗入膀胱,形成尿液,故有"小肠主液"之说。

六腑之大肠位于腹腔,其上口通过阑门与小肠相连,下端与肛门相接,是一个管道器官,呈回环叠积之状。大肠的主要功能就是传化糟粕,即接受小肠下传的食物残渣,吸收其中多余的水分,形成粪便并经肛门排出体外,故称大肠为"传导之官"。

六腑之膀胱位于小腹部,为中空的囊状器官,上有输尿管与肾相通,下通过尿道开口于前阴。膀胱的主要功能为贮存和排泄尿液。尿液为津液所化,其形成依赖于肾的气化作用。肾气化津液为尿液,下输至膀胱,并调节膀胱的开合,最后排出体外。

六腑之三焦是上焦、中焦、下焦的总称。在人体脏腑中三焦空间最大,但有名无实,有"孤腑"之称。三焦实质上是人体腔腹的划分,膈肌以上为上焦,包括心、肺;膈肌以下、脐以上为中焦,包括脾、胃;脐以下为下焦,包括肝、肾。三焦的具体功能:一是主持人体的气化活动,是人体元气通行的道路。所谓元气发源于肾,但必须通过三焦输布全身,以激发、推动各脏腑组织器官功能活动,从而维持人体生命活动的正常进行。元气是组织气化活动的原动力,而三焦通行元气又关系到全身气化功能的正常进行。二是三焦为人体水液运行的道路,因此具有疏通水道、运行水液、促进人体水液代谢的作用。

二、消化系统——能量获取

前述从中医的五脏六腑说初步建立了身体系统的宏观简略认知,从本小节开始基于系统管理观念和现代医学基础,分别对消化系统——能量获取、血液循环系统——能量输运、神经系统——信息处理、内分泌系统——机体调节与控制、免疫系统——身体防御和肌骨系统——形体运动进行介绍。

人体是由物质构成的有机体,人体在整个生命活动中,必须从外界摄取足够的营养物质作为生命活动能量的来源,以满足人体发育、生长、生殖、组织修补等一系列新陈代谢活动的需要。完成食物的摄入、传送、转化和糟粕排出的所有相关器官构成了人体的消化系统,而这一系统的主要功能就是完成人体的能量获取,是人体获得能源维持生命的首个重要系统。

(一)消化系统的构成

人体消化系统可分为消化道和消化腺两大部分。消化道部分依序包括口腔、咽喉、食管、胃、小肠(细化包括十二指肠、空肠、回肠)和大肠(细化包括盲肠、阑尾、结肠、直肠)。在医学上,常以十二指肠悬韧带为分界,把消化道分为上消化道(即十二指肠悬韧带以上的消化道)和下消化道(即十二指肠悬韧带以下的消化道),如图 2-1 所示。

消化腺部分包括口腔腺、肝腺、胆腺、胰腺以及消化管壁上的许多小腺体,其主要功能是分泌消化液。消化腺又分为小消化腺和大消化腺两种。小消化腺分布在消化管各部的管壁内,大消化腺包括三对唾液腺(即腮腺、下颌下腺、舌下腺)、肝腺、胆腺和胰腺,它们均借助导管,

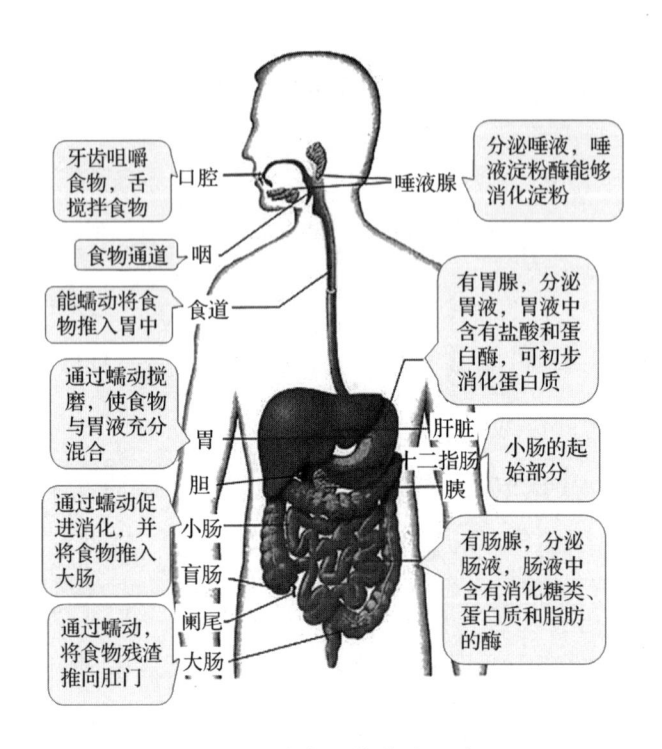

图 2-1　消化系统构成示意

将分泌的消化液排入消化管内。食物在胃肠道内的消化分解主要依靠胰腺和胃肠腺分泌的水解酶,以及由肝脏分泌的胆汁和肠菌酶参与的酶促反应来实现。

　　肝是人体代谢的枢纽,肝、胆和胰的关系及功能如图 2-2 所示,肝脏分泌胆汁储藏在胆囊中,然后经导管流入十二指肠。胰腺体分泌胰液,胰液含有能够消耗糖类、蛋白质和脂肪的酶,胰液也经导管流入十二指肠。物质在肝内的代谢也是通过复杂的酶促反应而运转的,酶促反应需要质量正常的肝细胞和充足的能量供应,所以肝的健康对消化系统至关重要。

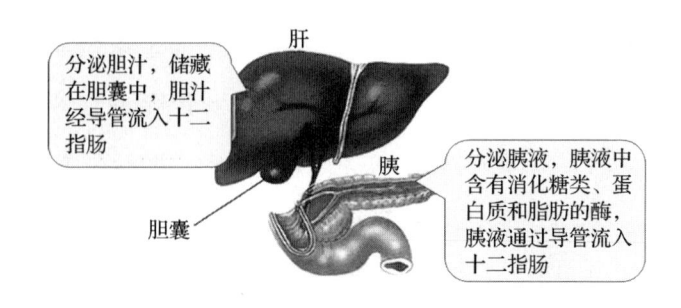

图 2-2　肝、胆和胰的关系及功能示意

(二) 消化系统的功能

消化系统在消化过程中包括机械性消化和化学性消化两种形式。食物经过口腔中的咀嚼,牙齿的磨碎,舌的搅拌,喉的吞咽,到胃肠中再经胃肠肌肉的活动使其蠕动,并将大块的食物碎小化,使消化液与食物碎块充分混合,从而推动食团或食糜下移,直至到肛门,被排出体外,这一消化过程叫机械性消化或物理性消化。而化学性消化是指前面所说的消化腺分泌的消化液对食物进行化学分解。消化液的主要作用是将各种复杂的营养物质进行化学分解,如把糖类分解为单糖,把蛋白质分解为氨基酸,把脂肪类分解为甘油及脂肪酸等。这些分解后的营养物质变成肠壁可以吸收的简单的化合物,然后被小肠(主要是空肠)吸收进入血液和淋巴液。这就是化学性消化过程。机械性和化学性消化两个过程同时进行,共同完成消化过程。

消化系统包括的器官最多,消化道入出直接开口于体外,其黏膜接触病毒病菌等病原体及致癌和毒性等物质的机会也最多,所以容易发生感染、炎症、损伤,而消化系统肿瘤的发病率较高也与此有关。

消化系统所有器官的活动受自主神经系统支配,大脑丘脑下部是自主神经的皮层下中枢,是联络大脑与自主神经低位中枢的重要环节,因此，神经系统与消化系统之间的关系密切。神经系统状态会严重影响消化系统的功能，例如心情等精神状态的变化能通过神经系统影响胃黏膜的血液灌注和相关腺体的消化液分泌，从而影响化学性消化。同时，也能引起结肠运动和分泌功能的变化导致机械消化功能紊乱，因此可以理解何以与消化系统相关的身心疾病相当多见。

三、血液循环系统——能量输运

血液循环系统是血液在人体内流动的通道，是人体的能量输运系统，负责人体各系统、组织和器官的血液分配和供给。血液循环系统由血液、血管和心脏组成。其核心功能就是由心脏不停地跳动提供动力，推动血液在人体系统中循环流动，为身体的各种组织和器官的细胞提供赖以生存的物质，包括营养物质和氧气，并把细胞代谢的产物二氧化碳带走。同时多种激素也通过血液的运输得以到达其靶器官，以此协调整个身体的功能。

(一)血液循环

血液循环系统可分为体循环和肺循环两部分，如图 2-3 和 2-4 所示。

体循环 体循环开始于左心室。首先左心室中经肺循环获得的新鲜血液从左心室搏出后，流经主动脉及其派生的若干动脉分支，将血液推送入各个分支相应的组织器官。器官中动脉血管再经多次分支，管径逐渐变细，数目逐渐增多，最终到达密布的毛细血管，并在此处通过细胞间液，同组织细胞进行物质交换代谢，即血液中的氧和营养物质被组织吸收，而组织中的二氧化碳和其他代谢产物进入血液中，变动脉新

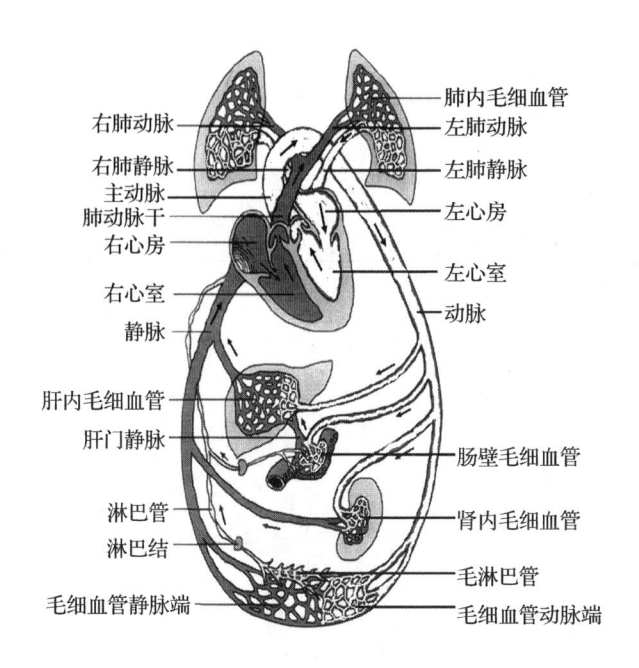

图 2-3　血液循环系统主要构成及循环示意

鲜血液为用过的静脉血液。此间静脉毛细血管汇集血液到血管，血管管径逐渐变粗，数目逐渐减少，直到最后所有静脉血管均汇集到上腔静脉和下腔静脉，血液由此回到右心房再到右心室，从而完成体循环过程。

肺循环　由体循环可知右心室储存回溯的用过的静脉血液，因此，肺循环自右心室开始，首先静脉血被右心室搏出，经过肺动脉到达肺泡周围的毛细血管网。在此处血液中的二氧化碳进入肺泡，肺泡中的氧进入血液，与血液红细胞中的血红蛋白结合，含氧量提升，这样，颜色暗红的静脉血变成了含氧丰富的颜色鲜红的动脉血。然后再经肺静脉回溯到左心房再入左心室，这样与体循环连通。血液通过体循环和肺循环不断地运转，完成了血液循环系统的重要功能。

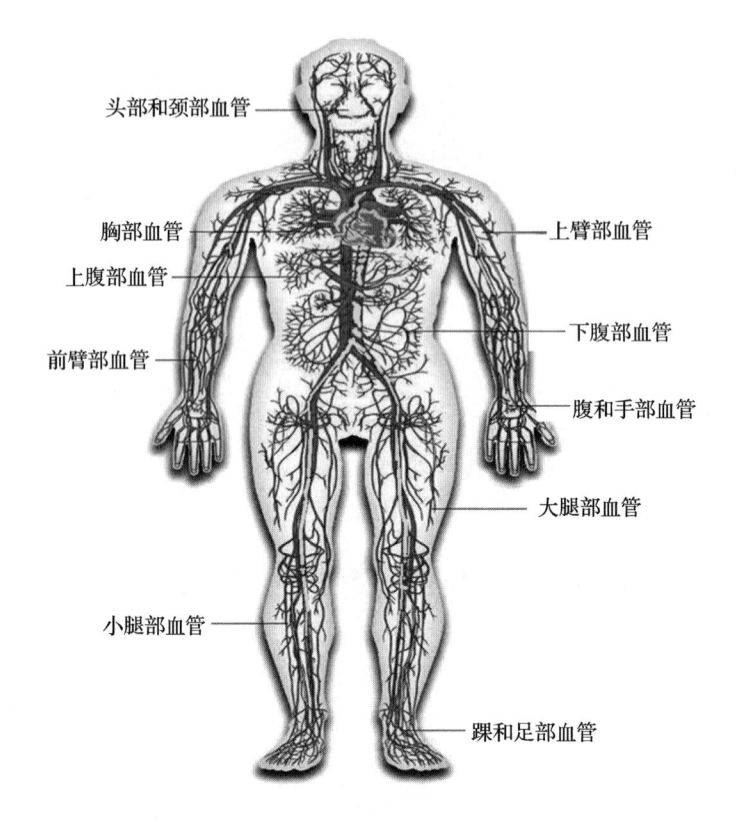

图 2-4　人体血管系统分布示意

(二)血液的基本构成要素

血液是人体各系统、组织和器官细胞所需要的水液和新陈代谢所需要的物质与能量来源,因此,血液循环系统除了需要通达输运外,血液的质量也至关重要。这里简要对血液的构成做些认知介绍。血液由血浆和血细胞构成。

血浆相当于人体结缔组织的细胞间质,为浅黄色半透明的液体,其中除了含有大量水分以外,还含有无机盐、纤维蛋白原、白蛋白、球蛋白、酶、激素、各种营养物质以及代谢产物等。这些物质一般无特定的形态,但具有重要的生理功能。血浆中含有90%～91%的水,6.5%～8.5%的蛋白质和2%的低分子物质。低分子物质由多种电解质和小分子有机化合物,如代谢产物和其他某些激素等构成。

血细胞由红细胞、白细胞、淋巴细胞和血小板构成。在人体的生命过程中,血细胞不断地新陈代谢。红细胞的平均寿命约120天,白细胞和血小板的生存期一般不超过10天。淋巴细胞分为多种,其生存期长短也不等,从几个小时直到几年。血细胞及血小板来自造血器官,其中红细胞、有粒白细胞及血小板由红骨髓产生,而无粒白细胞则由淋巴结和脾脏产生。

红细胞在正常成人每微升血液中的平均数值,男性450万～500万个,女性350万～450万个。红细胞需ATP(腺苷三磷酸adenosine triphosphate是由腺嘌呤、核糖和3个磷酸基团连接而成,水解时释放出能量较多,是生物体内最直接的能量来源)供给能量以保持正常形态,如果缺乏ATP供能,则会导致细胞膜结构和形态的改变。成熟红细胞无细胞核,也无细胞器,胞质内充满血红蛋白。血红蛋白为含铁的蛋白质,约占红细胞重量的33%,具有结合与运输氧气和二氧化碳的功能。当血液流经肺时,由于肺内的氧气分压高(102mmHg),二氧化碳分压低(40mmHg),而血红蛋白的氧分压低(40mmHg),二氧化碳分压稍高(46mmHg),即释放出二氧化碳而与氧气结合。当血液流经身体其他器官的组织时,其相应的二氧化碳分压高(46mmHg)而氧气分压低(40mmHg),于是血红蛋白即释放出氧气并结合二氧化碳。由于血红蛋白具有这种性质,所以红细胞能供给全身组织细胞所需的氧气,带走所产生的部分二氧化碳。正常成人每升血液中血红蛋白含量,男性120～160g,女性110～115g。一来般说,红细胞数少于每微升350

万个为贫血,血红蛋白低于每升100g则为贫血。

白细胞为无色有核的球形细胞,体积比红细胞大,可做变形运动,具有防御和免疫功能。正常成人白细胞的值为每微升4000～10000个,男女无明显差别。婴幼儿稍高于成人。血液中白细胞的数量受各种生理因素影响,如在劳动、运动、饮食及妇女月经期时均略有增多。而在疾病状态下,白细胞总数及各种白细胞的数量百分比值都可能发生改变。根据白细胞胞质有无特殊颗粒,白细胞可分为有粒白细胞和无粒白细胞两类。有粒白细胞又根据其嗜色性,分为中性粒细胞、嗜酸性粒细胞和嗜碱性粒细胞。无粒白细胞有单核细胞和淋巴细胞两种。单核细胞具有活跃的变形运动、明显的趋化性和一定的吞噬功能。单核细胞是巨噬细胞的前身,一般在血液中停留1～5天后,穿出血管进入组织和体腔,分化为巨噬细胞。单核细胞和巨噬细胞都能消灭入侵机体的细菌,吞噬异物颗粒,消除体内衰老损伤的细胞,并参与免疫,但其功能不及巨噬细胞强。

淋巴细胞占白细胞总数的20%～45%,圆形或椭圆形,大小不等。淋巴细胞为多群体,依其发生部位、表面特征、寿命长短和免疫功能的不同,至少可分为T细胞、B细胞、K(杀伤)细胞和NK(自然杀伤)细胞等四类。T细胞约占淋巴细胞总数的65%～75%,它参与细胞免疫,如排斥异体移植物、抗肿瘤等。B细胞约占淋巴细胞总数的8%～15%,其受抗原刺激后增殖分化为浆细胞,产生抗体,参与体液免疫。

血小板是哺乳动物血液中共有的有形成分之一,具有特定的形态结构和生化组成,在正常血液中数量较恒定(如人的血小板数为每立方毫米10万～30万)。血小板在止血、伤口愈合、炎症反应、血栓形成及器官移植排斥等生理和病理过程中有重要作用。

四、神经系统——信息处理

神经系统是人体内起主导作用的功能调节系统,堪称人体的信息处理系统。神经系统由神经细胞(或称神经元)和神经胶质所组成,人体有数以亿计的神经元。神经元是一种高度特化的细胞,具有感受刺激和传导兴奋的功能,是信息处理的最基本单元。

人体具有高度的结构与功能复杂性,人体内各器官、组织、系统的功能和各种生理过程都不是各自孤立地进行的,而是在神经系统的直接或间接调节控制下,互相联系、相互影响、密切配合完成的,从而实现和维持正常的生命活动。同时,人体又是生活在经常变化的环境中,这些变化随时都在影响着体内的各种功能,这也需要由神经系统对体内各种功能不断地进行迅速而完善的调整,以适应体内外环境的变化。人类的神经系统高度发展,特别是大脑皮层不仅进化成为调节控制人体活动的最高中枢,而且也成为能进行思维活动的器官。因此,神经系统是一个重要的信息处理系统。

(一)神经系统构成

神经系统由中枢部分和其外周部分组成。如图 2-5 所示,中枢部分包括脑和脊髓,分别位于颅腔和脊椎管内,两者在结构和功能上紧密关联构成中枢神经系统。外周围部分包括十二对脑神经和三十一对脊神经,组成外周神经系统。外周神经遍布于全身,把脑和脊髓与全身其他器官联系起来。中枢神经系统通过传入神经传输感觉信息,以感受内外环境的变化。同时,通过传出神经传达调节指令,调节体内各种功能,从而保证人体的完整统一及其对环境的适应。

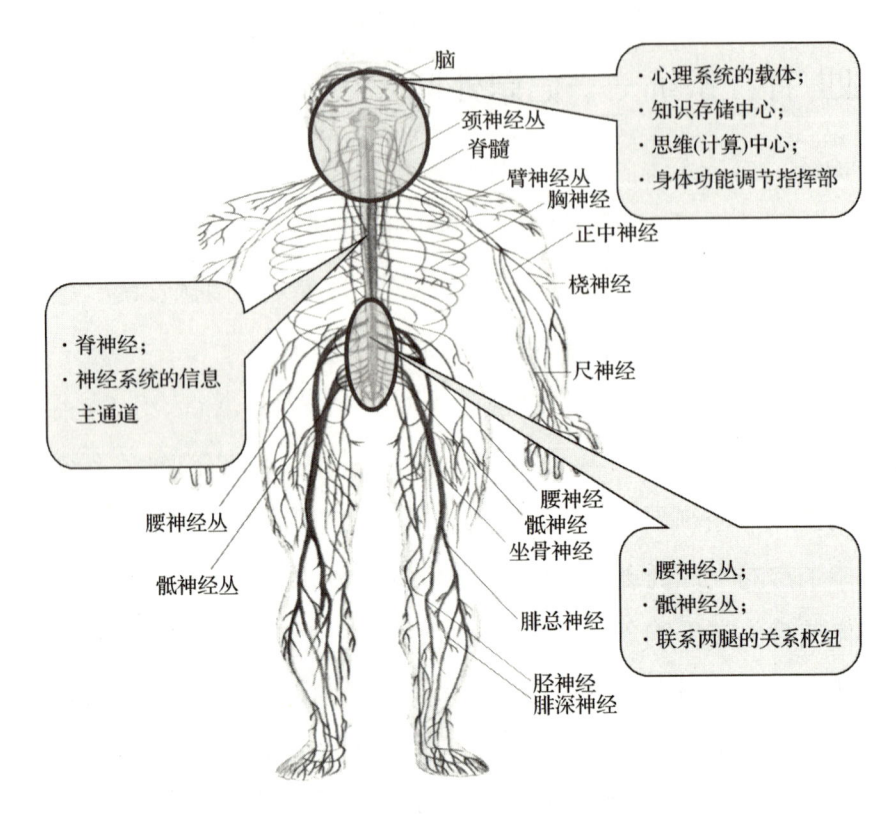

图 2-5 人体神经系统分布示意图

神经系统构成和功能的基本单位是神经元,其活动和信息在神经系统中的传输则表现为一种特定的生物电变化及其传播。例如,外周神经中的传入神经纤维把感觉信息传入中枢神经系统,而中枢神经系统主要是大脑做出相适应的指令,然后传出神经纤维把中枢发出的指令信息传给效应器官。整个过程都以神经冲动的形式传送,而神经冲动就是一种被称为动作电位的生物电变化,是神经兴奋的标志。

(二) 中枢神经系统

中枢神经系统包括位于颅腔内的脑和位于脊椎管内的脊髓。
脑为中枢神经系统的头端膨大部分,位于头颅腔内,分为端脑、间脑、中脑、脑桥、小脑和延髓六部分。解剖学把中脑、脑桥和延髓统称为脑干。其中端脑包括左、右两个半球,每个半球表层都有灰质覆盖,即大脑皮层。人类进化到今天大脑皮层已得到高度发展,它不仅是人类各种身体与行为机能活动的高级中枢,而且是人类思维和意识等心理活动的物质基础。

大脑皮层的不同部位具有不同功能。有管理躯体运动的对应区域,如中央前回的运动区、颞叶的听区、枕叶的听区等。大脑皮层管理躯体运动是通过两条下行神经路径完成的,即锥体内系与锥体外系。前者发起躯体运动,后者协调运动过程。此外,大脑皮层的边缘叶区域是调节内脏活动的主要部位,并且人体的条件反射主要是大脑皮层的功能。

小脑与低位脑干之间有双向纤维进行联系,其与前庭核、红核等一起调节肌紧张和躯体反射活动。小脑与大脑皮层间也有双向纤维联系,因此,小脑对身体有意识的动作起着调节作用,即实现对动作的力量、快慢与方向的精准控制。

脑干是脊髓与大脑之间的上下通路,存有许多反射中枢。如中脑上丘为视觉反射中枢,下丘为听觉反射中枢,红核是姿势反射的重要中枢。在脑桥中存在角膜反射中枢。在延髓中有调节呼吸、循环等活动的,还有调节躯体运动反射的等重要中枢。

脊髓呈前后稍扁的圆柱体,位于脊椎管内,上端在平齐枕骨大孔处与延髓相续,下端终于第一腰椎下缘。脊髓前、后面的两侧发出许多条细的神经纤维束,叫作根丝。一定范围的根丝向外方集中成束,形成脊神经的前根和后根,并在椎间孔处合并形成脊神经。脊髓以每对脊神经根根丝的出入范围为准,划分为三十一个节段,即八节颈髓、十二节胸髓、五节腰髓、五节骶髓和一节尾髓。

(三)周神经系统

周神经系统联络于中枢神经和身体其他各组织器官之间,包括与脑相连的十二对脑神经和三十一对脊神经。按其所支配的组织器官的性质可分为两个神经系:一是分布于体表和骨骼肌的躯体神经系,二是分布于内脏、心血管和腺体的内脏神经系。

周神经的主要成分是神经纤维,其主要功能是将来自外界或体内的各种刺激转变为神经信号并进行传输。向中枢内传递的纤维称为传入神经纤维,由这类纤维构成的神经叫传入神经或感觉神经。向周围的靶组织器官传递中枢冲动指令信息的神经纤维称为传出神经纤维,由这类神经纤维构成的神经称为传出神经或运动神经。分布于皮肤、骨骼肌、肌腱和关节等处,并将相关部位所感受的外部或内部刺激传入中枢的纤维称为躯体感觉纤维。分布于内脏、心血管及腺体等处,并将来自相关结构单元的感觉冲动传至中枢的纤维称为内脏感觉纤维。分布于骨骼肌并支配其运动的纤维叫躯体运动纤维。而支配平滑肌、心肌运动以及调控腺体分泌的神经纤维叫作内脏运动纤维,由它们所组成的神经叫植物性神经。

(四)神经系统关联的重要身体部位

由图2-5所示,其中标注框指出了重要神经系统部位。首先是脑部,它是心理系统的载体,知识的存储中心,思维(计算)中心和身体功能调节指挥部。其次是颈部,是脑与脊神经连接及脊神经初端,而脊神经是神经系统的信息主通道。再有就是腰部,其具有关键交错的丰富神经丛,如腰神经丛、骶神经丛等,是联系两腿的关键神经枢纽。这些提示我们,要认真关注自身的头部,特别是颈部颈椎以及腰部的活动与健康。

五、内分泌系统——机体调节与控制

内分泌系统是身体的重要调节与控制系统,它与神经系统紧密联系,相辅相成,共同调节身体的生长发育和各种代谢,维持身体系统内环境的稳定,并影响行为活动和控制生殖等。

(一)内分泌系统的构成

内分泌系统由内分泌腺和分布于身体组织器官的内分泌细胞构成。内分泌腺是人体内一些没有输出导管的腺体。内分泌细胞分泌的物质称为激素,内分泌细胞分泌的大多数激素会通过血液循环输运到远处,作用于特定细胞,其中小部分分泌物可直接作用于邻近的细胞,其被称为旁分泌。内分泌腺的结构特点是:腺细胞排列成索状、团状或围成泡状,不具有排送分泌物的导管,毛细血管丰富。

内分泌细胞分泌的激素,按照相应的化学性质可分为含氮激素和类固醇激素两大类。含氮激素包括氨基酸衍生物、胺类、肽类和蛋白质类激素。分泌含氮激素细胞的超微结构特点是,胞质内含有与合成激素有关的粗面内质网、高尔基复合体和有膜包被的分泌颗粒等。分泌类固醇激素细胞的超微结构特点是,胞质内含有与合成类固醇激素有关的丰富的滑面内质网,但不形成分泌颗粒,线粒体较多,其嵴多呈管状,胞质内还有较多的脂滴,其中的胆固醇等为合成激素的原料。每种激素作用于一定器官或器官内的某类细胞,其被称为激素的靶器官或靶细胞。靶细胞具有与相应激素相结合的受体,受体与相应激素结合后产生相应的调节效应。

许多器官虽然不属于内分泌腺体,但包含具有内分泌功能的组织或细胞,例如脑的内啡肽、胃泌素和释放因子等,肝的血管紧张素原,肾脏的肾素、前列腺素、25羟成骨固醇等。同一种激素可以在不同组织或器官中合成,如生长抑素可在下丘脑、胰岛和胃肠等中合成,多肽性生长因子可在神经系统、内皮细胞和血小板等中合成。

(二)内分泌系统与神经系统的关系

神经系统与内分泌系统生理学方面关系密切。例如,下丘脑中部即为神经内分泌组织,可以合成抗利尿激素、催产素等,沿轴突贮存于垂体后叶。鸦片多肽一方面作用于神经系统,另一方面又作用于垂体。神经系统与内分泌系统在维持身体内环境稳定方面互相影响,又相互协调。例如在保持血糖稳定的机制中,即有内分泌激素如胰岛素、胰高血糖素、生长激素、生长抑素和肾上腺皮质激素等的作用,也有神经系统如交感神经和副交感神经的参与。所以只有在神经系统和内分泌系统均健康正常时,身体内环境才能维持最佳状态。

为了保持身体内主要激素间的平衡,在中枢神经系统的作用下,内分泌系统各组织间有一套完整的互相制约、互相影响和复杂的正、负反馈过程控制系统。这样,在外部条件有不同变化时,其与神经系统共同使内环境仍能保持稳定,这是维持生命延续的必要条件。任何一种内分泌细胞的功能失常所致的一种激素分泌过多或缺乏,均可引起相应的病理生理变化。激素一般以相对恒定速度或一定节律释放,生理或病理因素可影响激素的基础性分泌,也由反馈过程控制系统相应的传感器监测和调节激素水平。这样内分泌系统与神经系统相互作用形成一套复杂的身体系统调节机制。

(三)人体的主要内分泌腺

人体主要的内分泌腺有:甲状腺、甲状旁腺、脑垂体、胰岛和肾上腺等。

甲状腺位于气管上端的两侧,呈蝴蝶形,分左、右两叶,由许多大小不等的滤泡组成。滤泡壁为单层的立方上皮细胞,也是腺体的分泌细胞。泡腔有胶状物,为腺体细胞分泌的贮存物。滤泡之间有丰富的毛细血管和少量结缔组织。甲状腺的生理功能主要是分泌甲状腺激素。

甲状腺激素可提高大多数组织的耗氧率,增加产热效应,促进代谢过程,使人体正常生长和发育,特别对骨骼和神经系统的发育有明显的促进作用。即它可以促进蛋白质合成,特别是使骨、骨骼肌、肝等蛋白质合成明显增加。在糖代谢方面,甲状腺激素有促进糖的吸收、肝糖原分解的作用,以及促进外周组织对糖的利用。此外,甲状腺素有提高神经系统兴奋性的作用,特别是对交感神经系统的兴奋作用最为明显,同时它还可以直接作用于心肌,使心肌收缩力增强,心率加快。所以甲状腺功能亢进的病人常表现为容易激动、失眠、心动过速和多汗。并由于甲状腺激素分泌过多,反而会使蛋白质,特别是骨骼肌的蛋白质大量分解,因而消瘦无力。

甲状旁腺有四颗,位于甲状腺两侧的后缘内,左、右各两个,总重量约100毫克。甲状旁腺分泌的甲状旁腺素起调节机体钙磷代谢的作用,它一方面抑制肾小管对磷的重吸收,促进肾小管对钙的重吸收,另一方面促进骨细胞放出磷和钙进入血液,这样提高血液中钙的含量。所以甲状旁腺的正常分泌使血液中的钙不致过低,血磷不致过高,因而使血液中钙与磷保持适宜的比例。

脑垂体是一个椭圆形的小体,重不足1克。位于颅底垂体窝内,通过垂体柄与丘脑下部相连,分腺体和神经两部分。它分泌多种激素:生长激素与骨的生长有关,幼年时期如缺乏,易形成侏儒症,而过剩,易形成巨人症;催乳素可以促进乳腺增殖和乳汁生成及分泌;促性腺激素包括尿促卵泡素和黄体生成素,可促进雄、雌激素的分泌,卵泡和精子的成熟;促肾上腺皮质激素,促使肾上腺皮质激素的分泌,该激素缺乏,会出现与艾迪生病相同的症状;促甲状腺激素作用于甲状腺,使甲状腺增大,甲状腺素的生成与分泌增多;抗利尿激素是下丘脑某些神经细胞产生,并运输贮藏在垂体的一种激素,作用于肾脏,促进水的重吸收,调节水的代谢;催产素能刺激子宫收缩,并促进乳汁排出。此外,脑垂体还分泌有促甲状旁腺激素、促黑激素等。

胰岛是散在胰腺腺泡之间的细胞团,具有五种细胞,分别为分泌胰高血糖素、胰岛素、生长抑素、胰多肽和胃泌素。胰岛素的主要作用是调节糖、脂肪及蛋白质的代谢,促进全身各组织,尤其能加速肝细胞和肌细胞摄取葡萄糖,促进它们对葡萄糖的贮存和利用。肝细胞和肌细胞大量吸收葡萄糖后,一方面是将其转化为糖原储存,或在肝细胞内将葡萄糖转变成脂肪酸再转运到脂肪组织贮存,而另一方面是促进葡萄糖氧化生成高能磷酸化合物(即 ATP)作为细胞代谢能量来源。胰岛素对于蛋白质代谢也起着重要作用,即它能促进氨基酸进入细胞,然后直接作用于核糖体,促进蛋白质的合成。同时,它还能抑制蛋白质分解,对机体生长过程十分重要。

胰岛素的另一个作用是促进肝细胞合成脂肪酸,进入脂肪细胞的葡萄糖不仅用于合成脂肪酸,而且主要使其转化成 α-磷酸甘油,并与脂肪酸形成甘油三酯贮存于脂肪细胞内。此外,胰岛素还能抑制脂肪分解。胰岛素缺乏时糖不能被贮存利用,这不仅会引起糖尿病,还会引起脂肪代谢紊乱,出现血脂升高,动脉硬化,引起心血管系统严重病变等。

血糖浓度是调节胰岛素分泌的最基本的因素。氨基酸、脂肪酸也有促进胰岛素分泌的作用。此外,许多胃肠道激素以及胰高血糖素都有刺激胰岛素分泌的作用。胰高血糖素作用与胰岛素相反,它促进肝脏糖原分解和葡萄糖异生,使血糖明显升高。它还能促进脂肪分解,使酮体增多。

肾上腺位于肾脏上方，左右各一个，分为外周皮质和中心两部分。皮质部分占大部分，是腺垂体的一个靶腺，其髓质受交感神经节前纤维直接支配。皮质组织结构可以分为球状带、束状带和网状带三层。球状带腺细胞主要分泌盐皮质激素。束状带与网状带分泌糖皮质激素，网状带还分泌少量性激素。

肾上腺糖皮质激素对糖代谢有两方面作用，一是促进蛋白质分解，使氨基酸在肝中转变为糖原。二是对抗胰岛素的作用，抑制外周组织对葡萄糖的利用，使血糖升高。糖皮质激素还有对四肢脂肪组织分解增加，和使腹、面、两肩及背部脂肪合成增加的作用。因此，肾上腺功能亢进或服用过量的糖皮质激素可出现满月脸、水牛背等肥胖体形特征。

糖皮质激素对水盐代谢的排出水也有影响，缺乏时会出现排水困难。同时它还能增强骨髓对红细胞和血小板的造血功能，使红细胞及血小板数量增加，使中性粒细胞增加，促进网状内皮系统吞噬嗜酸性粒细胞，抑制淋巴组织增生，使血中嗜酸性粒细胞、淋巴细胞减少。另外还有降低毛细血管的通透性的作用。当机体遇到创伤、感染、中毒等有害刺激时，糖皮质激素还具备增强机体的应激能力的作用。肾上腺糖皮质激素由于以上的种种作用和功能，已广泛用于抗炎、抗中毒、抗休克和抗过敏等治疗。

肾上腺盐皮质激素主要作用为调节水、盐代谢。在这类激素中以醛固酮作用最强，去氧皮质酮次之。这些激素一方面作用于肾脏，促进肾小管对钠和水的重吸收并促进钾的排泄，另一方面影响组织细胞的通透性，促使细胞内的钠和水向细胞外转移，并促进细胞外液中的钾向细胞内移动。因此，在皮质机能不足的时候，血钠、血浆量和细胞外液都减少。而血钾、细胞内钾和细胞内液量都增加。由于血浆减少，血压下降,严重时可引起循环衰竭。

肾上腺皮质分泌的性激素以雄激素为主,可促进性成熟。少量的雄激素对妇女的性行为甚为重要。雄激素分泌过量时可使女性男性化。

肾上腺髓质位于肾上腺中心,分泌肾上腺素和去甲肾上腺素,它们的生物学作用与交感神经系统紧密联系,作用很广泛。当机体遭遇紧急情况(如恐惧、惊吓、焦虑、创伤或失血等情况)时,交感神经活动加强,髓质分泌的肾上腺素和去甲肾上腺素急剧增加,使心跳加强加快,心血输出量增加,血压升高,血流加快。并使支气管舒张,以改善氧的供应,促进肝糖原分解,血糖升高,增加营养物质的供给。

六、免疫系统——身体防御系统

免疫系统是身体自我保护的防御系统,主要由胸腺、淋巴结、脾、扁桃体淋巴器官,以及其他器官内的淋巴组织和全身各处的淋巴细胞、抗原呈递细胞等构成。免疫系统在功能上与神经系统和内分泌系统有许多相似之处。然而,免疫系统功能的失调也对人体极为不利。如果没有免疫系统的保护,即使是一粒灰尘也足以让人致命。医学研究显示,人体百分之九十以上的疾病与免疫系统失调有关。

(一)免疫系统层次结构

人体防御系统由外到内分成三个层次或称三道防线。

第一道防线是由身体与外界直接接触层,包括皮肤和口腔及呼吸道。这一层的免疫防护由皮肤和黏膜构成,人体与外界环境接触的表面,覆盖着一层完整的皮肤和黏膜。皮肤由多层扁平细胞组成,能阻挡病原体的穿越。只有当皮肤损伤时，病原体才能侵入。黏膜仅有单层柱状细胞，机械性阻挡作用不如皮肤，但黏膜有多种附件和分泌液。例如呼吸道黏膜上皮细胞的纤毛运动、口腔唾液的吞咽和肠蠕动等，可将停留在黏膜表面的病原体驱赶出体外。当宿主受寒冷空气或有害气体等刺激，上呼吸道黏膜屏障受损伤时，就易患气管炎、支气管炎和肺炎等。皮肤和黏膜能分泌多种杀菌去毒物质。例如皮肤的汗腺能分泌乳酸使汗液呈酸性，不利于细菌生长。皮脂腺分泌的脂肪酸，有杀细菌和真菌作用。不同部位的黏膜腺体能分泌溶菌酶、胃酸、蛋白酶等各种杀菌物质。

第二道防线是体液中的杀菌物质和吞噬细胞。人体的正常菌群也有抵抗病原体的作用。例如口腔中的唾液链球菌产生的过氧化氢能杀死脑膜炎奈瑟氏菌、白假丝酵母菌等，咽喉部的甲型链球菌能抑制肺炎链球菌生长等。

这两道防线是人类在进化过程中逐渐建立起来的天然防御功能，是人生来就有，不针对某一种特定的病原体，对多种病原体都有防御作用，因此叫作非特异性免疫，又称先天性免疫。在大多数情况下，这两道防线就可以防止病原体对机体的侵袭。

第三道防线主要由胸腺、淋巴结和脾脏等免疫器官和淋巴细胞等免疫细胞组成。这一防线是人体在出生以后逐渐建立起来的后天防御功能，是出生以后才产生的，只针对某一特定的病原体或异物起作用，因而叫作特异性免疫，又称后天性免疫。

(二)淋巴系统

淋巴系统是第三道防线的重要系统，人体主要的淋巴器官有骨髓和胸腺，外围的淋巴器官则包括扁桃体、脾、淋巴结、集合淋巴结等。这些构成了防线的关卡,用于防堵入侵的毒素及微生物。当我们喉咙发痒或眼睛流泪时,都是我们的免疫系统在努力工作的信号。长久以来,人们因为盲肠和扁桃体没有明显的功能而选择割除它们,但是后来的研究显示盲肠和扁桃体内有大量的淋巴结,这些结构能够协助免疫系统运作。

淋巴系统构成免疫的核心成分是淋巴细胞,它使免疫系统具备识别能力和记忆能力。淋巴细胞经血液和淋巴周游全身,从一处的淋巴器官或淋巴组织至另一处的淋巴器官或淋巴组织,使分散各处的淋巴器官和淋巴组织连成一个功能整体。

骨髓是主要的造血器官,是各类血细胞的发源地。胚胎期血细胞生成场所开始于卵黄囊,然后移至胚肝和胚脾,最后由骨髓替代。成年期造血功能主要发生在胸骨、脊椎、髂骨和肋骨等扁骨的红髓。血细胞的祖先是多能干细胞,继而增殖分化为淋巴系和髓系干细胞,再进一步增殖分化为单能干细胞或前体细胞进入血流。禽类的前体 B 细胞进入法氏囊成熟,哺乳类包括人类的前体 B 细胞仍继续留在骨髓内直至成熟。

胸腺是 T 细胞分化和成熟的场所,因而 T 细胞亦称胸腺依赖性 T 淋巴细胞。骨髓中的 T 淋巴系前体细胞经血循环进入胸腺后,也称胸腺细胞。它们在胸腺激素作用下,最终分化为成熟 T 细胞,随后释放入血液循环中。

成熟 T 细胞和 B 细胞通过血液循环到达淋巴结、脾脏和扁桃体等组织或器官,它们分别定居在固定的部位,成为机体的"常驻警卫部队"。若遇到病原体等抗原物质入侵,就能发生特异性免疫应答反应,产生免疫物质与之对抗。我们身体某个部位发生创伤炎症时,该部位附近的淋巴结便会肿大,这就是这些部位增加了"警卫部队"并在与病原体作战。

淋巴结 淋巴结是一个拥有数十亿个白细胞的小型战场。当因受到感染而需要作战时,外来的入侵者和免疫细胞都聚集在这里,淋巴结就会肿大,甚至我们都能摸到它。肿胀的淋巴结是一个很好的信号,它告诉你身体细胞受到感染,而你的免疫系统正在努力地工作着。淋巴结还作为整个保安部队的排水系统,肩负着过滤淋巴液的工作,把病毒、细菌等废物运走。人体内的淋巴液大约比血液多出4倍。

具体功能 淋巴系统的具体功能就是不断地产生、循环和更新免疫细胞和免疫分子,精确识别自身和非己物质,以维持机体的纯洁和相对稳定性,接受、传递、扩大、储存和记忆有关免疫的信息,针对免疫信息发生正向和负向的应答并不断调整其应答性。人体受伤以后相应组织会肿胀,这就需要靠淋巴系统来排除积聚的液体,恢复正常的液体循环。

生理运动 淋巴系统运行不像血液循环系统,它没有一个像心脏那样的泵器来推送淋巴液。淋巴系统中,新的组织液首先流入细胞间的空隙中的液体,然后挤入淋巴管,再通过动脉和肌肉的张缩对淋巴液施加向前的压力,而呼吸作用则在胸导管内造成负压,使淋巴液向上流而回到血液中去。

(三)免疫系统工作原理

在感染过程中,各免疫器官、组织、细胞和分子间互相协作,互相制约,密切配合,共同完成复杂的免疫防御功能。病原体侵入人体后,首先遇到的是天然免疫功能的抵御。一般经7~10天,产生获得性免疫。然后两者配合,共同杀灭病原体。人类的吞噬细胞有大、小两种。小吞噬细胞是外周血中的中性粒细胞;大吞噬细胞即单核吞噬细胞,是血中的单核细胞和多种器官、组织中的巨噬细胞。两者构成单核吞噬细胞系统。当病原体穿透皮肤或黏膜到达体内组织后,吞噬细胞首先从毛细血管中逸出,聚集到病原体所在部位。多数情况下,病原体被吞噬杀灭。若未被杀死,则经淋巴管到附近淋巴结,在淋巴结内的吞噬细胞进一步把它们消灭。淋巴结的这种过滤作用在人体免疫防御能力上占有重要地位,一般只有毒力强、数量多的病原体才有可能不被完全阻挡而侵入血液及其他脏器。但是在血液、肝、脾或骨髓等处的吞噬细胞会对病原体继续进行吞噬杀灭。

以病原菌为例,吞噬、杀菌过程分为三个阶段,即吞噬细胞和病菌接触、吞入病菌、杀死和破坏病原菌。吞噬细胞内含有溶酶体,其中的溶菌酶、髓过氧化物酶、乳铁蛋白、防御素、活性氧物质、活性氮物质等能杀死病菌,而蛋白酶、多糖酶、核酸酶、脂酶等则可将菌体降解。最后不能消化的菌体残渣,将被排出吞噬细胞外。免疫细胞还具有修补受损的器官和组织,使其复原的功能。

正常人体的血液、组织液、分泌液等体液中含有多种具有杀伤或抑制病原体功能的物质。主要有补体、溶菌酶、防御素、乙型溶素、吞噬细胞杀菌素、组蛋白、正常调理素等。这些物质的直接杀伤病原体的作用不如吞噬细胞强大,往往只是配合其他抗菌因素发挥作用。例如补体对霍乱弧菌只有弱的抑菌效应,但在霍乱弧菌与其特异抗体结合的复合物中若再加入补体,则很快发生溶解霍乱弧菌的溶菌反应。

人体抵抗各种病原微生物的方式不尽相同。抵抗引起脓疡的葡萄球菌或引起肺炎的肺炎球菌等主要靠其产生的相应抗体协助体内中性粒细胞将细菌吞噬消化。抵抗引起白喉的白喉杆菌毒素或引起破伤风的毒素,则机体先由这些毒素刺激而产生的抗体如抗毒素等,然后再将毒素中和破坏。麻疹病毒、流行性感冒病毒、甲型和乙型肝炎病毒、脊髓灰质炎病毒等,一般从不同途径进入体内,然后要侵犯一定的细胞才能增殖和发挥致病作用。机体对付这些病毒,首先利用抗体限制病毒随体液扩散,再产生细胞因子等免疫分子与病毒感染细胞发生免疫反应,在破坏细胞的同时销毁了侵入细胞内的病毒,使机体康复。人体在感染过程中同时在产生相应的免疫力,因此,可抵抗这种病原微生物的再次感染。

健康的免疫系统对身体是至关重要和无可取代的,其依赖于健康食物,但它也是脆弱的。已有研究证实,适当的营养可强化免疫系统的功能,决定免疫系统强弱的关键在于精确平衡的营养,营养失衡会使免疫细胞功能减弱,不纯净的营养会使免疫细胞产生失调,导致慢性疾病。营养免疫学的研究核心问题就是研究如何营养滋养身体,以维持免疫系统的最佳状态,以达到使免疫系统更强健的目的。

七、肌骨系统——形体运动系统

身体物理运动和做功的能力主要取决于身体的肌骨系统,即肌肉与骨骼系统,它支撑着人的形体,是人体运动机械体系。

(一)骨骼系统

典型的成人的骨骼系统包括206块骨,如图2-6所示。骨骼化是复杂生物结构和组成脊椎动物的基础。骨骼中的结缔组织包括硬骨、软骨、纤维性结缔组织、血管、血液。人骨中含有水、有机质即骨胶和无机盐等成分。其水的含量较其他组织少,平均为20%~25%。在剩下的固体物质中,约40%是有机质,约60%以上是无机盐。无机盐决定骨的硬度,而有机质则决定骨的弹性和韧性。

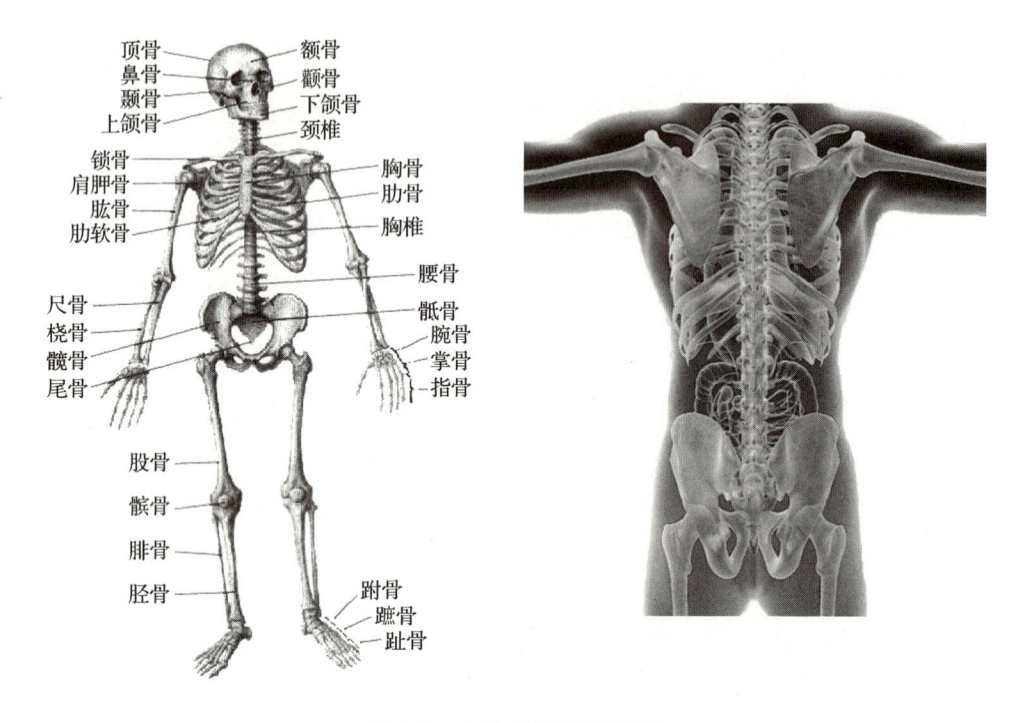

图 2-6　人体骨骼系统示意

　　骨骼功能之一是支撑着人的形体。人体不同的骨骼通过关节、肌肉、韧带等组织连成一个整体，对身体起支撑作用。如果人类没有骨骼，那只能是一摊软组织，就不可能站立行走和运动。

　　其二是对人体的保护功能。人类的骨骼如同一个框架，保护着人体重要的脏器，使其尽可能地避免外力的"干扰"和损伤。例如颅骨保护着大脑组织，脊柱和肋骨保护着心脏、肺，骨盆骨骼保护着膀胱、子宫等。没有骨骼的保护，外来的冲击、打击很容易使内脏器官受损伤。

　　其三是运动功能。骨骼与肌肉、肌腱、韧带等组织协同，共同构成肌骨系统，完成人体的运动功能。骨骼提供运动过程必需的支撑体系，肌肉、肌腱提供运动的动力，韧带的作用是保持骨骼的稳定性，使运动得以连续地进行下去。所以说骨骼是运动的基础。

其四是代谢功能。骨骼不仅是支撑人体和机械运动的基础,同时还与人体的代谢关系十分密切。骨骼中含有大量的钙、磷及其他有机物和无机物,是体内无机盐代谢的参与者和调节者。骨骼还参与人体内分泌的调节过程,影响体内激素的分泌和代谢。骨骼还与体内电解质平衡相关。

骨骼还有一个最重要的功能就是造血功能。骨骼的造血功能主要表现在人的幼年时期,骨髓腔内含有大量的造血细胞,这些细胞参与血液的形成。人到成年后,部分松质骨内仍存在具有造血功能的红骨髓。人出生时,红骨髓充满全身骨髓腔,随着年龄增大,脂肪细胞增多,相当部分红骨髓被黄骨髓取代,最后几乎只有扁平骨的骨髓腔中有红骨髓。这是由于成人不再需要全部骨髓腔造血,部分骨髓腔造血已足够补充所需血细胞。当机体严重缺血时,部分黄骨髓也可被红骨髓替代,以提高骨髓的造血能力。

(二)肌肉系统

人体的肌肉按结构和功能的不同可分为骨骼肌、平滑肌和心肌三种。

骨骼肌分布于头、颈、躯干和四肢各处,大都附着于骨骼,骨骼肌收缩迅速、有力、容易疲劳,可随人的意志舒展收缩,故称随意肌。骨骼肌在显微镜下观察呈横纹状,故又称横纹肌。骨骼肌与骨骼构成人体运动的动力机械系统,在神经系统的支配下,骨骼肌收缩中,牵引骨骼产生运动。骨骼肌是可以从外观看到和感觉到的一种肌肉类型。健身者们进行锻炼增加肌肉力量时,锻炼的就是骨骼肌。骨骼肌与骨骼相附,成对出现,其中一块朝一个方向移动骨头,另外一块朝相反方向移动骨头。骨骼肌通常可随意收缩,由神经系统控制。人体骨骼肌共有600

多块，分布广，约占体重的 40%，如图 2-7 所示。每块骨骼肌不论大小如何，都具有一定的形态、结构、位置和辅助装置，并有丰富的血管和淋巴管分布，受一定的神经支配。因此，每块骨骼肌都可以看作是一个器官。

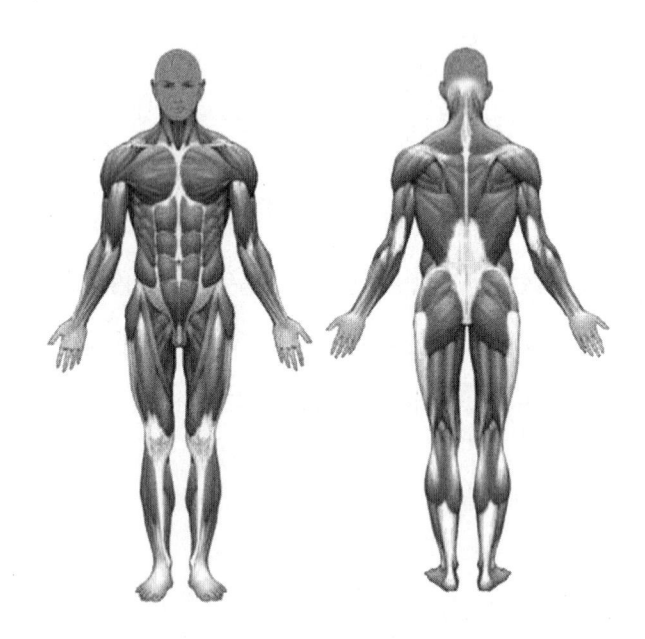

图 2-7　人体肌肉系统示意

平滑肌存在于内脏、消化系统、血管、膀胱、呼吸道和女性的子宫内。平滑肌不同于骨骼肌，其能够长时间拉紧和维持张力。这种肌肉不受意识控制，不能随意志收缩，由神经系统自动控制它们，不需要人去考虑。例如，胃和肠道中的肌肉每天都在动作，执行食物蠕动消化的任务，但一般都不会被察觉到。平滑肌具有收缩缓慢、持久、不易疲劳等特点。

心肌是指心脏的肌肉，只存在于心脏中，其最大的特征是耐久力和坚固性。它既可以像平滑肌那样有限地伸展，又可以像骨骼肌那样有力量地收缩，是一种颤搐肌肉，并不随意志收缩。

肌肉的辅助装置有筋膜、滑膜囊和腱鞘等。它们具有协助肌肉的活动，保持肌肉的位置，减少运动时的摩擦和保护肌肉等功能。

(三)肌肉的血管、淋巴管和神经

肌肉的血液供应　肌肉的活动需要丰富的血液供应，需要与肌肉的代谢旺盛度相适应。每一块肌肉均有自身的血液供应动静脉血管体系，主要血管多有神经与之伴行，血管与神经沿肌肉间隔、筋膜间隙行走。动脉血管在肌肉内反复分支，最后在肌肉内膜形成包绕肌肉纤维的毛细血管网路，然后由毛细血管网汇入微静脉、小静脉，形成供血循环回路。

肌肉的淋巴回流　肌肉中同样伴有淋巴管回路体系。淋巴回流开始于肌肉中的毛细淋巴管，它们存在于肌肉外膜的肌肉束膜内，离开肌肉后沿途伴随静脉血管回流，然后汇入较大的深淋巴管中。

肌肉的神经支配　支配肌肉动作的神经支称为肌肉支。除了腹肌和背部深层肌肉受节段性神经支配外，其余大多数肌肉受单一的神经支配。肌肉的神经支较血管恒定，变异少，与肌肉的主要营养血管伴行。支配肌肉的神经支通常含有感觉和运动两类神经纤维。感觉神经纤维传递肌肉的痛温觉和本体感觉，而运动神经纤维则感受肌肉纤维的舒缩变化，调节肌肉活动。运动神经主管肌肉的收缩和保持肌肉张力等行为活动，神经末梢和肌肉纤维之间建立突触连接，称为运动终板或神经肌肉连接。神经末梢在神经冲动到达时，释放乙酰胆碱，从而引起肌肉纤维的收缩。此外，神经纤维对肌肉纤维也有营养性作用，即由神经末梢释放某些营养物质，促进糖原蛋白质的合成

第二节　心理系统的基本构成

心理系统最早是由西格蒙德·弗洛伊德(Sigmund Freud,1856—1939)提出。他在治疗歇斯底里病症时,发现病人的一切情绪体验并不是都能意识到的,而病人经历过的情绪体验,被推到他的意识之外,并积聚大量心理能力,因而产生心理病症。依据这些现象,他逐渐形成了有关人的心理系统的概念。按照弗洛伊德的理念,人的心理系统由意识系统、下意识系统或前意识系统、无意识系统构成,它们各自具有不同的特性,在整个心理活动中起着不同的作用。

心理系统研究属于心理学范畴,在第一章已有所引述。本节从心理学视角梳理一下心理系统的基本构成,并对感知、记忆、意识和行为系统四个重要心理活动做进一步的阐述,以使我们对心理系统有一个基本认知。

一、心理系统的构成要素

按照心理学理论,心理系统的基本构成如图2-8所示,其以身体的神经系统为基础,以自然社会系统为环境,由四个层面构成。第一层面是由感觉、知觉和注意构成的感知系统,第二层面是主要由大脑记忆和积累的知识构成的记忆系统,第三层面是由思维想象、语言和自我意识构成的意识系统,第四层面是由需求动机、气质性格和行为能力构成的行为系统。感知系统和记忆系统是认知科学的主要研究对象,而意识系统和行为系统则是行为科学的主要研究对象。四个层面的要素活动相互关联,并与神经系统和自然社会系统环境因素相互作用,从而构成复杂的心理活动。

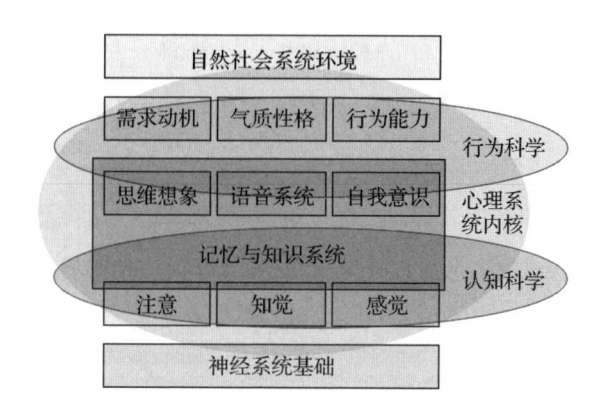

图 2-8　心理系统基本构成框架示意

心理的起源,尤其是人类高级心理过程,如思维、语言、情感、意志,高级心理特征的产生,是神经基础及人类社会化进程的产物。心理现象包括感觉、知觉、表象、记忆、思维、想象、情感和意志等。心理是刺激引起的电脉冲在神经系统上传播的结果,是生物电流在神经系统中传播所引起的。因此,神经系统是心理产生的基础。

二、感知系统

感知系统是心理系统的起源,是心理现象产生的基础。感知系统主要由感觉、知觉和注意三个心理活动构成。

(一)感觉

感觉是一个人所有其他心理现象的基础,没有感觉也就没有其他一切心理现象。人的感觉是由人体的五种感官即视觉、听觉、触觉、味觉和痛觉所接收到的刺激,并把这种刺激在神经系统传播汇集到大脑而完成的。

按心理学概念,感觉是人脑对直接作用于感觉器官的客观事物个别属性的反映。人类在生存活动过程中时刻都在感知自身所存在的外部环境,感觉就是客观事物的各种特征和属性通过刺激人的不同的感觉器官引起兴奋,经神经系统网络传导反映到大脑皮层的神经中枢,再通过感觉的记忆与综合就形成了人对这一事物的认识及评价。

现代心理学根据相应刺激物的性质及所作用的感官性质,把感觉分为外部感觉和内部感觉。外部感觉指接受外部世界的刺激,如视觉、听觉、嗅觉、味觉、皮肤感觉等。其中视觉、听觉、嗅觉可接受有距离的外界刺激,又称为距离感觉。内部感觉指接受机体内部的刺激即身体自身的运动与状态所形成的刺激,如运动感、平衡感和内脏感觉等。

感觉的感受强度可由敏感性和感觉阈来度量。感觉的敏感性是指人的感官对刺激的感受、识别和分辨能力。感觉的敏感性因人而异,某些感觉通过训练或强化可以得到特别的发展,即敏感性增强。此外,感觉的产生需要有适当强度的刺激,而这个强度范围称为感觉阈,即为刚好能引起感觉,到刚好不能引起感觉的刺激强度范围。

感觉具有适应现象。即指感觉器官接受刺激后,如果刺激强度保持不变,则经过一段时间后,感觉会逐渐减小以至消失,这种现象称为适应。常言所说"久闻不觉其臭",就是嗅觉器官产生适应的典型例子。除痛觉外,几乎所有其他感觉中都存在适应现象,但适应的表征和持续时间是不同的。除视觉外,各种感觉适应大都表现为感受性逐渐下降乃至消失。触觉和压觉适应最快。视觉对光的适应分为明适应和暗适应,明适应指从暗处进入明处的适应过程,暗适应则相反。

感觉具有对比现象。所有感觉都存在对比现象,即当两个不同的刺激物先后作用于同一个感受器官时,如果存在其中一个刺激比另一个刺激强的现象,则称此为对比现象,所产生的感觉反应叫对比效应。

同时给予感官两个刺激时称为同时对比,先后依次给予两个刺激时,称为先后对比或相继性对比。

感觉还具有掩蔽现象。即当两个强度相差较大的刺激同时作用于同一感官时,往往只能感觉出其中强度大的一种刺激,这种现象称掩蔽现象,即另一个刺激被掩蔽了。例如,当两个强度相差很大的声音传入双耳,我们只能听到强度较大的那个声音,即同时进行两种或两种以上的刺激时,降低了感官对其中某种刺激的敏感性,或使该刺激的感觉发生了改变。

感觉对人的身心系统具有非常重要的作用。首先,感觉是人们认识世界即心理系统信息的输入端口。通过感觉,一个人才能认识外界事物的颜色、亮度、气味、软硬、温凉等属性,也能认识自己躯体的状态,如饥、渴、疼痛等,从而有效地进行自我调节。通过感觉获得的信息,人们可以进行学习,进行更复杂的知觉、记忆、思维等活动,从更深层次上感知客观世界。其次,感觉是维持一个人正常心理活动的重要保障。一个人无法长时间忍受全部或部分感觉的丧失或剥夺。感觉剥夺会使人的思维过程混乱,出现幻觉,注意力不能集中,甚至还会出现严重的心理障碍。

(二)知觉

感觉反映的是事物的个别属性,当把对事物的不同个别属性在大脑中加以综合时,就产生了对事物的全面的反映,这就是知觉。知觉是人脑对直接作用于感觉器官的事物整体的反映,是对感觉信息的组织和诠释过程。

在日常生活中,一个人会很少意识到孤立的感觉,因为其总是要把对事物的各种感觉信息综合起来,并根据自己的经验或知识来解释事物。这说明,人们通常是以知觉的形式来反映事物客体。例如,我们看到的红色,不是脱离具体事物客体的红色,而是红旗的红色,或红花、红裙、红车等的红色。对于听到的声音,总是知觉为具体事物客体对应的声音,如言语声、流水声或汽笛声等有意义的声音。

(三)注意

注意是指有目的、有计划、比较持久的知觉过程,是人主动获得感性认识的活动形式。注意是知觉的高级形态,是我们认识客观事物的重要途径。

注意力也称观察力,即指一个人通过注意或观察活动认识事物特点的能力。观察力是智力发展的基础。

三、记忆系统

记忆系统是心理系统的核心构成部分。记忆是过去感知或经验在头脑中的反映。所谓过去的经验是指人过去对事物的感知,对问题的思考,对某个事件引起的情绪体验,以及进行过的活动操作。这些经验都可以以映像的形式存储在大脑中,在一定条件下,这种映像又可以从大脑中提取出来,这个过程就是记忆。记忆不像感知系统那样反映当前作用于感觉器官的事物,而是对过去经验的反映。从哲学视角去理解,记忆是客观存在,是物质或物质系统变化的痕迹的即时状态。从知识科学视角看,记忆可以积累人的经验,而这些经验的科学组织与使用就构成了心理活动的知识系统。

(一)记忆的作用

记忆是一种最基本的心理过程,是其他心理活动的根基。所谓一个人的过去经验就是因为有记忆；没有记忆的参与，人就不能感知、分辨和确认周围的事物客体。在人们生活和生产实践活动或解决人类复杂问题时，由记忆提供的经验特别是知识化的经验，起着至关重要的作用。

记忆在个体身心系统发展进程中也具有重要作用。人最基本的活动机能就是要发展动作机能，如行走、奔跑、跳跃和各种劳动机能等，就是从小一点点通过身心系统内部感知，并通过记忆把相关动作的经验保存起来。同时，人们要进行交流，要发展语言和思维能力，也必须通过记忆保存词和概念。因此，没有记忆，就没有所谓经验的累积，也就没有心理的发展。

记忆是身心系统活动的过去和现在动态联结纽带，是人们学习、工作和生活的基本机能，是人类智能基础。在某种意义上也可以说，没有记忆和学习，就没有我们现代的人类文明。

(二)记忆的分类

记忆有多种分类，可按内容和时间来区分。

按内容记忆可以分为：其一，形象记忆，即对过去感知的事物形象的记忆。其二，情境记忆，典型的为事件记忆，即对亲身经历过的，具有时间、地点、人物和情节特征的事件的记忆。其三，情绪记忆，即指对自身经历体验过的情绪和情感的记忆。其四，语义记忆，是用词语概括的有组织的知识性记忆。其五，动作记忆，即对身体所做过的运动状态和动作机能的记忆。

按时间记忆可分作为瞬时记忆、短时记忆、长时记忆三类。

瞬时记忆又称为感觉记忆或感觉登记，是指感觉器官在外界刺激以极短时间的一次呈现后，信息在感觉神经系统通道内迅速被登记并保留的瞬间的记忆。通常把视觉的瞬时记忆称为图像记忆,把听觉的瞬时记忆称为声像记忆。一般瞬时记忆记载信息的方式为外界刺激物的形象,具有鲜明的形象性。瞬时记忆具有容量很大,但保存时间短暂的特点。如果个体对瞬时记忆中的信息加以注意,或者说意识到了瞬时记忆的信息时,信息就被转入短时记忆。否则,没有注意到的信息就会被遗忘。

短时记忆是指个体感官在外界刺激以极短时间一次呈现后,注意到信息并保持时间在1分钟以上几分钟以下的记忆。短时记忆的容量有限,一般为5~9个注意项目,这也称为记忆广度。如果超过短时记忆的容量或插入其他活动,短时记忆容易受到干扰而发生遗忘。短时记忆的容量是以项目数为界的,因此,为扩大短时记忆的容量,可将小的记忆项目或单元组合成大的单元来记忆,这样可以减少记忆项目从而提升短时记忆的容量。例如,可将单个的文字如人、物、树变成双字的词,如人民、物品、树木来记,记忆的容量就会扩大一倍。

语言文字信息在短时记忆中多以听觉的编码方式存在,即容易记住的是语言文字的声音,而不是它们的形象,语义记忆只有少量。对非语言文字信息的记忆主要是形象记忆,并且视觉记忆的形象方式占有更重要地位。

短时记忆中的信息是当前被意识到的正在加工的信息。在短时记忆中的信息加工主要是借助已有的经验和知识把新注意到的信息联系起来,这样就要从长时记忆中把相关知识经验提取到短时记忆中来。因此,短时记忆中既有从瞬时记忆中转来的信息,也有从长时记忆中提取的相关信息,它们都是当前正在加工的信息,所以短时记忆也叫工作记忆。短时记忆的信息经过复述,就都可以转入长时记忆系统。

长时记忆是指在短时记忆转入的信息,保持时间在几分钟以上的记忆。长时记忆的容量无论是在信息的种类还是在数量上都是无限的。长时记忆的编码一般有语义编码和形象编码两类。语义编码是根据语言对材料的意义进行加工组织的编码。形象编码是以感觉映像形式对事物的意义进行的编码。长时记忆中的信息若不是有意回忆的话，一般是不会被意识到的。只有当人们需要使用已有的知识和经验时，长时记忆中的信息才被提取到短时记忆中，才能被意识到。长时记忆的遗忘一般是因大脑的自然衰退，或因前摄抑制或倒摄抑制的干扰造成的。

(三)记忆潜力

恩格斯曾说："我们的意识和思维不论它看起来是多么超感觉的，总是物质的、肉体的器官即人脑的产物。"大脑是"灵魂和意识的所在地"，各国科学家特别是认知心理学家对记忆进行了大量的生理和生物化学方面研究，现已形成的共识，认为记忆存在于覆盖在人脑表面的大脑皮质之中，记忆的获得与整个大脑的突触的抑制和促进有关。认为大脑一旦受到刺激，就会在每一个神经细胞（或称神经元）上生长出更多的突触，形成新的连接，从而使神经联系的总量增加，即形成记忆。经过不断的刺激，细胞间联络会更加密切，枝杈型的突触会不断增多，信息才会通畅，促进突触愈加发达。同样，如形成的突触长期不用，就会缩小变弱，数量减少，导致信息不能顺利通过。所以要想增强记忆，就要经常用脑，促进突触的运用。

按照信息技术相关理念，每个神经细胞相当于一个记忆元件，它有兴奋和抑制两种状态。神经细胞记忆的信息可用二进制数的单位"比特"来计量，这样它的总数在 100 亿～140 亿比特。

(四)记忆品质

一般对不同的人以及不同的事物，记忆是有好坏差异的，这称为人的记忆品质。记忆品质可从敏捷性、持久性、准确性和备用性等四个维度来衡量和评价。

敏捷性即对个体记忆的敏感性和速度快慢的度量,是指一个人在一定时间内能够记住的事物的数量。不同的人,记忆的速度有相当大的差异。例如心理学实验表明,对于语言文字材料,让受试者背诵一首唐诗,有的人重复五次就记住了,而有的人却需要重复二十次才能记住。对应视觉素材,让受试者识别记忆一系列图形,有的受试者只需看三十次就能记住,而有的却需要看七十余次才能记住。这就说明了人的记忆在敏捷性方面存在明显的差异。

持久性是指对被记住的事物保持记忆的时间长短。良好的记忆不仅需要有敏捷性,还必须具备持久性。如果记得快忘得快,那就没有什么实际意义了。记忆的持久性是记忆巩固程度的体现。从生理学角度讲,记忆的持久性取决于大脑皮层条件反射的牢固性。条件反射建立得越牢固,记忆就越持久,否则记忆就越短暂。不同人的记忆在持久性方面也有很大差别。有的人记忆十分长久,可以维持多年。而有的人却十分健忘,记不了多久就忘掉了。人们都希望自己的记忆长久,但是仅仅持久仍然是不够的,如果不善于灵活运用也是枉然。既有持久性又有运用的灵活性,才能牢固地掌握所学到的知识。

正确性是指对原有事物记忆内容的性质的保持。一个人的记忆,如果只具有敏捷性和持久性,而不具备正确性,记得又快又牢固,可就是记错了,这样的记忆也毫无用处。完全可以说正确性是良好记忆的最重要的维度。若记忆总是不正确,那它对我们学习知识和积累经验的过程活动只能帮倒忙。所以,记忆的正确性是保持人们获得正确知识的重要因素。经常可以看到有的人记忆总是非常正确,回答问题、处理事情总是那么信心十足,准确而全面,既不丢三落四也不添枝加叶。

而有的人的记忆不是错误百出,就是犹豫不决,拿不定主意,总是"大概""差不多""或许"等。这说明人们的记忆在正确性方面也是大不相同的。

备用性是指能够根据自己的需要,从记忆的所有事物中迅速而准确地提取所需要的信息。记忆备用性是决定记忆效能的主要因素,是显性判断记忆品质的最重要的标准维度。记忆的备用性也是记忆的敏捷性、持久性、正确性的体现。一个人进行记忆活动的目的就是储备知识,并使之备而有用、备而能用。记忆如果没有备用性,它就失去了存在的价值。

记忆的四种品质是有机联系的整体,缺一不可。为了使自己具有良好的记忆能力,就必须建立丰富、系统、精确而巩固的条件反射感知能力,并具备所有的记忆品质。忽视记忆品质中的任何一个方面都是片面的。所以评价一个人的记忆力的好坏,要用四个方面的品质去全面衡量。

(五)知识与学习

记忆系统中,记忆的主体对象就是人类有关活动的经验知识,然而现代人类的个体知识已不能完全靠自身的感知系统直接获得,因此,人从娘胎里或从呱呱坠地就开始学习,然后从幼儿园到小学,再到中学、大学,直至终身都在学习。学习是主动、系统和专门的获取知识的记忆过程。

知识是人类对客观事物的概念及属性特征等的主观抽象,是关于万物实体与性质的知与识,是人类社会实践经验的固化和对客观事物认识的成果。知识的初级形态是来自实践的经验,高级形态是经过人的思维整理及经过证伪的系统化的科学理论。人类知识的总体随着人类社会实践的世代延续,在不断地积累和发展着。

从哲学视角看,知识是由信念、真与确证三个要素构成的,这是由命题来叙述的知识,是西方传统知识论的基础。作为知识是这样一种命题——命题是真的,而主观对其具有相信的信念,并且这种信念是确证了的。人类的知识是以感知和记忆为基础的,按罗素的说法,"从它不仅是记录现在的感觉印象的意义来讲,知识基本上是由对于这类推迟的反应做出的准备所组成。这类准备一般都可以称作'信念',但是只有在它们引起成功的反应时才能称作'知识'"。反应与准备即命题与信念,而引起成功则是一种确证。

学习是指学习者获取知识的过程。学习的概念可分为狭义和广义两种。狭义的学习是指通过阅读、听讲、研究、观察、实践等手段获得知识或技能的过程,是一种使个体可以得到持续变化的知识和技能,以及情感与价值的改善和升华等的行为方式。广义的学习是指人在生活和生产实践过程中,通过感知系统获得经验而产生的行为或行为潜能的相对持久的行为方式。

人的生活和工作都离不开学习。学习是人与环境保持平衡、维持生存和发展所必需的条件,也是适应环境的手段。人为了生存下去,都必须通过学习获得个体经验。这种后天习得的行为经验可适应环境相对迅速的变化,与先天本能相比,其意义显然更为重要。人是最高等的动物,生活方式极为复杂,固定不变的本能行为最少。人类行为的绝大部分是后天习得的。

学习可以提高人的文化修养。人类在社会历史发展过程中创造了大量的物质文化与精神文化。特别是精神文化,如文学、艺术、教育、科学等方面的成果尤其需要我们通过学习去获得,以提高自己的文化素养。缺乏一定文化素养的人不能算作真正健全的人,现代社会的新型人才必须是具有较高文化素养的人。

学习可以优化人的心理素质。一个现代社会的新型人才,应该具备诸多方面的良好心理素质,如高尚的品德,超凡的气质,敬业的精神,目标专一的性格,以及坚忍不拔的意志,等等。这些都可以通过学习来取得。正如萨克雷所言:"读书能够开导灵魂,提高和强化人格,激发人们的美好志向,读书能够增长才智和陶冶心灵。"

学习的本质是在刺激和反应之间建立联系以保持知识的长久记忆。学习可以按内容分为认知的、情感的和运动技能的三大类学习,其中,认知学习又可分为言语信息、心智技能和认知策略三种。按学习过程可分为尝试错误式学习与顿悟式学习。按照理解程度,可分为机械学习与有意义学习,其中有意义学习又可分为接受学习与发现学习等。按学习者互动的情况可分为个别学习与小组学习,等等。

四、意识系统

意识系统是人能认识自己和认识环境的心理系统构成部分,属于认知科学和行为科学的交叉研究对象。意识的心理活动主要表现在人的注意集中点上,属于整个心理系统中的表层面,主要功能是通过人的心理能量活动,把那些先天的本能或欲望抑制或排除掉。意识是一个不完整的、模糊的概念,至今相关的科学家们还没能给出一个确切的定义。一般认为意识是人对环境及自我的认知能力以及认知的清晰程度。意识在哲学视角下是指具体事物的组成部分,是人脑把世界万物分成生物和非生物两大类后,从这两大类具体事物中,通过思维抽象出来的绝对抽象事物或本原,是具体事物的客观存在、运动和行为表现出来的普遍性规定和本质,是每个具体事物普遍具有的自主、自新和自律的主体性质和能力。

(一)意识系统的构成

按照弗洛伊德理念,人的心理系统由意识系统、下意识系统或前意识系统、无意识系统构成。为更好地理解意识系统,按照弗洛伊德的心理学理论需要理解无意识、前意识和意识三个不同层次,同时要把它们相互联系起来形成这里所说的意识系统结构。弗洛伊德对这种结构做了一个比喻:"无意识系统是一个门厅,各种心理冲动像许多个体,相互拥挤在一起。与门厅相连的第二个房间像一个接待室,意识就停留于此。门厅和接待室之间的门口有一个守卫,他检查着各种心理冲动,对于那些不赞同的冲动,他就不允许它们进入接待室。被允许进入了接待室的冲动,就进入了前意识系统,一旦它们引起意识的注意,就成为意识。"

下意识系统或前意识系统是意识系统和无意识系统之间的一个连接带部分。下意识系统具有的特点是在其中也存在着无意识的冲动、欲望和感情等,但它们可能会很容易地转移到意识系统中去。下意识系统或前意识系统在整个心理系统中执行着"检查者"的作用,其目的在于既保证适合于本能,又形成由道德良心和社会意识的组合而产生的个人理想。个人充满强烈心理能量的本能会渗透到意识中去,即使被压抑和被排斥也会借助伪装的形式,通过迂回的道路,试图经由下意识系统到达意识系统,这时它们必然会遇到"检查者"的阻碍,因为"检查者在本能朝向意识的道路上建筑了防御线"。

无意识系统是心理系统中的深层部分,是人的生物本能和欲望的贮藏库。这些本能和欲望具有强烈的心理能量,但由于社会标准不同,得不到满足,就被压抑到无意识之中。然而,它们又总是为自己寻求出路。它们虽然不被本人意识到,但并没有消除,而是在无意识中积极活动,追求满足。无意识系统的过程不受客观现实调节,而是由个体本身来决定的。它服从于享乐和满足的原则,无时无刻不在追求着得到满足。

(二)潜意识

潜意识是下意识或前意识和无意识的统称,是人们不能认知或没有认知到的部分。潜意识指的就是潜藏在我们一般意识底下的一股神秘力量,是相对于"意识"的一种思想,又称"右脑意识"和"宇宙意识"。

潜意识是人类原本具备的而却忘了使用的能力,我们称这种能力为"潜力",也就是存在但却未被开发与利用的能力。潜能的动力深藏在我们的深层意识当中,也就是我们的潜意识。潜意识聚集了人类数百万年来的遗传基因层次的信息。它囊括了人类生存最重要的本能与自主神经系统的功能与宇宙法则,即人类过去所得到的所有最好的生存情报,都蕴藏在潜意识里。

意识和潜意识在一定条件下可相互转换。在自然状态下,意识总是向潜意识过渡转化。在外界的干预刺激下,人也可以把潜意识转化为意识。潜意识的库存及作用远远大于意识,而在当前作用上潜意识发挥的作用也远远大于意识,潜意识虽然难以唤起,但经常不自觉地在支配和改变人的行为。意识只是潜意识和意识整体的"冰山一角"。

(三)思维

思维是人脑对客观事物的间接和概括的反映过程,是基于已知的知识和信息进行加工感悟的知识提升活动,是意识活动的高级形态。一般不依靠实际事物来进行,但有时也在身临其境中体验思考。思维是一个人个体知识系统发展的根本途径,是知识发现、融合和升华的主要手段。

思维过程一般包括分析、综合、比较、抽象、概括、判断和推理等基本过程。分析是指把获取的事物信息,按各个相应特征加以辨别和分类。综合是指将事物的各个特征按其相互作用关系联系成一个整体。比较是指将一事物与其他事物加以对照,确定其异同。抽象是指从具体事物抽取出其本质属性特征。概括则是对一类事物,从更高一个层面抽象出共同特点,摒弃其个别特点。思维是借助词语形成概念进行的。确定这一概念与另一概念的关系,是判断的过程。在已有判断基础上做出新的判断,是推理的过程。

思维方式是指思维过程中采用的联想和逻辑方式与方法,是思考问题的根本方法。从思维活动对象或载体视角看,思维方式可分为语言、形象和符号数学思维,前两者是一般人常用的思维方式,而后者正是有理工学历的人常用思维方式。

典型的思维方法

(1)形象思维法,即通过形象来进行思维的方法。它具有的形象性、感情性,是区别于抽象思维的重要标志。

(2)归纳思维法,是根据一般寓于特殊之中的原理而进行推理的一种思维方法。

(3)发散思维法,是根据已有的某一点信息,然后运用已知的知识、经验,通过推测、想象,沿着不同的方向去思考,重组记忆中的信息和眼前的信息,产生新的信息。它可分流畅性、变通性、独创性三个层次。

(4)联想思维法,包括相似联想、接近联想、对比联想、因果联想。

(5)移植思维法,是指把某一领域的科学方法或技术成果运用到其他领域的一种创造性思维方法,仿生学就是运用移植思维法的典型事例。

(6)聚合思维法,也称求同思维,是指将不同来源、不同材料、不同方向的信息汇聚起来探求一个正确答案的思维过程和方法。

(7) 演绎思维法，是指从普遍到特殊的思维方法，具体思维形式有三段论、假言推理、联言推理、选言推理等。

(8) 目标思维法，即在目标确立后，一步一步去实现目标的思维方法。其思维过程具有指向性、层次性。

(9) 逆向思维法，即指目标思维的反序，是从目标点反向推出条件、原因的思维方法。它也是一种有效的创新方法。

五、行为系统

行为是指人在主客观因素影响下而产生的外部活动，是一个整体的行动过程。完成这一活动的所有要素和过程本身构成行为系统，是心理系统的输出作用和外在表现层。行为系统的研究属于行为科学范畴。

行为系统对于个人来说，既是其心理系统也是其个性的外在表现。世界上每个人都有自己的个性，个性从外在看来是指其独特而稳定的行为模式，而从内在看来则是其独特而稳定表现出的态度、思想、认知等心理系统特征。个性是一个人身心系统区别于他人的独特整体性，在很大程度上决定着一个人的行为。

(一) 行为的类型

行为具有目标和动机，行为的类型依据行为目标和动机的关系可分为以下几种：

意志行为是指人们有明确动机目标的行为，按照个人行为动机与整体长远目标是否统一，又可分为有积极主动动机的士气性行为和无积极主动动机的非士气性行为。积极主动性取决于个体动机与行为的整体长远目标的统一程度,其中包括个体目标与群体目标、战术目标与战略目标、短期目标与长远目标的统一程度,等等。

潜意识行为是指一个人具有明确目标但却无明确动机的行为,即其想做但又不知道为什么要这样做的那些行为。潜意识中的内容由于不被人们的道德价值意识和理智所接受,所以只能通过各种各样伪装的形式表现出来,像梦境就是个人在清醒时不能由意识表达的压抑的欲望和冲动的表现,但做梦不是行为,只是大脑内在的信息活动。潜意识行为在行为过程中表现为两个方面:一是口语流露与不经心的笔误等行动;二是神经性症状,即过分强烈的潜意识形成的变异行为,包括压抑、反应形式、投射、文饰作用、升华等。

无意识行为从进化过程来说可以归于娱乐消遣行为,其在进化过程中本来是一个有意识但目标并不明确的行为。但是,当其转化为像吃饭、穿衣、骑车、电脑打字等生存、生活技能以后,往往就会成为一种自然反应。此时这些行为不必要用意识去专门控制,但它明确的生活、生存乃至工作的目标动机却又是十分显著的。所以所谓"运动"的过程,也可说是一种无意识但目标动机明确的行动,同时这些形成的"运动动作"也是人类性格形成的基础,这正如一位哲人所说:"一种思想导致一种行为,一种行为导致一种习惯,而一种习惯则导致一种性格。"

(二)动机与需要

动机是指心理指引行为要达到的目标,即由特定需要引起的,欲满足各种需要的特殊心理状态和意愿。在心理学中,一般动机被认为涉及行为的发端、方向、强度和持续性。在组织行为学中,激励主要是指激发人的动机的心理过程,即通过激发和鼓励,产生一种内在驱动力,使人们朝着所期望的目标前进的过程。

动机是一个人想要做某件事情而在心理上形成的思维途径,以及在做某种决定的所产生的念头。动机是推动人从事某种活动,并朝一个方向前进的内部动力,也是为实现一定目的而行动的原因。动机是个体的内在过程,行为是这种内在过程的表现。

引起动机的内在条件是需要,引起动机的外在条件是诱因。驱使有机体产生一定行为的外部因素称为诱因。凡是个体趋向诱因而得到满足时,这种诱因称为正诱因。凡是个体因逃离或躲避诱因而得到满足时,这种诱因称为负诱因。

动机相互作用 当一个人同时或同一个时期需要做许多事情时,就存在多个心理活动行为动机,这些动机一般会相互关联和相互作用。这种作用一般有两种情形:一是动机的联合,即当个体同时出现的几种动机在最终目标上基本一致时,它们将联合起来推动个体的行为。强度最大的是主导动机,它对其他动机具有调节作用。二是动机的冲突,当个体同时出现的几种动机在最终目标上相互矛盾或相互对立时,这些动机就会产生冲突。当个体的几种动机分别指向不同的目标,但只能在其中选择一个目标时也会产生冲突。当个体的两种动机要求个体分别回避两个不同目标,但只能回避其中一个目标,同时接受另一个目标,还会产生冲突。

需要是动机的前端,分为机体的内在和外在需要。内在需要是指机体内部产生的不平衡状态,表现为机体对内外环境的一种稳定的要求并成为机体活动的源泉。构成内部驱动力,即在机体需要的基础上产生的一种内部推动力,是一种内部刺激,是需求状态存在的结果。

外在需要一般为外在诱因,如能够激起机体的定向行为,并能满足某种需要的外部条件或刺激物。这种诱因可分为正诱因和负诱因,前者是个体趋向或接受它而得到满足时的诱因,而后者是个体因逃离或躲避它而得到满足时的诱因。

动机是由需要与诱因共同组成的。因此,动机的强度或力量既取决于需要的性质,也取决于诱因力量的大小。实验表明,诱因引起的动机的力量依赖于个体达到目标的距离。距离太大,动机对活动的激发作用就很小了。人有理想、有抱负,他的动机不仅支配行为指向近期的目标,而且能指向远期的目标。因此,空间上邻近的目标,不一定具有最大的激发作用。动机的社会意义与动机的力量也有直接的关系。成就理论告诉我们,除了目标的价值以外,个体对实现目标的概率的估计或期待也有重要的意义。

马斯洛的需求理论 美国犹太裔心理学家亚伯拉罕·马斯洛(Abraham Maslow)认为人的需求由以下七个等级构成,即从低级到高级依次为生理的需要、安全的需要、归属和爱的需要、尊重的需要、认知的需要、审美的需要和自我实现的需要。马斯洛认为这七种需要都是人的最基本的需要。这些需要都是天生的、与生俱来的,它们构成不同的等级或水平,并成为激励和指引个体行为的力量。并且需要的层次越低,它的力量越强,潜力越大。随着需要层次的上升,需要的力量相应减弱。只有低级的需要得到了满足,才能产生更高一级的需要。而且只有当低级的需要得到充分的满足后,高级的需要才显出激励的作用。已经得到满足的需要不再起激励作用。

价值观是个体在生活实践中逐渐形成的。一旦形成,就相当稳定。根据社会文化生活方式把人的价值观区分为:经济价值观、理论价值观、审美价值观、社会价值观、政治价值观和宗教价值观。价值观的主要表现形式有:兴趣、信念、理想。人的价值观对人的行为特别是相应的动机的作用是根本的。在人类活动的动机中,社会价值观起着重要作用,它决定着社会性动机,产生的力量如此之大,以至于可能会超过和压制人的生物学本能。

本能理论是最早出现的行为动力理论。本能理论的基本观点是,人的行为主要受人体内在的生物模式驱动,不受理性支配。最早提出本能概念的是生物进化论的创始人达尔文(C.Daywin)。而在动机心理研究方面进行深入研究的则是詹姆斯、麦克杜格尔(W. McDougall)和弗洛伊德。其中麦克杜格尔系统地提出了动机的本能理论,认为人类的所有行为都是以本能为基础的。本能是人类一切思想和行为的基本源泉和动力。本能具有能量、行为和目标指向三个成分。个人和民族的性格和意志也是由本能逐渐发展而形成的。

本能理论过分强调先天和生物因素,忽略了后天的学习和理性因素。实际上,本能在人类的动机行为尤其是社会动机行为中不起主要作用。虽然本能对自然动机起着主导作用,是自然动机的源泉,但由于自然动机不具有重要的社会意义,而且在现实生活中,人类纯粹的自然动机几乎是不能独立存在的,它无一不受社会因素的影响或社会动机的调节,所以,本能理论只具有从理论上对自然动机进行解释的意义,而不具有重要的社会意义。

(三)情感与情绪

情感是情绪在某事物上的认知化凝结。人一旦感觉到某事物就会主动在主观层面认为某事物好或坏,而飞快跳过冲突过程而产生固定情绪。情感是态度这一整体中的一部分,它与态度中的内向感受、意向具有协调一致性,是态度在生理上一种较复杂而又稳定的生理评价和体验。情感包括道德感和价值感两个方面,具体表现为爱情、幸福、仇恨、厌恶、美感等。

《心理学大辞典》中认为,"情感是人对客观事物是否满足自己的需要而产生的态度体验"。同时,一般的普通心理学课程中还认为,"情绪和情感都是人对客观事物所持的态度体验,只是情绪更倾向于个体基本需求欲望上的态度体验,而情感则更倾向于社会需求欲望上的态度体验"。情感也是人的行为外在的表现,是人与人相处联系的纽带,所谓性情中人就是情感味十足的群体。情感是人性的一种表象,人非草木,孰能无情?

情绪是身体对行为成功的可能性乃至必然性,在生理反应上的评价和体验,包括喜、怒、忧、思、悲、恐、惊七种,即七情。行为在身体动作上表现得越强就说明其情绪越强,如喜时会手舞足蹈、怒时会咬牙切齿、忧时会茶饭不思、悲痛时会痛心疾首等就是情绪在身体动作上的反应。

情感与情绪虽是心理行为现象,但它与生理系统密切相关。生理反应是情绪存在的必要条件。为了证明这一点,心理学家给那些不会产生恐惧和回避行为的心理病态者注射了肾上腺素,结果这些心理病态者在注射了肾上腺素之后和正常人一样产生了恐惧,学会了回避任务。情感也是一样。所以,由不同的药物刺激引发的行为过程也表明了,情绪和情感显然是有区别的两种不尽一致的心理过程。

情绪和情感也会反作用于身体生理系统,情绪波动和情感纠结会深刻影响神经系统,进而产生传递生物电流脉冲,刺激相关腺体,使内分泌系统紊乱,机体系统调节失衡,从而影响身心健康。

情感的动力特性是指情感在其运行过程中所表现出的变化特性,主要包括强度性、稳定性、细致性、层次性、效能性、周期性、时序性和差异性等八个方面,其中,强度性和稳定性是情感最重要的两个动力特性,集中体现了人的主要情感个性。

由于情感是人对价值的主观反映,因此情感的动力特性在根本上取决于价值关系的变化特性,通常情况下,有什么样的价值关系的变化特性就会产生什么样的情感的动力特性。具有不同职业、年龄、性别、遗传因素、同胞排行、自然环境、社会环境、家庭环境、经济状态、文化程度、生理特性的人,其价值关系的变化特性往往也不同,因此其情感的动力特性往往也不同。不过,情感的动力特性具有一定的相对独立性,总是或多或少地偏离价值关系的变化特性。情感个性既具有一定的可变性,又具有一定的稳定性。有些人的情感个性一旦形成,终身都难以改变。

情感的每个动力特性都无所谓好坏,关键在于如何运用它。同一动力特性在某一场合可能会产生负价值,在另一场合可能会产生正价值。

情感需求 从需求层次角度来讲,情感对人而言也是一种需求,这种需求也分三个层次:一是温饱需求,是最低层次的需求,即在这个层次人的情感需求处于渴望交流和认可的状态。人在无助和在接触新环境的时候这种情感最强烈。二是社会需求,是较高层次的需求,即一个人在社会中作为一个个体来讲,他有他的社会活动圈,他和外界沟通的同时就是一种情感的释放,当外界肯定这种释放时情感就为正,心情就好,反之就不好。三是自我需求的实现,是更高层次的需求,在这个层次的人对情感有了更深的认识,他们会管理控制自己的情感,会帮助其他人去平衡因情感引发的一些问题,比如心理专家等。

情感需求的三个层次是随着外界的条件和自身的修养等这些必要的因素而随时转换的。换句话讲,就是一个人在不同的时间和空间内可能处在情感需求的一个或多个层次。不论身份地位高低,富贵或是贫穷,因为需求不同所以每个人的情感也不会相同。

情感以价值为基础,是人对价值的主观反映。情感的变化总是以价值为基础,并围绕价值上下波动,就像商品的价格以其价值为基础并围绕其价值上下波动一样。情感的基本状态取决于价值的基本状态,情感的总体规模取决于价值的总体规模,情感的变化范围取决于价值的变化范围,情感的作用方式取决于价值的作用方式,情感的强度与方向取决于价值的大小与正负。价值一旦变化,情感迟早要发生变化。

情感对价值的反作用,情感对于价值并不是完全被动的,可以产生一定程度上的反作用。情感可以在一定程度上阻止、抑制、诱发、转移、强化或诱导人对某种价值的需要,可以相对自主地选择生存环境和发展方向。人有时可以有意识地压抑自己对于某种价值的欲望,时间一长,这种欲望可能真的基本上消失了,人对这种价值的客观需要也会确实发生改变或转移。人通常愿意主动帮助那些主观感觉良好的人,并主动与之建立互利互惠的利益关系,同时回避那些主观感觉不好的人,甚至有意中断已经存在的互利互惠的利益关系。

人在情感的驱动下,还可以对事物施加反作用力,并使之发生增值。这是人类与其他动物的根本区别。当然,这种反作用不能任意地和无限地施加,只能有条件地和相对有限度地施加,它在整体上受制于或服从于价值对情感的决定作用。人在情感驱动下所进行的价值创造活动必须严格地遵循基本的价值规律,并在其允许的范围内进行。

(四)性格

性格是指表现在人对现实的态度和相应的行为方式中的比较稳定的、具有核心意义的个性心理特征,它是一种与社会相关最密切的人格特征,在性格中包含许多社会道德含义。性格表现了人们对现实和周围世界的态度,并表现在人们的行为举止中。性格主要体现在对自己、对别人、对事物的态度和所采取的言行上。

性格表现一个人的品德,受人的价值观、人生观、世界观的影响。性格具有道德评价含义的人格差异,我们称之为性格差异。性格是在后天社会环境中逐渐形成的,是人的核心的人格差异。性格有好坏之分,能最直接地反映出一个人的道德风貌。

性格是在社会生活中逐渐形成的,同时也受个体的生物学因素的影响。性格与本性不同,性格是后天所形成的,比如腼腆的性格、暴躁的性格、果断的性格和优柔寡断的性格等。而本性是人天生所具有的、不可改变的思维方式,比如自尊心、虚荣心、荣誉感等。人的本性包括求生的本性、懒惰的本性和不满足的本性。

第三节 身心系统的环境

身心系统不是孤立存在的,它以个体所在的自然生态区域、经济生产方式、社会体制模式、文化意识形态和家族血统礼教等为环境。这些环境自身构成各自的复杂系统,含有要素众多,关系复杂,身心系统与其密不可分,并强烈地依赖这些环境要素。本节对其做基本的认知讨论。

一、自然环境

自然环境是安身立命的第一基础支撑环境。一方水土养一方人。人随父辈来到"地球村",自然而然伴有地理空间位置,出生、成长的国土、山水、林木、花草、飞禽、走兽等生物与生态,以及日照、纬度、气候等构成了个体身心系统的自然环境。自然环境对人的身心系统影响最密切的构成要素有水环境、空气环境、食物环境和生物环境。

(一) 水环境

水环境是指自然界中水的形成、分布和转化所处空间地域环境,是指围绕个体所在人群空间及可直接或间接影响人群生活和发展的用水体系。其正常功能取决于各种自然因素和有关的社会因素的总体。也有的指相对稳定的、以陆地为边界的天然水域所处空间的环境。在地球表面,水体面积约占地球表面积的71%。水由海洋水和陆地水两部分组成,分别占总水量的97.28%和2.72%。后者所占总量比例很小,且所处空间的环境十分复杂。水在地球上处于不断循环的动态平衡状态。天然水的基本化学成分和含量,反映了它在不同自然环境循环过程中的原始物理、化学性质,是研究水环境中元素存在、迁移和转化及环境质量与水质评价的基本依据。

水环境主要由地表水环境和地下水环境两部分组成。地表水环境包括河流、湖泊、水库、海洋、池塘、沼泽、冰川等,地下水环境包括泉水、浅层地下水、深层地下水等。水环境是人类社会赖以生存和发展的重要场所,也是受人类干扰和破坏较严重的领域。水环境按照环境要素还可以分为海洋环境、湖泊环境、河流环境等。

水环境是动态演进的。首先反映在海陆间大循环,包括内陆和海上的水回圈。水回圈包括蒸发、水汽输送、降水、径流。其重要意义在于使淡水资源被不断补充、更新,使水资源得以再生,维持全球水的动态平衡。其次是陆地水体的相互关系,包括以雨水补给为主的河流,其径流的变化与降雨量变化一致;以冰雪补给为主的河流,其径流变化与气温关系密切。河流水地下水之间可相互补给。

水是生命之源，所有生物都是从水中进化而来的，包括我们人在内，就是现在人类还保有这种原始的特性。人体有70%左右是由水构成的，水对人体的重要性是不言而喻的，水在人体中占有非常大的比重，在人体的不同时期又各不相同：受精卵状态时占比为99%，初生婴儿时占比为90%，少年时为80%，成年时为70%，老年时为65%。一个健康的、有足够的水喝的人，即使连续好几个月不进食，也能维持生命；如果没有水，3天就会导致死亡；如果在酷暑的沙漠中，甚至坚持不到2小时。

水起到分解养分、输送养分、新陈代谢、平衡体温、润滑关节的作用，是身体各内腔器官的必需物质，水是含溶解性矿物质的血液系统的一部分，它同溶解其中的钙、镁元素均对维持人体组织的健康必不可少。当水充足时，血液保持正常的黏度，关节的软骨组织、血液毛细血管、消化系统、ATP（三磷酸腺苷）、能量系统和脊柱都能有效地工作。当人体内缺少水时，身体就会牺牲自己的一些部位的正常状态，以保护另一些组织器官的正常工作，这样会导致疼痛、组织损伤及各种健康问题的产生。

(二) 空气环境

空气或大气环境是指生物赖以生存的空气的物理、化学和生物学特性。物理特性主要包括空气的温度、湿度、风速、气压和降水，这一切均由太阳辐射这一原动力引起。化学特性则主要为空气的化学组成。大气对流层中氮、氧、氩3种气体占99.96%，二氧化碳约占0.03%，还有一些微量杂质及含量变化较大的水汽。人类生活或工农业生产排出的氨、二氧化硫、一氧化碳、氮化物与氟化物等有害气体可改变原有空气的组成，并引起污染，造成全球气候变化，破坏生态平衡。大气环境和人类生存密切相关,大气环境的每一个因素几乎都可影响到人类,我们人类生活在地球大气的底部,并且一刻也离不开大气。大气为地球生命繁衍、人类发展提供了理想的环境。它的状态和变化,时时处处影响到人类的活动与生存。

一个成年人每天呼吸 2 万多次,吸入空气 20 千克左右,比一天摄入的食物和水分多 10 倍。一般人不吃饭可以活 20 天,不喝水可以活 7 天,不睡觉可以活 5 天,不呼吸只可以活 10 分钟。所以,空气比食物和水更重要。由前述身体的血液循环系统可以了解,呼吸空气是肺循环的主要功能,是血液循环的核心环节。因此,呼吸自然新鲜的空气能促进血液循环,增强免疫能力,改善心肌营养,消除疲劳,提高人体的神经系统功能,提高工作效率;反之则将导致头晕、乏力、烦闷、精神不振、注意力不集中等症状,日积月累,还将引发各种人体疾病。

空气及其质量构成身心的外环境。好的空气必须具有各种人体需要的营养元素,如 O、N、H 等元素,同时灰尘如 $PM_{2.5}$、细菌、病毒、甲醛等有害物质不超标,而更重要的还有一项指标,也是近十多年来各大风景区都标榜的指标,即负离子浓度。根据世界卫生组织规定,负离子浓度在 1000 个/cm^3 以上可满足健康基本需要,低于 1000 个/cm^3 则可视为空气被污染,负离子浓度为 1000~1500 个/cm^3 的环境被视为清新的环境。国际联盟大气联合委员会也告诉我们,人每天需要约 130 亿个生态负离子,而我们的居室、办公室、娱乐场所等环境,最多只能提供 20 亿个。也就是说,我们的生活环境中负离子严重缺乏。

负离子就是带一个或多个负电荷的离子,空气中负离子很多,但不是所有的负离子都具有环保和健康的作用。其分子成分不同,对环境和人体的影响也不同。在人所居住的地球表面附近存在的带负电荷的离子当中,硝酸串离子最为重要。因为这个分子串中所有的元素都是人体所必需的宏量元素,这个分子串与体内各种成分进行化学反应,都会消除体内的有害物质,产生对人体有益的物质。同时,这样的负离子不会聚集而形成电位、电场,不会产生放电,让人有触电的感觉,这样的负离子才是真正具有环保和健康作用的。

居民区、城市的公共场所和办公及居住房间构成身心系统的小空气环境。人的一生中有70%~90%的时间是在室内度过的,室内空气质量对人类健康的影响非常重要。所以,改进室内空气质量,对于提高人们的身心系统健康水平也非常必要。

(三)食物环境

食物是人类生命活动所需的物质和能量来源。人的食物环境也构成了身心系统的外环境,是人身心系统摄入能量的重要环境。人是地球上最高等的动物,人与环境、与生物圈中的其他生物有着密切的关系。人类生活所需的营养物质主要来自生物圈的其他生物,人从生物圈中摄取各种各样的营养物质,以满足自身对物质和能量的需要。俗语说"人是铁,饭是钢,一顿不吃饿得慌",人的生长发育、生命活动都需要食物的消耗。食物中除了含有糖类、蛋白质、脂肪等有机物外,还含有水分、无机盐、维生素等营养成分。

自然生态系统提供的各种食物是人类健康的首要基础条件。在农村,村民的健康状况往往直接取决于当地生态系统的食物生产状况。在城镇,居民对生态系统的食物依赖性转移到整个饮食供应链上。

农业技术的进步极大地促进了农业生产的发展,食物源生物的种植、养殖、培育、生育过程逐渐工程化,优良种群、肥料食料、精细工艺、大规模集约化和机械化经营与管理等,都在快速地提升农业生产力水平,使农业产出量增加,这些无疑解决了绝大多数人的吃饭问题,但同时构建了复杂的食物源生物生产环节,也使食物环境复杂化。

除了食物源生物生产环节外,现在的人,特别是生活在城市中的年轻人,大多以熟食餐饮为主,这样食品加工、储藏和运输过程又大大地增加了食物环境复杂性。各种防腐剂、调味剂的使用,正在增加着食品安全的脆弱性。

(四)生物环境

生物环境是指自然环境因素中其他活着的生物要素构成的环境。是相对于由物理、化学的环境因素构成的非生物环境而言的环境,并与有机环境同义。现在的地球表层大部分受过人类的干预,原生的自然环境已经不多了。生物环境由植物、动物和微生物群落构成。

植物是生物界中的一大类,是与身心系统最密切的生物环境。

在自然界中,绝大多数植物是绿色植物,绿色植物的主要特征是在植物体内主要是叶、茎部分含有叶绿素,能利用太阳光,吸收空气中的二氧化碳,在植物体内进行光合作用,把二氧化碳和水生成葡萄糖,并放出氧气。

自古以来,植物一直在默默地改善和美化着人类的生活环境。在植物王国里有7000多种植物可供人类食用,有不少植物具有神奇的治病效果。民间草药有5000多种,现代药物中有40%来自大自然。科学家还从美登木、红豆杉等植物中提取抗癌物质,其疗效十分明显。

绿色植物依靠光合作用维持生长,吸收二氧化碳,释放出人类维持生命的氧。据调查,林区空气中有较多的负氧离子,它们被吸入人体后,可以调节大脑皮层的兴奋和抑制过程,提高机体免疫能力,并对慢性气管炎、失眠等有疗效。还有许多植物能分泌杀菌素,杀死周围的病菌,如桉树分泌的杀菌素,能杀死结核菌、肺炎病菌等。一棵松树一天一夜能分泌2千克杀菌素,可杀死白喉杆菌、痢疾杆菌等病菌。

植物与人类生命息息相关,是生态平衡的支柱。首先是制氧功能,据估算,地球每年入射太阳光能5.4×10^{24}焦耳,绿色植物每年固定的太阳能大约为5×10^{21}焦耳。这些能量就是地球上包括人类和各种动物在内的所有异养生物赖以生存的能量基础。一个成年人每天呼吸2万多次,吸入空气15~20立方米,消耗氧气约0.75千克。依此推算,城市居民每人每天需要10平方米的林地提供氧气,由长势良好的草坪提供则需要25平方米以上才行。此外,植物还具有防风固沙、调节气候、保持水土、吸收毒气、监测环境、净化污水、减弱噪声、美化生活等功能。

动物是多细胞真核生命体中的一大类群,人类称之为动物界。其一般不能将无机物合成有机物,只能以有机物(植物、动物或微生物)为食料,因此具有与植物不同的形态结构和生理功能,以进行摄食、消化、吸收、呼吸、循环、排泄、感觉、运动和繁殖等生命活动。动物的分类学根据自然界动物的形态、身体内部构造、胚胎发育的特点、生理习性、生活的地理环境等特征,将特征相同或相似的动物归为同一类,分为脊椎动物和无脊椎动物两大类。根据水生还是陆生,可将它们分为水生动物和陆生动物。根据有没有羽毛,可将它们分为有羽毛的动物和没有羽毛的动物。人也属于动物,而且是高级动物。因此,动物也是身心系统中生物环境的重要构成要素。

动物与人类一直在分享着自然资源,同时人类还把一些动物作为食物资源和其他的经济生产和生活资源,例如鱼、虾、蟹、鸡、鸭、鹅、猪、羊、牛等作为人的肉食来源,狗、马、驴等作为役使资源,羽毛、皮革、鹿茸等作为经济生产原料和药材,动物园的飞禽走兽还可以供观赏娱乐,等等。

此外,动物作为消费者,直接或间接地以植物为食,动物吃的食物,即植物或其他动物,要经过消化和吸收并很快分解,释放能量,同时也产生二氧化碳、水和一些无机盐。例如,我们呼出的二氧化碳、排出的粪便等,可以被生产者利用。动植物的粪便或者遗体经过分解者的分解后也能释放二氧化碳、各种无机盐等,最终被植物利用,从而也参与生态系统的平衡活动。

微生物是一切肉眼看不见或看不清的微小生物,个体微小,一般小于0.1毫米,结构简单,通常要用光学显微镜和电子显微镜才能看清楚的生物。微生物包括细菌、病毒、霉菌、酵母菌等。但有些微生物构成的群体是肉眼可以看见的,像属于真菌的蘑菇、灵芝等。根据存在的不同环境,微生物分为原核微生物、空间微生物、真菌微生物、酵母微生物、海洋微生物等。

微生物有单细胞的、简单多细胞的、非细胞的。其进化地位低,大多依靠有机物维持生命。微生物可分为三类:一是原核类,包括细菌、蓝细菌、放线菌三菌和支原体、衣原体、立克次氏体三体;二是真核类,如真菌、原生动物、显微藻类;三是非细胞类,包括病毒,亚病毒即类病毒、拟病毒等。

生物界的微生物达几万种,大多数对人类有益,只有一小部分能致病。有些微生物通常不会致病,在特定环境下能引起感染的称条件致病菌。有些微生物能引起食品变质、腐败,正因为它们分解自然界的物体,所以才能完成大自然的物质循环。微生物具有以下特性:体积小,面积大;吸收多,转化快;生长旺,繁殖快;适应性强,易变异;分布广,种类多。

人体内大约有500种不同的细菌,当它们发育成熟后,会形成大约100万亿个单细胞,远远超过组成每个人体的数万亿个人体细胞。这些细菌绝大多数都对人体有益,如果没有它们,我们也无法生存。健康人胃肠道中一般约有 3.6 千克细菌存在,称正常菌群,其中包含的细菌种类高达上百种。在肠道环境中这些细菌相互依存,互惠共生。食物、有毒物质,甚至药物的分解与吸收,菌群在这些过程中发挥着重要作用。

二、经济环境

经济环境一般意义上是指构成人类生存和发展的社会经济状况和国家经济政策,是影响消费者购买能力和支出模式的因素,它包括收入的变化、消费者支出模式的变化等。而对身心系统来讲则是指由微观层面与个人物质生活相关的经济要素构成的环境。

经济这一词来源于希腊语,社会经济的基本单元就是家庭,而个体的人绝大部分都有家庭,所以家庭经济状况构成身心系统的主要经济环境,但其又与所处国度区域的社会经济环境密切相关。社会经济状况包括经济要素的性质、水平、结构、变动趋势等多方面的内容,涉及国家、社会、市场及自然等多个领域。国家经济政策是国家履行经济管理职能,调控国家宏观经济水平、结构,实施国家经济发展战略的指导方针,对经济环境有着重要的影响。

(一)经济环境的概念

经济环境从宏观层面讲是经济基础的反映。经济基础是指以社会核心生产力为基础的经济结构总和。是指一定社会中占统治地位的生产关系的总和。生产力决定经济基础,社会生产力发展到什么程度,就会产生什么样的经济基础。按照历史唯物主义的基本概念,经济基础与上层建筑是相对的,是社会结构的两个基本层次和社会生活的两个基本领域。

对个体人来讲,经济基础是指一个人拥有的可支配的经济总量及其具有的经济生产力水平。当一个人的生产力还未实现的时候,相应的经济环境或经济基础主要取决于其家庭。当其开始工作或开始有能力获得经济收益,即生产力得以实现的时候,其经济环境主要取决于其生产力水平。

生产力是指生产主体利用劳动工具对劳动对象进行加工的能力,表现为人与自然界之间的关系,或者人类征服和改造自然的物质力量。生产力常以单位生产主体生产的产品数量和质量来衡量,故又称生产效率。生产力的本质是指生产主体与客体之间的关系。具体可表现为科学技术,即人们利用什么样的劳动资料进行生产以及生产规模的大小,以及绝对产权如经济主体对生产资料的所有权、使用权等内容。

(二)身心系统与经济环境的关系

经济环境或经济基础是安身立命的第二基础环境。一个人从孕育、出生到成长都需要一定的经济花费的支撑和维护,从衣食住行,幼儿园、小学、初中、高中、大学的教育都需要有良好的经济基础做保障。良好的饮食居住生活环境对身体健康和茁壮成长具有重要影响,而从幼儿园到小学、中学的良好教育资源环境会为人的心理成长和知识学习奠定良好的心理基础。当一个人长大,特别是成家立业后就必须承担相应的人生责任,而其中经济责任将是最重要的。

对身心系统来说,经济环境还包括另一重要部分,即有关个人的经济消费行为及消费生活环境。其由个人的经济消费观念和行为,以及所在的人群和所处的社会的经济消费观念和行为构成。身心系统与这部分经济环境具有密切的交互作用。个人的身心系统状态,如有关消费满意度、营养健康水平和娱乐体验等与所在的人群和所处的社会的经济消费观念和行为影响相关联。而个人的经济消费观念和行为又取决于个人的身心系统素质和自我管理水平。

改善一个人的经济环境往往成了人一生的责任和目标。每个人都希望有一个满意的工作，每天都在忙忙碌碌以赚取更多的收益。但现今的大经济环境正在日新月异地变化着，这种变化是个人力量不可改变的，而个人一般只能改变自己去适应这种变化。其中首要的是经济生产方式的变化，从工业化、自动化到以机器人为代表的智能化，经济生产力水平大幅度提高，特别是以互联网、云计算等为代表的信息化和智慧化的推进，生产分工、组织和流通关系等生产方式的转变。现代人的体力劳动正在被机器逐渐取代，劳动方式向智慧化的劳动方式转化，这样每个人或劳动者正面临自身劳动素质的智慧化提升压力等。

三、社会环境

现在人一生都与社会紧密相连，对于身心系统，个人所处的社会是其必须考虑的另一个重要环境。广义上讲，社会是在特定环境下共同生活的同一物种不同个体长久形成的、彼此相依的一种存在状态，包括动物社会。对个体来说，社会强调同伴意识，并且延伸到为了共同利益而形成的联盟。人类社会是由长期合作的社会成员，通过发展组织关系形成团体，进而形成机构、国家等的一种组织形式，是人们以共同物质生产活动为基础，按照一定的行为规范相互联系而结成的有机总体。其中形成社会的最主要的社会关系包括家庭关系、共同文化以及传统习俗。社会关系包括个体之间的关系、个体与集体的关系、个体与国家的关系，一般还包括群体与群体之间的关系、群体与国家之间的关系。

这里群体的范畴,小到民间组织,大到国家政党。这里的国家在实质上是一方领土之社会,即个人与国家之间的关系就是个人与社会之间的关系,而个人与世界的关系就是个人与全社会之间的关系。

(一)人类社会的主要特征

人类社会体现在社会各成员之间的联系是必然的、紧密的,具有较复杂的组织结构,具有相对集中统一的价值取向、文化特征并得到成员的基本认同,有比较健全的生存和生产的职能和分工,与环境具有较高的和谐度。具体表现在:其一,人类社会是有文化、有组织的系统,是由人群按一定的文化模式组织起来的。其二,生产活动是其一切社会活动的基础。其三,在任何历史时期都是人类共同生活的最大社会群体。其四,具体社会有明确的区域界限,存在于一定空间范围之内。其五,有连续性和非连续性。任何一个具体社会都是从前人继承下来的一份遗产。同时,又和周围的社会发生横向联系,具有自己的特点,表现出明显的非连续性。其六,有一套自我调节的机制,是一个具有主动性、创造性和改造能力的"活的有机体",能够主动地调整自身与环境的关系,创造自身生存与发展的条件。

社会系统的一个重要系统特征就是社交网络。社交网络就像个体之间各种关系的地图,其结构要点例如亲近程度、联系频率、关系种类(如亲戚、朋友、同事)等,决定了网络的不同结构、不同层次、不同深度。人类社会经常根据其主要的谋生手段即生产方式而组织起来构成具体的社会组织。社会组织之间互相对立,相互制约,相互竞争,相互关联,相互融合。每个人都在社会组织之中,都是相应社交网络中的一个节点。

(二)社会功能

社会功能,一是整合的功能。社会将无数单个的人组织起来,形成一股合力,调整矛盾、冲突与对立,并将其控制在一定范围内,维持统一的局面。整合主要包括文化整合、规范整合、意见整合和功能整合。

二是交流的功能。社会创造了语言、文字、符号等人类交往的工具,为人类交往提供了必要的场所,从而保持和发展人们的相互关系。

三是导向的功能。社会有一整套行为规范,用以维持正常的社会秩序,调整人们之间的关系,规定和指导人们的思想、行为的方向。导向可以是有形的,如通过法律等强制手段或舆论等非强制手段进行。也可以是无形的,如通过习惯等潜移默化地进行。

四是继承和发展的功能。虽然人的生命短暂,一代代人更替频繁,而社会却是长存的。人类创造的物质和精神文化通过社会而积累和发展。

任何种群为了自身的生存和发展,需要对周围的环境进行监视和守望。羊群如此,牛群如此,一些野生动物的种群例如大雁等也莫不如此。人类社会当然不能和动物的种群相提并论,但是同样也需要随时对周围的环境进行监视和守望。而且,由于人类社会组织结构的复杂性,对环境监视和守望的重要性就更为突出。

(三)人与社会的相互作用

每个人都是社会人,现今的社会不论是什么人都会不同程度地被连接在政治、党派、群体、家庭以及人与政府等各类关系之中,也构成身心系统的社会环境复杂性。人所处的社会给每一个体提供全方位的社会保障,而保障能力则依赖于其所在的民族和国度,正所谓国泰民安。一个民族或国家的顺利发展必须依赖安定良好的国际环境以及自身的自强不息,国家社会正在为每一个人提供保障,这就是社会对个人的作用。

同时，一个人的身心必须以民族和国家为大环境，顺应国家民族发展之大势，承担必要的社会责任和义务。因为人生活在一个相辅相成的、不可分割的社会里，社会是一个由不同群体组成的整体，群体是由不同个体组成的，因此没有人可以在没有群体交流的情况下独自一人生活。于是我们的活动就要有对社会负责、对其他人负责的责任感，不以个人私欲而存在，在坚持社会原则的情况下懂得为社会无私奉献自己力所能及的力量。

一个人日常最紧密的社会关系环境是来自家庭、单位和国家内部治理模式。一个人的社会责任具体要处理好如下几个问题。一是由于恋爱、婚姻等社会观念与环境正在变化和紊乱，因此要正确面对和处理相应的问题。二是关于子女教育、老人赡养，这些因为人口结构变化、经济差异化形成新的社会问题。三是提升个人的身心素质，解决好个人工作和事业发展的问题等以适应个人日常的复杂社会活动环境。

四、文化环境

与身心系统中心理系统最密切的环境就是文化环境。文化是一个非常广泛的概念，迄今为止并没有一个公认的、令人满意的定义。从广义上讲，文化是一种社会现象，是人们长期创造形成的历史产物，或是一种历史现象。以狭义上或具体来讲，文化是既凝结在物质之中又游离于物质之外，能够被传承的国家或民族的历史、地理、风土人情、传统习俗、生活方式、文学艺术、行为规范、思维方式、价值观念等，是人类之间进行交流的、普遍认可的一种能够传承的意识形态。

(一) 文化的构成

文化按不同的准则可有不同构成分类。有两分说，即分为物质文化和精神文化;有三面分说,即分为物质文化、制度文化、心理文化;有三层次说,即大众文化、高级文化和深层文化;有四层次说,即分为物质文化、制度文化、风俗习惯文化、思想与价值观文化。为便于通俗地理解文化内涵,这里仅引用下面两类分法。

物质文化、制度文化、心理文化三面分说。物质文化是指人类创造的各种物质文明,包括生产交通工具、建筑、服饰、日常用品等,是一种可见的凝结在物质之中的显性文化。制度文化和心理文化分别指生活制度、家庭制度、社会制度以及思维方式、宗教信仰、审美情趣,它们属于不可见的隐性文化,包括文学、哲学、政治等方面内容。狭义的隐性文化具体指人们普遍的社会习惯,如衣食住行、风俗习惯、生活方式、行为规范等。

文化的三层次说,即大众文化、高级文化和深层文化。大众文化指习俗、仪式以及包括衣食住行、人际关系各方面的生活方式。高级文化包括哲学、文学、艺术、宗教等。深层文化主要指价值观的美丑定义、时间取向、生活节奏、解决问题的方式以及与性别、阶层、职业、亲属关系相关的个人角色。大众文化和高级文化均植根于深层文化,而深层文化的某一概念则以一种习俗或生活方式反映在大众文化中,又以一种艺术形式或文学主题反映在高级文化里。

(二)文化的功能和作用

文化的功能与作用主要有四项。一是文化的整合功能,是指它对于协调群体成员的行动所发挥的作用,就像蚂蚁过河。社会群体中不同的成员都是独特的行动者,他们基于自己的需要、根据对情景的判断和理解采取行动。文化是他们之间沟通的中介,如果他们能够共享文化,那么他们就能够有效地沟通、消除隔阂、促成合作。

二是文化的导向功能,是指文化可以为人们的行动提供方向和可供选择的方式。通过共享文化,行动者可以知道自己的何种行为在对方看来是适宜的、可以引起积极回应的,并倾向于选择有效的行动,这就是文化对行为的导向作用。

三是维持社会秩序功能。文化是人们以往共同生活经验的积累,是人们通过比较和选择认为是合理并被普遍接受的东西。某种文化的形成和确立,意味着某种价值观和行为规范被认可和被遵从,也意味着某种秩序的形成。而且只要这种文化在起作用,那么由这种文化所确立的社会秩序就会被维持下去,这就是文化维持社会秩序的功能。

四是思想的传续功能。从世代的角度看,如果文化能向新的世代流传,即下一代也认同、共享上一代的文化,那么,文化就有了思想传续功能,即把上一辈的思想传承到下一代。

(三)文化环境对身心系统的作用

文化环境所蕴含的因素主要有社会阶层、家庭结构、风俗习惯、宗教信仰、价值观念、消费习俗、审美观念等。在身心面临的诸方面环境中,文化环境是较为特殊的,它不像其他环境因素那样显而易见与易于理解,却又无时不在地深刻影响着人的心理活动和身心系统的运行与管理。

任何人都在一定的社会文化环境中生活,存在于特定社会文化环境中的个体,其认识事物的方式、行为准则和价值观念等都会异于生活在其他社会文化环境中的人们。例如,由于价值观念不同,人们对周围事物的是非、善恶和重要性的评价也不同。同一种款式商品,一个民族认为是美的,而另一个民族也许认为是丑的。同一种色彩的商品,农村居民十分喜爱,城市居民却可能很少问津。同一种消费行为,在这方土地上是习以为常的,在另一方土地上则可能认为是不可思议的。

文化对人的影响,来自特定的文化环境和各种形式的文化活动。文化首先影响人们的实践活动、认知活动和思维方式。其次影响人们的社会交往行为和交往方式。文化对人具有潜移默化和深远持久的影响。处在一定的优良文化环境中就一定能形成较高的文化素养。文化是个人成长的催化剂。世界观、人生观、价值观对人的综合素质和终身发展产生深远而持久的影响,科学的世界观、人生观、价值观是人们文化素养的核心和标志。文化能丰富人的精神世界,增强人的精神力量,促进人的全面发展。

五、家族环境

与身心系统环境最密切的社会单元就是家庭,而家庭又是家族的构成单元,所以家族环境构成了身心系统的强关联环境。家族是由姓氏、血缘等亲缘关系连接而成的人的集合,是以婚姻和血缘关系结成的亲属集团,是社会的基本单位。家庭是以夫妻关系与亲子女关系构成的最小的社会生活共同体。它不断维持着最直接的人类社会的延续性,并形成家族体系。

(一)家族的意义

家族凝聚着亲情,具有对内和对外两种职能,这两种职能把人与人之间紧密的家族亲情联系起来,形成不可分割的团体。家族对内职能指家族负有维持共同生计的使命,即同吃、同住、同劳动的家族经济职能,用以提供一个家族物质生产与消费的保证,维持家族的延续和扩大,生儿育女,配偶成家。维持家族成员间的感情融洽,管理、制约、调整内部成员行为的职能。

家族对外职能是指向社会提供劳动力、智力、财力,包括对社会上老、弱、病、残、孤、寡人群的扶养义务。家族对外关系的维系是发展社会关系的十分重要的机能,它所结成的错综复杂的社会关系,成为促使社会发展的纽带。家族对整个社会有一定的影响和制约作用,成为左右社会行为的最小单位。

(二)家族文化

家族文化有其特定的含义,一般是指以家族的存在与活动为基础,以家族的认同与强化为特征,注重家族延续与和谐并强调个人服从整体的文化系统。家族文化是指具有亲密血缘关系的家族在社会历史推进过程中所创造的物质财富和精神财富的总和。家族血统、血缘观念促进家族文化的形成,家族文化价值观使家族成员形成共同的目标,并构成强烈的向心力和凝聚力。每一个家族都有着自己的文化,日积月累的文化底蕴和高贵荣耀的外部形象是家族的完美标准。如何把一个家族发展成为人所推崇的意识整体,是一个家族根本的使命。家族文化强调家族的教育功能。家族文化是每个家族的灵魂家园、民族的身份标记、国家的血脉根本。这个根本,特别体现在国家、民族、家族的文化传统中。

中国文化和中国社会具有鲜明的家族文化特征,中国的传统社会可以说是"以家族关系为纽带的古老社会模式","社会的一切行为规范都从家族关系规范中演绎改造而来"。中国古代长期的小农社会和儒家思想对于家族的作用和意义的强化,使得家族在中国传统社会中起着十分特殊的作用。它不但是后代延续的最佳展现形式,同时担负着经济、教育甚至政治的功能。因此费孝通先生认为,"中国的家是一个事业组织,家的大小是依着事业的大小而决定的"。

一个家族要建立起一种足以影响家风的家族文化,一般需要几代人的努力。家族文化可以形成一种类似于物理学中的"场"那样的环境,使得家族的下一代人能在不知不觉中得到熏陶。家族成员的一言一行,折射出一个家族的文化。家族文化的核心有没有让人一直捍卫的东西,更加体现了一个家族思想和精神层面的底蕴。一个家族所提倡的价值观念、行为方式,就是这个家族文化的核心。

家族文化另一个具有鲜明意义的构成部分就是家谱,又称族谱或祖谱等。家谱是记载各个姓氏家族子孙世系传承之簿记,具有区分家族成员血缘关系亲疏远近的功用。随着历史的发展,家谱由官修变为私修,所录内容不断丰富,其功用也不断增加和变化。如今,家谱同各姓氏的郡、堂号一样,不仅作为区别姓氏源流,数典认祖,研究历史、地理、社会、民俗的参考资料,而且是姓氏文化的重要组成部分。族谱是中国特有的文化遗产,在汉族有悠久的历史,后来在民族融合中,各民族开始出现族谱。族谱是中华民族的三大文献(国史、地志、族谱)之一,属于珍贵的人文资料,对于历史学、民俗学、人口学、社会学和经济学的深入研究,均有其不可替代的独特功能。

家谱是一个家族的生命史。它不仅记录着该家族的来源、迁徙的轨迹,还包罗了该家族生息、繁衍、婚姻、文化、族规、家约等历史文化。

(三)家族遗传

遗传是生物亲代与子代之间、子代个体之间相似的现象,是指亲代的性状又在子代表现的现象。在遗传学上,具体指遗传物质从上代传给后代的现象。人具有生物性,所以具有遗传特征。例如,父亲是色盲,女儿视觉正常,但她从父亲那里得到色盲基因,并有一半概率将此基因传给她的孩子,使她的孩子显现色盲性状。故从性状来看,父亲有色盲性状,而女儿没有,但从基因的连续性来看,代代相传,因而认为色盲是遗传的。

现代科学研究表明,生物遗传本质上是DNA的力量。DNA的基本特征是遗传与变异。DNA,全称Deoxyribonucleic Acid,中文名为脱氧核糖核酸,是一种长链聚合物,是染色体的主要化学成分,同时也是基因组成的一种分子,可组成遗传指令,以引导生物发育与生命机能运作。它的主要功能是长期性的资讯储存,可比喻为"蓝图"或"食谱"。其中包含的指令,是建构细胞内其他的化合物,如蛋白质与RNA所需。带有遗传信息的DNA片段称为基因,其他的DNA序列,有些直接以自身构造发挥作用,有些则参与调控遗传信息的表现。

染色体是指19世纪末科学家在人体细胞的细胞核内发现的一种形态、数目、大小恒定的物质。这种物质只有在细胞分裂时,通过某种特定的染色法,才能使它显形,因此取名为"染色体"。人们发现,不同种生物的染色体数目和形态各不相同,而在同一种生物体内,染色体的数目及形状则是不变的,于是有了子女像父母的遗传现象。在总数为46条的染色体中,有44条是男女都一样的,被人们称为常染色体。男性的性染色体为"XY",女性的性染色体为"XX"。人体染色体的数量,不管在身体哪个部位的细胞里都是成双成对存在的,即23对46条染色体,可是唯独在生殖细胞——卵子和精子里,却只剩下23条,而当精子和卵子结合成新的生命——受精卵时,则又恢复为46条。可见在这46条染色体中肯定有23条来自父亲,另外23条则来自母亲,也就是说,一半来自父亲,一半来自母亲,既携带有父亲的遗传信息,又携带有母亲的遗传信息。所有这些,共同控制着胎儿的特征,等到胎儿长大成人,生成精子或卵子时,染色体仍然要对半减少。如此循环往复,来自双亲的各种特征才得以一代又一代地传递,使人类代代复制出与自己相似的后代。

人类的健康是由众多因素综合作用在一起产生的结果,在人类的健康因素中,遗传因素所占比例为10%～15%。据统计,全世界因遗传致病的人口数量占世界总人口的15%,一些高死亡率、高危险性、难治愈性疾病都与遗传有关,例如肿瘤、心血管疾病、高血压、糖尿病等。而更多的新技术被应用于染色体异常的分析中,得出了受遗传影响的疾病数量达到数千种。由此推断,遗传是影响人类健康的重要因素。

当前,世界上已经发现的遗传病超过了4000种,这个数字还在以每年新增100种新发病的速度递增。这些遗传病中多为常见病、多发病。这些先天性的疾病、智力低下的遗传病不但给患者身心带来巨大的痛苦,还会对其所在的家庭以及社会带来负担。

遗传具有垂直传递性。所谓垂直传递性,是指在血缘亲属间,遗传基因的传递是自上而下进行的,也就是父母传递给子女,不会发生横向传递的现象,例如,姐姐传递给妹妹等。

遗传除了遗传病外,一个人的诸多品质,如体形、颜值、智力水平等也都与遗传具有本原的关系,所以家族遗传是一个人身体系统最重要的初始环境。

第三章
身心系统论认知

上一章从中西医学和心理学视角梳理了身心系统的基本构成,并从自然、经济、社会、文化和家族概述了身心系统的环境要素,这些是认识身心系统的基础。本章在现代系统科学和生命科学的融合理论基础上,对身心系统进行深层次的系统理论方面的认知诠释。具体从身心耗散、新陈代谢和整体性几方面展开,这是本书的核心理论基础。

第一节　身心耗散系统论

人的身体和心理及整合的身心系统都具有很强的物理系统特性,包括血液及水液运行、食物在消化系统的蠕动、肢体活动、神经与心理活动的脑电和体电现象等,其中最重要的就是具有耗散特性,所以身心系统是一个典型的耗散系统。本节先介绍耗散系统的概念,接着分别讨论身体和心理系统的耗散特征,然后把身心整合起来讨论其综合耗散特征。

一、普里戈金耗散系统

耗散系统是由比利时科学家 I.普里戈金(I. Prigogine)首先提出的,是一个热力学的概念。普里戈金从研究偏离平衡态热力学系统的输送过程入手,深入讨论远离平衡态的热力学系统的物质、能量输送过程,即流动的过程,以及驱动此过程的热力学力,并对这些流和力的线性关系做出了定量描述,指出非平衡系统(线性区)状态演化的基本特征是趋向平衡状态,即熵增最小的定态。这就是关于线性非平衡系统的"最小熵产生定理",它否定了线性区存在突变的可能性。

(一)耗散结构理论

按照热力学概念,耗散结构系统是在远离平衡态条件下,通过与外界进行交换及组分间非线性关系所形成的一种新型有序组织结构的系统。

耗散结构理论指出,系统从无序状态过渡到这种耗散结构有几个必要条件:一是系统必须是开放的,即系统必须与外界进行物质、能量的交换;二是系统必须是远离平衡状态的,系统中物质、能量流和热力学力的关系是非线性的;三是系统内部不同元素之间存在着非线性相互作用,并且需要不断输入能量来维持,即构成不断的能量消耗,故称为耗散结构。

在平衡态和近平衡态,涨落是一种破坏稳定有序的干扰,但在远离平衡态条件下,非线性作用使涨落放大而达到有序。偏离平衡态的开放系统通过涨落,在越过临界点后"自组织"成耗散结构,耗散结构由突变而涌现,其状态是稳定的。耗散结构理论指出,开放系统在远离平衡状态的情况下可以涌现出新的结构。地球上的生命体都是远离平衡状态的不平衡的开放系统,它们通过与外界不断地进行物质和能量交换,经自组织而形成一系列的有序结构。可以认为这就是解释生命过程的热力学现象和生物的进化的热力学理论基础之一。

  诠释耗散结构现象的一个典型例子是贝纳特流。在一个扁平容器内盛有一薄层液体,液层的宽度远大于其厚度,从液体的底部均匀加热,液层顶部温度亦均匀,底部与顶部存在温度差。当温度差较小时,热量以传导方式通过液层,液层中不会产生任何结构。但当温度差别达到某一特定值时,液层中自动出现许多六角形小格子,液体从每个格子的中心涌起,从边缘下沉,形成规则的对流。从上往下可以看到贝纳特流形成的蜂窝状的贝纳特花纹图案。这种稳定的有序结构称为耗散结构。类似的有序结构还出现在流体力学、化学反应以及激光等非线性现象中。更直观的例子如图3-1所示,在灶台上用烧杯烧水,让我们保持不同的火力,我们会获得如图3-1中所示的四种状态,即温平态、响边态、沸腾态和湍流态。这种现象在现实生活中,如烧水和煲汤时可以经常见到,即俗语所说水温着呢、响边了、开了和咕嘟了的四种状态。如果对四种状态分别保持相应恒定的火力,则相应状态会维持稳定,即形成了一种在不断消耗热能的有序结构。

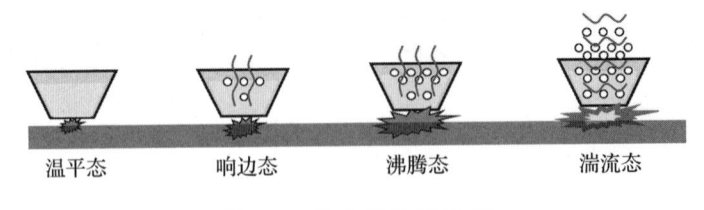

图 3-1 热力学耗散系统

(二)熵的概念

  为深刻理解耗散系统,需要了解热力学最基本的两个定律,即热力学第一定律和热力学第二定律,而内能和熵就是与这两个基本定律相联系的两个重要的物理量。由于热运动是物质世界的普遍物理现象,一切过程,包括物理、化学、生命和宇宙等领域中的一切运动变化过程都必然遵循热力学基本规律。

熵的概念在物理学中最早是用来描述物质混乱程度的。在化学及热力学中,熵是一种对在动力学方面不能做功的能量总数的度量。现今,熵也被用于计算一个系统的失序现象或测度系统的混乱程度。

热力学第一定律是关于能量守恒原理的另一种表达方式,可表述为:在一个热力学系统内,能量可以转换,即可从一种形式转变成另一种形式,但不能自行产生,也不能毁灭。或者说,一个系统内能的改变等于供给系统的热量减去系统对外环境所做的功。

热力学第二定律可表述为:不可能把热从低温物体传到高温物体而不产生其他影响,或不可能从单一热源取热使之完全转换为有用的功而不产生其他影响,或不可逆热力过程中熵的微增量总是大于零。所以热力学第二定律又称"熵增定律",即孤立系统的混乱程度永远是在增加的,直到达到热平衡,系统的熵达到了极大值,系统状态将不再改变,归于沉寂。熵增过程是一个自发的由有序向无序发展的过程,熵增具有不可逆的特性。

"熵"这一概念的重要性不亚于"能",它不仅应用于物理学,而且广泛地应用于物质结构、化学动力学、生命科学和宇宙学以及诸如经济、社会和信息科学等领域。复杂性科学研究发现,生命组织和生命活力,无论是宇宙宏观系统还是细胞的微观系统中,都只能产生在系统远离平衡态的对称破缺时,而不是我们以往所理解应当产生在平衡态之中。在非线性状态,由于反馈形成的相关性,系统内部微小的变化就能激发大的振荡,从而促使结构突变而产生新的结构组织形态。如果这个系统是封闭的,在振荡和自组织变化过程中,由于熵增,系统将很快达到平衡,结构变化消失,趋于混沌。而如果系统是开放的,就可以通过与外界能量的交换,把增熵输出到外部去,从而保持系统非平衡状态中的自组织结构,保持生命和生命的活力。

在远离平衡态的系统中,"熵"不再只是能量的耗散和浪费,而是具有伟大的创生和建设性作用的。首先,在非平衡、对称破缺的初始条件中,熵增暗示着系统的一种内在极化,是一种选择性原则,即让那种使系统做功并最终达到热平衡的趋势可以产生并演进。其次,演进过程中所产生的熵垒,阻止系统返回过去,使系统只能向前,演进是不可逆的。最后,由于熵增,系统内部个体的相对运动和相干性加强,从而增强了系统的生命活性。

(三) 耗散系统的特征

开放特征即耗散系统是开放的,它与外界在不停地交换物质与能量,从而维系系统的有序结构。具体说来,这一系统需要从外界向系统内不断地输入反应物等,以使系统内的自由能或有效能量不断增加,即有序度不断增加。同时,维持从系统向外界输出生成物等,并使系统无效能不断减少,即无序度或熵值不断减少。前者是向系统输入负熵,后者是从系统输出正熵,从而使系统的总熵值增长为零或为负值,以形成或保持有序结构。输入负熵,是消耗外界有效物质与能量的过程。输出正熵,是发散体系无效物质与能量的过程。这一耗一散,是产生自组织有序结构的必要条件。因此,自组织有序结构也称为耗散结构。显然,耗散结构在非开放体系中是不可能形成或保持的。

远离平衡态即耗散系统是远离平衡的,所谓平衡,是指系统要素状态不同时刻不具有大的差异,不平衡则相反。这是因为系统只有远离平衡才可能使系统具有足够的反应推动力,推进无序转化为有序,形成耗散结构。例如在恒温恒压条件下,可以使反应物浓度远高于平衡浓度,生成物浓度远低于平衡浓度,从而在实际浓度与平衡浓度间造成巨大的浓度差,以推进化学振荡反应的产生。相反,如果在平衡态,则实际浓度与平衡浓度相等,二者之差为零,反应推动力为零,反应已经达到极限,反应体系的浓度已经不再随时间变化发生任何变化,即已经达到"时间终点"。因此,也就不可能产生浓度随时间空间而发生周期性变化的化学振荡现象。此外,在平衡态,系统的熵值已经增至极限,即无序度已经增至极限,从而也不可能产生有序。所以普里戈金说,非平衡是有序之源。形象地看,这好比是往咖啡里面加牛奶,起初牛奶和黑咖啡处于非平衡态,随着时间推移或搅拌干预,牛奶在黑咖啡里会排演出诸多瞬息万变的漩涡花样和结构!而达到平衡时的最后状态只能是一碗混沌无序的灰色浑汤,再也不能自动恢复到黑白分明的状态。可见,有序的生机是在远离平衡态时萌动的。

非线性即系统内各要素之间聚合联系作用的整体不是局部线性叠加的效果,而是非线性作用的效果,是一种所得超所望的非等比例的因果关系,即一个小的输入或扰动就能产生巨大而惊人的变化和效果。具有自我放大的变化机制,产生突变行为和相干效应、协同动作,以异乎寻常的方式重新组织自己,实现有序。相反,如果只是具有线性作用,要素间的作用只能是线性叠加即量的增长而不能产生质的飞跃和实现有序。

涨落特征即系统中温度、压力、浓度等某个变量或行为与其平均值发生偏差的作用现象。系统具有涨落或起伏的变化,从而启动非线性的相互作用,使系统离开原来的状态,发生质的变化,跃迁到一个新的、稳定的有序态,形成耗散结构。因此,涨落是一种启动力,涨落导致有序。涨落主要是由于受到体系内部或外部的一些难以控制的复杂因素干扰,带有随机的偶然性,然而却可以导致必然的有序。这就再一次表明,必然性要通过偶然性来表现,偶然性是必然性的补充。

二、身体系统耗散特征

由前述对身体系统的基本构成的描述不难理解,身体也是一个耗散系统。实际上各种生命系统都是耗散系统。

(一)身体的耗散特征

首先,身体是一个开放的系统。身体与环境密切相关,相对于环境是开放的,与环境具有不断的物质和能量的交换。消化系统通过从环境摄取水和食物,通过内部物理、生化作用将其转化为机体组织所需要的能量,从而维持身体各组织器官的功能。同时血液循环系统,特别是肺循环,通过呼吸道和肺排出二氧化碳,吸收空气中的氧气,把静脉血液转换为新鲜的动脉血液,并通过体循环输运到全身的组织细胞,为细胞代谢提供能量。而神经系统则通过身体内外在的各种感官细胞获取信息能,在物理概念上是生物电脉冲能,然后由神经网络传递外界环境信息和内部感觉信息,经大脑加工后形成指令生物电信息,再传递到相应靶器官,并通过内分泌系统完成相应的调节和控制行为。最后,细胞的代谢活动、组织器官的调节反应,以及人体的整体行为把获取的能量释放于环境,从而构成能量的耗散。此外,人体与环境时刻都处于热力学系统中,身体会从环境直接获取热能,又会向环境释放热能。

其次,身体是一个远离平衡状态的系统,是一个动态平衡自组织的有序系统。动态平衡的本质就是非自平衡或是一种本原的不平衡,而生命的存在正是依赖于这种不平衡的存在。身体的消化系统在从环境摄取水和食物时，所有相关要素的相应状态，以及在通过内部物理、生化作用转化工作过程中，不同时刻的要素状态明显不同。食物的原始形态在食道里就不复存在了，最后通过消化道被分解为糖类、脂肪和蛋白质，物质状态发生本质改变。而在血液循环系统中，心脏不停地跳动，维系动脉和静脉各部分的血压差，以推动血液循环。毛细血管的有效过滤压差推动细胞的物质交换。同样，人体各组织器官、各细胞之间以及各生理系统之间存在巨大差异等，都表现着远离平衡态特征。而正是通过这些远离平衡态下能量与信息交换形成了一种生命的协同，或称自适应自组织态，进而完成人体的动态有序化。

再次，构成身体的所有组织器官和各要素相互关联、相互作用，而作用的关系都是非线性的。在身体系统中，这种非线性体现在众多方面。身体各系统的功能都有上、下限，即功能的变化是曲线的，各组织器官和各要素间的相互作用和变化不是等比例的。同时，人体对外界环境变化的感觉和反馈，不论是听、视、嗅和触觉也都有一定的突变值域。比如，人体所处的环境温度也具有上、下限，超过某一个温度阈值，人体的酶系统就会失调，导致机能不正常，新陈代谢紊乱，出现病态。

最后，身体的组织器官和整体属性具有聚集和小扰动的涌现，具有突变、状态跃迁等涨落特征。人体的涨落现象主要是由受到身体内部或外部的一些难以控制的或心理复杂因素干扰引起的，带有随机的偶然性，然而却可以导致必然的有序。身体系统的涨落可分为宏观和微观两种情形。宏观即整体属性状态情形，如人从清醒到入睡，从睡眠到清醒，从激烈运动到坐卧，再从坐卧到运动等。睡眠、清醒、运动和坐卧等都是人体宏观的一种有序态，这些有序态的转换就属于一种跃迁或涨落，而相应的过程则由非线性的相互作用来完成。微观指身体的微观层面,即组织器官的涨落也会常常发生。例如,心脏在外界环境的突变如惊吓或跌入冷水中,心跳就会加速,血压就会提高,人体就会处在一种紧张状态。又如对胃来说,当一个人正在进食时,突然听到一个不愉快的消息,或突然发现菜肴中有脏污,就会引起消化系统的状态突变,引发一个复杂非线性过程,使系统离开原来的状态,发生进食状态的质的变化,即跃迁到另一个新的、稳定的有序态。

(二)身体的熵

熵增原理对任何系统都适用,身体系统具有宏观整体和微观组织器官方面的熵。身体系统如不坚持耗散运动,不论是整体还是组织器官的微观熵值都会不可避免地增加。生命是一种有序态,是一种总是维持低熵的奇迹。一个人在活着的时候,一直保持着高度有序的状态,人体各个器官各个细胞的运作井井有条,不停地运动以及不断与外界进行物质能量交换,保持耗散阻止熵增。当生命一旦死去,就会很快被熵增原理的强大威力给收服,身体很快将趋于热平衡状态,变成一片死寂的、极其无序的物质。

基于熵的概念,生命可以说以负熵为生,负熵就是熵的对立,熵表述的是系统的无序状态程度,而负熵表述的则是系统的有序状态程度。汲取负熵可以理解为系统从外界环境摄取物质或能量之后,使系统的熵值降低和更加有序化。这也意味着,人们吃的食物必须本身非常有序,即必须低熵,所以人和动物只能吃有生命的物质。植物则与动物不同,其最根本的负熵来自阳光,即太阳能。阳光是整个地球村上所有生物所汲取的负熵的根本来源。人体在汲取负熵的同时,身体还会不断地向外界辐射红外线,散发体热,以及排泄等,从而带走生命运作增加的一部分熵。显然排泄物的混乱程度即熵值比食物高得多。

不难理解,生命的意义就在于具有抵抗自身熵增的能力,即具有使熵值减少的能力。而熵值减少的过程是需要供给能量即从外界环境汲取负熵的非自发的过程。在人体的生命化学活动中,自发和非自发过程同时存在,相互依存,因为熵增的必然性,生命体不断地由有序走向无序,走向老化及死亡。在人类的衰老过程中,皮肤结构由少儿时期的整齐排列、富于弹性、稚嫩柔软,逐渐衍变为老年时期的细胞排列紊乱、弹性明显下降、皮肤皱纹增加、出现很多斑点等。因此,可以说人体的衰老就是身体的混乱度增大,即熵值增加。

三、心理系统耗散特征

由前一章对心理系统的基本认知,可知人的心理现象和心理活动具有高度复杂性。此外,身体系统和自然社会经济等外部环境对心理系统也产生非常复杂的影响。环境与心理系统要素之间以及心理系统内部要素相互影响作用又是非常复杂的,但也是心理失调与调适的关键因素。耗散系统理论中有关开放性、非线性关联、放大与涨落、熵等概念对心理系统的这些复杂性认知,可以给出更好的描述与解释。依据耗散系统理论分析心理系统结构及其演化发展,研究心理失调与调适,能够加深对心理问题的理解深度,找到解决问题的科学方法,提升心理健康水平。

(一)心理系统的耗散特征

心理系统是由内部若干子系统以及环境系统协同作用、相互渗透、相互制约而构成的一个复杂整体。

首先,它是一个开放的系统。心理系统的开放性主要体现于心理系统与其内、外在环境系统的关系上。心理系统的主要外在环境系统就是自然社会经济系统,而内在环境系统就是身体系统。心理系统通过感知系统由环境不断地获取信息,形成体会经验,向社会他人学习知识,构建自己心理知识系统。因此,心理活动就是一个不断从环境获取信息和处理信息的过程。如果说感知系统是接收心理系统外部作用的方式,那么行为系统就是心理系统对环境状态的反应和回馈的开放作用方式。这易于理解,一个正常人的心理活动都必然与其社会经济及生活活动密切相关,更与身体系统紧密不可分,这就构成了心理系统开放的必然性。心理发展是一个动态的系统工程。个体不仅从外界输入物质、能量和信息,接受环境的改造,而且不断向外界释放物质、能量和信息,发展自己、影响他人。这种开放性,打破自我的界限,吸纳他人的个性,进入别人的"世界",做到人我相合,形成全息和明显的社会性,保持活力与朝气。

其次,心理系统也是一个远离平衡状态的系统。没有一个人的心理活动是静止的,心理状态一直在演进变化着,所以,心理系统是一个远离平衡状态的、动态平衡自组织的有序系统。心理系统的演化、发展与其他耗散系统的形成和演化一样,在不断地与外界环境进行物质、能量和信息交换的过程中,经过心理系统各子系统及要素的协同合作,以心理矛盾、纠结和自我调节或他人开解等引起心理状态变化,并形成心理活动轨迹,这类变化称为相变的自组织活动更替,这样完成心理系统从简单到复杂、从无序到有序、从低级有序到高级有序的动态发展过程。

再次,构成心理系统的所有子系统及其要素都是相互关联、相互作用的,而且作用的关系都是非线性的。心理系统状态演进具有非线性动力学特征,其动力结构的能量分为心理势能和心理动能两种形式。

心理势能表征的是心理要素状态之间的非一致性而产生的心理落差所积累的能量。例如"理想自我"与"真实自我"之间的落差,"过去自我"与"现在自我"之间的落差构成心理势能。心理动能表征的是各种心理要素活动状态的强度、兴奋水平高涨而积累的心理能量。心理要素强度越大,兴奋水平越高,心理动能就相应越强。心理动能与心理势能可以并存于一切心理活动之中,都是心理活动的动力之源。心理能量的转化、释放是非线性的。同时,心理系统各要素间不是简单的因果或线性依赖关系,而是既存在着正反馈的倍增效应,也存在着限制系统进化的负反馈。从外界进入心理系统的一个很微弱的正熵流,就可能激起各子系统产生协同效应,使其作用叠加倍增,促成巨大涨落,导致相变,使本来的有序状态消失,系统陷入混乱。如常见一些人因受突如其来的刺激而引致精神失常就是这个道理。

最后,心理系统的各个子系统属性和整体属性同样具有聚集和小扰动的涌现现象,具有突变、状态跃迁等涨落特征。心理系统各子系统之间的协同作用及相关心理活动,会促使心理状态涨落的关联和放大,并在临界区引起相变即状态跃迁,从而实现心理系统由低级向高级发展。人生一世会经历各种各样的事情,会遇到喜怒哀乐、顺利腾达、坎坷困顿、忧烦焦虑,有意想不到的喜悦,也有不能实现的企望,或遇有不可避免的悲苦,这些都会伴随复杂的心理系统活动。一念之差、一时激动、一气之下、一句谏言等,都是对心理系统的一个扰动,会导致心理状态的跃迁和涨落,使行为状态发生巨变,如一失足成千古恨或力挽狂澜走向成功的顺境。

(二)心理系统的熵

如上所述,心理系统作为一个耗散系统,它是一种开放的自组织系统。一个人的心理系统的发生、发展、演化必然会穿插着突然的跃迁和爆发的进程流。任何时候的心理状态都是这一进程流上的片段或节点，而熵的变化则贯穿这个进程的始终，形成连绵起伏的熵流。作为心理系统的熵表征了心理系统的混乱程度。

在心理系统状态演进过程中，因各种社会生活事件、身体生理机制的变化等，系统内会产生心理疲劳、认知失调、兴趣索然、情绪波动和行为错乱等现象，即为无序参量增加的熵增。如果在熵增过程中，个体因心理动力不足或心理系统封闭、外环境要素状态较差等原因，又不能通过与环境进行适度的物质、能量和信息交换，使心理系统从环境中摄入足够的负熵与自身的增熵抵消，这样，心理系统总熵就会不断增加，无序参量持续增大，进而产生心理失调，致使心理状态出现不适，甚至出现人格障碍。

心理系统是一种动态开放的自组织系统，不断地同外界环境进行着物质、能量和信息的交换。所以，在考虑到系统内部的熵增的同时，还要考虑系统与环境之间的熵交换，系统可以从环境中获得负熵，也可以获得正熵。若环境对个体心理系统的发展不利，系统从外界输入的是具有正熵的物质、信息和能量，那么心理系统的熵增会迅速助长，使心理系统沦为混乱无序的速度加快，急剧滋长心理失调。

在现实生活中，心理系统总在进行着从低级到高级、从简单到复杂的发展变化，说明心理系统总在不断与外界进行物质、能量和信息的交换。根据耗散系统理论，只有当系统总熵增为负时，系统的有序度才会增加，才可能产生新的组织结构。由此可知，心理系统必须保持从外界吸收足量的负熵，以抵消内部熵产生，这样才能促进自身的发展。

四、身心系统综合耗散特征

身心系统是身体系统与心理系统融合集成的综合系统。心与身是灵魂与肉体的关系，身体系统与心理系统都具有各自的本质特征，但在实质上它们又是互为内环境的，具有密不可分的强关联关系。而由于它们各自都是一种耗散系统，因此由它们构成的整体系统也具有更加复杂的耗散特征。并且，身心系统的综合耗散特征主要体现在身体系统与心理系统的非线性交互作用方面。

(一) 身心综合耗散特征

身体系统与心理系统的融合集成不是由外部因素组织的，而是内在的必然。由于身体系统与心理系统各自都具有鲜明的耗散特征，处在同一自然社会经济外环境中，因此身心系统在开放性方面具有身体系统与心理系统共同的外环境开放特征，而它们各自的内环境关系在身心系统中已转变为内部的复杂关联关系。

身心系统是远离平衡态的一个开放复杂的动态系统。身心系统不断地通过身体的生理行为与外界进行物质和能量的交换，通过感知与行为等心理系统与外界环境进行信息的交换，即不断从外界输入足够的负熵，以抵消系统自身及从外界吸入的正熵，维持系统的稳定和发展。身体的生理要素特别是构成身体的消化系统、血液循环系统、神经系统、内分泌系统和免疫系统，其中神经系统、内分泌系统与心理系统密切相关，它们的状态维持构成了身心系统的远离平衡态的更高层次的有序性。

身心系统的综合涨落特征也更为复杂，心理系统的涨落会引发身体系统的涨落，反之亦然。处在物质和信息化社会的任何个体，其身心系统发展时刻都在受到冲击，每一个冲击都会形成一个涨落。不同的冲击对于不同的人，或相同的冲击对于不同的人形成的涨落和所产生的强度或效果各不相同。一般而言，身心系统是由身体与心理系统构成的高阶系统，其聚集涌现的宏观量具有更高的稳健性，相对于涨落而言是一个非常大的定态系统。外界干扰或环境信息所引起的涨落，一般对身心系统的宏观态而言是微不足道的，即使偶尔有大的涨落，也会被身心系统耗散衰减掉，立即回到原来的动态平衡。涨落一般出现在身心系统处于某种临界状态时，这时外界微小的扰动就可能通过某种非线性相互作用被放大，形成巨涨落，达到或超过某个临界值，使身心系统发展进入新的耗散结构分支，达到新的动态平衡和有序。

一般而言，当系统处于某种稳定态时，非线性相互作用对系统内的涨落产生抑制作用，减小涨落对系统的影响，使系统稳定在已有的耗散结构分支上。而当系统处于某种临界状态时，非线性作用可能将某个微小的涨落放大为巨涨落，越过临界点，破坏系统原有的平衡，达到新的耗散结构分支，进入新的稳定态。此时，系统内的非线性相互作用对涨落产生抑制作用，进而维护系统新的稳定。

身心综合耗散特征主要体现在身心冲突与交互复杂关系中。心理状态的涨落跃迁，如一个人在快乐幸福的状态中，突然获悉坏消息，心理状态就会突变，一般来讲，心里就会难受，这种难受已经不是仅限于心理层面，而会通过神经系统引起内分泌状态涨落，进而会反映在血液循环系统使心脏胸腔不舒服，以及反映在消化系统方面使胃不舒服等。同时，当身体系统状态产生涨落跃迁时，如从非健康态向健康态跃迁时，心理系统状态或称心情就会转好，就会呈现较高的兴奋与活力行为水平。反之，如果身体系统从健康态向非健康态跃迁即生病时，心情就会转为郁闷、焦虑等。

(二)身心系统的熵

身心系统的总熵值是身体系统熵与心理系统熵的非线性聚合。身体系统与心理系统的科学融合,如身心合一的境界,就是身心系统熵值降至最低的高度有序状态。但这种身心合一境界,由于身心系统的开放外环境并不是静止的,正所谓树欲静而风不止,外环境的干扰和刺激信息会不断袭扰身心系统,身心系统与环境的物质、能量和信息交换是不会停止的。看世间红尘、人生百态,工人劳作、机器轰鸣,耕者锄草、汗滴禾土,小商叫卖、穿街走巷,正人君子、拯救世风,文化传承、书声琅琅,将士习武、刀光剑影,道士打坐、弥勒念佛,看似一片混沌熵增来,却又是一片有序苍生气象。各自身心之合的状态千差,熵流方式万异。

依据耗散系统理论,身心系统从环境中可以摄入正熵也可摄入负熵,人生身心系统之所以千差万别,就是因为其身心系统从各自所处环境中摄入的正熵或负熵的条件不同。官、商、工、农、学、兵和世外方人所处环境因素不同是一主要原因。清新的空气、宜人的风景,充满温暖、气氛和谐、人际融洽的宽松、安定的社会生活环境能带走一个人的身心系统中的正熵。即相当于身心系统从环境中摄入负熵,从而降低身心系统的熵增,使身心中混乱程度降低,序参量增加,使身心状态朝着相合、健康、有序的方向发展。

此外,身心系统通过主观行为作用,可以对身心系统从环境中摄入正熵还是负熵进行选择和调节控制。身心系统的各子系统是相互作用、相互制约、相互渗透的统一整体。其中心理系统的知识系统是整个系统的核心系统,影响心理活动和身心状态。知识系统蕴含着一个人的世界观、人生观和价值观,以及自我意识、生活态度、信念等,这些使身心系统具有鉴别环境中刺激的利弊的能力,从而能积极主动地趋利避害,从环境中寻求选择带有负熵性质的正确信息,摄入适宜能量,调控自己的身心活动。另外,身心系统还可以利用身体与心理各自子系统的相互作用,调节和动态平衡自身有序状态。例如,当外界干扰使得心绪紊乱时,可通过呼吸吐纳和意念运行,或体育运动方式进行调节等。

第二节　有机生命系统

有机生命系统是指有机体能够独立完成生命活动的系统。有机体也称机体,是对自然界有生命的生物体的总称,包括一切动植物。瑰丽的地球村生命画卷,在常人看来是千姿百态。但在科学家的眼里,它们都是富有层次的生命系统。从微观的分子水平到宏观的群体水平,都属于生命系统的不同范畴,有着不同的物质和结构基础、发展和变化规律。

有机生命系统由大到小依次分为生物圈、生态系统、群落、种群、个体、构成系统(如消化、呼吸、循环系统等)、器官、组织、细胞。但单细胞生物不具有构成系统、器官和组织层次,细胞即是个体。植物则没有消化、呼吸、循环等系统,由根、茎、叶、花、果实和种子六大器官构成。病毒是生物,但不是生命系统。

身体系统是一个最高层次的复杂的典型的有机生命系统。而任何有机生命系统都是由低级生命系统进化来的,而最低级的生命形态就是细胞。因此,要科学地理解身体系统,有必要对有机生命系统有所认知。

第三章　身心系统论认知

一、细胞与生命

美国人雷德蒙·弗朗西斯在《选择健康》一书中提出了一种全新的观点,他认为,既然人是由细胞构成的,那么人类不应该有成百上千种疾病,人类的疾病只有一种,那就是细胞病了!任何一个器官的细胞新陈代谢出了问题,细胞死亡达到一定程度,那么这个器官才会生病,所有的细胞都健康,器官怎么会生病呢?照顾好你身体的每一个细胞,疾病就会和你无缘!

细胞是生命的基本单位,人体内各种细胞的变化,决定着人体的健康状况。人生病,就是细胞受到破坏、毒害或疏于照顾,再加上细菌或病毒的攻击,减弱了细胞应有的功能,而引发各种疾病。反之,关爱细胞、呵护细胞、合理调养细胞,给细胞足够建造机体的营养素,让细胞能够自我修复破损,发挥应有功能,就可以健康常在。

(一)身体系统的最小单元——细胞

所有生命系统都起源于一个细胞。就人体来说,最初的细胞叫作受精卵。受精卵经过分裂,形成两个,四个以至于上百万亿个细胞,并分别聚集构成身体的各个组织器官和子系统,它们各司其职,在身体系统的空间里分工协作,和平共存。细胞是人体的结构和功能的基本单位。人体共有40万亿～60万亿个(美国相关资料显示约有100万亿个)细胞,但身体自身的组织只有8万亿～9万亿个,其他都是与身体共存的寄生微生物细胞。身体的"司令部"——大脑——的细胞数量,据研究有100亿～1000亿个,主要是神经功能活动的神经细胞。一个神经细胞和另一个神经细胞由"神经键"连接起来,形成神经回路,成为庞大的信息储存库,从而形成人的记忆,实现语言、文字、创造发明,以及意识、情绪、思维等高级神经活动。

细胞的平均直径在 10~20 微米。除了成熟的红细胞和血小板外，所有细胞都有至少一个细胞核，是调节细胞作用的中心。最大的是成熟的卵细胞，直径在 0.1 毫米以上。最小的是血小板，直径只有约 2 微米。

人体细胞宏观上可分为体细胞和生殖细胞两类。体细胞含有的染色体数是生殖细胞的 2 倍，人体除生殖细胞外，其他细胞都有 23 对染色体，血液中某些无细胞核的细胞除外。不同的体细胞寿命不同，胃部细胞的寿命只有区区的 5 天。红细胞的寿命平均为 120 天。表皮或皮肤的表层每两周左右会循环一次。肠黏膜细胞的寿命为 3 天，肝细胞寿命为 5 个月，而脑与骨髓里的神经细胞的寿命有几十年，同人体寿命几乎相等。血液中的白细胞有的只能活几小时。每一天都有无数衰老细胞死去，同时又有无数新细胞长成。在整个身体中，每分钟约有 1 亿个细胞死亡。细胞分裂次数学说认为，人体细胞相当于每 2.4 年更新一代。实验发现，人体细胞在培养条件下平均可培养 50 代，每一代相当于 2.4 年，称为弗列克系数。据此，人的理论平均寿命应为 2.4×50＝120 岁。按照目前的证据，身体中能够"长生不老"的器官或组织似乎只有大脑皮层的神经细胞、眼睛内晶体细胞等。

(二) 生命

生命是包括人类和所有动物、植物、单细胞生物都有的，人体内的每一个活着的组织细胞也都有它自己的生命。而凡是生命都具有生、成、衰、亡的必然过程，都具有生殖、突变、遗传的必然特征。不论是什么生物，不管浮萍、野草、古柏、青松、毛虫、飞鸟、猿猴、人类，其解剖形态是多么繁简悬殊，都会具有完全相同的生命过程和特征。这说明它们都具有一个完全相同的生命基本机能系统(也称生机系统)。生命的根本是这个基本机能系统的正常运转,而不是个别形态、个别器官的有无。个别形态器官的有无只为机能系统的完善、和谐和稳定服务。

美国 P.亨德莱主编的《生物学与人类的未来》指出:"人们过去认为他与动植物不同,他所遵循的规律也与其他生物的不一样。生物学研究表明,血液循环、肌肉收缩、消化和其他身体机能都有类似的机制。比较生物学证明,所有生物的化学机制、反应程序和代谢方式基本相同。进化的研究证明,所有这些相似,是起源相同的缘故。"

细胞生物学在研究细胞的分裂与繁殖时,发现其是周期性进行的,并认为细胞的生命周期一般可以简单地理解为基因复制和基因分离时期的交替。细胞生命周期其实是细胞生命的机能周期。这样,单细胞生物的生命运动全过程既做周期性运动,又做螺旋式上升。

生命基本机能周期和系统具有普遍性,不但单细胞生物的繁殖增殖期是这样,非增殖期也是这样。不但单细胞生物的生命基本机能周期和系统是这样,多细胞生物和所有生物的生命基本机能周期和系统也是这样,只是有细节的差异而已。

二、生命基本机能单元及生化过程

细胞的生命基本机能周期可分为五个机能单元,即产能单元、行为单元、摄取单元、生成单元和调控单元。前四个单元为周期单元,周期从产能单元开始,依时依序地进行,到生成单元终止。调控单元则是通过正负反馈信息,协调其他四个机能单元的功能。假如再没有下一个周期发生,生命即告终止。所以,生命的关键就在于基本机能单元的周期往复。

(一) 产能单元

产能单元的生化过程是指一系列的分子物质如糖类、脂质、蛋白质、水、无机盐等在酶类、激素、维生素等参与下,逐步降解分解,化学键离解,产生三磷酸腺苷(ATP),释放各种形式的波动能(也称自由能)如光、热、电、磁等的过程。

在单细胞生物中,这一过程主要在线粒体中进行,在高等动物包括人体内,由于生物进化历史的作用,许多的细胞已经高度分化,实行了机能分工,因此,只有某些器官或组织的细胞内,线粒体继续负有产能的机能。如早已知晓的肝脏是物质分解代谢最旺盛的器官,糖类、脂肪质、蛋白质等复杂的降解效应,基本上都是在肝脏内进行的,从其中产生大量的三磷酸腺苷(ATP),然后由体液系统如血液和间质液输送到其他器官去被利用,同时送去的还有许多中间降解物以及基础体温。所以,肝脏是高等动物和人类产能单元的主要形态基础。

(二) 行为单元

行为单元分为普通机械行为(包括细胞的分裂和分化)和特殊行为两类。后者例如声波、电场、磁场、热辐射、光辐射等,以及其他比较高能的辐射,乃至人类的思维活动也可包括在内。这些行为的生化过程其实是前一单元生化的延续,主要是形成生物电流、生物磁场、光效应、热效应和机械力效应等,从而表现为具体行为。

高等动物和人类形成机械行为的基础,主要表现在横纹肌、平滑肌、韧带、骨骼和关节等,为了任何目的的任何行为,都是由这些组织器官的协调运动来实现的。例如肺的舒张收缩,心脏的跳动,血管维持适当的紧张度,消化管的蠕动,膀胱、直肠、胆囊等的定时排泄或分泌,以及人类四肢进行的生产劳动等。

特殊行为,例如萤火虫发光,蝙蝠发出超声波,发情期的动物释放特殊气味,孵卵母鸡的体热辐射,人类大脑的思维活动等。

(三)摄取单元

摄取单元的功能是摄取外环境中的物质与能量。摄取过程具有一定的选择性,并防御不需要的有害物质。同时,摄取过程又是伴随排泄一定量的代谢物的过程。所以这个单元还包括防御和排泄机能,以提升摄取服务的有效性。

摄取单元的生化基础具有多个方面,例如对固态食物需要首先进行酶水解效应,然后经渗透作用和钠泵效应才进入细胞内;植物的光合作用效应;有血动物的血红蛋白氧合效应等。

在单细胞生物中,实现全部摄取机能的基础是唯一的细胞膜。分子物质的摄取经过细胞膜的孔道结构;波动能量的吸收基于细胞膜的靡薄;光辐射的吸收基于细胞膜的透明性等。在良好的外环境中,摄取和排泄得以同时顺利进行。当外环境因素对细胞生命不利的时候,细胞膜则紧缩,减少和减小代谢通道,减低透明度,细胞摄取与排泄过程转为机能防御过程。防御是为了更安全的摄取。可惜,摄取与排泄的停止对生命又是一种新的威胁。这也是自然界中单细胞生物生命力非常低下的原因。

高等动物和人类的摄取单元机能是通过器官系统的高度分工和协调来实现的。口腔和胃肠道进食和吸收固态和液态分子物质,肺吸收气态的氧分子,皮肤吸收光和热,以及一般低能的波动能量,眼、耳、鼻、舌等器官吸收特定范围内的波动能量。废物的排泄则通过肛门、膀胱、汗腺等器官的定时开放来实现。为了更有选择性地摄取而设置的防御机制,则改由网状内皮系统专职执行,通过一系列的生化机制或细胞机制,对不利的因素抵御或消除。所以高等动物和人类才会具有更强盛的生命力。

(四)生成单元

生成单元的生化过程是身体内一系列的生化合成效应,主要是利用摄取进来的物质和能量为原料,合成生命所必需的全部物质,包括脱氧核糖核酸、核糖核酸、激素、酶类、抗体、结构蛋白、糖原、脂肪等。

单细胞个体的这些物质是先后地在细胞核、细胞质里合成的,结构蛋白、糖原和脂肪形成各个细胞器和整体细胞的框架,酶类、激素、抗体等各种物质分别储存于细胞器内,从而形成单细胞生物的完整形态。

在单细胞生物体内能够合成很多有机分子物质,但与多细胞生物、高等生物相比,它的合成能力是非常有限的。这是单细胞生物生命力非常低下的又一个原因,即物质基础贫乏。以至于大多数的单细胞生物都必须寄生于宿主才能存活。

高等生物,特别是人类则不同,人体内全部分子物质的合成,虽然仍然都在细胞核、细胞质里进行,但由于是由许多器官组织分工进行,所以能够合成更多种类、更大量的物质。这些物质又促进各器官的发育和分化,乃至人体整体的发育和成长。这些器官或组织主要是内分泌系统、外分泌系统的器官和骨髓等。特别具有代表性的是脑垂体、生殖腺、肾上腺、甲状腺、肝、脾、胃肠道黏膜等。其他许多器官的细胞核、细胞质,一般不再负有生成单元的机能,而分别负有其他单元的机能。人体的完美,人的强大生命力,正是由于有这些分器官分系统庞大的形态结构和物质储备做保障而实现的。

(五)调控单元

调控单元的生化过程主要是由激素、酶、中间代谢物等物质及电磁信息导致的，基本机能周期过程中的一系列的正、负反馈效应。实现这一单元机能主要依靠两套系统：一是心血管及体液系统；二是神经系统。

心血管及体液系统很像一个由水塔与水管组成的供水系统，心脏有节律地跳动推送血液带动体液流动，血管有适宜的紧张度，体液有适宜的流速、流量与方向，使各个器官的机能获得了必需的物质能量供应，并且定时、定质、定量，从而实现了对器官的调节与控制。

神经系统则像一个发电子信息的网络系统，神经元的细胞体、神经纤维、突触结构内部都含有特别容易氧化还原的优良导电介质，当神经中枢接受某种信息刺激之后，立即发生一系列的快速的还原—氧化反应，发生电子得失，形成生物电流和神经纤维附近的电磁场，并在神经网络中传输，从而实现了对远方器官的快速调节与控制。

神经系统和心血管体液系统，实际上是调控系统中的两个快慢分系统。这种快慢结合的调控装置，是实现高灵敏度、高效调控机能所必需的。

三、新陈代谢

有机生命系统最基本的生命过程就是新陈代谢。新陈代谢是指生物体从环境摄取营养物质转变为自身物质，同时将自身原有组成转变为废物排出到环境中的不断更新的过程。从生化机理上理解，新陈代谢是生物体内全部有序化学变化的总称，其中的化学变化一般都是在酶的催化作用下进行的。新陈代谢的本质就是从外界不断地汲取负熵，以抵消生命运作过程中不得不产生的熵增。新陈代谢包括物质代谢和能量代谢两个方面，物质代谢是指生物体与外界环境之间物质的交换和生物体内物质的转变过程。能量代谢是指生物体与外界环境之间能量的交换和生物体内能量的转变过程。新陈代谢以同化和异化两种方式进行。

(一)同化作用

同化作用是指从外界摄取营养物质并转变为自身物质,即与自身物质同化,并储存能量。同化作用可以分为自养型、异养型和兼性营养型三种。

自养型 绿色植物直接从外界环境摄取无机物,通过光合作用将无机物制造成复杂的有机物,并且储存能量,来维持自身生命活动的进行,这样的新陈代谢类型属于自养型。少数种类的细菌,不能够进行光合作用,而能够利用体外环境中的某些无机物氧化时所释放出的能量来制造有机物,并且依靠这些有机物氧化分解时所释放出的能量来维持自身的生命活动,这种合成作用叫作化能合成作用。例如,硝化细菌能够将土壤中的氨(NH_3)转化成亚硝酸(HNO_2)和硝酸(HNO_3),并且利用这个氧化过程所释放出的能量来合成有机物。总之,生物体在同化作用的过程中,能够把从外界环境中摄取的无机物转变成自身的组成物质,并且储存能量,这种新陈代谢类型叫作自养型。

异养型 人和动物不能像绿色植物那样进行光合作用,也不能像硝化细菌那样进行化能合成作用,它们只能依靠摄取外界环境中现成的有机物来维持自身的生命活动,这样的新陈代谢类型属于异养型。此外,营腐生或寄生生活的真菌、大多数种类的细菌,它们的新陈代谢类型也属于异养型。总之,生物体在同化作用的过程中,把从外界环境中摄取的现成的有机物转变成自身的组成物质,并且储存能量,这种新陈代谢类型叫作异养型。

兼性营养型 有些生物(如红螺菌)在没有有机物的条件下能够利用光能固定二氧化碳并以此合成有机物,从而满足自己生长发育需要。在有现成的有机物的时候,这些生物就会利用现成的有机物来满足自己生长发育的需要,即兼有自养和异养两型。

(二)异化作用

异化作用是指生物体能够把自身的一部分组成物质加以分解,释放出其中的能量,并且把分解的最终产物排出体外的变化过程。根据生物体在异化作用过程中对氧的需求情况,异化作用可以分为需氧型、厌氧型和兼性厌氧型三种。

需氧型 绝大多数的动物和植物都需要生活在氧气充足的环境中。它们在异化作用的过程中,必须不断地从外界环境中摄取氧气,进行体内有机物的氧化分解,释放出其中的能量,以便维持自身各项生命活动的进行。这种新陈代谢类型叫作需氧型,也叫作有氧呼吸型。

厌氧型 这一类型的生物有乳酸菌和寄生在动物体内的寄生虫等少数动物,它们在缺氧的条件下,仍能够将体内的有机物氧化,从中获得维持自身生命活动所需要的能量。这种新陈代谢类型叫作厌氧型,也叫作无氧呼吸型。

兼性厌氧型 这一类生物在氧气充足的条件下进行有氧呼吸,把有机物彻底地分解为二氧化碳和水,在缺氧的条件下把有机物不彻底地分解为乳酸或酒精和水。典型的兼性厌氧型生物就是酵母菌。酵母菌是单细胞真菌,通常分布在含糖量较高和偏酸性的环境中,如蔬菜、水果的表面和菜园、果园的土壤中。酵母菌是兼性厌氧微生物,在有氧的条件下,将糖类物质分解成二氧化碳和水;在缺氧的条件下,将糖类物质分解成二氧化碳和酒精。酵母菌在经济生产中的应用十分广泛,除了熟知的酿酒、发面外,还能用于生产有机酸、提取多种酶等。

(三)同化异化相互作用关系

任何活着的生物都必须不断地吃进东西,不断地积累能量,还必须不断地排泄废物,不断地消耗能量。所以,新陈代谢的同化作用与异化作用是同时进行的,是两个相反而又同一的辩证统一过程。

各种生物的新陈代谢,在生长、发育和衰老阶段是不同的。婴幼儿、青少年正在长身体的过程中,需要更多的物质来建造自身的机体,因此新陈代谢旺盛,同化作用占主导位置。到了老年、晚年,人体机能日趋退化,新陈代谢就逐渐缓慢,同化作用与异化作用的主次关系也随之转化,异化作用占主导位置。动物冬眠时,虽然不吃不喝,但是新陈代谢并未停止,只不过变得非常缓慢。

(四)新陈代谢的能源物质

新陈代谢能源物质来源主要有如下四类:

1.直接能源物质

即三磷酸腺苷(ATP)。ATP是生物体生命活动的直接能源物质,各种生命活动,如细胞分裂、肌肉收缩等,所需要的能量都是由ATP直接提供的。

2.主要能源物质(即糖类)

糖类是生物体生命活动的主要能源物质,生物体内的能量有70%是由糖类氧化分解,经同化作用获得的。

3.主要储能物质(即脂肪)

脂肪是生物体储存能量的重要物质,在动物的皮下、肠系膜、大网膜等处储存有大量的脂肪,一方面可储存能量,同时还可以减少体内热量散失,有利于维持体温恒定。在植物体内也有脂肪,如花生油和菜籽油就是从花生和油菜籽中提取的。

4.能量的原始来源(即太阳能)

太阳能是生物生命活动的原始能源,太阳能通过光合作用进入植物体内,再通过生物链进入各种动物体内。

(五)新陈代谢的影响因素

新陈代谢是在无知觉情况下,时刻不停地进行的生命体内活动,对人体来说包括心脏的跳动、保持体温和呼吸是不能停息的。影响新陈代谢效应的因素有很多,包括身体和心理精神层面及各微观层面因素等,这里仅从宏观层面列举如下几个因素。

1.年龄

一个人越年轻,新陈代谢的速度就越快。这是由于身体处在生长阶段,尤其在婴幼儿时期和青少年时期速度更快。

2.环境温度

人体体温与环境温度的差异越大,新陈代谢就越快。相应身体表皮面积越大的人,其与环境热交换就越快,新陈代谢也越快。因此,两个体重相同体积不同的人,个矮的会比个高的新陈代谢慢一些。

3.肌肉活动

身体里的肌肉组织是身体机械活动的基础,肌肉组织的活动是身体系统新陈代谢的动力源。身体的运动,特别是剧烈的体育运动过程中,以及体育活动结束后的几个小时内,身体都会加速新陈代谢。即使在人休息的时候,肌肉组织也在活动,而脂肪组织却不活动。男性肌肉组织的比例比女性更大，因此男性比女性的新陈代谢速度快。

总之，新陈代谢由物质代谢、能量代谢、同化作用和异化作用四方面构成，通过从周围环境中获得营养物质，将外界引入的营养物质转变为自身需要的结构元件，再将结构元件装配成自身的大分子，分解摄入的有机营养物质，提供生命活动所需的一切能量。四个方面相互关联、辩证统一，是一个循环涨落、动态平衡、吐故纳新、耗散系统过程。新陈代谢是生命体不断进行自我更新的过程，如果新陈代谢停止了，生命也就结束了。

四、生机系统与外环境的四大基本关系

由前述内容可知，生机系统是自成系统，独立存在，独立运动。但它并不是一个完全封闭的孤立系统，它必须依赖外界环境，在外环境中摄取营养素，进行物质能量交换，与外界环境保持密切的作用关系。这种关系可以分为以下四大类。

（一）子与主系统关系

相对于一个生机系统，它所处的环境系统，包括它自身在内构成一个更大的系统，即称其为主系统或环境主系统。这个生机系统就成为这个主系统的一个子系统，并时刻处在这个主系统之中，受这个环境主系统的条件或因素的影响和制约，同时也反作用于这个主系统。这就是生命的子与主系统关系。事实上，子系统之中还有里面一层的子系统，主系统之外还有更外一层的主系统。因此，生机系统是分系统层次的，具有不同层级的子系统。例如一只山羊是一个生机系统，山羊体内一个活的心肌细胞也是一个生命基本机能系统，而心脏是心肌细胞的

主系统,心脏血管解剖系统是二级主系统,山羊个体是三级主系统,山羊群是四级主系统,等等。

(二)应激期关系

生机系统的基本机能运动完成一个周期实际所经历的时间叫作基本机能周期时间,其中每个机能单元经历的时间叫作基本机能单元时间。对应不同物种的生机系统,这两个时间的长短不同,短的可以只有零点几秒。每个机能单元时间大约只占周期时间的四分之一。

在单细胞生物基本机能周期中,只有在摄取单元的时间内,这个生机系统对外环境是开放的,生命机体是在这个四分之一时间内摄取营养物质,而外环境中的一切因素也只有在这个四分之一的时间内才可能对机体发生影响或制约,这个时期叫作应激期或高敏期。其余的四分之三时间称为不应期或低敏期。

一般来说,所有的外环境因素,只要落在应激期与机体相遇,都有可能对机体发生影响,不管机体愿意或者不愿意摄取。但是,对于不同物种的个体,这种影响总是有差异的。因为影响的发生,除了必须落在应激期,还有第二个条件,就是个体内环境中有应激的底物。应激底物是由它所处的物种进化的阶段决定的,或者是由不远的祖代获得性基因遗传下来的,如遗传因子,或者是它自身在前一个生活时期通过突变而产生的,如抗体。此外,也有一些过分强烈的因素,可以无条件地对机体加以影响,导致突变或机体死亡。

(三)阳光拨动生命的关系

外环境对生机系统产生影响的诸因素可以分为两大类:一类是自由能(波)因素,包括α射线、β射线、γ射线、X射线、紫外线、可见光线、红外线、电、磁、热、力、速度、声、超声、次声等;另一类是分子物质因素,包括各种无机物分子、离子、同位素，各种有机物分子，各种有机或无机的酸、碱、盐类等。

在自由能因素中，对生物生命产生最大、最深刻影响的是太阳光和其他宇宙射线。对于太阳光，所有生物都离不开它，有之则生，多之则盛，少之则衰，无之则亡。因此，从广义上可以认为，太阳光是最重要、最根本的营养素。阳光中的某些成分，光谱中的某些节段，作为一种信息，可能会直接参与生物基因分子的合成。所以大多数生物的生命活动明显地受着阳光强弱的制约，大多数生物的生命活力在每天的上午逐渐增强，下午至晚上逐渐减弱，表现为明显的昼夜节律。大多数生物的生命活力在每年的春夏季节会逐渐增强，在秋冬季节会逐渐减弱，表现为明显的年度节律。

这种现象在微生物界表现得尤为明显。微生物界对阳光有高度的依赖性，在春夏季节，分裂繁殖特别迅速，人类被微生物致病的机会也会因此增多。到秋冬季节之后则情况相反，许多微生物甚至会死亡，或者必须形成芽孢才能越冬，人类被微生物致病的机会也因而减少。

植物也是以阳光为主要营养素的。叶绿体的光合作用，吸收阳光，把二氧化碳和水合成大分子物质——淀粉，同时把太阳能储存在所有的化学键中。这是所有植物的生物合成最首要的机能。因此，植物的生命活力也总是与阳光的强弱变化同步的，昼夜节律和年度节律都非常明显，地球植被的盛衰与地球纬度高低直接相关。

动物的生命活力，对于阳光的依赖性相对地不那么明显。因为动物缺乏一种基因，没有叶绿体结构，所以即便它渴望也无法实现，无法摄取无限丰足的阳光作为主要营养素。所以动物必须采食植物体（有机分子）来营养自身，或者捕食其他动物以谋取更加丰富的营养。因此可以说动物对于阳光的依赖性基本上是间接的。但是仍然有部分生化机制及行为是直接依赖阳光的。例如人类体内合成维生素 D,就必须有阳光中的紫外线参与。一个人长期地生活在地窖下,不见阳光,哪怕有最丰富的食物供给,也难免变得苍白、气短、乏力。人类的大脑那么重要,为什么不藏于机体的内部深部,而高筑于头顶?或许大脑的复杂机制还有好多细节必须有阳光光谱中某些节段或其他宇宙射线的参与。所以,动物及人类的生命机能的昼夜节律、年度节律仍然十分普遍。

(四)同步运动关系

既然阳光是生命的必需营养素,生物为了获得充分的阳光,生命基本机能周期中的摄取单元的最活跃时间,就必须重叠在每日的中午及稍后的一段时间,这段时间阳光最充足,气温最高,或者重叠在每年的仲夏秋初之间。也就是说,摄取单元机能的盛衰变化必须与太阳光的昼夜强弱变化同步,或者与每年的强弱变化同步。也就是说,必须与地球的自转运动及绕日运动同步,否则将被自然淘汰。

前面已经讨论过生机系统的产能、行为、摄取、生成这四个单元机能是依时依序进行的。所以,每个单元机能的活跃时间一定会依时依序地与每天的早晨、上午、午后、晚上这四段时间重叠,或者与春、夏、秋、冬四季重叠,形成昼夜周期及年度周期。这就是近年来人们普遍感兴趣的生物自然节律性。

第三节 身心系统综合整体认知

按照系统论的观点,整体性、关联性、层次结构性、动态平衡性、时序性等是所有系统的共同的基本特征。前两节对身心系统的层次结构性、动态平衡性、时序性等做了梳理和论述。本节应用系统论的整体性、关联性观点,对身心系统的整体性特征进行梳理和认知诠释。

一、系统科学与整体性

至此我们有必要对系统科学的思想方法和基本原理做些介绍,以便更好地理解与运用它们去认识和科学地管理身心系统。系统科学作为一门横断科学,与数学有许多类似之处。它不以某一类具体事物为研究对象,而以所有事物都具有的某一种属性为研究对象。按照通常的理解,数学是研究事物的数量、形态及相互关系的学问,而系统科学则是研究事物整体性的学问,也是一种不依赖于具体客观事物对象域的方法性学科。

(一)系统科学

系统科学也称系统理论,是以系统为研究和应用对象的一门科学。系统是由相互联系、相互作用的要素或部分组成的具有一定结构和功能的有机整体。系统科学是以系统为研究对象的基础理论和应用开发的学科组成的学科群。它着重考察各类系统的关系和属性,揭示其活动规律,探讨有关系统的各种理论和方法。系统科学的理论和方法正在从自然科学和工程技术向社会科学广泛扩展。

广义上讲,系统科学包括系统论、信息论、控制论、耗散结构论、协同学、突变论、运筹学、模糊数学、物元分析、泛系方法论、系统动力学、灰色系统论、系统工程学、计算机科学、人工智能学、知识工程学、传播学等一大批学科,是20世纪中叶以来发展最快的一门综合性科学。20世纪后期兴起的相似论、现代概率论、超熵论、奇异吸引子及混沌理论、紊乱学、模糊逻辑学等,也逐步进入了广义系统科学并成为其重要内容。

系统科学将众多独立形成、自成理论的新兴学科综合统一起来,具有严密的理论体系。系统论将世界视为系统与系统的集合,认为世界的复杂性在于系统的复杂性,研究世界的任何部分,就是研究相应的系统与环境的关系。它将研究和处理对象作为一个系统即整体来对待。在研究过程中注意掌握对象的整体性、关联性、等级结构性、动态平衡性及时序性等基本特征。系统论不仅是反映客观规律的科学理论,而且是科学研究思想方法的理论。系统论的任务,不只是认识系统的特点和规律,反映系统的层次、结构、演化,更主要的是调整系统结构、协调各要素关系,使系统达到优化的目的。系统论的基本思想、基本理论及特点,反映了现代科学整体化和综合化的发展趋势,为解决现代社会中政治、经济、科学、文化和军事等各种复杂问题提供了方法论基础。

系统科学认为,系统结构是系统功能的基础,功能是结构的表现。要把握系统功能就必须对系统结构进行分析。然而,与那种破坏整体性及内部联系的机械切割式的"分析"即还原论方法不同,系统分析方法是从整体出发,将事物分解为结合在一起的各个部分,是考虑到综合和伴随着综合的分析方法。系统分析方法特别适于研究多要素组成的复杂有序的系统。身心系统是宇宙中最复杂的系统,具有多层次、多水平、多因素共同作用的特点。它是一个错综复杂、纵横交错的有序系统,也是一个自组织系统,其状态随时间发展而变化,表现出运动性和多变性。因此,要科学地研究身心系统现象,把握其内在本质和活动规律,必须采用适合研究有序整体和提倡历时性原则的系统方法。

(二)系统的整体性

系统科学研究的核心问题就是事物的整体性,因此也可以说系统科学是关于整体的科学。其主要的观点,一是整体性是事物的普遍属性;二是世界上一切事物,从原子、分子到所有的自然和人为事物,乃至符号、概念体系,都有自己的整体性;三是不同事物的整体性各不相同,需要分别从事物的内部和外部来加以研究。

整体性的概念 对一个系统的内部来讲,整体是由若干部分所组成的,部分是包含于同一整体中的若干事物对象。整体不是这些事物的简单拼凑或混合。事物是否处在同一个整体之中,无论对构成它的部分还是整体,意义都是不同的。正如一个自由电子与一个处在某个原子中的电子,一个人在参军之前和参军之后是有本质不同的。这是因为处于一个整体内部的各个部分之间存在一种特殊的组成方式或复杂拓扑关系,也就是说构成整体的各个部分都处在一种特定的关系之中。这种特定的关系原则上是不可分割的,具有牵一发动全身的特征。同时只要其中的一个部分发生变化,就会直接或间接影响到整体中所有其他部分,而不是某些其他部分。此外,各部分缺一不可。尽管处于一个整体中的各个部分在整体中的地位、作用可以有很大的不同,但原则上每个部分都是不可缺少的,否则就不能看成是一个完整的整体。其次,一旦一些事物构成了一个整体,整体就会突现(或称涌现)出一种原来这些事物所不具有的新的属性,通常称为整体属性。

整体与部分的关系 对系统或事物的整体性认知,首先要正确理解和界定整体与部分的关系,这就是整体不等于部分之和。整体性可由一些属性加以描述,而这些属性一般都不是构成整体的具体部分所具有的,即使属性内涵相同,这个整体也不等于部分之和。在许多场合,人们喜欢用"整体大于部分之和"来表达整体与部分的不同,并且举出"人多力量大,团结就是力量"的例子来加以说明。但这仅仅从数量的大小来理解整体与部分的关系,却并没有抓住问题的实质。因为对于构成系统的部分来说,每个部分(部件、元素、组成部分)都有自己的属性,而整体性是属于元素的上一层次的属性,它和部分层次的属性在性质上不相同,在测量上不可比,而无论大于、等于、小于都是一种数量关系,是不能反映整体属性与部分属性间的本质不同。此外,系统内各部分是由复杂的关系联系起来的,是不能加和的。所以,整体不等于部分之和。

整体生存于环境之中 对外部来讲,一个事物的整体性总是相对于其他事物的整体性而言的,这些其他事物的全体构成了该事物的环境,也可以说这个环境与事物自身,又构成了上一层次的整体。所以,事物的整体既存在于所有相关其他事物构成的环境中,又反过来构成了其他事物赖以生存、发展的环境。世界中不存在两个完全相同的事物(整体),不同整体除构成元素不同、时空和数量不同外,主要指的是整体属性间的区别,即各种环境中,特定整体所表现出来的特殊属性。需要强调的是,在系统与外界的关系中,总是以整体的形式与其他系统的整体发生关系的,也就是说,无论系统的哪个部分与外界接触或作用,它总是在一定程度上体现并代表着它所属的那个整体。

二、身体系统综合整体性

身体系统综合整体性认知取决于认知视角和认知深度,生命科学、西医学、中医学和系统学等都会有不同的认知表述,也没有哪个是绝对正确或错误的。实际上各有所长所短,但毫无疑问它们都给予了一定的科学洞见,但系统科学由于是一种不以具体某一客观事物域为限定的方法性科学,所以可以从思想方法上对生命科学、西医学和中医学等对身体系统的认知进行融合集成。因此,我们先应用系统科学观点给出一个宏观整体认知模型,然后再引用中医的整体思想,对身体系统整体性认知进行扩展补充。

(一)身体系统整体模型

按照系统科学观点,依据现代生命科学和医学理论,由前一章的身体系统构成,我们可以构建如图 3-2 所示的身体系统整体模型。身体系统主要由六大核心系统构成,即消化系统、血液循环系统、内分泌系统、神经系统、免疫系统和肌骨系统,其中消化系统对应一般系统论的物质流系统,主要完成水和食物的摄入,分解消耗,并把废弃物排出体外,从而完成与自然界的主要物质交换。血液循环系统对应一般系统论的能量流系统,除了通过其肺循环完成身体与空气的物质交换外,主要是通过体循环完成身体各个组织器官的能量输运与调配。内分泌系统则是控制与调节系统,管理身体系统的各个子系统及组织器官的协同工作。神经系统对应一般系统论的信息流系统,主要完成身体系统的内外环境的变化信息获取、传输、加工并形成指令传递给内分泌系统,以便做出相应的调节反应,同时完成相应的信息存储记忆。免疫系

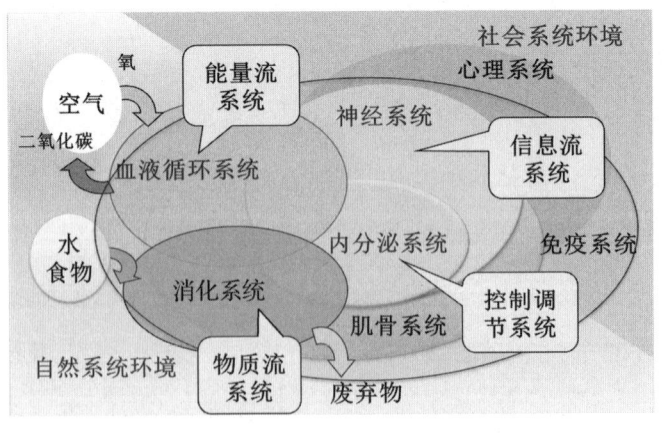

图 3-2 身体系统整体模型

统则是身体系统的安全保卫系统。而肌骨系统则实现支撑人的形体、承担机械保护、完成物理运动和做功、参与新陈代谢和造血等功能。

同时,身体系统以自然系统为支撑环境,自然系统是其物质基础,除了空气、水和微量元素外,其他自然生命系统是其维护自身生命基本机体系统耗散结构的负熵来源。身体系统经神经系统与心理系统紧密融合,即与心理系统以及人类社会系统环境相互作用。从而构成身体与心,与他人或社会,与自然的综合环境整体性。

构成身体系统的六个子系统相互关联、相互作用、相互制约,不可分离,独立存在,是一个辩证统一的整体。消化系统是基础,肌骨系统是物理外形支撑及运动的机械体系,相对于身体具有空间的局部区域性。其他四个子系统在身体中的空间分布上,不具有局部性,是遍及全身的,相互渗入交织的。在任何身体的组织器官中都有这四个子系统的相应构成单元或要素。它们合理分工、密切配合、勤奋工作,不断与环境进行物质、能量和信息的交换,汲取负熵维持身体系统的生命活力。

六个子系统中消化系统是身体摄取环境物质的入口前端,是保障其他系统及自身组织器官生机系统新陈代谢的物质基础。这一基础如功能薄弱,则作为其他子系统和身体整体的生机系统新陈代谢就会薄弱,则也会影响其他系统的工作效应,比如出现血量不足、内分泌失调、神经紊乱和免疫力低下,并反过来引发消化系统组织器官功能效应下降的连锁反应。

六个子系统中,另一个重要系统就是血液循环系统,它是接续消化系统,进行身体系统整体物质和能量输运与调配的系统。身体系统不但需要摄入足够的食物创造足够的血液,还要调配合理并及时把血液运送到全身包括其他五个系统及自身系统的各个组织器官,以保障组织、器官、单元以及细胞等各层级生机系统新陈代谢的物质与能量需要。同样，如果血液循环系统整体功能薄弱，则会引起同消化系统功能薄弱相应的各个系统组织器官功能效应下降的连锁反应。同时，如果血液循环系统的局部出现功能薄弱情形，如输运调配不当，或局部血管路径不畅，则会引发其他相关子系统或自身系统的某些关联组织器官的生机系统新陈代谢障碍，影响相应的工作效应，进而导致病理变化。内分泌局部失调、神经局部紊乱和免疫系统局部低下，反过来也会引发血液循环系统组织器官功能效应下降的连锁反应。因此，血液循环系统的健康是身体健康的核心与根本。

(二)中医理论的身体系统整体模型

中医学认为，人的有机整体是以五脏为核心构成的一个极为复杂的统一体，它以五脏为主，配合六腑，以经络作为网络，联系躯体组织器官，形成五大系统。并与水、火、木、金、土，春、夏、秋、冬四季，东、西、南、北、中的空间方位相互呼应，这一整体模型主要阐释了如下关系。

木生火，即肝木济心火，肝藏血，心主血脉，肝藏血功能正常有助于心主血脉功能的正常发挥。火生土，即心火温脾土，心主血脉、主神志，脾主运化、主生血统血，心主血脉功能正常，血能营脾，脾才能发挥主运化、生血、统血的功能。土生金，即脾土助肺金，脾能益气，化生气血，转输精微以充肺，促进肺主气的功能，使之宣肃正常。金生水，即肺金养肾水，肺主清肃，肾主藏精，肺气肃降有助于肾藏精、纳气、主水之功。水生木，即肾水滋肝木，肾藏精，肝藏血，肾精可化肝血，以助肝功能的正常发挥。

五脏六腑中心属火，肾属水，肾水能制约心火，如肾水上济于心，可以防止心火之亢烈。肺属金，心属火，心火能制约肺金，如心火之阳热，可抑制肺气清肃之太过。肝属木,肺属金,肺金能制约肝木,如肺气清肃太过,可抑制肝阳的上亢。脾属土,肝属木,肝木能制约脾土。如肝气条达,可疏泄脾气之壅滞。肾属水,脾属土,即脾土能制约肾水,如脾土的运化,能防止肾水的泛滥。

每一脏在功能上有他脏的资助,不至于虚损,又能克制另外的脏器,使其不致过亢。本脏之气太盛,则有他脏之气制约。本脏之气虚损,则又可由他脏之气补之。如脾(土)之气,其虚,则有心(火)生之。其亢,则有肝木克之。肺(金)气不足,土可生之。肾(水)气过亢,土可克之。这种关系把五脏紧紧联系成一个整体,从而保证了人体内环境的对立统一,彰显了身体系统的整体性。

腑与腑的关系 六腑是传导饮食物的器官,它们既分工又协作,共同完成饮食物的受纳、消化、吸收、传导和排泄过程。例如,胆疏泄胆汁,助胃化食;胃受纳腐熟,消化水谷;小肠承受吸收,分清泌浊;大肠吸收水分和排除糟粕;膀胱贮存和排泄尿液。三焦是水液升降排泄的主要通道。它们之间的关系是十分密切的,其中一腑功能失常,或发生病变,都足以影响饮食物的传输与消化,所以说六腑是泻而不藏,以通为用。

脏与腑的关系 脏与腑是表里互相配合的,一脏配一腑,脏属阴为里,腑属阳为表。脏腑的表里由经络来联系,即脏的经脉络于腑,腑的经脉络于脏,彼此经气相通,互相作用。因此脏与腑在病变上能够互相影响。脏腑表里关系包括心与小肠、肝与胆、脾与胃、肺与大肠、肾与膀胱和心包与三焦相表里。如心与小肠经络相通,互为表里。心经有热可出现口舌糜烂。若心经移热于小肠,则可兼见小便短赤、尿道涩痛等症。肝与胆的关系表现在胆寄于肝,脏腑相连,经络相通,构成表里。胆汁来源于肝,若肝的疏泄失常,会影响到胆汁正常分泌。反之,胆汁分泌失常,又会影响到肝。故肝胆症候往往同时并见,如黄疸、胁痛、口苦、眩晕等。

在中医理论中,心肺仍是身体系统的最重要核心。其认为心为君主之官,为五脏六腑之大主。肺为相傅之官而主治节。肺与心皆居膈上,位高近君,犹之宰辅。心为君主,肺为辅相。人体各脏腑组织依着一定的规律活动,有赖于肺协助心来治理和调节。因此称肺为相傅之官。肺的治节作用,主要体现在肺主呼吸,调节气机,助心行血和宣发肃降治理和调节津液的输布、运行和排泄。因此,中医理论也支持血液循环系统是身体系统的中枢核心系统。

三、心理系统综合整体性

由于前面的相关内容,有关心理系统的基本构成内容和概念已有所论述,对人的心理是一个复杂的完整系统有了一些轮廓性认知。这里运用系统科学理论与方法,建立心理系统模型,对心理系统的综合整体性做进一步的阐述。

(一)心理系统模型

心理系统是由内部若干子系统以及环境系统协同作用、相互渗透、相互制约而构成的一个复杂整体。基于心理学理念和所梳理的图 2-8 所示的基本心理系统构成,应用系统科学思想方法,进行系统化抽象,提出如图 3-3 所示的心理系统模型。其由感知、知识、思维和行为四个内部核心子系统构成,并以身体和自然社会经济为环境系统构成。

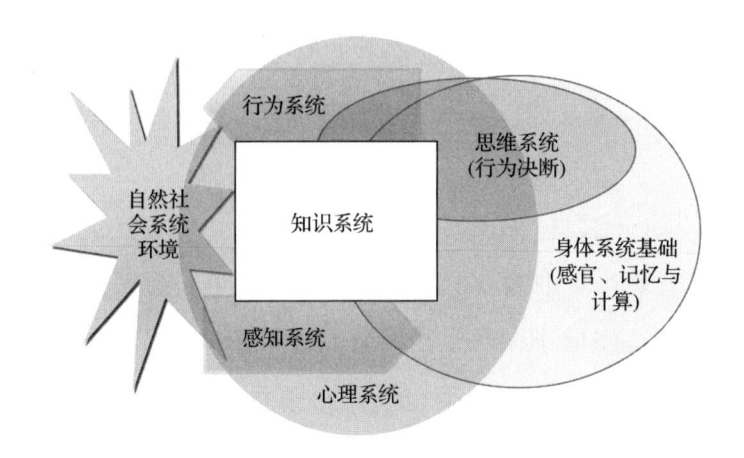

图 3-3　心理系统整体模型

其中感知系统由感觉、知觉和注意三种心理活动构成,是心理系统的起端,基于身体系统的感官基础,强烈地依赖于身体自然素质,在认知科学里称为具身或涉身认知。个人的自然素质、所处的特定生活空间构成感知系统的初始反映及反馈反映,是心理系统形成和发展的环境、物质依托及载体。

知识系统是心理系统的核心子系统,是一个人对客观世界认知的总和。这里的知识包括人所有感知到并记忆下来可重用的经验性知识,以及从他人学习到和自身感悟出来的知识。经验性知识有一部分被联合记忆在感官相关的神经丛和脑中,特别是小脑中,这部分知识一般很难用语言表述出来,主要支配下意识或潜意识的活动。比如,一些美好或痛苦的感觉反应,一些肢体运动的反应行为,一些直感判断等。这些知识也被称为隐性知识。对一个正常的人,影响或主宰其心理行为的主要子系统就是其自身形成的知识系统,而相应的主体知识是从社会他人学习到的知识,这些知识可以传承,可用语言表述。这些知识是人类共有的,是关于自然界、物理化学、生物、社会政治、经济、科技和文化等的知识。其中更重要的是关于世界观、人生观和价值观的知识。基于知识系统,心理系统可以从哲学和认知科学的层面上理解,它具有精神灵魂特征,也可以用现代科学思想理解为一个信息系统,特别是具有以知识为核心的智慧系统。

思维系统的功能主要有两方面:一是负责知识组织整理,包括经验知识的组织,新知识与原有知识的融合,以及想象、感悟和知识创新等;二是负责应用知识认清感知系统所获得外界环境信息,和应用知识对环境所认知的情境进行反应和行为决断。思维系统能力取决于相应的知识系统,同时取决于身体系统即脑的计算分析能力。

行为系统是指人在知识系统指导下,对应环境客观因素影响,经思维系统决断而产生的外部活动,是对外界环境状态或相应的刺激、干扰或变化等所做出的反馈或反应,是心理系统的输出作用和外在表现层。

心理系统的主要外在环境系统就是自然社会经济系统,即一个人所处的自然地域、生态环境、政治文化社会环境和经济生产物质生活环境的统称。心理系统的内环境就是身体系统,正所谓心在身之内,亦心在身之外,身在心之内,亦身在心之外。实质上心理系统和身体系统是互为内环境的。身体系统相对于心理系统这个信息系统来讲,它是其计算机硬件系统,对应心理系统,它的主要作用就是传感、记忆、计算和执行行为活动。而心理系统更多的是表现在这个信息系统的软件、信息和知识层面。

(二)心理系统的复杂整体性

人的心理是一个复杂的完整系统。 心理系统是一种多水平、多层次的结构系统,是心理过程的性质、内容、结果经心理状态中介而逐渐积淀、升华而形成的,同时,又是对心理过程、心理状态起监控、调整作用的系统。如前述模型所表述,它包括感知、知识、思维和行为四个主要子系统,共同构成一个整体,它除了具有耗散复杂性特征外,还具有如下复杂整体性特征。

结构复杂整体性 心理系统各个子系统都具有再下一级甚至多层子集的子系统,同层级子系统间以及不同层级子系统(包括要素)之间,均存在复杂的相互关联和相互作用关系。任何一个层面或者说任何一个子系统的微弱变化都会引起其他层面或子系统的相应变化,同时任何一个层面或者子系统又无时不受系统整体的影响与调节。整体结构拓扑关系复杂,要素及子系统间作用性质、强度和关系是非线性的,具有涌现、放大与涨落等特征。

无法直接感知性 心理活动具有内隐性。人们既不能对人脑产生心理现象的内部机制进行直接观测,也不能对人脑所发生的心理过程进行直接考察。况且,人脑各组织间的分解会引起整体功能变化,影响心理活动的正常进行。心理活动的物理学基础是一种电磁场的活动,因此,人类有限的五种感官是无法直接感知的。只能意识到它们的客观实在性,而其他具体的性质则无法直接把握。

功能强大及无所不在性 有人的地方必有心理系统活动发挥作用,并展现其难以名状的功能。心理系统支配人的行为,是所谓的人的灵魂。一个人的纷繁复杂的行为都可以从其自身的心理角度得到合理的解释。人的一切活动都是行为,而心理决定这一切,由此可见,心理的功能是多么强大。而人类社会是由人及其活动构成的,因此,相对于社会环境大系统来说心理系统是无所不在的。

强大自组织性 在心理依靠神经系统发挥其功能时,神经系统自身又可以不断地建构和完善,使心理功能更好地发挥并且更为强大,并使心理现象更加复杂。这实际上是功能与结构的关系的一个缩影。心理系统的核心知识系统是自组织的。一个人的心理活动本质上就是知识系统的自组织活动。一个人刚出生,甚至在母腹中就开始通过感官对感觉形成记忆,并通过特定符号开始构建自己的知识系统,随着人生成长和生活过程,特别是通过学习和亲身参与社会实践,知识系统不断地进行自我组织和自我调整。随着知识系统的自组织,心理系统同时在整体上也获得更高层次的自组织性。这也说明了,高知识水平的人具有更高的心理系统行为素质。

情感模式与价值变化的复杂关系 情感与价值是心理行为系统和知识系统的两个重要子系统。情感与价值的关系是主观与客观的关系,人的情感不管多么飘忽不定,都可以找到它的价值对应物,情感的任何变化都可以从价值关系的变动中找到它的客观动因,情感的不同表达模式都对应着价值的不同变化方式。不过,情感模式与价值变化的对应关系不是简单的、机械的、静态的、单形式的、线性的和同步的关系,而是复杂的、辩证的、动态的、多形式的、非线性和异步的关系。根据价值目标指向的不同,人的情感表达模式可分为对物情感、对人情感、对己情感以及对特殊事物的情感四大类。这四类情感会依赖自身对相应目标指向的价值观,特别是价值测度。对应的价值增加情形,情感会对应过去时、过去完成时、现在时和将来时态,出现留恋、满意、愉快和企盼的正向情感。对应的价值减少情形,则对应各时态,情感会表现为厌倦、失望、痛苦和焦虑的负向情感。

四、身体与心理的综合整体性

身体与心理的相关理论研究分别对应生理或生命科学和心理学,由于两类学科的研究方法论不同,它们在理论的底层还缺乏足够的交融,这也是我们有时不得不分别对它们进行讨论的原因。但由于身体与心理系统具有紧密的内在相互关联和相互作用关系,按照系统科学的思想方法论,我们必须把身体与心理系统作为一个整体系统进行认知,以便能够深层次理解身心系统综合整体性。

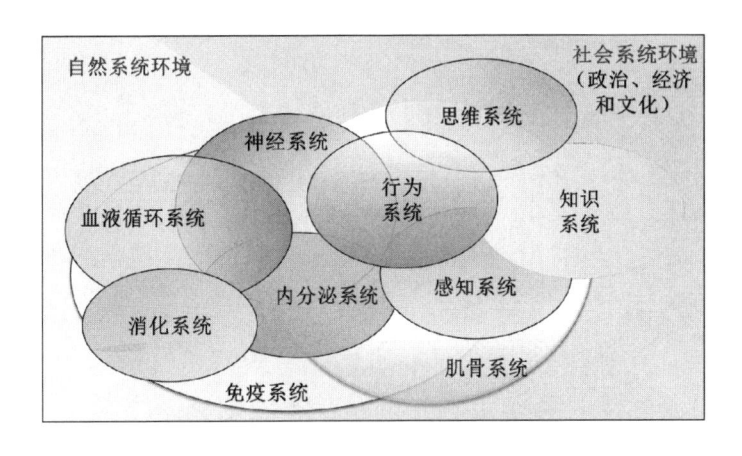

(一)身心系统综合整体模型

身心系统综合整体模型如图 3-4 所示,它由身体系统的六个子系统,即消化系统、血液循环系统、内分泌系统、神经系统、免疫系统和肌骨系统,与心理系统的四个子系统,即感知系统、知识系统、思维系统和行为系统,共十个子系统构成。其中除了身体和心理系统的各自内在的系统关联整体性关系外,这里主要描述在子系统层面的跨越身与心各自界限的综合作用关系。

图 3-4 身心系统综合整体模型

图 3-4 中各子系统相互重叠部分表示系统之间有相互作用。其中感知系统和行为系统与神经系统和内分泌系统具有直接的相互作用。知识系统是身心系统的整体动力系统,正所谓知识就是力量,它是理解

感悟自我身心的基础。它通过思维系统、感知系统和行为系统可以间接作用于消化系统、血液循环系统、内分泌系统、神经系统和免疫系统。例如,一个人如果对食物缺乏正确的认知或具有错误的认识,就会造成饮食行为不当,从而导致消化系统障碍,或引起不健康的食物摄入而导致免疫系统问题,产生相关器官病灶,进而引发内分泌系统和神经系统紊乱,并且会反作用于感知系统等。

(二)身体与心理系统综合整体关系

身体与心理系统相互作用在前面有关章节已从不同视角有所论述,这里从整体性视角再加以强调。现在仍有不少人认为身体健康和心理健康是两个没有关系的概念,或者根本就没有想过这些问题。心理系统可以说是生于身体系统的,是从小到大通过身体的感官和记忆,获得客观事物信息,并与身体的感觉一起形成的,并随着信息的累积和上升到知识水平,形成心理系统的内核知识系统,从而反作用于身体系统,给身体系统行为以主观目的性和社会性。所以常言道,身体是心理之本,而心理是身体之魂,这也是身体系统与心理系统的密不可分的综合关系。

身体与心理系统综合整体关系是指两个系统的整体性之间的关系。在现实生活中,这种关系到处可见。一般人都易于见到和能理解,当一个人身体系统不健康或有问题时必然会导致心理状态不好,如郁闷焦虑,并使得一些心理系统目的和社会行为无法实现。而当一个人身体系统康健,气血充盈,就会精神抖擞,心理系统状态活跃聪敏。

但大多数人对心理系统整体性对身体的影响的认知都有所欠缺,这是因为心理系统活动主要是通过影响身体神经系统来影响身体系统的,而一般情形的心理活动不会给人的身体健康带来明显的影响。但心理系统活动影响身体系统活动是本质的和隐性的,并也有能让人易于察觉的影响人的生理健康的心理活动,但它们通常是强烈的、快速的或持久的。比如一个人性格孤僻,心理长期处于一种抑郁状态,会抑制肠胃的蠕动,抑制消化腺体的分泌,引起食欲减退。发怒或突然受惊的时候,呼吸短促、加快,心跳激烈,血压升高,血糖增加,血液含氧量增加。突然惊恐时甚至会出现暂时性的呼吸中断,心电图会发生波形明显改变。一个原本身体健康的人,如果一直怀疑自己得了什么疾病,就会整天郁郁寡欢,最后可能导致真的一病不起。

苏联心理疗法专家 B.莱维在为《巫术的见证人》俄文译本加的出版前言中叙述了著名的暗示死亡的案例。有个被判死刑的杀人犯被告知用切断静脉法处决。实验人员在刑场上向他出示刑具,一把解剖刀,并明确暗示静脉切开后过一段时间才会死去。然后他被蒙上双眼。接着有人用刀背在他的手臂静脉处划了一刀,但没划破皮肤,再用一股细细的温水朝他裸露的手臂上流去,放在地上的面盆不断发出水滴落的声音。过了几分钟,犯人开始垂死挣扎,接着就断了气。通过解剖发现,犯人的死亡是由心脏停搏所引起的。这个实验可靠地证明了暗示死亡的可能性,同时也证明了暗示力量的巨大。服罪和模仿处决迫使犯人笃信死亡即将来临。死亡的模式完全控制了犯人的心理,死亡不可避免的信念不断加强,最后导致了死亡。同时,B.莱维提出:"既然暗示死亡是可能的,暗示生存显然也是可能的。"

身心医学给出身体与心理系统综合整体关系的相关诠释,认为心与身的联系是双向的。心理因素可造成躯体症状和病理损害,并最终形成心身疾病。躯体疾病亦可影响心理活动,并由心理反应再度反作用于躯体。如躯体疾病成为心理应激源,引起患者的心理反应包括情绪反应、认知行为反应以及心理不适应。躯体疾病直接造成的痛苦、恐惧、焦虑、抑郁等消极情绪,称为情绪反应。患者对自己疾病的性质和严重程度的认识可能不恰当,采取的应对行为可能效果不佳,甚至有害。

心身医学的心身交互作用论认为心理和身体是两种本质不同,但又交互影响、交互作用的实体的心身关系理论,又称心身交感论。它是20世纪传统心理学上最流行并最有影响的一种心身二元论,始见于古希腊亚里士多德的一种论述。他认为身体是物质实体而心灵则是非物质实体,但二者可相互作用,即心灵状态的改变产生形体的改变,而形体的改变也可产生心灵的改变。

(三)身心系统综合整体性

按照系统科学观点,可以说系统的整体性特征是系统存在的本质,整体性状态水平也意味着系统的水平。身心系统综合整体性体现在身体系统、心理系统以及与环境系统的综合整体关系上。世界卫生组织给健康下的定义为:"健康是一种身体上、精神上和社会适应上的完好状态,而不是没有疾病及虚弱现象。"这一定义也恰好彰显了身心系统综合整体性特征,即它所包含的三个基本要素恰是身体健康、心理健康和具有社会适应能力即环境适应能力。并认为没有疾病和虚弱现象并不代表健康,而具有身心系统的旺盛整体活力和具有社会适应能力才是国际上公认的心理健康首要标准。整体或全面健康包括身体健康、心理健康和环境适应能力三大部分,三者密切相关,缺一不可,不可分割。这是健康概念的精髓。

身心系统综合整体性总是和人的全面心理状态相联系,和人的健康状况相适应的。随着自然科学的飞速发展和信息时代的到来,我们所处的社会也在发生着前所未有的变化。人们的生活节奏不断加快,自主的、创造性的劳动和高级的智力劳动越来越多。人们的活动范围在不断拓展,人与人的交往日益频繁,处理微妙复杂的人际关系为每个人所不可避免。各种各样的竞争强度也越来越大,人与人之间的收入、社会地位等差异越来越显著。总之身心系统的自然、经济、社会和文化大环境在不断变化,并且每个人成长经历和境域不同,所以,身心系统的整体性特征也不同。同时,自然赋予人们的能力也有很大的差别,更有后天知识学习的积淀不同。生活中的所谓正常人,其实并不在身心系统的最佳状态,只是处于最佳状态与疾病之间的亚健康状态。

作为身心系统综合整体性认知的一个最高境界,就是做到"天人合一,人我合一,身心合一"的自在的整体合一,或进入身心系统的自由王国。相对身心系统来说,所谓身心合一就是指身体系统与心理系统的高度融合,进而达到和谐统一。而人我合一是指个人即身心系统与所处家庭、工作团队、民族和社会的相互认知、担当、互助和付出奉献等的和谐统一。天人合一则是指身心系统与地理区域、生态环境和天时气象等的自然系统环境的相互适应、相互爱护等作用关系,达到和谐统一。同时,身心合一必须先做到身体系统和心理系统各自合一,身体不合或心理不合就不可能做到身心合一。人我合一的基础是一个人要践行人道,即人间之大道,了解、认识和信任社会文明之道。天人合一,一是指整个人类与地球及整个宇宙这个大自然系统的和谐,二是对个人身心系统层面,则主要意味着,人的行为活动要遵从天道,即大自然的规律,宇宙、物理、化学和生物等学科表述了人类对天道的一些基本认知,是身心系统自在适应天道的基础。人类是大自然的重要构成部分,与大自然密不可分,大自然的规律是不可违背的,人类必须与大自然和平相处,做到天人合一。

五、身心系统的动态整体性及其演化

身心系统除了具有前面所论述的复杂构成,以及构成要素的复杂作用关系和具有综合整体性特征外,它还具有动态整体性及其演化行为特征。这也是系统科学中动态变化的观点,而哲学基本律也认为:客观世界是矛盾的;一切事物都是对立统一的;一切事物都是普遍联系着的;一切事物都是在运动变化着的。一个人的身心系统,从孕育、出生到长大一直处在与环境的交互作用中。即通过身体的消化系统和血液循环系统摄取身体成长和维持生命的物质与能量,同时通过感官和记忆,获得客观事物信息,并与身体的感觉一起形成自身的主观心理系统,并随着身体的成长和信息的累积,上升到知识水平,而达到心理系统的成熟,直至最后走向衰老和死亡。整个过程是各个阶段相互联系的一个耗散复杂演进的过程,具有复杂的动态整体性特征。这种动态整体性及其演化特征,主要表现在身心系统发展的周期性、阶段性和分叉与初始条件几个方面。身心系统的动态整体性及其演化分析是身心系统认知和自我管理的基础。

(一)身心系统的周期性

生老病死是一个人必然经历的周期,从幼儿、少年、青年、壮年到老年,人要经历不同的阶段,从而伴随着身心系统的不同时期,这就是身心系统的周期性。有关人的生命周期及人生各阶段状态早在《黄帝内经》中就有所论述。《黄帝内经·灵枢》第五十四篇,岐伯曰:

人生十岁,五脏始定,血气已通,其气在下,故好走;

二十岁,血气始盛肌肉方长,故好趋;

三十岁,五脏大定,肌肉坚固,血脉盛满,故好步;

四十岁,五脏六腑十二经脉,皆大盛以平定,腠理始疏,荣华颓落,发颇斑白,平盛不摇,故好坐;

五十岁,肝气始衰,肝叶始薄,胆汁始减,目始不明;

六十岁,心气始衰,苦忧悲,血气懈惰,故好卧;

七十岁,脾气虚,皮肤枯;

八十岁,肺气衰,魄离,故言善误;

九十岁,肾气焦,四脏经脉空虚;

百岁,五脏皆虚,神气皆去,形骸独居而终矣。

意思是说:人出生到10岁左右,五脏才开始发育健全,血气可以运转通畅,但这时经气还主要在下身肢体,所以喜欢跑动。到了20岁左右,血气开始旺盛,肌肉正在发育完善,所以喜欢走。到了30岁,五脏完全健全,肌肉坚固,血脉盛满,所以愿意缓行。到了40岁,五脏六腑和十二经脉已发育很好,并且稳定。但皮肤等腠理开始稀疏,面部的华色开始衰落,发鬓多斑白,经气平定盛满至极,精力已不十分充足,所以喜欢坐。到了50岁,肝气开始衰退,肝叶薄弱,胆汁逐渐减少,眼睛开始有不明的感觉。到了60岁,心气开始衰退,经常有忧虑悲伤之苦,血气运行缓慢,因此喜欢躺卧。到了70岁,脾气虚弱,皮肤干枯。到了80岁,肺气衰退,魂魄离散,所以言语常常出错。到了90岁,肾气焦竭,肝、心、脾、肺四个脏器和经脉都空虚了。到了100岁,五脏就都衰亡竭空,神气无以依附而去,人也就仅留下形体空壳而死亡了。

《黄帝内经》的这一篇主要描述了身体发育与强盛和时间的关系。如果我们把纵坐标作为度量生命力大小的维度,横坐标为以年龄表征的时间维度,则可依据上述描述绘出人的生命曲线,如图3-5中曲线③

所示。三四十岁是人生命力最旺盛的时期,而 50 岁及以后则是生命的衰退期,并说明在黄帝那个时代,正常人的平均寿命可近百岁。同时可见,那时特别重视五脏的功能作用,并也按其顺序,说明了它们的相对脆弱性。其中肝脏在 50 岁就开始衰退,说明肝脏是五脏中最脆弱的。其次脆弱的是心脏,到了 60 岁,心气开始衰退。所以保肝护心,注重肝脏和心脏的健康至关重要。

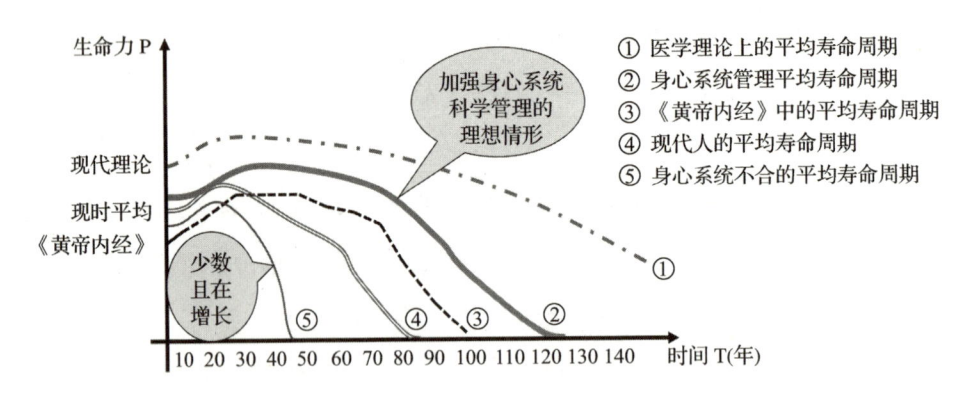

图 3-5　身心系统生命期曲线示意

图 3-5 中曲线④描述了现代人的平均寿命周期,其明显快于《黄帝内经》所描述的曲线。或许那个时代的自然环境原生态性更强,社会关系简单,人的心理系统单纯,身心系统更加本原,无太多的期盼与忧虑,身体系统自组织自适应和自我修复能力很强所致。图中曲⑤线描述了现在经常发生的一些生命现象,并占人口的比例呈增加趋势,即这类人由于身心系统不合,缺少科学的心理知识系统,对身心系统缺乏科学的认知及管理,四五十岁就突发病变而终结生命。现代生命科学和医学证明,人的理论寿命应该在一百五六十岁,如图中曲线①所示。图中曲②线则表示了本书的期盼目标,即一个人如果能够科学地认知身心系

统,并加以持之以恒的自我科学管理,使寿命延长到120岁是可能的,这也是细胞学推算的理论上的平均寿命(见本章第二节)。

(二)初始条件

按照系统科学观点,一个动力学系统其初始条件对系统后来的演化具有重要影响。初始条件是指系统产生时所处的自身及环境状况,对身心系统来说,就是一个人出生时的条件状况及具体参数。身心系统的初始条件主要包括遗传、自然环境和社会环境三方面的参数。

遗传参数 遗传是通过细胞染色体由祖先向后代传递的品质。如一个人的血型、体形特别是自身的基因都来自家族父母的基因。构成人身体的各个组织器官都具有基因特征:有的人天生丽质,而有的人生来丑陋;有的人聪明伶俐,而有的人愚钝笨拙;等等。这些在很大程度上都是遗传决定的。对身体系统来说,有些人的身体疾病或缺陷很大程度上来自家族的遗传,如过敏和哮喘、近视、糖尿病、心脏病,以及高血压、高血脂和肥胖症等,是常见的遗传病。

自然环境参数 一个人出生时的天时地利构成身心系统的自然环境初始参数。其包括出生地的自然地理气象环境和出生年代、季节和时辰即所谓的生辰八字等。一个人出生在海边如沿海发达城市,或生于鱼米之乡、沃土江南,或出生在穷乡僻壤、大漠戈壁等,他们的身心系统的初始境遇肯定是不同的,从而影响后续身心系统的发展。

社会环境参数 其包括一个人出生时的国家地方政治状态、军事状态、经济状态、文化状态以及民族环境和家族环境等。可想而知,出生在政治动乱、战火四起的年代的人,与出生在国泰民安、生活祥和的年代的人,他们身心系统的后续发展肯定是不同的。此外,家庭文化层次、经济水平、家庭结构、家庭关系、大人对孩子的抚养态度、幼儿园和学校的环境、老师的教育态度、社会文化背景等，都会影响身心系统的后续发展。

(三) 身心系统发展的演化变异

身心系统的初始条件是一个人一生不可改变的。但人生是一个非线性动力系统的演化过程，初始条件虽然不可以改变，但随着环境的变化，人生轨迹会出现混沌与奇异点，人完全可以依靠自身的学习和努力，适应和应对环境，而在近奇异点的分叉时改变人生的轨迹，进而改变人生命运。

图 3-6 描述了身心系统自身的演化变异情形。图中纵坐标为度量身心系统状态的生活指数维度，横坐标为以年龄表征的时间维度。曲线初始点的纵坐标高度描述了一个人出生时所处状况，即身心系统的初始条件，它的高低决定了身心系统的初始能量，也影响人的一生生活状况。但人生还有后天可以通过努力和正确选择的很多机遇，从动力学视角所说的突变分叉点，常言道的人生十字路口。图 3-6 黑圆点标出了人生一般经历的自身可控的四大类分叉突变的关键人生时点，即求学的努力与专业选择，成家立业选择，二次创业选择和退休生活选择等。读书求学，努力学习前人及社会积淀的知识，构建自身知识系统，锻炼身体，德智体全面发展，是后天提升身心系统素质水平的首要阶段。因此，学历和所学专业或专业选择是人生发展的重要分叉十字路口，求学的努力程度和专业选择的合适度都会影响后续人生曲线的走势。努力求学选好专业，是改变自身初始参数转变命运的人生第一个可变异的十字路口。众人皆知，如能获得大学毕业，继而硕士和博士研究生毕业，他或她的身心系统初始参数将被淡化，后续发展也将步入高水平轨迹。这也就是孔孟的"万般皆下品，唯有读书高"之论，和现今全

民都把教育作为国策家策,作为民生基础的原因。

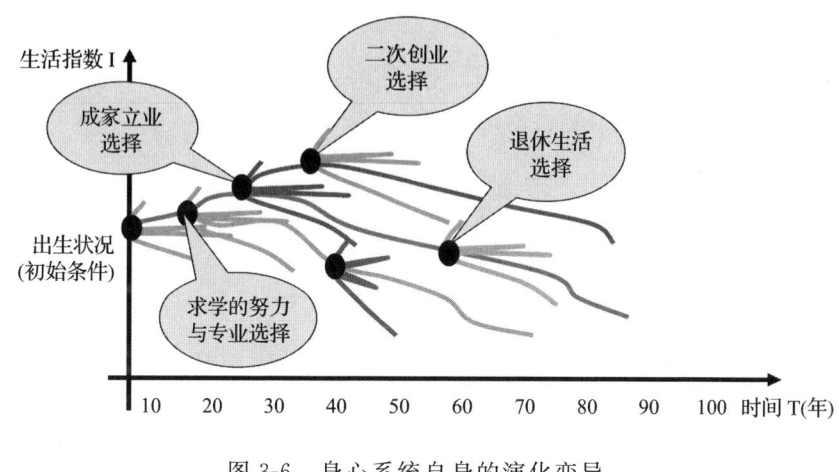

图 3-6　身心系统自身的演化变异

人生曲线的第二个常规奇异点就是成家立业的选择,成家与立业大多数人在时点上离得比较近,所以这里画在一起加以论述,也是人们常把它们相提并论的原因。当然,有些人这两个时点离得较远,也可以分为两个分叉点来理解。俗语讲"男怕选错行,女怕嫁错郎",这是男主外女主内、男尊女卑时代的人生认知,但是这句话明示了成家立业是人生的一个非常重要的关口。现在男女平等,不论男女都面临恋爱婚姻即成家,面临选择什么行业,任什么职务的问题。找到好老婆,嫁个好男人,从事好行当,有个好职位,毫无疑问对后续身心系统发展、人生幸福至关重要。

此外,人生还有二次创业机会,或三次、四次创业机会,某些人也会有二婚或三婚、重新成家的机遇,以及退休后的生活选择等。这些也都是人生变化的分叉点,届时相应的选择决断都会影响或改变后续的生活指数,改变身心系统的发展轨迹。

除了上述人生常规自我可控的身心系统演化变异分叉时点外,人生还有由自然、经济、政治、军事等社会环境因素引发的人生曲线的突变。图 3-7 描述了环境因素的突变对身心系统的演化变异情形。如一次地震、一次海啸、一场洪水等自然灾害,会突然改变身心系统所处的环境,使其不得不改变自身的生存模式,以至于发生质的突变。一场战争、一次政治动乱等社会环境突变都会引起人生曲线的分叉改变。一个人去当兵了,其可能成为将军、英雄,或留下残疾,甚至殉国;一场瘟疫、一场疾病,让人身心系统有了突变,或作为疾病的俘虏,或治愈并认识到了生命的脆弱,从而开始注重身心系统自我管理,进而改变身心系统的后续曲线轨迹。

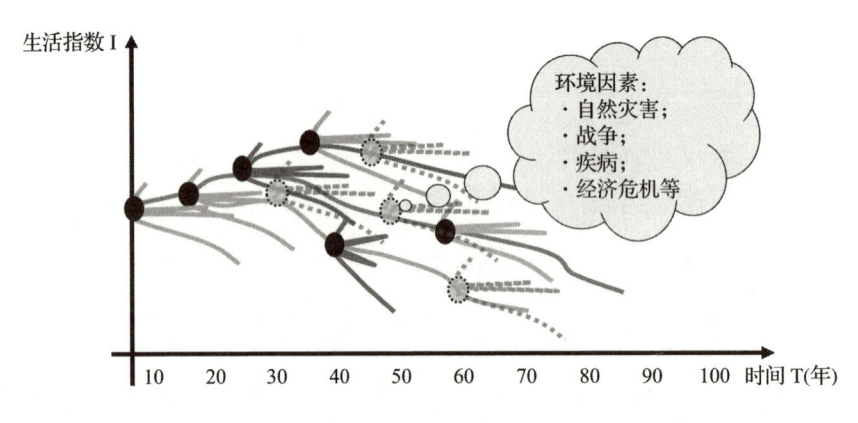

图 3-7 环境因素对身心系统的演化的变异影响

人生身心系统初始条件、常规自我可控的身心系统演化变异分叉时点和非常规自我不可控的变异分叉时点之间,按时间顺序也存在强烈的接续影响关系,形成身心系统的动态整体性。所以,人生要不断地学习提升自我的知识水平,勤奋向上、积极进取,把握人生的每一次变异分叉,抓住机遇,这样才能创造灿烂的人生。

第四章
身心系统问题

至此我们对身心系统的基本构成,以及各个构成单元的基本功能有了相应系统化的认识,特别是有关身心系统的整体性认知。本章将运用系统分析的观点梳理身心系统常见的问题。所谓身心系统问题不同于现代医学普遍认为的疾病。疾病是身心系统问题的表象,而身心系统问题是指身心及环境在系统层面上的不和谐或矛盾冲突,是系统内在的各构成单元间的整体联系关系链,和身心系统整体特征属性方面的机理性本质问题。身心系统问题是身心系统自我管理的着眼点和研究主线。

第一节 心理系统问题

俗话说病从心生,心理问题大都会引发身体问题。按照前一章有关身心系统的整体关系和整体性分析,心理系统更多的是主观行为方面活动,是一个比身体系统相对容易自我把握的系统。所以,从系统观点来看，身心系统问题产生的主要根源是心理系统。因此，这里先分析心理系统问题。

心理问题可以说人人都有，心理问题大部分可以自我化解。而心理问题长期积压得不到疏解的话，就会变成心理疾病。心理疾病的本质就是心理问题不能自我化解，一般需要找人帮忙，如看心理医生。心理问题种类很多，包括变态心理、心理异常、心理障碍等，但作者认为心理问题各种类型或各种现象都有其内在的必然联系，需要运用心理系统的系统认知观去加以梳理，确认心理系统的关键本原性问题，即心理系统性的问题。

心理系统问题一般可透过心理行为表现出来，即心理疾病现象。如心理变态现象，其包括思想、情感、行为、态度、个性心理活动等方面产生变态或接近变态性特征，从而出现各种各样的心理活动异常或精神活动异常等。而心理障碍现象可分为感觉、知觉、注意、记忆、思维、情感、意志、行为、意识、智力和人格障碍等。

心理系统问题对应不同年龄结构和不同年龄段表现的现象不同。儿童常见心理问题现象，有多动症、拔毛癖、习惯性尿裤、屎裤、夜尿症、自闭症、精神发育迟滞、口吃、言语发育障碍、学习技能障碍、抽动症、退缩行为、婴儿痴呆、品行障碍、儿童选择性缄默、偏食、咬指甲、异食癖、异装癖、精神分裂症、恐怖症、情绪障碍等。而青少年常见心理问题现象，有考试综合征、逆反性焦虑症、恐怖症、学习逃避症、瘾症、强迫性神经症、师生恋、恋爱挫折综合征、网络综合征等。成年人常见心理问题现象，可以分为几个方面：主要有过度工作成就压力、物质金钱负担，贫富的空虚症、吝啬癖等；职业性精神障碍方面，如单调作业心理障碍，噪声、夜班、高温作业的神经心理影响等；性心理方面，如花痴、露阴癖、窥阴癖、窥淫癖、异装癖、自恋癖、性厌恶、恋物癖、阳痿、早泄、过度手淫等。针对中老年的精神病,如更年期综合征、阿尔茨海默病、阿尔采莫氏病、老年期谵妄、退离休综合征等。

由上述心理学和心理医学所常见心理问题现象,可以理解心理问题是与身体系统特别是神经系统密切相关的,有关这方面的问题我们在后面做专门的探讨,这里主要从心理系统内部范畴讨论心理系统问题。具体阐述心理系统的核心知识系统问题,心理系统目的性问题,意志力问题,思维与注意力问题,情绪与抑郁问题。

一、知识系统问题

如第三章对身心系统整体认知所述,知识系统是心理系统的核心子系统,是一个人对客观世界认知的总和。一个人的心理活动主要是这个知识系统的活动,这个知识系统在主导着个体行为。一个人的知识系统是一个不断吐故纳新、演化发展、自我完善和时刻运用的活的有机生命系统,它具有复杂系统的几乎全部特征。从系统科学思想观点上讲,心理系统的所有问题最根本的原因都是来自对应个体的已有知识系统问题。人生初始及成长到成人乃至终老,一直都在完善自我的知识系统,正所谓"活到老,学到老"。人除了完成最基本的有机生命的需求外,与动物最大的不同就是不断地探求对世界和自我的认识,积淀自身的经验提升自我知识系统水平。个体的知识系统由于个体生存成长的路径与环境的不同,年龄段的不同,存在的问题也不相同。从哲学上讲,一个人的知识系统不会在两个不同时空点上完全相同。不言而喻,知识系统问题就是不断发现不知的问题,这是驱动人学习和发现新知的内在原动力,其一般不会产生心理系统问题,而最易产生心理问题的最基本的知识系统问题有如下几个方面。

(一)知识完备性问题

知识系统问题最常见的问题就是个体知识系统相对个体自身的工作生活等行为所需知识的完备程度问题。具体表现如下：

无知或量上缺失　人与动物的本质区别就在于人善于总结经验，从自身实践或他人学习知识，知识就是力量，知识是人类智慧的主体。一个不读书不看报的人，没有受过很好教育的人，就会缺乏知识，即所谓无知。无知特别是对社会事业和生活的无知，或知识缺乏，就会影响自身的思辨，经常会被"是怎么回事""为什么会这样"等问题困扰。更有甚者对自身或身旁所发生之事无感觉，茫然无知，因此形成心理系统问题。当然，少儿的无知，或先天性疾病导致的无知等所形成的心理问题，属于特殊情形。

隐性与经验知识的缺失　这是指当一个人从书本或他人学了很多知识，在概念和知识联系的逻辑层面已有所认知，但在亲身经历和实践感知方面缺乏，即没有身临其境的涉身感知，缺乏隐性与经验知识。其往往表现为不能正确或不会把所学知识用于指导自身的生活和工作行为。现今青少年普遍存在的一个心理系统问题，就是心理系统知识"早熟"与身体及其社会行为系统的隐性与经验知识缺乏，即所谓"晚熟"的矛盾问题。

深度缺失　深度缺失指一个人的知识系统，特别是对某一事项，知识深度缺失。表现为只知其然不知其所以然，只注重事物表面现象，抓不住事物本质，常常错判事物行为，不能对事物施予正确的自我行为，形成心理系统问题。深度不仅指知识系统细粒度的深入，按大系统观念更指向高层次事物系统的大道理的认知。遵从自然大道、社会人间大道,才能达到知识系统的最高境界。一个人如果计较小得小利,以得为目的,小事放不下,必然会在更高层次系统上迷失自我。

结构性缺失 知识系统的另一个完备性问题就是结构性不完备。一个人一生不可能把所有知识学全,但对于人生、工作、生活的知识要相对完备。不论智者或愚人、不论高贵或贫贱、不论大人物或小人物,一个人都有身和心,都要遵从自然物理生物生命之规律,都要与他人相处,融入社会遵从社会学之规律。所以,一个人一定要懂得基本的生命科学、自然物理学和社会科学知识。我们可以不成为相关的专家,但一定要掌握相应的基本原理和常识。按照系统科学理论,一个人的知识结构应该是"T"形结构,"横"表示知识面构成要广,能涵盖前述人生所需的基本知识;"竖"表示要具有专长,要有某一专门的知识。当然,在当今的知识经济、知识社会时代,具有更多的专门知识,即所谓的"π"形结构,相应的知识人才会得到更多的需求。知识系统的结构性缺失,会扭曲人生轨迹,形成心理系统问题。一些高智商高学历者去练"法轮功",遁入佛门,人生不快乐,早衰早亡,其主要原因就是知识系统结构缺失性不完备。

(二)知识冲突问题

知识系统问题中另一个最常见的问题,就是个体知识系统内部的单元或要素关系冲突,逻辑相悖,自我不能调和,从而形成的心理系统问题。具体表现在如下几个方面:

逻辑冲突 这是最常见的知识冲突。大多数人,特别是读过书有一定知识积淀的人,尤其是学理工出身的,都具有很好的逻辑思维基础,信奉事物的活动变化都是有规律的,这种规律遵从一定的逻辑路径。当个体对某一事物的认知逻辑路径不通或产生相悖现象时,其自身知识系统内部知识单元间关系就会紊乱,出现冲突与纠结,从而产生心理系统问题。一般来说,现今我们人类积淀的所有知识,特别是对应一个个体的知识系统的知识,其知识的科学性都是相对的,是事物活动的相对真理,具有小事物或局部的科学性,而在更高层次事物系统的运行中,这些小局部的知识大多会受到一定的限制。

个体与他人和社会的知识冲突 由于现代社会,一个人的知识系统绝大多数是从他人学来的,每个人都在传承运用人类社会所共同积淀的知识,只有很少量的知识是靠自身实践获得,即使参与实践也都是在自有或他人原有知识的指导下进行的。每个人所拥有的知识系统,理论上是不存在任何一个系统是与其他人相同的,因为,客观上至少不可能出现两个人时空阅历点相同的现象。个体人生知识与他人的知识冲突主要来源于他或她最熟悉或最亲近的人,包括父母等家族成员、老师学长、领导上司和崇拜的人等,这些人的知识系统既影响你又约束你,正如现今大多数孩子与父母、学生与老师、员工与领导等的逆反心理现象等。社会知识不是一个有机整体知识系统,是散落在各类书本报刊或社会个体的碎片化知识,这样的知识大多数是局部的,所以,相悖和冲突是时有发生的。

知识与实践的冲突 从书本学习到的、从他人传授得到的或自己经历感受到的知识,在现实生活和工作中,有时并不能给予你正确指导甚至导致错误。书本知识大都是普适性知识,每个知识点都有其合理性的相对局境,而他人或自己感受到的知识点更是依赖事物具体的现实情境。这些知识与实践的冲突现象,会导致读书无用论、书本先生和很多非理性行为等心理系统问题。

(三)知识的更替演变问题

随着人类整体和自我社会实践的深入,特别是现今人类社会的知识积淀成爆炸式增长,旧知识不断地过时或被否定,新知识不断涌现。因此,一个人的知识系统一直处在更替演变之中。一个人如果不能适应这种变化,就会出现如下现象,引发心理系统问题。

缺乏主动学习 面对新知识不断涌现的信息知识时代,只有勤奋自觉地学习和感悟新知识,才能认识这个世界,把握自我的前进方向,有所进取,快乐工作和生活。但是,对相当一部分人来说,当其成年或获得较高学历后就很少再勤奋学习,更缺少自觉学习精神。更有甚者,会出现与这种知识更替发展必然趋势相抵触的现象等。

知识系统熵增 前述已论及,心理系统特别是知识系统都是一种耗散结构系统,必须保持与外界的信息或知识的持续交换,否则就会出现知识系统熵的增加。知识系统熵增就意味着知识系统的有序性被破坏,紊乱程度增加,知识的自组织能力下降等。会导致墨守成规、知识陈旧,被认为是老古董、跟不上时代的"OUT族"。

(四)知识系统的运用问题

除上述知识系统内在问题外,在知识系统或知识运用方面经常会出现如下问题。

片面使用知识 当今世界中,人们的工作或生活及环境复杂性日益高涨,大事小情,各方人物,关系交错,时空环境瞬息万变。一个人除其知识构成或层面缺乏外,在主观上有不自觉的片面思维习惯或缺乏知识系统层面的整体思维理念,就会出现片面使用知识现象。如只见小情不见大事,只关注大人物无视小人物,重视现实忽略演变的未来等,片面地运用知识。此外,除了所处理的事物对象方面的片面性,还会在相关事物点对应的所有知识的综合方面陷于片面性。如以单一狭隘视角去看问题,不能融会多方意见与知识等。

随机随性的运用 这一现象对应的是那些感性的人最易发生的问题。这些人也常被称为随性之人或性情之人。这些人大多不拘小节，生性豁达，不刻意遵从事理，所以，一般不顾及知识系统的内在冲突，不会产生心理纠结等问题。但由于随机随性地运用所具有的知识，难免出现片面或错用，所以会产生不良的事物处理后果，并不可以抹除，从而形成后发性心理问题。

理论脱离情境 在知识运用方面，理论脱离情境或实际是多有发生的现象。知识所陈述的道理都有其相应的成立条件，大多对应不同的条件状态具有不同的理论结果演变。当一个人处理一事务时，必须首先梳理清楚事务对应知识的成立条件，然后把握这些条件的状态，从原理上运用相关知识，即所谓的活学活用。此外，理论脱离实际的另一现象是对应实际情境错误地使用了与之相左的知识或理论，其可能源于对知识或理论的肤浅理解或对事物的错误判断。还有一种情形就是，对应一个紊乱的人群和事物，由于其自身相关的人与物都不按常规行为活动，相应的知识或道理不能诠释和处理相应矛盾。正所谓"秀才遇到兵，有理说不清"。

并行处理能力 一个人一天或一段时期的工作和生活都需要并行处理一些事务，从知识系统的观点来看就意味着需要知识运用的并行性。所谓并行，就是一个人同时参与或处理多项事务，每个事务都按自有方式运动着。并行可以是快速切换的分时并行性，也可以是物理上的并行即一个人同时连续参与多个事务的活动，手脚、身心和六感，分工一体并行感知和处置所参与的多项事务。并行处理能力强者可以做到眼观六路、耳听八方，如有些艺人和事务管理的高手等。而对大多数人来讲，并行处理多项事物的能力都有相应的局限，其除身体并行能力局限外，主要是知识系统的并行处理能力问题，从而导致所谓"心"不够用，手忙脚乱、心理疲惫等心理系统问题。

(五)知识方法论问题

个体知识系统大多存在的另一类问题就是关于知识方法论的问题。主要分为如下几个方面：

认知方法 认知是指人认识事物的过程，也可以称为认识，是对作用于人的感觉器官的事物进行信息加工获取知识的过程。这一过程一般需要三个阶段，即首先要辨认客观事物情境的现象场，进行信息梳理，其次要与已有知识进行综合集成，最后还要进行所获新知识的反演。大多情形下，这三阶段还需要循环往复几次。在认知方法或模式上经常会出现几种极化的问题：一是现象场的依存与现象场独立的极化。前者在认知过程中倾向于依据外在的参照，自我与非自我的心理分化程度低，对外在信息线索敏感，优先注意自己所处的社会自然情境关系。后者在认知加工信息中倾向于依据个人的内部参照，自我与非自我的心理分化程度高，对外在信息不敏感，行为不是社会自然情境定向的。还有冲动与沉思两极化、聚合与发散思维模式两极化、齐平与尖锐两极化等现象。认知过程与信息加工的知觉阶段有关系，其开始于外界刺激被感官登录的完成，然后与更复杂的先前的知识发生联系，从而完善个体知识系统。认知活动的主体属于自我知识系统发展完善的心理活动，因此，不科学的认知模式或方法会引起心理系统问题。

知识管理方法 个体知识系统不管主观上是否有意识或无意识，都有相应的组织或自组织管理模式。来自脑科学的神经系统，包括信息与知识的记忆和联想思维计算，在个体知识系统形成初期，如幼儿时，都具有一定的大脑活动的本原性，这时的知识系统组织主体为自组织管理模式。当个体成熟后,特别是受过良好学历教育或有很好的自学能力的人,相应的知识系统具有较好的知识组织管理模式或方法,这时的知识系统具有鲜明的他组织管理特点,这个他就是相对脑的个体的主观能动性。而就对应个体这个整体来讲,其知识系统的管理都属于自组织管理,相应的他组织主要源于老师或智者。由于个体知识管理主要依赖于自我的自组织管理模式,而大多数人恰恰缺乏这种管理意识,因此会出现个体知识系统性缺乏、组织紊乱、无法正确运用和不能很好学习接纳新知识等问题。这些问题无疑会影响感觉、认知和思维的心理活动,造成心理系统问题。

信息技术对认知方法的变革　当今时代不得不提的就是随着信息通信技术的飞速发展,泛在网络、云计算和大数据正在改变人们的经济生产和生活方式,其深层面上正在改变人的感知、获取信息、学习知识的方式。几千年来以书本学习以及以他人的亲临讲授为主体模式的教育与知识获取模式,现今,正在被网络视听和虚拟现实等技术的普及所变革。人们在自宅、酒店、车站、商场、广场、旅游景点,以及任何一处有网络覆盖的地方,就可以打开电脑、手机等网络终端设备,就可以通过微信或浏览器与他人交互获取信息,访问相应网站进行学习以及进行相应的工作或生活活动。由于这些高新技术的发展和相应社会经济生活模式的变革,人们不需要亲身真实地参与一些实践而用虚拟现实去获得体验,不再必须阅读那些文字呆板、图片死寂、携带不便的书本,取而代之的将是以多媒体或远程网络的虚拟现实方式的知识服务系统提供学习和体验。在这个变革过程中,人们首先必然要经历和适应这一变革的心理过程。同时,各种知识百科随处可见,新知识不断涌现,大数据扑面而来,人们正处在信息爆炸、知识爆炸的信息经济知识社会时代,个体知识系统需要快速吐故纳新,需要不断学习和发展,需要更科学地组织与管理。因此,这样动态畸变的知识系统,作为心理系统的核心构成子系统,必然会引发对网络的依赖、感知行为不适、知识体系的短时紊乱、新旧知识冲突和思维不畅等相应的心理系统问题。如长期上网聊天、贪恋游戏、网恋,长期处于虚拟状态,从而影响其正常的认知、情感和心理定位,重者还会发生人格分裂等。

二、心理系统目的性问题

上一小节从心理系统的核心知识系统方面,从一个人的成熟态或理性化状态出发,探讨了心理系统问题的最主要产生根源。一般来讲,一个人即使念过很多书,阅历也比较丰厚,其个体知识系统相对其工作和生活也仍可能是远远不尽完善的,或到其终老也不能完备。尽管如此,作为一个人其心理系统的几个核心知识点应该是相对完备的,否则将会出现严重的心理问题,其中最重要的一个核心知识点就是心理系统目的性。本小节就对这一知识点和问题做些梳理。心理系统目的性问题一般地说是关于一个人为什么要来到地球村,人为什么活着等的认知问题。其关乎一个人的价值观和幸福观的知识和问题,因此,这里先梳理下有关价值观和幸福观的概念,然后再分析相关问题。

(一)价值观

价值观是一个人基于一定的思维感官而做出的认知、判断或抉择,是其辨析判定事物是非的一种思维或价值取向,从而体现出人、事、物一定的价值或作用。价值概念是一个含义非常复杂的范畴,在不同的语境、不同人群或阶层中,具有不同的价值含义或观念,因此,也最易出现问题。

在人生或日常生活中,价值是一个人经常会碰到的不可回避的问题,如人生意义在哪儿,人活着有什么价值,做事说话经常要考虑"值不值得""有没有益处""美不美",这里的"值""益""美"等都是一种价值判断。那么关于什么是价值、怎样评判价值及如何创造价值、追求价值等问题,凝结为一定的价值目标,从而构成心理系统目的性。因此,思考价值问题并形成一定的价值观,是一个人使自己的认识和实践活动达到自觉的重要标志。

(二)幸福观

幸福观是指一个人对幸福的根本看法。一般是指一个人在创造物质生活和精神生活条件的实践活动中,由于目标和理想的实现而感受到的精神上的满足。幸福观是一个人的世界观、人生观和价值观的反映。由于每个人的价值观不同,人们的幸福观也就不同。尤其是不同的阶级或不同的知识系统背景会有不同的幸福观。关于幸福观,主要有如下几种学术流派:

道家幸福观 道家主张清静无为、顺其自然,崇尚返璞归真、逃避尘世,过原始质朴和自由自在的田园生活。其主要思想来自老子,他主张,圣人以"无为"为事,一切顺其自然,去智绝欲,过自然的生活,鸡犬之声相闻,老死不相往来,那样就会天下大治,人人都能过上幸福生活。

儒家幸福观 儒家提倡积极进取、奋发有为的人生,向内修身养性,形成仁、义、礼、智、信的良好的道德品质。向外要齐家、治国、平天下,求取功名,行中庸之道,不走极端,处理好人际关系等,这样的人生才是幸福的人生。儒家的幸福观,重视理性与道德的作用,强调没有理智和美德就不会有幸福,强调社会幸福重于个人幸福,这在人类幸福思想史上有其特别的价值。

西方思想界幸福观 其可分为理性主义和感性主义两个流派。前者是西方思想史上的一大传统,古代以苏格拉底、柏拉图、斯葛特学派等为代表,而近代以笛卡儿、康德、黑格尔等人为代表。这些人的幸福观的共性是,认为人的幸福必须在理性指导下才能实现,强调人的精神快乐和理性能力,主张抑制欲望,追求道德完善。这类似于儒家的德行幸福感。这一派幸福观的共同点,在于把趋乐避苦当作人的本性,认为幸福就是追求感官的快乐、避免感官的痛苦。

资产阶级幸福观 其核心是利己主义、享乐主义、个人主义,认为物质享受与个人私欲的满足是衡量幸福快乐的尺度。

马克思主义幸福观 马克思主义认为,每个人都在谋求幸福,个人的幸福和大家的幸福是分不开的。并把幸福的创造和幸福的享受结合起来,以创造幸福作为前提,然后才谈得上享受幸福。因为对于无产阶级和劳动人民来说,没有劳动就没有幸福可言。马克思主义幸福观是科学辩证的幸福观,是多方面的有机统一。

(三)相关问题

可以说,当今世界还不存在一种世界观、价值观和幸福观理论或理念让所有人都信服。所以,心理系统目的性问题呈多样性。

缺乏科学的价值观 盲目追风随众,对于一个人为什么来到"地球村",为什么活着缺乏理性认知。缺乏对得与失的科学理解,以得去计量价值和幸福感等。

价值冲突 价值冲突是指一个人具有多重价值标准与取向,对待某一事物有多种目的,而这些目的相互冲突。人生最常见的冲突就是自我私利与大家公利的冲突,肉欲与灵魂的冲突,多种价值理念的理解纠结性冲突等。

需求动力不足 一个人的价值观和幸福观是人生动力的源泉,但如果一个人缺乏价值感和幸福感,就会觉得人生无味,失去人生奋争的方向,缺乏生活和工作的动力。现代人大多由于不能科学建立自我的价值观和幸福观,而需要一种信仰或信念来支撑人生之路,但世间红尘变幻莫测,不断引发信仰危机,进而失去人生动力。

无高层次的需求 如第二章所述马斯洛提出的需求七层次理论,即从低级到高级依次为生理的需要、安全的需要、归属和爱的需要、尊重的需要、认知的需要、审美的需要和自我实现的需要。所谓无高层次的目的性需求问题,是指一个人的人生需求停留在低端的前几个层次上,表现为学习、工作和生活没情绪,没激情。一天浑浑噩噩、庸庸碌碌,只为满足基本的生存需求。

不正确的高层次需求 这一现象是指一个人虽有高层次的需求但不正确、不切实际,脱离自身的基础环境和条件,所谓的"心比天高,命比纸薄"。甚至有违天理和人道,这样的目标需求必然无法实现。

有无多变的目的性 此外还值得一提的问题,就是一个人的人生目标时有时无且多变,缺乏明确不变的目标,这山望着那山高。这样的人缺乏目的性信念,心理与行为往往飘忽不定,忙忙碌碌却很难成就事业。

三、意志力问题

意志是人类特有的有意识、有目的、有计划地调节和支配自己的行动的重要心理现象。意志一词中的"意"表示心理活动的一种意境,"志"则表示对心理与行为活动的目的方向的坚信、坚持。意志,也可以说是对前一小节所述目的性的实现与信念坚持的一种心理活动。

意志活动包括感性与理性两个方面。感性层面是指人用以承受感性刺激的意向与坚持,它反映了一个人在实践活动中,对于感性刺激的克制能力和兴奋能力。如体力劳动,需要克服机体在肌肉疼痛、呼吸困难、血管扩张、神经紧张等感性方面的困难与障碍。理性层面是指人用以承受理性刺激的意向与坚持,它反映了人在实践活动中,对于意向目标实现过程中信息系统刺激的克制能力和兴奋能力,例如心理活动,需要克服由外界行为信息系统的刺激所产生的思维迷惑、精神压力、情绪波动、信仰失落等理性方面的困难与障碍。

(一)意志力

意志活动过程包括选择决定阶段和执行阶段。选择决定阶段一般是受自身价值观和幸福观所驱使的,是指选择一个有意义的动机作为行动的目的,并策划确定达到这一目的的计划与方法。执行阶段就是落实计划,克服困难,坚定地把计划付诸实施的过程。高效的意志活动是实现人生目标的基石。意志力就是描述意志活动能力的测度。意志力可分解为如下四个主要维度:

决策力可分为独立性和果断性两个方面,前者一般指一个人不受周围人影响,不随波逐流,能根据自己的认识、信念和价值取向,独立采取决定,执行决定。而果断性则指一个人有能力及时采取有充分根据的决定,并且在深思熟虑的基础上实现这些决定,即当断则断、当做则做,不拖泥带水。

自制力表征一个人掌握和支配自己行动的能力,以及对情绪状态的调节能力。也是关于其坚定性或顽强性的度量。自制力体现一个人能够长时间坚持自己决定的合理性,并坚持不懈地为执行决定而努力,有明确的行动方向,能够管住自己,具有恒心和耐心以及不到黄河不死心的精神。

承受力即挫折的承受力。挫折是指一个人的意志行为受到难以克服的干扰或阻碍,原来预定的目标不能实现时,所产生的一种紧张状态和情绪等的身心反应。人生路途不会一帆风顺,困难和挫折是普遍存在的。承受力决定于一个人经受挫折时的心态,对挫折的认识、评价和理解,同时还取决于个体对待挫折的态度以及对付挫折的行为方法等。

调节力即对意志过程的调节控制能力。包括改善挫折情境的能力,即用知识与智谋预防、改变、消除或规避挫折情境。善于总结意志活动实践中,自己或他人的成功、失败或挫折的经验与教训。同时能够适时调节意志活动的子目标水平,提出适合自己能力的有挑战的标准,建立和谐的人际关系等。

意志活动不同于生来具有的本能活动,而是属于受意识发动和调节的高级活动。人的生活、学习和劳动都是有目的的随意活动,都是人类所特有的意志活动。意志力在人生中是一个非常重要的心理系统构成部分。因此,目前人们普遍认为,在智力商数、情绪商数,即"智商"和"情商"外,还存在第三个相对独立的生命科学参数,这就是意志商数,即"意商",它既不同于智商,也不同于情商。可以说,人的综合心理素质是由认知素质(智商)、情感素质(情商)和意志素质(意商)综合表征的,它们分别反映了一个人对于事实关系、价值关系和实践关系的认知能力。

(二)意志力问题

意志素质的高低由意志力来度量,现今的大多数人都存有不同程度的意志力问题,常见的如有些人决策判断优柔寡断,工作计划杂乱无章,行为举止简单粗暴,情绪爆发难以自控,生活作风贪图享受,工作业绩不思进取,这些既不完全是认知方面的问题,也不完全是情感方面的

问题,而更多的是意志力方面的问题。这些问题可归类梳理如下:

缺乏稳定的意志意识 主要表现为意志的随意性大,意志活动紊乱无序,缺乏约束和管理自身思想和行为去实现前述目的性的能力。随波逐流,攀比浮躁,急于求成,急功近利等。

决策力方面 缺乏个体的认知能力和自信,缺乏独立选择决断的能力。或缺乏科学的果断性,易走极端,决策时武断或优柔寡断。

自制力方面 不善于或不能掌握和支配自己的行为,难以或不能调节控制自我情绪状态。当理智与感情发生冲突时,不能控制自己的行动服从于理智。此外,缺乏耐心,不能长时间坚持自己决定的合理性和坚持不懈地为执行决定而努力,常常半途而废,不能实现目标。然而,自制力也会出现另一个极端的问题,那就是执拗,本来来自他人的经验或自身意志实践,已经证明了自己的意志活动目标方向或方式方法是错的,但仍坚持自己的信念和做法,死不悔改。

承受力低下 这一问题也普遍存在,表现为一个人遇到挫折时不能正确对待挫折,情绪激动,报之以怨,对社会、经济、自然系统现实脆弱性敏感,心理系统脆弱。不能正确分析挫折情景状态,冷静智慧地改善挫折情境。缺乏用智谋预防、改变、消除或规避困难或挫折的能力,没有百折不挠、勇于进取的精神等。

(三)意志问题的心理疾病

意志力问题加剧到一定程度就会引发心理疾病。常见的就是行为障碍或个体活动异常。人的行为活动大部分是受意志控制的,或称自主行为活动,小部分不受意志控制,或称不自主的行为活动。自主行为活动是学习来的,并形成习惯性行为活动,不自主的行为活动是与生俱来的本能性行为,但是人的一些本能行为,如饮食行为、性行为等也受思想意志影响。

行为障碍可见于各种疾病,可为功能性或器质性。但许多行为障碍无特异性。许多行为障碍与思维、言语、情感障碍有紧密联系。与意志问题相关的常见的行为障碍表现分为精神运动性兴奋与精神运动性抑制两类。

精神运动性兴奋或称为行为兴奋,指行为或动作的大量增多。如果这种增多与当时的思想感情是协调的,同时身体各部分的动作也是协调的,则称为协调性兴奋。情绪激动时的兴奋、狂妄急躁时的兴奋都属于此类。另一种称为非协调性兴奋,表现为思想感情与其动作行为不协调,常见于精神分裂症。

精神运动性抑制指行为或动作的大量减少。其中较典型的一种,就是指行为或动作已减少到僵住的程度,表现不言不动不食、整日卧床、对外界刺激缺乏反应,目光呆滞,表情固定,严重者还表现为大小便滞留。其次是蜡样屈曲现象,即病人的肢体可以被任意摆布在一个位置上,维持相当长的时间,就像蜡人一样。还有违拗症,即常在木僵的基础上出现。此时如果要求病人做什么动作,病人常表现出违拗而不执行,例如让他张口,他可以完全不动,或反而把嘴闭得更紧。运动性抑制严重还会失去正确完成有目的动作的能力、书写能力和计算能力等。

强迫动作即在难以抑制的意向影响下的动作,患者明知不必这样做,但抑制不住要这样做。如每次饭前要反复洗手数次至数十次,但仍担心没洗干净,见于强迫性神经症。

其他动作和行为异常如刻板言语和刻板动作,即不断地无目的地重复某些简单的言语或动作,病人对其行为的意义常常拒绝做任何说明。还有持续言语、模仿言语、模仿动作和作态等。

四、思维与注意力问题

思维与注意力是心理系统的重要构成内容,在第二章有所提及,此处梳理相关问题。

(一)思维问题

正常思维过程具有目的性、逻辑性、连贯性、持续性。思维内容在付诸实践时则产生一定效果,并通过接受现实检验自行矫正错误。此外,进行思维的人都有相应一定的内省体验,知道自己思维活动归属于自身,并为自己所控制。当思维过程和内容出现异常时,上述正常思维特征就会发生改变,这就是思维问题表象,也称为思维障碍。由于思维是人脑的功能,并受个体以往经验及个体知识系统水平和社会文化背景所制约,因此,人脑功能状态、个体知识系统和心理系统状态,如需求、动机、情绪和人格等,以及社会经济文化背景等都能影响思维过程。

从临床上划分,思维障碍目前倾向于分为四类:

(1)思维速度障碍,如思维过程加快(意念飘忽)或迟缓。

(2)思维形式障碍,亦称联想障碍,主要表现为联想结构的松弛。缺乏目的指向,象征误用,不合逻辑。例如,思维散漫,病理性象征思维等。

(3)思维控制障碍,指病人感到思维不属于自己,思维活动失去自主性,或觉得为外力控制。例如,思维剥夺,思维插入,思维播散等体验。

(4)思维内容障碍,如妄想、类妄想观念、强迫观念等。

这种分类适合临床诊断需要,但比较集中于精神分裂症思维障碍的研究,对器质性脑病或其他精神的思维障碍关注较少。

从心理病理学角度来划分，思维障碍的性质可分为三类：

1.概括过程障碍

概括是指人们认识抽取一类事物的共同特点，摒弃其个别特点，揭示事物现象和其本质之间联系的一种过程。概括过程障碍分为两类，一为概括水平下降，即指患者抓不住事物的本质特征，常根据事物局部的特征进行判断，缺乏抽象概括，不会分析自己面临的情况；二是概括过程倒错，是指病人仅根据事物的一个偶然现象，就从先有的"理论立场"，以空洞抽象的原则来诠释事物的相互联系，结果导致思维离奇古怪，不符合事物现实，并令人费解。其常见于精神分裂的联想障碍。

2.思维动力障碍

思维动力障碍是指思维过程的速度和判断推理的稳定性变差。如躁狂症患者思维过程加速，出现意念飘忽。此时病人会出现情绪高涨，谈笑风生，思如潮涌，口若悬河，后一句话与前一句话可有音韵或表面意义上的连接等状况，被称为感染性欢乐。反之，抑郁症患者则思维过程减慢，观念产生减少，构思困难。有些精神分裂症病人表现为思维过程突然中断、阻隔，不能连续，主观上有思维被夺的体验。

3.思维动机成分的障碍

正常思维的特点之一就是具有目的指向性，即思维具有人的需求动机，因此，思维过程受动机成分的制约。如果思维过程常受到偶然和表面的动机成分影响或干扰，则思维联想就会同时按不同轨道进行，形成多向思维，导致思维过程的目的性不明，缺乏思维主线。严重的思维散漫可能失去思路连贯性，观念间内在联系断裂。与人交谈个别句子有一定意义，但整个话题既无中心，也无任何意义。

（二）注意力问题

注意力问题是心理系统常见的问题，严重的会形成注意力障碍。注意力问题常常表现为注意力不集中，难以专注去做一件事，无法进行深度和复杂的学习与工作等。注意力问题可分为以下五种：

1.注意力增强

注意力增强有两种，一种是注意指向外在的某些事物，如具有妄想观念的病人，常围绕一个既有的系统进行妄想，过分地注意看他所怀疑的人的一举一动，甚至对某些微小细节都保持高度注意和警惕。另一种是指向病人本身的某些生理活动，如神经症患者的疑病观念，这些患者常过分地注意自身的健康状态或那些使他们忧愁的病态思维内容，其他任何事件都不易转移他们的注意力。注意力的增强，会导致思维进入死循环。

2.注意力减弱

表现为主动注意力明显减弱，即注意力不集中，粗心大意，缺乏仔细认真。不能把注意集中于某一事物并保持相当长的时间，以至于注意力很容易分散，即使看了很长时间的书，结果仍不知所云，就像没读过一样。多见于神经衰弱和精神分裂症患者。

3.注意随境转移

表现为被动注意力的兴奋性增强，但注意力难以持久，注意的对象不断转移。如处于兴奋状态的躁狂症患者，注意力易受周围环境中个别的新现象所吸引而转移，以至于不断改变话题和活动内容，而这种注意力不能持久，外界的偶然变动又会将患者注意力吸引到另一方面去。急性躁狂时，患者言语的不连贯，主要由注意的对象不断转换，思维联想太快所致。

4.注意力迟钝

即注意力的兴奋性产生过程困难和缓慢,但是注意力的稳定性障碍较小,当与他人交流时,应答问题特别是接连不停的问题时,迟钝缓慢,主要是由于注意的兴奋性缓慢和联想过程的缓慢,并多伴有抑郁症。

5.注意力狭窄

注意力狭窄是指注意对象范围显著缩小,主动注意力减弱,当集中于某一事物时,其他一般易于唤起注意的事物并不能正常引起患者注意,多表现为朦胧状态和痴呆,难以并行处理事物。

上述问题中,注意力减弱和注意力狭窄问题最为常见。

五、情绪与抑郁问题

生理反应上的评价和体验,情绪是心理系统与身体系统接合部,是心理行为在身体动作上的表现,包括喜、怒、忧、思、悲、恐、惊,即七情。情绪在某种程度上表征着心理系统的一种情境,即心境。而抑郁是心境低落时的状态。本节前四小节分别从心理系统的核心知识系统、目的性、意志力和思维与注意力分别论述了心理系统的内在常见问题,然而这些问题的综合作用会引发情绪与抑郁类常见的表象层面问题,本小节对其做一简要梳理。

(一)焦虑情绪

焦虑是一种情绪状态,严重时就会变成心理疾病即焦虑症。焦虑具体常见的现象,是一个人的内心体验总是害怕,提心吊胆、忐忑不安,甚至极端恐慌或恐惧。这种情绪状态是不快乐和痛苦的,常有一种迫在眉睫或马上就要虚脱昏倒的感觉。而这种情绪指向未来,它意味着某种威胁或危险即将到来或马上就要发生。实际上并没有任何威胁和危险,或者用合理的标准来衡量所焦虑的事件,则完全没有达到所焦虑的那种严重程度。在焦虑情绪出现的同时,常有躯体不适感、精神运动性不安和精神功能紊乱等现象。

(二)焦虑症

当焦虑情绪发展到一定程度,就会产生焦虑障碍或焦虑症,这会影响正常工作和生活。如心烦意乱、忧心忡忡,经常怨天尤人、自忧自怜,毫无缘由地悲叹不已。碰上一点小事,往往坐立不安。遇到一点紧张的心理压力,便会慌张得不知所措,注意力难以集中,难以完成工作任务,并伴有身体不适感,如出汗、口干、心悸、嗓子有堵塞感、失眠等。

焦虑和焦虑症是不同的概念。有的人把自己的紧张或者焦虑称为神经衰弱。焦虑是面对未来,紧张是面对现实。什么情况下可能产生焦虑呢?一般来讲,50%以上不确定的事件,就容易产生焦虑。广泛性的焦虑症一般指持续性时间超过六个月,短时间的一般只称为一种焦虑现象。焦虑症最鲜明的特征可概括为:

(1)思绪狭窄、紊乱;

(2)长时间过分担忧;

(3)情绪急切、过于激动紧张,有时可达歇斯底里;

(4)往往伴随失眠、反复做噩梦等。

此外,当今学术界还认为焦虑性障碍还包括十分典型的病态"完美主义"人格心理障碍。其主要表现如下:

(1)过度的自我批评、过多的体悟失败、自我强加的过高标准或者过高的目标追求;

(2)恐惧失败；

(3)不顾后果地追求成功；

(4)饱受应该实现目标的折磨；

(5)一般都很难有幸福的家庭生活感受；

(6)喜欢把意志强加给别人。

(三)抑郁问题

常见的抑郁问题的主要表现是情绪持续低落,郁郁寡欢,悲观厌世,心理功能下降,自我评价降低,不愿与人交往,情绪呆板,总以"灰色"的心情看待一切,对什么都不感兴趣,自罪自责,内心体验多不幸、苦闷、无助、无望,总感到活着没有意思。具体表现特征有：

1.心境低落

主要表现为一个人具有显著而持久的情感低落,抑郁悲观。轻者闷闷不乐、无愉快感、兴趣减退,严重者会痛不欲生、悲观失望,度日如年、生不如死。在心境低落的基础上,个体往往会出现自我评价降低,产生自我无用感、无望感、无助感和无价值感,常伴有自责自罪,重者出现罪恶妄想和疑病妄想,甚至可出现幻觉。

2.思维迟缓

抑郁者一般伴有思维联想速度缓慢,反应迟钝、思路闭塞,总感觉自己脑子好像是生了锈的机器,像一团糨糊一样。临床上常表现主动言语减少,语速明显缓慢,声音低沉,对答困难,重者无法顺利进行交流。

3.意志活动减退

抑郁的一个内在因素就是意志力问题,所以,抑郁者的意志活动会呈显著持久的抑制状态。临床表现有意志行为缓慢,生活被动、疏懒,不想做事,不愿和周围人接触交往,常独坐一旁,或整日卧床、闭门独居,疏远亲友、回避社交。严重时连吃喝等生理需要和个人卫生都不顾,蓬头垢面、不修边幅,甚至发展为不语、不动、不食,称为"抑郁性木僵"。抑郁会反作用于意志,进而产生消极自杀的观念或意志行为。

4. 认知功能损害

以知识系统和注意力问题作为内因引发的抑郁情绪状态,相应的个体常会存在认知功能损害。主要表现为对眼前的事记忆力下降,出现注意力不集中等注意力障碍;思维反应时间延长,警觉性增高,但抽象思维能力变差,学习困难;语言流畅性降低,空间知觉,眼手等身体协调和灵活性等能力减退等。

5. 躯体症状

抑郁情绪与身体密切相关,抑郁症会导致躯体一些症状。主要表现有睡眠障碍、乏力、食欲减退、体重下降、便秘、身体任何部位的疼痛、性欲减退、阳痿、闭经等。严重者可涉及各脏器,如恶心、呕吐、心慌、胸闷、出汗等。

焦虑症和抑郁症既有区别,又相互关联,常合并存在。经相关调查显示,临床上大约有33%~95%的抑郁症患者同时合并有焦虑症。而且二者症状有相互重叠之处,如食欲下降、睡眠障碍、心肺和胃肠道不适及易激怒、疲劳等。二者在发病机理、病状表现等方面确实具有很多相同之处。但是二者又必须进行鉴别、不能混淆。一般因为抑郁症的自杀率高,危害性较大,患者既有抑郁症状又有焦虑症状时,更应优先治疗抑郁症。

第二节 身体系统问题

身体系统问题与身体疾病不同,首先问题是身体系统运转的一种不和谐状态,一般不直接表现为医学疾病,但它是身体疾病的原因。其次强调系统性的问题,不是具体疾病现象,是以身体系统整体性特征为主对象,运用现代系统科学思想、理论和方法进行分析所发现。对于身体疾病,古今中外,中医、西医学和生命科学都有丰富的论述,对应的科学性和专业性不是本书论及的重点。

身体是一个复杂的巨系统,生命进化到当今时代,身体系统的大部分局域子系统或组织都具有高度的自组织自治能力。可以说,身体疾病特别是局域性疾病,绝大部分都来源于身体这个系统的宏观整体层面。这一层面问题,也是常人即非医学专家可以认知或更需要学习和把握的。因此,这一节将在第二章有关身体系统的构成和第三章身心系统论认知的基础上,运用系统科学观念分析梳理身体系统常见问题。

一、耗散代谢不够

按照前几章对身体系统的基本构成及系统论认知分析,针对现代人的工作和生活方式与习惯,身体首要的系统性问题就是身体物质与能量耗散代谢不够。主要表现在如下几个方面:

(一)总体耗散不够

现代人由于物质生活条件的改善,基本上衣食无虞,并能时而摆上小宴,酒肉不断。春装、夏装、秋装和冬装,一应俱全,远离寒冷、闷热。住着夏有通风或制冷、冬有保温或采暖的住宅,穿着睡衣,看着电视或上着网络,已不识严冬腊月,酷暑严寒。上下楼乘电梯,出门自驾小轿车,或者打的乘公交。水龙头一拧水自来,太阳能、煤电能,想热就热、要凉则凉,蔬菜熟食物流送,美食还可叫外卖。特别是白领阶层,大多工作都使用电脑网络,敲敲键盘,打打电话,签签字。

前已论述过,身体是一个有机体,是一个耗散系统,需要不断地与外界进行物质与能量交换。交换的本质就是在不断地从外部吸收或输入的同时,还要不断地输出或耗散相应物质与能量,而物质的消耗是通过能量的耗散完成的。上述描述的画面中,一个人每天摄入的物质和能量比远古时代的人的摄入,不论在量还是质上都要多,然而消耗不论是在躯体环境,还是在劳动过程中都要远小于古代人。古代人可以说一般不存在总体耗散不足,而大多是入不敷出,所以提倡休养以补过度的耗散。然而当今的人则恰恰相反,大多是过多的物质与能量摄入,而身体系统总体能量消耗不足,对白领一族可以说更是严重不足。

总体能量耗散不足就会使摄入的物质不能被完全转化为能量消耗掉,并转变为脂肪留存在躯体,从而引发肥胖症。躯体各个组织能量需求下降,会形成记忆性厌恶耗能过程,使躯体变懒。所以肥胖症与懒惰症大都并存。总体耗散不够可以说是现代人亚健康和大多数慢性疾病之源。

(二)代谢不足

总体耗散不够,从生命系统的本质机理上讲就是新陈代谢不足。如前所述,新陈代谢是指身体通过消化系统,从环境摄取营养物转变为自身物质,同时将自身原有组成转变为废物排出到环境中的不断更新的过程。

同化不足 由于人和动物不能像绿色植物那样进行光合作用,也不能像消化细菌那样进行化能合成作用,所以人只能依靠消化系统,摄取外界环境中现成的有机物来维持自身的生命活动,是属于异养型的同化方式。同化作用主要把从外界环境中摄取的现成的有机物转变成自身的组成物质,并且储存能量。同化不足是指摄入量不足和转变成自身的组成物质能力不足。这主要在所谓的蓝领人群中有所表现,由于其物质生活条件相对落后,工作以体力消耗为主,所以多表现为同化不足。

异化不足 异化不足是指人体能够把自身的一部分组成物质加以分解,释放出其中的能量,并且把分解的最终产物排出体外的变化过程。这一过程对绝大多数的动物来说都需要生活在氧气充足的环境中。它们在异化作用的过程中,必须不断地从外界环境中摄取氧气,进行体内的有机物的氧化分解,释放出其中的能量,以便维持自身各项生命活动的进行。物质代谢异化不够多在白领阶层有所表现,一般为摄入或输入过多,转变自身物质效率低,分解及耗能差,产物排泄不够。

代谢结构失衡 代谢结构失衡是指对应人体组织器官层面,不同构成部分对应的代谢不均衡问题。常常表现为身体中某一或某些组织需要的新物质和能量不能被满足,虽然摄入大量物质,但这些组织器官却得不到相应的物质消耗,能量同化、异化都不足,储能不足。

代谢变慢 代谢不足的另一种表现就是代谢变慢。代谢变慢会导致产生能量减少,变得怕冷。身体脂肪代谢减速,肠道能力变差,容易出现便秘,气血不通畅,容易头晕、头昏、气短等。

(三)关于耗散代谢的误解

1.认为新陈代谢会随着年龄的增加而减缓

随着年龄的增加,大多数人体重会随之增加,表现为新陈代谢减缓,多数人认为是年纪大了,代谢率降低了,是人变老及寿命所限。但绝大多数人的寿命远远没有达到生命基因等理论的局限,而通常是因为他们减少了体力活动或锻炼的次数或强度,使得每天消耗的能量不足。体力活动或锻炼的减少同样带来肌肉量的降低和体重增长,从而直接导致代谢率减缓,人体脂肪增多。

2. 认为新陈代谢是天生的且无法人为更改

常听有人说:"你看人家天生新陈代谢就好,怎么吃都不胖。"认为新陈代谢是天生的且无法人为更改。其实仔细分析或按耗散系统理论,其中很重要的原因是这些人选择健康、热量相对较低的食物,而更主要的是他们每天消耗更多的热量,即经常进行体力活动,多走动和运动。一个人的新陈代谢过程及效率与人体整体活动量密切相关,新陈代谢现象是天生的生命本原,但新陈代谢过程及效率,则是可以通过心肺运动和加强能量耗散来改善的。

3. 通过节食减肥增强体质是错误的

有些人节食或疯狂地节食,以图减少热量摄入。的确,若减少热量摄入,代谢率也会随着下降,脂肪转化量会减少,从而降低体重。但是人体是一个很精明的能量银行。你吸收得多,它就会储存起来即转化成脂肪。吸收少了,它就会降低消耗特别是降低基础代谢率,同时还可能会减少在组织器官维护和免疫能力上的"支出"。所以,当一个人通过节食方法来瘦身时,身体系统会对你长时间缺少热量摄入形成一种自组织反应,认为"你在忍受饥饿",反而身体会通过内分泌系统自动调节降低代谢率,以便减少热量消耗,为身体保留尽可能多的热量,这恰恰与你节食的目标背道而驰。更可怕的是会减少免疫能力上的"支出"从而引发疾病。

4. 错误认为晚上少进食或不进食身体会健康

一些人错误地认为晚上新陈代谢变慢,少进食或不进食身体会健康。一个人经过了一定长的时段少进食或不进食之后体重会减少,其核心原因完全是其减少了总热量的摄入,而不是他或她提前补充热量。在天黑前摄入你一天所需的热量,不吃晚饭并不会加快减肥的速度。从系统观点来看,本质在于身体总输入和总输出的平衡问题,总输入大于总输出时身体就会储能变胖,而总输入小于总输出时身体储能就会被使用,从而实现减肥。这是一个简单算术平衡式,最好的方式就是增加总输出即增加耗散与代谢。

二、总能量水平低

耗散代谢不够的一个主要原因就是身体系统的总能量水平低,总能量水平与耗散代谢活动互为因果,相辅相成。总能量水平低会导致耗散代谢活动中被转换的能量不足,同时也会导致转换过程所需能量欠缺,使代谢缓慢。反之,耗散代谢不够会导致身体储能不足,降低身体系统的总能量水平。下面从身体系统总能量方面分析身体系统问题。

(一)能量总量不足

能量从物理学上讲是物质做功的能力,而对身体来说就是人的身体活动能力。总能量是身体所有组织器官的各自能力以及组织协同构成身体的整体活动能力的总和。身体活动过程需要源源不断的物质能量的供给,就如一个企业的运营需要不断的现金流支撑一样,企业现金流充足,企业运营就会稳健顺畅。身体的动能来源于血液,血液充足身体动力就足。身体系统能量总量不足常表现为如下几个方面:

五脏储能不够 五脏储能不够即指心、肝、脾、肺、肾五个器官储能不足,表现为相应脏器中血液流量不足,细胞新陈代谢效率低,所承担的功能运行能力低,生命力不旺盛,显得衰老。

六腑效率低下 六腑效率低下即指胆、胃、大肠、小肠、膀胱、三焦六个器官缺乏能量,表现为肠胃缺乏血液能量,非随意肌供血不足,蠕动能力下降,腑器功能减弱,物质摄入纳新不足,加剧物质总体输入转换水平降低,既影响自身,又直接影响身体能量总量水平。

总血量少 一般人体血液量约占人体重量的7%～8%,一个体重50千克的人,其血液总量在4000毫升左右。几乎所有血液都参与循环,分布于全身各个组织器官及几乎全部的细胞。一个人血量如果少于这个正常水平就属于能量总量不足。在体重相当的情形下,一个只具有3000毫升血量的人与一个具有5000毫升血量的人相比,后者具有更强的活动能力。

(二)血液质量低劣

除血液总量决定身体总能量外,血液质量也至关重要。在第二章已经简单介绍了血液由血浆和血细胞组成。血浆为结缔组织的细胞间质,为浅黄色半透明液体,其中除含有大量水分以外,还有无机盐、纤维蛋白原、白蛋白、球蛋白、酶、激素、各种营养物质、代谢产物等。而血细胞分为三类,即红细胞、白细胞、血小板。血液质量好即指血液中各种构成要素充足,结构合理。常见的血液质量问题有:

血黏即血液黏稠,医学上称为高黏稠血症。生命科学测定,人体内血液中约99%是水分,其余才是前述所说的血液成分。所以,血黏,除主要是血液中水分不足外,在个体上血液黏稠度还取决于血细胞性因素,如血细胞的数量多少、大小、形态,红细胞变形性,血小板功能等。

血液要素缺乏正常数量 构成血液的各个要素都是身体所需的必要物质,如果含量不足就会影响身体正常运行。如血液的血浆中含有各种营养物质以及代谢产物,这些都是维系血细胞及供给身体各组织细胞需要的物质。

"三高"即指高血脂、高血糖、高血压。前两者即由血液质量所导致。"三高"是现代人由于物质生活水平提升,饮食不当而产生的所谓"富贵病",它们可能单独发生存在,也可能相互关联共生。高血糖的常见症状就是糖尿病。糖尿病是一种慢性、终身性疾病,是一种严重危害人体健康的常见病,由于胰岛素相对或绝对不足,体内碳水化合物、脂肪、蛋白质等营养素代谢异常。高血脂是指血中胆固醇或甘油三酯过高,或高密度脂蛋白胆固醇过低,现代医学称之为血脂异常。如果血脂过多,也容易造成前述所说的血黏稠等问题。

(三)造血系统障碍

造血系统是指机体内制造血液的整个系统,是血液循环系统的源头,其由造血器官和造血细胞组成。正常人体血细胞是在骨髓及淋巴组织内生成。现已公认,各种血细胞均起源于共同的骨髓造血干细胞,并需要正常的造血微环境及正、负造血调控因子的存在。造血组织中的非造血细胞成分,包括微血管系统、神经成分、网状细胞、基质及其他结缔组织,统称为造血微环境。造血微环境可直接与造血细胞接触或释放某些因子,影响或诱导造血细胞的生成。常见造血系统障碍或病灶有如下几种:

1.造血干细胞病

主要表现为骨髓疾病所引起的,如骨髓纤维化,慢性粒细胞白血病,真性红细胞增多症,原发性血小板增多症,以及骨髓增生异常综合征,如难治性贫血、环形铁粒细胞性难治性贫血、慢性粒单细胞白血病等。

2.红细胞病

如红细胞生成和成熟障碍、DNA 合成障碍、血红蛋白合成障碍、红细胞破坏过多、红细胞丢失过多等;红细胞增多症,如真性红细胞增多症、继发性红细胞增多症等。

3.白细胞疾病

包括各种原因所致的白细胞减少及粒细胞缺乏;白细胞增多和中性粒细胞增多症、嗜酸性粒细胞增多症,传染性单核细胞和传染性淋巴细胞增多症;白细胞质的异常、粒细胞功能异常、白血病、淋巴瘤、骨髓瘤及恶性组织细胞病等。

4.出血性疾病

包括血管壁异常过敏性紫癜、毛细血管扩张症。血小板疾病,如原发及继发血小板减少症,原发及继发血小板增多症。血小板质的异常、遗传性血小板功能缺陷,如血小板无力症、巨大血小板综合征,以及继发性血小板功能缺陷,如尿毒症等。

5.凝血功能障碍

包括各种原因所致的凝血因子减少(血友病、维生素 k 缺乏)、血浆中抗凝物质增加,以及凝血功能亢进、DIC 早期、血栓性疾病等。

三、能量输运系统不畅

健康的身体除需要相应的总能量水平外,更需要具有足量顺畅的能量输运系统。因此,身体系统问题的另一个重要问题就是能量输运系统不畅。能量输运系统以血液循环系统为载体,能量输运系统不畅的本质是血液循环不畅。血液循环不畅是身体组织器官耗散代谢不够的主要根源。体内能量输运不通畅,即血液循环不周,血液不能足量通达五脏六腑,导致相应代谢功能低下问题,严重的会引发相应疾病。

如第二章所述,其中图 2-3 给出了血液输运系统主要环节的总体关系示意图,并已讲述过体循环与肺循环路径。从中易见,心脏是整个系统的核心,是血液循环流动的动力提供者。人体不同于机器,机器中如汽车引擎中汽油的输运到燃烧转换能量的全部输运过程是由油箱到输油管路再到引擎内各缸体,再具体由缸体的进气孔、输油孔、出气孔、活塞和火花塞共同作用完成爆炸式燃烧,推动活塞提供动力的。这一过程参与循环的各机器部件本身是由外部构造和维护的,它们是有损运用,有些损伤是永久性的。而人体的血液循环过程贯穿于人体组织器官的全部细胞,这意味着参与血液循环的全部"部件"本身内也存在血液循环,它的循环效率决定其担负的"部件"功能,从而影响整体循环。这些部件不同于机械部件,它们不会存在机械磨损,它们是生命机体,是一个不断进行新陈代谢和细胞更替的、自行组织和维护的单元,它们功能的强弱、新旧取决于其代谢能力。血液输运系统主要问题的关键点在于心脏、肺脏、血管及微循环网络。下面做一简单梳理。

(一)心脏及其问题

心脏　心脏是人身体中最重要的一个器官,主要功能是推动血液流动,向器官、组织提供充足的血流,以供应氧和各种营养物质,并带走代谢的终产物如二氧化碳、无机盐、尿素和尿酸等,使细胞维持正常的代谢和功能。心脏位于胸腔中部偏左,体积约相当于一个拳头大小,重量约 350 克。女性的心脏通常要比男性的体积小且重量轻。心脏位于横膈之上,居于两肺间而偏左,由心肌构成,分左心房、左心室、右心房、右心室四个腔体。左右心房之间和左右心室之间均由间隔隔开,故互不相通,心房与心室之间有瓣膜,这些瓣膜使血液只能由心房流入心室,而不能倒流。心脏的前上面与胸骨和肋软骨相邻,后面为食管和胸主动脉,下面紧贴膈肌,上面部分为进出心脏的上腔静脉、主动脉和肺动脉。心脏表面有三条沟,冠状沟为心房与心室的表面分界,前、后的纵沟为左右心室的表面分界。

由图 2-3 可看出心脏在整体血液循环系统中的位置。图 4-1 为心脏自身系统的血液循环示意图,其中漏白为心脏冠状动脉血管网络,黑色为冠状静脉血管网络,前者供应心脏心肌组织细胞所需的物质与能量,后者则回收相应细胞新陈代谢所排放的物质。

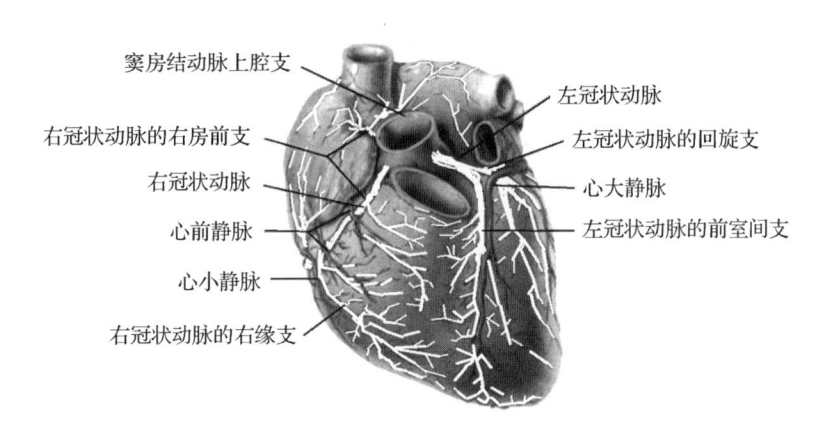

图 4-1 心脏自身系统的血液循环

右心房占心脏的右部,有三个入口、一个出口。右心房的上方有上腔静脉口,后下方有下腔静脉口,全身的静脉血由此两口入右心房。在右心房和右心室相通的地方有一个出口,称右房室口,右心房的血液经此口流入右心室。右心室占心脏的前部。有一个入口,即右房室口;有一个出口,即它上方的肺动脉口。右房室口的上缘上附着三块三角形的瓣膜,称三尖瓣。当心室收缩时,挤压室内血液,血液冲击瓣膜。三尖瓣关闭,血液不会倒入右心房。右心室的前上方有肺动脉口,右心室的血液由此送入肺动脉。肺动脉口缘上有三块半月形的瓣膜,称肺动脉瓣(半月瓣),当心室舒张时,肺动脉瓣关闭,血液不会倒流入右心室。

左心房占心脏的后部。在其后壁上有四个入口,即肺静脉口,每侧各两个。由肺进行气体交换后的新鲜血液,经肺静脉流入左心房。左心房有一个出口称左房室口,血液由左心房经此口流入左心室。左心室占心脏的左后部,有一个入口,即左房室口。左房室口有二尖瓣,防止左心室的血液倒流回左心房。在左心室上方有一个出口,即主动脉口,左心室的血液经此口流入主动脉。左心室承担着全身血液输送的功能,所以左心室的肌层较右心室的肌层发达,约为右心室壁厚的三倍,左心室的主动脉口也有三个半月瓣,称为主动脉瓣,起着防止主动脉内的血液倒流入左心室的作用。

心脏有节律地自主跳动,是由于心脏本身含有一种特殊的心肌纤维系统,具有自动节律性兴奋的能力,从而形成心脏的传导系统。

心脏问题主要表现如下:

心脏功能低下　心脏自身承担血液循环的推动,犹如自来水系统的水泵,提供血液循环的动力。然而自身心肌系统也要接受流经心房和心室的血流所供应的血液。一个动静脉循环系统向心肌提供富氧血液并将乏氧血液返流回右心房。分向心脏的左、右冠状动脉起源于主动脉起始部。由于收缩时心脏受到很大压力,因此大部分血液都在舒张期流经冠脉循环。如果这些网络管路不流畅就会影响心脏心肌细胞代谢,导致心肌活力下降,从而影响心脏的泵血能力,使得身体整体血液循环动力不足。

心脏病 心脏病包括风湿性心脏病、先天性心脏病、高血压性心脏病、冠心病、心肌炎等。一般疾病症状有：

(1)耳鸣。心脏病人,特别是高血压心脏病、冠心病、动脉硬化的病人,都可以不同程度地出现耳鸣,这是因为内耳的微细血管变化比较敏感,在心血管动力学上出现异常,但尚未引起全身反应时,耳内可以得到先兆信息。

(2)打鼾。长期持续打鼾者患心脏病、中风的人数远比其他症状的多,比例高。胖人打鼾多也意味着他们中不乏高血压、高血脂、心脏病人。

(3)舌头溃疡。中医认为舌和心脏的关系最为密切,所以溃疡长在舌头上,通常认为是心脏有内火,或是火毒。

(4)额头长痘。额头是心脏管辖的一个属地,心火旺盛成为火毒时,这个属地也会沸腾,于是此起彼伏地出现很多痘痘。

(5)失眠。心脏处于不停的工作中,当火毒停留于心而无法排除时,睡眠不会安稳。

(6)肩痛。不少心脏病人也常有肩痛的现象,特别是左肩、左手臂酸痛,为阵发性,并与气候无关。有关资料表明,有冠心病的人,其中肩痛者约占病人总数的65%,这与血液流动动力学及神经走向有关。

(7)胸痛。心脏病患者表现的胸痛,多在劳动时或者运动之后,多发于胸骨后,常放射至左肩、左臂。疼痛时有一种胸部紧缩样感觉,持续2~3分钟,一般停止活动或舌下含硝酸甘油可终止。有些心脏神经官能症者也有胸痛,多数位于左前胸乳部或乳下,部位可经常变化,刺痛比较短暂,隐痛可持续数小时或数天,与活动无关,心前区多有压痛点。

(8)呼吸困难。心脏病人胸闷,呼吸困难多与肺瘀血有关,故常发生在夜间、卧位时,坐位时减轻,为阵发性。活动与上楼梯时也可发生。

(9)水肿。心脏负荷过重致静脉回流受阻,远端血管充血发生水肿，也是心脏病人常见的症状。除心衰外，轻微水肿往往是心脏病的先兆症状。

(二)肺脏及其问题

肺脏 肺脏在人体中位于胸腔。肺有左二右三，五个分叶，覆盖于心脏之上。肺经气管、支气管等与喉、鼻相连，如图4-2所示。肺脏在五脏六腑中位置最高，覆盖诸脏器，故有"华盖"之称。在图2-3中可见一套循环于心和肺之间的肺动脉和肺静脉，属肺的机能性血管。肺动脉从右心室发出伴支气管入肺，随支气管反复分支，最后形成毛细血管网包绕在肺泡周围，之后逐渐汇集成肺静脉，流回左心房。另一套是营养性血管叫支气管动、静脉，发自胸主动脉，攀附于支气管壁，随支气管分支而分布，滋养肺内支气管的壁、肺血管壁和脏胸膜。肺脏是身体能量输运系统中的静脉血液总汇，又是所有动脉血液的总源，是静脉血液转换为新鲜动脉血液的总加工厂，在整体系统中占有非常重要的地位。中医学对肺的功能阐述最符合能量输运系统的理念，其概括肺脏的主要生理功能分别为：主气司呼吸，主行水，朝百脉，主治节。

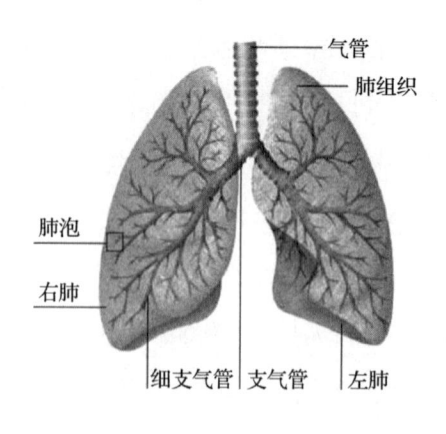

图 4-2 肺脏

1. 主气司呼吸

肺主气,首见于《黄帝内经》。《素问·五藏生成》说:"诸气者皆属于肺。"肺主气包括主呼吸之气和主一身之气两个方面。前者是指肺是气体交换的场所。如《素问·阴阳应象大论》说:"天气通于肺。"通过肺的呼吸作用,不断吸进清气,排出浊气,吐故纳新,实现机体与外界环境之间的气体交换,以维持人体的生命活动。后者是指肺有主司一身之气的生成和运行的作用。故《素问·六节藏象论》说:"肺者,气之本。"

肺主一身之气的运行,体现于对全身气机的调节作用。肺有节律的呼吸,对全身之气的升降出入运动起着重要的调节作用。肺的呼吸均匀通畅,节律一致,和缓有度,则各脏腑经络之气,升降出入运动通畅协调。

肺主一身之气和呼吸之气,实际上都基于肺的呼吸功能。肺的呼吸调匀是气的生成和气机调畅的根本条件。如果肺的呼吸功能失常,势必影响一身之气的生成和运行。若肺丧失了呼吸功能,清气不能吸入,浊气不能排出,新陈代谢停止,人的生命活动也就终结了。所以说,肺主一身之气的作用,主要取决于肺的呼吸功能。

2. 主行水

肺主行水是指肺气的宣发肃降作用,还推动和调节全身水液的输布和排泄,《素问·经脉别论》中称作"通调水道"。肺主行水的内涵主要有两个方面:一是通过肺气的宣发作用,将脾气转输至肺的水液和水谷之精中的较轻清部分,向上向外布散,上至头面诸窍,外达全身皮毛、肌肤、腠理以濡润之。输送到皮毛、肌肤、腠理的水液在卫气的推动作用下化为汗液,并在卫气的调节作用下有节制地排出体外。二是通过肺气的肃降,将脾气转输至肺的水液和水谷精微中的较稠厚部分,向内向下输送到其他脏腑以濡润之,并将脏腑代谢所产生的浊液(废水)下输至肾(或膀胱),成为尿液生成之源。

3.朝百脉

肺朝百脉,是指全身的血液都通过百脉流经于肺,经肺的呼吸,进行体内外清浊之气的交换,然后再通过肺气宣降作用,将富有清气的血液通过百脉输送到全身。

全身的血脉均统属于心,心气是血液循环运行的基本动力。而血液的运行,又赖于肺气的推动和调节,即肺气具有助心脏行血的作用。肺经呼吸运动,调节全身气机,从而促进血液运行。故《素问·平人气象论》说:"人一呼脉再动,一吸脉亦再动。"《难经·一难》说:"人一呼脉行三寸,一吸脉行三寸。"同时,肺吸入的自然界清气与脾胃运化而来的水谷之精所化的谷气相结合,生成宗气,而宗气有"贯心脉"以推动血液运行的作用。

4.主治节

主治节是指肺气具有治理调节肺的呼吸以及全身的气、血、水的作用。《素问·灵兰秘典论》说:"肺者,相傅之官,治节出焉。"肺脏主治节的生理作用主要有四点:一是治理调节呼吸运动,即协调肺气的宣发与肃降作用,维持通畅均匀的呼吸,使体内外气体得以正常交换。二是调理全身气机,即通过呼吸运动,调节一身之气的升降出入,保持全身气机调畅。三是治理调节血液的运行,即通过肺朝百脉和气的升降出入运动,辅佐心脏,推动和调节血液的运行。四是治理调节津液代谢,即通过肺气的宣发与肃降,治理和调节全身水液的输布与排泄。由此可见,肺主治节,是对肺的主要生理功能的高度概括。

肺脏问题及疾病。肺脏以气宣发肃降为基本运行形式,肺活动不能停息。肺又上通鼻窍,外合皮毛,与外界自然息息相通,易受外邪侵袭,故有"娇脏"之称。肺脏健康,肺活量大,就会达到肺气充沛,宗气旺盛,气机调畅,血运通畅的状态。若肺气虚弱或壅塞,不能助心脏行血,则可能导致心血运行不畅,致使身体整体能量输运不畅,甚至会出现血脉瘀滞、心悸胸闷、唇青舌紫等症。反之,心气虚衰或心阳不振,心血运行不畅,也能影响肺气的宣通,出现咳嗽、气喘等症。肺脏的气血交换问题严重时就会引发肺部疾病,常见的有:

1.慢性支气管炎

慢性支气管炎,指支气管黏膜及其周围组织的慢性非特异性炎症,如患者每年咳嗽、咳痰达 3 个月以上,连续 2 年或更长,其他已知原因的慢性咳嗽除外。

2.肺气肿

肺气肿是指肺部终末细支气管远端气腔出现异常持久的扩张,并有肺泡壁和细支气管的破坏,而无明显肺纤维化状况。

3.慢性阻塞性肺疾病

慢性阻塞性肺疾病,是一种具有气流受限特征的肺部疾病,确切的病因还不十分清楚,但认为与肺部对有害物质的异常炎症反应相关。慢性阻塞性肺疾病与慢性支气管炎和肺气肿密切相关。当慢性支气管炎和肺气肿患者的肺功能检查出气流受阻,若其气流受限为不可逆,则诊断为慢性阻塞性肺疾病;若其气流受限为可逆性,则诊断为慢性阻塞性肺疾病。

4.慢性肺心病

慢性肺心病,是指由肺组织、肺血管或胸廓的慢性病变引起的肺组织结构和功能的异常,进而产生肺血管阻力增加,肺动脉压力升高,使右心室扩张或肥厚,或伴有右心衰竭的心脏病灶,并排除先天性心脏病和左心病变起因的症状。

5.哮喘

哮喘是多种细胞和细胞组分参与的气道慢性炎症疾病。这种慢性炎症导致气道反应性增加,通常出现广泛性可逆性气流受限,并引起反复发作性的喘息、气促、胸闷或咳嗽等症状,可自行或经治疗缓解。长期反复发作可使气道重建,导致气道狭窄。

6.支气管扩张症

支气管扩张症是指直径大于 2 毫米中等大小的近端支气管,由于管壁的肌肉和弹性组织破坏所引起的异常扩张。主要症状为慢性咳嗽,咳大量脓痰和反复咯血。患者多有童年麻疹、百日咳或支气管肺炎等病史。

7.呼吸衰竭

呼吸衰竭是各种原因引起的肺通气和换气功能严重障碍,以致在静息状态下亦不能维持足够的气体交换,导致缺氧高碳酸血症,从而引起一系列生理功能和相应临床表现综合征。

8.肺炎

肺炎是肺实质和间质,由多种病原体引起的炎症。其他如放射、化学、免疫、过敏及药物等因素亦能引起肺炎。

9.肺脓肿

肺脓肿是多种病原菌引起的肺部化脓性感染,早期为肺组织的感染性炎症,继而坏死、液化、形成脓肿,临床特征为高热、咳嗽、咳脓臭痰。

10. 肺结核

肺结核是结核分枝杆菌引起肺组织渗出、干络样坏死及其他增值性反应的传染病。

11. 肺癌

肺癌是最常见的肺原发性恶性肿瘤,绝大多数肺癌起源于支气管黏膜上皮,故亦称支气管肺癌。50多年来,世界各国特别是工业发达国家,肺癌的发病率和病死率均迅速上升,死于癌病的男性病人中肺癌已居首位。

(三)血管障碍

血管是指血液流过的一系列管道,是能量输运系统的重要通路。人体除角膜、毛发、指甲、趾甲、牙质及上皮等处外,血管遍布全身。按血管的构造功能不同,分为动脉、静脉和毛细血管三种。

主动脉和大动脉的管壁较厚,含有丰富的弹性纤维,具有可扩张性和弹性。左心室射血时,动脉内的压力升高,一方面推动动脉内的血液向前流动。另一方面,使主动脉和大动脉被动扩张,容积增大。左心室不再射血,后主动脉瓣关闭,但扩张的主动脉和大动脉可以发生弹性回缩,把在射血期多容纳的那部分血液继续向外周边方向推动,故主动脉和大动脉具有可扩张性和弹性作用,可以将左心室收缩时产生的能量暂时以势能的形式贮存。因此,它们也被称为弹性贮器血管。随着动脉分支变细,管壁逐渐变薄,弹性纤维逐渐减少,而平滑肌的成分逐渐增多。小动脉和微动脉口径较小,且管壁又含有丰富的平滑肌,通过平滑肌的舒缩活动很容易使血管口径发生改变,从而改变血流的阻力。血液在血管系统中流动时所受到的总的阻力,大部分发生在小动脉,特别是微动脉。因此,称它们为阻力血管。小动脉和微动脉收缩和舒张,可显著地影响器官和组织中的血流量。

正常血压的维持,在一定程度上取决于外周血管小动脉和微动脉对血流产生的阻力,即外周阻力。又因它们位于毛细血管之前,所以又叫毛细血管前阻力血管。在各类血管中,毛细血管的口径最小,数量最多,总的横截面积最大,血流速度最慢,管壁最薄,仅由单层内皮细胞和基膜组成,通透性很好,有利于血液与组织进行物质交换,故毛细血管被称为交换血管。毛细血管汇合成微静脉,管壁又逐渐出现平滑肌。到小静脉,管壁已有完整平滑肌层。微静脉和小静脉的平滑肌舒缩,同样可以改变血管的口径和血流的阻力,故将它们称为毛细血管后阻力血管。静脉和相应的动脉相比,数量大,口径大,管壁薄,易扩张。通常安静时,静脉内容纳60%～70%的循环血量,故又叫容量血管。

人体内血管分布常具有对称性,并与机能相适应,大的血管走向多与身体长轴平行,并与神经一起被结缔组织膜包裹成血管神经束。不同年龄段人的血管组织不同,如图4-3所示,年幼或年轻时,血管弹性舒缩性好,而年老者血管壁变厚,内壁有大量积存物,管腔变狭窄,血管弹性舒缩性变差,血液流通性能低下。

血管疾病 常见的血管疾病有动脉粥样硬化、炎症性血管疾病、功能性血管疾病、血管的真性肿瘤性疾病等。其中以动脉粥样硬化最为常见。一般将原发性血管疾病分为六类:

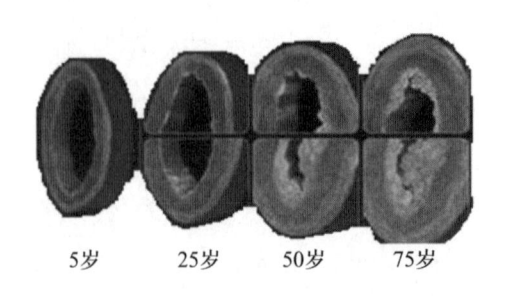

图4-3 不同年龄段的血管

(1) 退行性变性血管疾病。动脉粥样硬化、动脉中层硬化、小动脉硬化(包括透明变性型小动脉硬化和增生型小动脉硬化)。

(2) 炎症性血管疾病。感染性动脉炎、梅毒性动脉炎、巨细胞性动脉炎、血栓闭塞性脉管炎、风湿性动脉炎。

(3) 功能性血管疾病。雷诺氏病、手足发绀、红斑肢体痛症。

(4) 先天性血管疾病。先天性动脉瘤、先天性动静脉瘘、各类先天性血管肿瘤(毛细血管瘤、海绵状血管瘤、蔓状血管瘤)。

(5) 损伤性血管疾病。损伤性动脉瘤(包括搏动性血肿及术后吻合口血管瘤)、损伤性动静脉瘘。

(6) 肿瘤性血管疾病。血管肉瘤、血管内皮细胞瘤、血管外皮细胞瘤。

(四) 微循环及其问题

微循环 微循环是指微动脉和微静脉之间的血液循环。微循环的基本功能是进行血液和组织液之间的物质交换。正常情况下,微循环的血流量与组织器官的代谢水平相适应,保证各组织器官的血液灌流量并调节回心血量。如果微循环发生障碍,就会直接影响各器官的生理功能。

微循环构成如图 4-4 所示,微循环的通路与作用有三种形式,一是迂回通路或称营养通路,即血液从微动脉,依次至后微动脉、毛细血管前括约肌、真毛细血管,然后再回微静脉的通路。作用是进行血液与组织细胞的物质交换。二是直捷通路,即血液从微动脉先到后微动脉,然后通过真毛细血管直接回微静脉的通路。作用是促进血液迅速回流。此通路在骨骼肌中多见。三是动静脉短路,即血液从微动脉直接通过动静脉吻合支到达微静脉的通路。作用是调节体温。此途径主要分布于皮肤中。

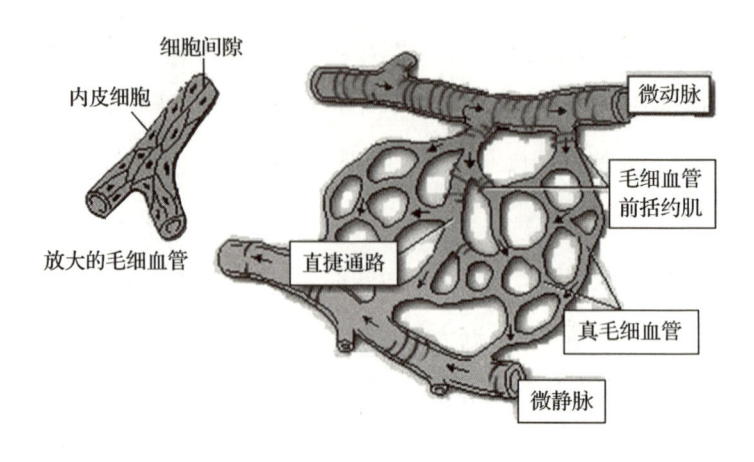

图 4-4　微循环及毛细血管

毛细血管　内外物质交换通过扩散、吞饮及滤过重吸收三种方式完成,相应的交换速率取决于毛细血管壁的通透性。毛细血管壁由单层内皮细胞组成,外面有一层基膜,总厚度约 0.15～0.50 微米,内皮细胞之间相互连接处有细微裂隙,间距约 10～20 纳米,为黏多糖类物质所填充,在其中有直径为 4 纳米左右的小孔,这是物质转运的途径之一。该小孔除了蛋白质难以通过外,血浆中和组织液中的水、各种晶体物质、小分子有机物均可以扩散形式或滤过重吸收的形式自由通过。内皮细胞膜的脂质双分子层是 O_2、CO_2 及脂溶性物质扩散的直接径路。此外,大分子物质的转运还可通过毛细血管内皮细胞的吞饮作用实现。

微循环的血流量调节　微循环的血流量调节主要是通过神经和体液调节血管平滑肌的舒缩活动完成的。神经调节是通过交感神经支配微动脉、后微动脉和微静脉的平滑肌,并以微动脉为主。当交感神经兴奋,平滑肌收缩,血管口径变小。由于交感神经对微动脉的收缩作用大于微静脉,所以微循环中的血流量减少,血压下降。反之,微循环中血流量增多,血压上升。体液调节是通过体液因素作用完成的。在微循环的血管中,微动脉和微静脉既受交感神经支配,又受体液因素的影响,而后微动脉和毛细血管前括约肌则主要受体液因素的影响。体液中有缩血管物质,如儿茶酚胺等,以及舒血管药物,如乳酸、CO_2 等。

微循环问题 由图 2-3 易见微循环担负能量输运的最后段工程,是身体组织液循环的关键环节。正常情况下,组织液的生成与回流维持着动态平衡,是保证血浆与组织液含量相对稳定的重要因素,一旦由于某种原因使动态平衡失调,将产生组织液减少(脱水)或组织液过多(水肿)的不良后果。根据组织液生成与回流机制,凡影响有效滤过压和毛细血管壁通透性的各种因素,都可以影响组织液的生成与回流。常见问题有:

1.毛细血管血压不正常

毛细血管前阻力血管扩张时,毛细血管血压升高,有效滤过压增大,组织血管收缩或静脉压升高时,也可使组织液生成增加。如右心衰,因中心静脉压升高,静脉回流受阻,毛细血管后阻力增大,毛细血管血压升高,结果组织液生成增加,造成组织水肿。

2.血浆胶体渗透压低

当血浆蛋白减少,如长期饥饿,肝病而使血浆蛋白减少或由肾病引起蛋白尿(血浆蛋白丢失过多),都可使血浆胶体渗透压降低,有效滤过压增大,组织液生成过多、回流减少而造成组织水肿。

3.淋巴回流不畅

由于约 10% 组织液是经淋巴管回流入血管,故当淋巴液回流受阻(如丝虫病、肿瘤压迫等因素),则受阻部位远端组织会发生水肿症状。

4.毛细血管壁的通透性差

若毛细血管壁通透性异常增加,致使部分血浆蛋白漏出血管,使得血浆胶体渗透压降低,组织液胶体渗透压升高,其结果为,有效滤过压增大,组织液生成增多,回流减少,引起局部水肿。

微循环障碍是血液理化性质的改变,使管腔狭窄,血液流速或减慢或血栓形成,使局部组织缺血缺氧甚至坏死,引起一系列临床症状,微循环畅通百病不生,微循环障碍是百病之源。医学已证明,人体的衰老,肿瘤的发生,高血压、糖尿病及许多心脑血管等疾病,主要是微循环障碍所致,因此微循环正常与否,是人体是否健康的重要标志。现今的生活方式、饮食、压力、污染等都是造成微循环障碍的主要外部原因。

一旦人体的微循环发生障碍,其相应的组织系统或内脏器官就会受到影响而不能发挥正常功能,就容易导致人体的衰老、免疫功能的紊乱以及疾病的发生。正常情况下,微循环血流量与人体组织、器官代谢水平适应,使人体内各器官生理功能得以正常运行。因为人的毛细血管极细极长,而且其中的血液流速极慢,每秒只能流动 0.41 毫米。在这么长的血管中,经常有杂质混在血液中,如胆固醇、酒精、尼古丁、药物残渣、化学残留物等,它们不但使血管壁变厚,还会经常堵塞血管,造成血液运行不畅。微循环障碍引发的疾病几乎涉及身体各个部分。

1. 神经系统

脑部发生供血不足,脑细胞得不到充足的氧气、养料,代谢产物不能充分顺利排除,而导致头晕、头痛、失眠、多梦、记忆力下降、神经衰弱,重者会发生脑梗死、中风等症。

2. 心血管系统

心脏发生微循环障碍,引起心肌供血不足,产生胸闷、心慌、心律不齐、心绞痛等冠心病的症状,甚至发生心肌梗死。

3. 呼吸系统

呼吸系统发生微循环障碍时,则会发生胸闷、气短、咳嗽、哮喘、支气管炎等。

4.消化系统

胃是后天之根本,如果胃部微循环发生障碍,就会引起胃的功能紊乱,营养吸收不良,发生胃炎、溃疡病以及其他胃部病变。

5.内分泌系统

内分泌系统发生微循环障碍时,可导致各种激素分泌紊乱,引发甲状腺功能亢进、糖尿病、乳腺炎、小叶增生等。

6.泌尿生殖系统

泌尿生殖系统发生微循环障碍时,导致肾炎、肾衰、女性盆腔炎、月经不调、男性前列腺炎、膀胱炎等。

7.肌骨系统

肌肉或骨关节出现微循环障碍,代谢产物堆积,会产生全身肌肉酸痛、麻木、冰冷、四肢微血管堵塞不通,会造成脉管炎、下肢静脉曲张,严重时出现跛行,刀割样痛。颈、肩、腰、腿痛退行性病变。

8.妇科

有许多妇科病均与微循环有关,如痛经、月经不调、小腹下坠感、附件炎、子宫肌瘤都与气血不通、气滞血瘀有关。

9.皮肤科

随着年龄增长,皮肤的微血管减少,供血、供氧不足,皮肤营养降低,皮肤弹性下降,出现松弛和皱纹、黄褐斑、老年斑,眼周过早出现鱼尾纹、眼袋等。

俗话说:"微循环通,人不得中风。微循环好,心肌梗死少。"微循环畅通,全身健康。

四、头颈部系统血液循环障碍

前述从身体系统整体观念梳理了身体系统的三个关键问题,本节将分析身体机体的最重要构成部分,即头颈部。

(一)头部及其问题

头部 头部是身体重要的部位之一,在解剖学上是指动物的吻端部分,通常包括脑、眼、耳、鼻、口等器官,支撑着各种感官功能,如视觉、听觉、嗅觉、味觉。中医学称"头为精明之府",认为"五脏六腑精气"均上升于头部。

头颈部主要血液循环如图 4-5 所示。头部由头颅和面部两部分组成。颅内包含脑,面部有眼、耳、鼻、舌等感觉器官和消化系统的起始部位即嘴。大脑头皮既是头的保护层,又分布着许多穴位。人体十二经脉中,手、足三阳经交接于头部及面部,故中医又说"头为诸阳之会"。

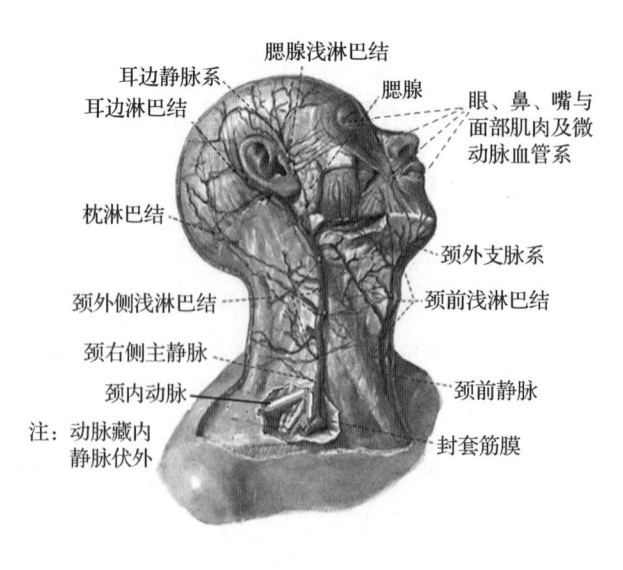

图 4-5 头颈部主要血液循环

如手、足阳明经分布前头部及面部,手、足、少阳经分布于侧头部,足太阳经分布于后头及项背部等。新生儿的头部占其整个身长的四分之一,而成年人则占八分之一。正常人头上都长有头发,以防止热量的散失。人类的头部结构组成都基本相同,但由于头部的大小、形状以及面部器官形态的不同,人的面貌也各不相同,表现出千差万别的面部特征。

除大脑外,头部主要问题表现在眼、耳、鼻和口。

眼病 眼睛是人最重要的感官之一,使用非常频繁,人只要醒着眼睛就会不停地工作着,它就会不停地消耗能量和必要的水分,以保障其正常的新陈代谢和正常的功能发挥。如果眼部的血液循环不畅,就会引发代谢障碍,进而产生眼病,出现眼球组织及其功能的异常和损坏,包括其附属组织如眼眶、眼睑和眼肌等的疾病。常见眼病有结膜炎、角膜炎、周期性眼炎、白内障、视神经异常、视网膜病变等症,严重影响行为活动。

耳病 耳是人的声音感官,分为外耳、中耳和内耳三部分。耳朵不会像眼睛那样灵活地转动,因此它的血液循环主要依赖头部大循环环境的畅通,且易出现局部微循环障碍引发耳病。对应三个局部,外耳常见病有先天性外耳闭锁、外耳炎症和耵聍栓塞等。中耳常见病有中耳炎、鼓膜穿孔、耳硬化症、乳突炎和胆脂瘤等。内耳常见病有感音神经性耳聋、先天性或遗传性耳聋、噪声性耳聋、老年性耳聋、药物毒性耳聋、美尼尔氏病和耳蜗后病变等。

鼻炎 鼻分为外鼻、鼻腔和鼻旁窦三部分,是呼吸道的起端,也是嗅觉器官。鼻炎是一种由鼻器官血液和淋巴液循环不畅引发的免疫力低下问题。相应症状有很多种,其依据鼻炎的种类不同而不同,一般有鼻塞、流涕、打喷嚏、头痛、头昏等。这些鼻炎症状可能是鼻息肉、鼻中隔偏曲、鼻窦炎,甚至恶性肿瘤。而从鼻腔黏膜的病理学改变来说,有慢性单纯性鼻炎、慢性肥厚性鼻炎、干酪性鼻炎、萎缩性鼻炎等,从发病的急缓及病程的长短来说,可分为急性鼻炎和慢性鼻炎。此外,有一些鼻炎,虽发病缓慢,病程持续较长,但有特定的致病原因,因而便有特定的名称,如变态反应性鼻炎即过敏性鼻炎、药物性鼻炎等。

口腔疾病 口腔是消化管的起始部分。前端借助口裂与外界相通,后经咽峡与咽喉相续。口腔内有牙、舌等器官。口腔的前壁为唇、侧壁为颊、顶为腭、口腔底为黏膜和肌肉等结构。口是消化系统和物质能量的入端,一日三餐、部分的呼吸、喝水排痰、发声言语都劳烦于口。俗语说"病从口入",即指口也是接纳病毒病菌的端口。口腔疾病最常见的就是口腔溃疡,又称为"口疮",是发生在口腔黏膜上的表浅性溃疡,一般一至两个星期可以自愈。口腔溃疡的外在诱因可能是局部创伤、精神紧张、食物、药物、激素水平改变及维生素或微量元素缺乏等。口腔疾病也关联牙病和舌疾,这里不赘述。

(二)大脑及其问题

大脑是头部最重要的构成部分,是神经系统的存储与计算中心。大脑构成如图4-6所示,其包括端脑和间脑,端脑由左、右两半球组成,占有最大部分,是控制运动、产生感觉及实现高级脑功能的高级神经中枢。端脑主要包括大脑皮质、大脑髓质和基底核等三个部分。大脑皮质是覆在端脑表面的灰质,主要由神经元的胞体构成。皮质的深部由神经纤维形成的大脑髓质或白质构成。大脑髓质中又有灰质团块即基底核,纹状体是其中的主要部分。在医学及解剖学上,多用大脑一词来指代端脑。

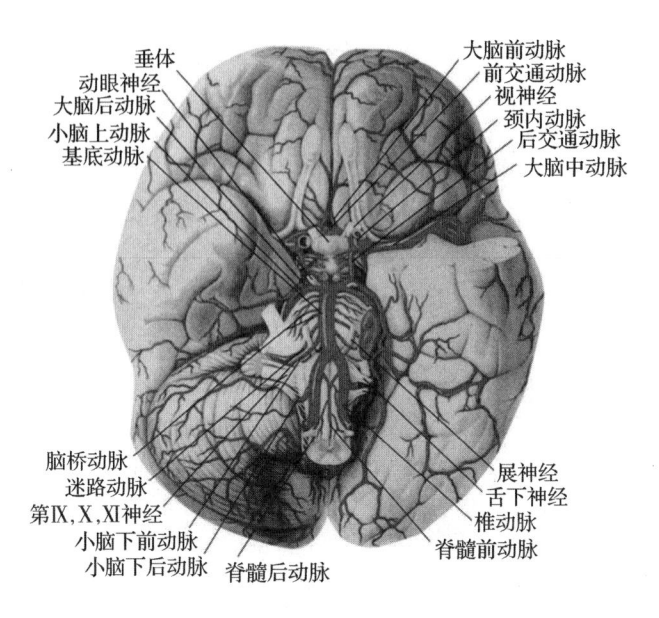

图 4-6　大脑构成及血管分布

间脑由丘脑与下丘脑构成。丘脑与大脑皮质、脑干、小脑、脊髓等联络,负责感觉的中继,控制运动等。下丘脑与保持身体的恒常性,控制自律神经系统、感情等相关。

端脑由约 140 亿个细胞构成,质量约为 1400 克,大脑皮层厚度为 2~3 毫米,总面积约为 2200 平方厘米,据估计,脑细胞每天要死亡约 10 万个(越不用脑,脑细胞死亡越多)。人脑中的主要成分是水,占 80%。脑虽只占人体体重的 2%,但耗氧量占全身耗氧量的 25%,血流量占心脏输出血量的 15%,一天内流经脑的血液约为 2000 升。脑消耗的能量若用电功率表达大约相当于 25 瓦。

大脑功能　现今科学认识的大脑功能分左、右脑,都有控制中心、知觉中心、逻辑思维中心、观察和判断中心、反应中心和情绪控制中心。左脑主要完成语言语速、行动平衡、免疫、概念、数字、行动、分析、逻辑推理等功能。相应控制中心控制体外右侧一切活动能力、免疫系统和做梦等。右脑除了与左脑一起完成语言语速、行动平衡和免疫功能外，主要完成图像、音乐、绘画、空间几何、想象、综合等功能。

大脑的控制功能至关重要，特别是情绪控制。每个人都有喜怒哀乐，大脑就会有控制这些情绪的功能否则情绪就会失控。例如一个精神病人又哭又笑，情绪时高时低，就是情绪记忆单元断了连接，变成失控情绪记忆单元块。一般说来左脑比右脑理智，不易失控。但是右脑比左脑情绪丰富。

大脑的另一重要功能就是记忆功能。如同计算机，包括内存式的短暂记忆单元块和硬盘式固定的记忆单元块。短暂记忆单元块暂时记录自己感受到的，来自自身和眼睛看到、耳朵听到的身外事物与发现各种现象的一切的感觉信息。固定的记忆单元块则记录短暂记忆库里经常出现的资料。

脑病 脑病正在越来越严重地威胁着人类健康。脑病也是当今社会、医学界关注的问题之一。据调查，脑梗死、脑出血、脑萎缩痴呆症、小儿脑瘫、癫痫、帕金森综合征、脑外伤等脑病、神经损伤性疾病占人类疾病总数的30%左右。而且脑梗死、脑出血等还具有高发病率、高死亡率、高致残率、高复发率等四高的特征。脑病主要分为如下两大类：

1.由脑神经因素引起的脑病

由于大脑受到病毒感染、物理创伤、化学中毒、高热、缺血或缺氧(中风)等原因直接导致大脑神经细胞的损伤、死亡，重者危及生命，轻者出现小儿脑瘫、偏瘫等疾病，过度用脑、长期睡眠不足、年龄的增大、神经营养物质的不足，都可能使大脑过早地衰老、退化，出现记忆力下降、智力下降，以及精神、性格、情绪、睡眠、运动能力的改变，严重的会出现阿尔茨海默病、帕金森综合征。

2.由脑血管因素引起的脑病

由脑血管退化或病变引起的大脑疾病,急性发病并迅速出现脑功能障碍的脑血管疾病称为急性脑血管病,也称脑血管意外、脑中风或脑卒中。其具有发病率高、致残率高和再发率高的特点,是中老年人常见多发病。

脑血管疾病的发生还与环境因素、气候因素、饮食习惯等有密切关系,它的危险因素分为可干预和不可干预性两类。可干预是指可以控制或治疗的危险因素,其包括高血压、糖尿病、高脂血症、心脏病、短暂性脑缺血发作、颈动脉狭窄、脑血管疾病史、吸烟和酗酒等。不可干预是指不能控制和治疗的危险因素,其包括年龄、性别、遗传和种族。

脑血管疾病,按动脉损伤分为脑梗死、脑出血、蛛网膜下腔出血、高血压脑病及其他种类动脉性疾病。按静脉损伤分,主要是颅内静脉系统血栓形成的疾病,其中最常见的是脑梗死、脑出血。脑出血是指脑动脉、静脉或毛细血管破裂导致脑实质的内出血。

(三)头外部及其问题

头外部即指头颅外。头外部血管支路密密麻麻,这些血管是保障面部神经、皮肤、眉毛、头发各个组织细胞新陈代谢所需能量的重要通道。当头外部血液流量不足、循环不畅时,就会引发头皮发痒、白发、脱发、皮肤干燥、面部褶皱增多等问题。为什么大多脱发者的脱发都始于头顶部,因其处在动脉血管支路的最远端、最稀疏的部位。

(四)颈部及其问题

颈部 颈部是连接头部与躯体的重要部位。颈部的上界为下颌骨下缘、下颌支后缘、乳突和枕外隆突的连线,下界即胸骨上缘、锁骨、肩峰和第七颈椎棘突间的连线。该局部以斜方肌前缘为界,分为前方的固有颈部和后方的项部。固有颈部以胸锁乳突肌为界,区分为颈前区、颈外侧区及胸锁乳突肌区。颈前区亦称颈前三角,被二腹肌及肩胛舌骨肌分为颏下三角、下颌下三角、颈动脉三角、肌三角。颈外侧区亦称颈后三角,该三角被肩胛舌骨肌分为枕三角和锁骨上三角。胸锁乳突肌区是指该肌于颈部所在区域。

颈部问题 颈部是连接头部与身体的重要中枢,是头部活动总控制部,是头部所有器官组织细胞新陈代谢所需能量的总输运通道。人只要坐立或抬头,颈部就要负担头部的物理载荷,它在整个身体中,是现代人特别是办公室白领一族负担最重的部位。所以颈部也最易出现问题。

颈部常见问题有,动脉呈多处伸长扭曲,颈部静脉怒张;前斜角肌肥厚痉挛,颈部皱纹增多,颈部潮红;颈部酸痛,颈肩痛,颈软不能抬头,头颈部活动受限;甲状腺肿痛,咽喉部充血,吞咽困难,喉管阻塞;颈椎分节异常,寰枢关节不稳定,锁骨上及前斜角肌,颈椎关节的根性疼;食管溃疡,食管痉挛,食管腔梗阻;甲状腺功能低下,颈部淋巴结肿大,碘甲亢等。

颈部问题会引发头部问题,现今头部的大脑及耳、眼、鼻、舌、头发、头皮等大多慢性疾病与颈部问题相关。

五、肌骨系统血液循环与代谢障碍

在第二章我们已简述了人体肌骨系统的构成,它包括肌肉与骨骼两大部分,支撑着人的形体,是人体运动机械体系。人体不同的骨骼通过关节、肌肉、韧带等组织连成一个整体,对身体起支撑作用。而肌肉按结构和功能的不同可分为骨骼肌、平滑肌和心肌三种。肌肉约占人体总重量的45%,血液丰富,微细血管及淋巴管密集。

(一)肌肉系统问题

对于现代人,特别是白领,肌肉组织的微细循环不畅是身体系统的最大问题。肌肉系统如果出现血液循环或供应障碍,就会引发肌肉系统功能障碍,并会引起相应的酸痛僵化。当非随意肌出现障碍,如胃部的三种非随意肌出现问题时,就会影响碾碎食物功能,出现消化不良。小肠里的两种非随意肌出现问题,就会降低小肠的蠕动挤压食物能力,引起腹胀和消化不畅。心肌也是非随意肌,维系心脏持续跳动,心肌如出现血液循环或供应障碍,就会降低心脏输送血液能力,可能引发心脏疾病。

人体肌肉量与维持健康平衡密不可分。如果一个人过于消瘦,相应基础代谢就会降低,热量的消耗也随之降低,摄入的过多热量便会转化为脂肪堆积体内,引起肥胖。而肥胖正是引起冠心病的重要因素之一。除此之外,肌肉量的减少也给生活带来很多不便,例如腿脚无力,常感到走路吃力,容易被绊倒。再者,肌肉的减少可能加重关节的负担,随之产生一些关节疾病。

肌肉疾病通常是指骨骼肌疾病。骨骼肌是执行机体运动的主要器官,也是机体能量代谢的重要器官。骨骼肌由数以千计的纵向排列的肌纤维聚集而成,肌纤维为多核细胞,长度为数毫米至数厘米,直径在10～100微米。肌纤维内含有肌浆,肌浆内有肌原纤维和纵向排列的纵管,以及线粒体、核糖体、溶酶体等细胞器。肌原纤维由许多纵向排列的含有收缩蛋白和调节蛋白的粗、细肌丝组成,粗肌丝含肌球蛋白,细肌丝含肌动蛋白。这两种蛋白质均为收缩蛋白。

尽管肌纤维在解剖和生理上表现为独立单位,但疾病可能仅侵犯其中一部分,根据病灶的特点和严重性,其余部分也可能发生功能障碍或萎缩、变性或再生。尽管结构相同,但并非所有的肌肉对疾病有同样的易感性,事实上,某一疾病不可能侵犯机体的所有肌肉。肌肉炎症类疾病的一个主要原因就是肌肉内淋巴回流不畅,使免疫细胞不能通达。

肌肉酸痛产生的机制较复杂,主要包括乳酸堆积、肌肉痉挛、肌纤维或结缔组织损伤和其他因素。如组织间渗透压产生变化或急性发炎等,也可造成肌肉酸痛。人体运动是需要能量的,如果能量来自细胞内的有氧代谢,就是有氧运动。但若能量来自无氧酵解,就是无氧运动。有氧运动时葡萄糖代谢后生成水和二氧化碳,可以通过呼吸很容易被排出体外,对人体无害。而无氧运动时葡萄糖酵解产生大量乳酸等中间代谢产物,不能通过呼吸排除,就形成了乳酸堆积。

肌肉酸痛与拉伤是有明显区别的。实际上,肌肉酸痛是一种正常的、积极的生理表现。人们往往在力量训练或一个不太适应(运动量偏大或新的运动项目等)的运动练习后,产生明显的肌肉酸痛和不适。而这些症状在休息一段时间后会自然消失,当再次进行同样的运动时肌肉酸痛症状会明显减轻或不产生。而运动导致的肌肉拉伤就不同了,肌肉或韧带拉伤会造成骨骼肌大面积的病理性改变,如细胞变性、细胞坏死等,不仅影响继续运动或训练,还可能会带来较严重的后果。

图4-7给出了人体肌肉的几个关键部位。肌肉系统除了前面所述问题外,最常见的还有系统结构失衡问题,即结构化使用的不平衡,形成局部化疲劳过度或损伤。现代人,特别是久坐办公室的白领人群,颈部、肩部和腰部相关肌骨使用超负荷,而更重要的是使用不当,即长时间使肌骨以一种姿态支撑躯体,缺乏伸缩舒张运动,阻碍血液循环与淋巴液循环。因此,颈部、肩部和腰部相应疾病或亚健康问题频现。如慢性腰肌劳损,为临床常见病、多发病,发病因素较多,主要症状是腰部酸痛,日间劳累加重,休息后可减轻,日积月累,可使肌纤维变性,甚而少

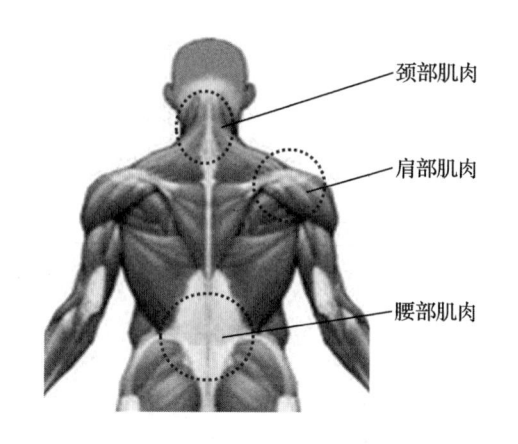

图 4-7 人体关键部位肌肉

量撕裂,形成疤痕或纤维索条或粘连。肉体衰老起始于局部和远端末梢皮肤、手脚与肌肉骨骼肌、筋腱等。

(二)骨骼系统问题

骨骼系统与身体系统的整体机械运动相辅相成,与肌肉系统密切相关,骨骼大都被肌肉系统包裹着,骨骼中没有像肌肉系统那样丰富的血液和淋巴液循环系统,骨骼的新陈代谢及免疫防护依赖肌肉系统,所以,骨骼系统问题是人体肌骨系统问题的局部表现,常见问题或疾病有如下几种:

颈椎病又称颈椎综合征,是颈椎骨关节炎、增生性颈椎炎、颈神经根综合征、颈椎间盘脱出症的总称,是一种以退行性病理改变为基础的疾患。主要由于颈椎长期劳损、骨质增生,或椎间盘脱出、韧带增厚,致使颈椎脊髓、神经根或椎动脉受压,出现一系列功能障碍的临床综合征。

骨关节炎系由于老年或其他原因如创伤、关节的先天性异常、关节畸形等引起关节软骨的非炎症性退行性病变及关节边缘骨赘形成,临床可产生关节疼痛、活动受限和关节畸形等症状。

骨质增生又称为增生性骨关节炎、骨性关节炎、退变性关节病、老年性关节炎、肥大性关节炎,是由于构成关节的软骨、椎间盘、韧带等软组织变性、退化,关节边缘形成骨赘,滑膜肥厚等变化,而出现骨破坏,引起继发性的骨质增生,导致关节变形,当受到异常载荷时,引起关节疼痛,活动受限等症状的一种疾病。

风湿性关节炎属变态反应性疾病,是风湿热的主要表现之一。多以急性发热及关节疼痛起病,典型表现是轻度或中度发热。游走性多关节炎,受累关节多为膝、踝、肩、肘、腕等大关节,经常由一个关节转移至另一个关节,病变局部呈现红、肿、灼热、剧痛,部分病人有几个关节同时发病。

腰椎间盘突出是西医的诊断,中医没有此病名。此处把该症统归于"腰痛""腰腿痛"这一范畴内。本病是临床上较为常见的腰部疾患之一,是骨伤科的常见病、多发病。主要是因为腰椎间盘各部分(髓核、纤维环及软骨板等),尤其是髓核,有不同程度的退行性改变后,在外界因素的作用下,椎间盘的纤维环破裂,髓核组织从破裂之处突出(或脱出)于后方或椎管内,导致相邻的组织,如脊神经根、脊髓等遭受刺激或压迫,从而产生腰部疼痛,一侧下肢或双下肢麻木、疼痛等一系列临床症状。

骨质疏松是一种系统性骨病,其特征是骨量下降和骨骼的微细结构破坏,表现为骨的脆性增加,因而骨折的危险性大为增加,即使是在轻微的创伤或无外伤的情况下也容易发生骨折。骨质疏松症是一种多因素所致的慢性疾病。在骨折发生之前,通常无特殊临床表现。该病女性多于男性,常见于绝经后的妇女和老年人。

骨折就是指骨头或骨头的结构完全或部分断裂。多见于儿童及老年人,中青年也时有发生。病人大多为单部位骨折,少数为多发性骨折。经及时恰当处理,多数病人能恢复原来的功能,少数病人可留有不同程度的后遗症。

六、现代系统论问题

构成身体的各个子系统和组织器官都是相互关联的,它们分工合作,协同有序地进行着身体的生命过程。其中消化系统对应一般系统论的物质流转系统,主要完成水和食物的摄入、分解消耗、吸纳营养,并把废弃物排出体外,从而完成与自然界的主要物质交换。血液循环系统对应一般系统论的能量流转系统,由肺循环和体循环构成完整的循环体系。肺循环完成身体与空气的物质交换,体循环完成身体各个组织器官的能量输运与调配。内分泌系统则是控制与调节系统,其通过接收神经系统的信息指令,协调身体系统各个组织器官的协同工作。神经系统对应一般系统论的信息流转系统,主要完成身体系统内外环境的变化信息获取、传输、加工并形成指令传递给内分泌系统,以便做出相应的调节反应,同时完成相应的信息存储记忆。免疫系统则是身体系统的安全保卫系统。而肌骨系统支撑人的形体,承担机械保护、完成物理运动和做功、参与新陈代谢和造血等功能。

六个子系统相辅相成,相互支撑,相互制约。一个子系统出现问题就会影响其他子系统也出现问题;反过来,一个子系统出现的问题可能是由于其他子系统出现问题所致。例如,消化系统是身体摄取环境物质的入口,是保障其他系统及自身组织器官生机系统新陈代谢的物质基础。如果这一基础功能下降变得薄弱,则作为其他子系统和身体整体的生机系统新陈代谢就会也薄弱,则会影响其他系统的工作效应,比如出现血量不足、内分泌失调、神经紊乱和免疫力低下,并反过来导致消化系统组织器官的功能效应下降的连锁反应。身体各子系统的协同问题,最常见的就是在各子系统之间产生了相互影响的负面传递效应,即引发各子系统功能效应下降的连锁反应,使得身体总体能量和功能下降。

第三节　身心系统不和问题

前两节分别从心理系统和身体系统分析了相应问题,本节从身心系统的关联整体方面分析更高层次的系统问题。从心理和身体这一密切关联的整体视角认识、分析身心系统问题,是本书的核心思想方法,是进行身心系统自我管理的基础。其中身心关系是主要矛盾,熵增是问题演化的主旋律。

一、主从关系紊乱

身心系统不和常见的问题之一就是身与心的主从关系紊乱。对个体来讲,身心系统是一个自组织系统,一个人的行为是由身心系统的和合协同完成的,但是自组织的导向、意识指向,是源于身还是心?是身的子系统还是心的子系统?对应一个具体人,这些往往是不清晰的,每天的各个时段是不一致的,而大多情形最易出现紊乱。身与心的主从关系紊乱主要表现为如下几方面:

(一)身主心

身主心即身体的感官感觉或七情六欲为行为意识的主导,主要表现为感情用事。感情用事,是指一个人的行为太过依赖感觉、感知和表象的主观意识,完全凭个人感知觉喜好来处理事务,而很少从大局和理性出发,不考虑后果。具体表现:易头脑发热,不经过思考,也不管做某事是不是恰当,就按照自己的直觉意识来做。

由感觉到知觉再到表象,是人的认识由个别的属性和特征上升到完整的形象,由当下的感知达到印象的保留和概括的再现的过程,其间反映出认识由部分到全体、由个别到一般、由直接到间接的趋向。但是,从人的完整认识过程来看,这些感性认识形式是对事物的表面特征的描述,还不能揭示事物的本质。所谓身主心,就是指一个人对自己身体以及周边事物缺乏系统的全面的本质上的认识,缺乏理性感知。尽管人的感觉器官的敏锐程度,个别地说来往往不及某些动物,但是人对感觉到的东西的意义的把握为任何动物所不及。

身主心另一类现象就是指一个人的行为主使意识来自身体或生理的需求,正常的身体需求是身体系统运行的必然反应,一个人可以通过正常的行为活动加以满足。比如,到吃午饭时间你饿了,到晚上10点钟你困了等,这就是身体需求,你该去吃饭或该去睡觉就是正当的行为。但是刚吃完早饭没多久就饿了,晚上七八点钟你就犯困等,这就不是正常的身体需求,而是身体系统的一种不和谐,然后你就顺应需求大量进食,或倒床就睡,这种情形就属于身主心。这样做就会导致吃睡活动不规律,久而久之反过来影响身体系统产生更多的不适,进而影响心情,影响心理系统健康。身主心之人大多表现为贪吃、贪睡、四肢不勤、懒惰,缺乏正能量,工作和生活质量欠佳。

(二)心主身

心主身是一个成年人的正常行为关系,心理系统承载着对自然和人类社会的认知，负责辨识与自然和社会的各种作用关系，选择或决定即主导自身行为的身体力行。心主身的系统不和问题主要表现在心理系统不健康的情形下对身体系统的负面作用。

心理系统前述所论及的问题都会影响到身体系统的健康。已有研究表明当今癌症的发病率不断上升，其主要病因之一是心理因素。经常产生较强烈的不良情绪，如焦虑、愤怒、忧愁、悲伤等，并过度地压抑这些不良情绪，使其不能得到合理疏泄的人，容易患癌症。还有人发现，癌症有自愈现象。而自愈的主要原因是病人体内的免疫功能大大增强。免疫力的增强可以阻止癌细胞的生长，并逐渐由正常细胞取代癌细胞，或者造成癌细胞无法适应的状态，使癌细胞不能生存或发展。现代医学和心理学实验验证免疫力的增强与心理因素有密切关系。一个抑郁消沉的人，复杂的神经系统会出现协同障碍，导致内分泌调节紊乱，进而使免疫力显著下降，从而利于癌细胞的生长，促使癌症日趋恶化。而一个乐观的人则会通过相同的途径使免疫力提高，从而抑制癌细胞的生长，使癌症自愈。这可能就是一部分人得知自己患了癌症后，精神全面崩溃，不日撒手人寰，而另一部分人遭遇同样疾病，却可以笑对病魔，不仅坚强地活下去，还能继续为社会做出贡献的主要原因。

古人云：喜伤心，悲伤肝，思伤脾，忧伤肺，恐伤肾。也就是说，喜、怒、忧、思、悲、恐、惊是人类最基本的情绪情感体验，但如果太过于强烈，都会伤及身体。

（三）身心主从紊乱

现代人的自身，不论心理系统还是身体系统，都与远古时代的人有着天壤之别，受教育及个体知识系统水平，特别是心理系统复杂性提升，而身体素质相应下降。在现今的互联密切、复杂纷争的社会活动中，身心关系需要科学辩证地处置，身心关系的主从位置并不是一成不变的，变是一种客观必然。但缺乏科学的改变就会身心主从关系紊乱。

现代社会环境下，理性心理追求完美的确定的东西，但对很多人说来理性并不够完善，可获得的信息也不够完全，每个人的时间也很有限，理性教条又各式各样，而当今社会的风险概率在加大，如何足够理性是很难做到的。过分的理性和心主身会让人瞻前顾后，焦虑不决，就会错过机遇，经常悔恨。

身主心的现象多发于感性的人（或称性情中人），这类人大多富有同情心，语言有感染力，工作有激情，生活有热情，对情感独特和坚持。与人感性交流，大多以情动人，不以理咄咄逼人。生活不是完全靠理性的，感性多一点，随性一点。这样的人，大多以坦诚简单的方式处理周边事物，生活会轻松，从而获得一种另类的快乐和幸福。

一般说来，积极理性的生活是现代意义的幸福，而感性而为的生活是"道家"意义的幸福。道是一种境界，直觉的智慧，率性的自然。总的说来，心与身是关联互动的，"率性而为不逾规"，否则你会后悔的。处事上，遇小事可感性，遇大事必须审慎，否则就构成了身心主从紊乱的问题。

二、身心无束

身心无束是身心系统不和的另一个常见问题，一般表现在非常普遍的人群中。身心无束就是对身心都没有进行科学的自我管理，具体说即身与心都缺乏管束，放任自流。

（一）身心无束的表现

这种人一般在心理上，表现为没有什么思想、理念、追求，有时心猿意马、异想天开，而有时又会心灰意冷、无所事事。身心无束意味着一个人的心理行为没有准则、没有固定的价值取向，一会儿想做这事儿，一会儿想做那事儿，一会儿又什么都不想做。

在人生追求方面，这种人更愿意做梦，大多表现为两极性：一个极端是不切实际地把理想和人生目标定得过高，总活在永远不能实现的梦境中；另一极端就是一点追求都没有，一天天懒散无为，随波逐流、得过且过。

一个对心理行为没有约束管理的人，也不可能对身体有科学的管理，身体系统也会任其所为，就会使得身体系统各个构成部分不能充分适度地运用，更缺乏整体协调，从而导致身心问题以至于形成病灶。

(二) 身心无束的病灶

身心无束必然会影响身心健康，进而产生病灶甚至疾病。身心系统无时无刻不在运动变化着，如果不加以管束就会按其自身惯性运行或被环境因素所左右，就会偏离人类社会、自然和身心系统的综合规律，即偏离人间大道。最常见的表现为生理、心理疾病，具体有如下几方面：

1.易产生不良习惯及嗜好

身心无束者易无视社会准则和法律法规，缺乏个体行为约束边界，对心欲、身欲无科学的管控，随心所欲，随身所欲，具有很强的物质依赖性，并易形成一些习惯性癖好，如偷窃癖、偷窥癖、洁癖等，甚至走向犯罪。

2.心理生理障碍

身心无束者易产生心因性心理障碍，如适应性障碍、反应性精神病、感应性精神病、恐缩症(缩阴症)、迷信引起的精神障碍、忧郁症、病态怀旧心理等。

3.人格障碍

身心无束会导致人格的畸形发展,容易形成一种自有的、偏离所处的社会文化背景和多数人认可的认知行为模式。从而导致与他人不能保持和谐的人际关系,难以适应社会生活,形成病态人格或称人格障碍。

4.心身疾病

身心无束会导致心身疾病,也称为心身障碍。身心无束者会由社会因素诱发心理的问题,并进而引起躯体功能紊乱或器质性损害。发病时既有躯体的异常表现,也有心理和行为的异常表现。如原发性高血压、冠心病、心律不齐、肠溃疡、气管哮喘、甲亢、糖尿病、月经失调、阳痿、神经性皮炎、类风湿性关节炎等。

(三)身心无束的个体原因

一个人为什么会对自己的心理和身体不进行管理约束呢?可能大多数人没有把这个问题当成问题,可能现今时代的人从呱呱坠地时就开始被父母管束,然后走向社会又被社会方方面面进行管束,早已忘却自己才是自我身心管理和约束的主体。身心无束的个体原因可分为如下几种:

1.认知原因

认知原因即对身心约束缺乏必要的认识,特别是对"约束"两字缺乏辩证的认识。人们大多局限于小我个体的所谓"自由"的本初之内,人类崇尚自由,但本初之自由是不存在的。万物相生相克,相互依托,相互制约,这是自然之大道。身心之间、个体与他人之间都依据这一大道而存在着,大道既是小我的约束,又是小我的真正自由之路。缺乏这个层面上的认知就会以小我的自由而枉对约束。

2.不科学的约束方法

不科学的约束方法即缺乏科学的身心管束,从而导致身心无束的现象。所谓万物的相生相克不是简单的束,对于一个个体,束就是克,但一个人也要生,而他的生又是施以他人的克,因此要束中有放,束放有度。身心之欲要释放,但要有度,这个度就是要以万物相生相克、相辅相成的和谐为准绳。

3.自我约束力不足

自我约束力不足即对身心约束缺乏自我主动性。表现为,不是发自内心的身心约束行为,而总以社会法律法规、道德文明的底线或边界为约束,处在被动的约束之中,从而导致约束力不足等。

三、身心冲突

身心冲突是内在的身与心之间,心中多个自我之间和身体各部分之间的矛盾纠结,是身心系统的核心问题。由前两章有关身心系统构成的阐释与分析可知,身心冲突的本质就是身心系统的不和谐,自组织能力下降,整体性功能水平低弱。法国18世纪伟大的启蒙思想家和哲学家让-雅克·卢梭(Jean-Jacques Rousseau)曾有句名言:"人是生而自由的,却无往不在枷锁之中。"这反映了人生所面临的种种冲突与无奈。同样,身心灵整体健康的理论就认为,人类身心疾病均源于内在的自我冲突。

(一)身体与心理冲突

身体与心理系统相互关系及作用在前面有关章节已从不同视角有所论述,一个人的身心冲突就是指身体与心理系统相互关系的对立与统一,即矛盾。通常有如下三种形态:

1.身体本源的七情六欲与心理矛盾

这种冲突表现在人的心灵即灵魂或心理中,理想与现实、理性与情欲的内在冲突。柏拉图把人的灵魂看成是由理智、意志和情欲三部分组成的既矛盾又和谐的统一体。理智代表了人的理性部分,情欲则代表了人的世俗和物质的部分。身体永远有对于物质和感官享乐的需求和欲望,这些感性欲望在根本上,是与人的理智对理性和崇高的精神追求相左的。情欲就像一匹难以驾驭的烈马,稍不留神就要脱离理智的控制,做出违背理性规范的事。而人是有所追求的动物,人的灵魂和精神永远都想摆脱身体情欲的限制,达到无限美好而崇高的道德境界。但是,现实客观条件的限制和人的身体的物质需求和欲望,使人在有生之年,永远都不可能脱离尘世,达到超脱。因此,人的心灵永远都处于理性与情欲、理想与现实的斗争与冲突中。

2.身体引发心理问题

心理系统是涉身的,除了大脑的记忆外,身体也记载着心理系统的发展进程,不同的身体部位会储藏不同的心理情感,所以身体的相关部位会引起心理方面的反应,因此,身体的不适也会引发身心冲突。例如每当胸部肌肉得到舒展时,被遗忘或被忽略的曾经感觉就会再出现。

3.心理问题引发身体问题

身体和心理相互依存,情感储存在身体内,身体与心理的对立与冲突,会引发身体的心理分裂。按照身心理论,身体的心理感觉会产生左右分裂、上下分裂、前后分裂,以及头部与身体分裂,或躯干与四肢分裂的身心不和现象等。

(二)多重自我的冲突

身心冲突另一个表现就是多重自我的冲突。多重自我一般也表现为多重人格,在传统上大多把多重人格看作病态,许多学者主张一个完整、统一和内在一致的自我,但多重自我的概念始终客观存在着。一个人一般都有一个自然本原造就的自我,大都称之为本我。同时他又在人类社会之中,受所在民族的文化和社会关系影响或制约,所塑造了一个适应社会的自我。然而大多数人又在家庭、社会和经济生产的不同组织中扮演不同的角色,又构造了多个自我。本我与社会多个自我之间,以及家庭及社会多个自我之间,由于价值取向、角色与责任的不同,资源配置与禀赋不同,大多会产生冲突。如一个人在自己的体能、精力和时间及物质资源有限时,是做好本我的自己还是做好社会人?是做一个好父母,还是做一个好的职业人?诸如此类都会产生冲突和纠结。

威廉·詹姆斯是最早提出"多重自我"这个概念的人。他说:"有多少人认识一个人,并在他们的头脑里留下这个人的印象,此人就有多少个社会性的自我。"这说明每个人都会在所认识的人面前塑造一个自我。心理学将其描述为多样化的人格面具(persona),理解为普遍原型的显现。多重自我是一种普遍的心理现象,如果不能协调处理好多重自我的矛盾冲突,就会引发心理疾病,造成身心系统问题。

(三)伦理冲突

身心冲突中另一个常见的表现就是伦理冲突。伦理是关于在处理人与人,人与社会相互关系时应遵循的道理和准则,属于道德范畴。随着社会发展和文化演进,伦理冲突会伴随着人的一生,所以伦理冲突无处不在,几乎充满了人们生活的每个角落。

伦理冲突表现在人的感性欲望与各种伦理规范和法律法规之间的矛盾与对立。人是社会构成的最基本单元,一个人生活在社会中,必然要与人打交道,产生各种联系,形成社会关系总和,即社会整体,这个整体的发展与和谐需要每个人遵守各种规范。所以一个人要做一个品德高尚的文明人,而这在很多时候需要牺牲自己的利益或幸福,来换取他人或整体利益的保存。但人的本原又是自利的,这样就导致了个人权益与社会伦理道德规范之间的冲突。

社会生活中除了个人利益与社会整体规范之间的冲突外,还更多地表现在,当人们面对各种不同的社会规范时,所产生的无所适从与抉择的困惑。这种冲突主要源于不同的文化本源。不同的历史、宗教、地域会形成各自不同的文化心理和风俗习惯,从而形成不同的伦理道德规范。这些不同的文化相遇,就会产生相应的碰撞与冲突。

四、心理早熟引发的身心问题

在当今社会,身心不和的另一类较普遍的问题,就是心理早熟与身体及身体感受的落后所产生的矛盾与冲突。这一问题主要表现在青少年人群。现在社会随着广播、电视、电话、计算机、互联网,特别是微博、微信等新社交媒体环境的发展,加之社会对教育的重视,以及为人父母者对早期教育的投入,造就了现代青少年人群的知与识的快速增长,心理系统发展远先于身体系统,即常言所说的心理早熟现象。

(一)心理早熟

心理早熟意味着心理系统内涵、外延要比身体系统的内涵外延丰富得多,导致身与心的系统差异,这是现今社会比较普遍的现象。早熟与晚熟是相对身体系统的发育而言,实际上早熟、晚熟现象都不好,正常成熟即身心和谐比较好。除非智障情形,否则心理晚熟现象极少存在,当然营养摄取过多,特别是激素类食品,也使得一些孩子的身体早熟现象不断出现。

早熟还相对于同年龄段人群而言，是指一个人的身和心都相对于同龄人早熟。这种早熟对男孩会比较好，对男孩来说早熟意味着身体的发育和懂事较早，使得他们具有更加强壮有力的体能，动作更为协调，并具有运动技能优势，可以使得他们在体育运动中得心应手，屡屡获胜，获得威信和地位，常常在团体活动中被选为领导角色，具有思想和自信，深受女孩欢迎，大部分的长者也比较喜欢这种男孩。

（二）心理早熟的身心问题

对一些早熟的男孩儿虽说有一定的优势，但不幸的是，由于父母对其缺乏认识，没有适时引导管教，他们与同龄人交往，一般得不到快乐，往往容易结交比他们年龄大些的伙伴，成熟又不成熟的他们往往经不住诱惑、教唆或怂恿，而走向违法犯罪的歧途。

女孩儿早熟对其影响要比男孩儿更严重些。从生理上讲，女孩儿比男孩儿要早两年进入青春期，而早熟的女孩儿就更超前了。她们一般表现为个子高，性方面更成熟，在与同伴交往中更为尴尬，自我心理意识更强。而早熟女孩儿体重也比她的同龄朋友重一些，这对大多数女孩儿来说可是件糟糕的事，其自尊心更易受到负面消极的影响，更可能结交年龄大的男性，出现问题的风险就更加大。如出现抽烟、酗酒、饮食障碍、过早卷入性行为、过多的焦虑和抑郁等。

对一般人来讲，心理早熟也表现在知识脱离实际，理想志向好高骛远等，即心理系统与身体系统行为相脱节。这种人往往心性孤傲、目标远大、立志高弘，但不愿耕耘和身体力行，只想收获，小事不愿做，大事做不了。心理系统建立在虚拟世界之中，只怀抱空想、却不愿付诸行动，而对虚拟世界的贪恋更加速了其亲历实践的欠缺。这种人如不调整改变,一辈子也干不出点像样的事,更不要说干出惊天动地的伟业来。"不经一番寒彻骨,怎得梅花扑鼻香"。人生要有遐想,要有展望和梦想,但更要付诸行动,否则就会身心不和合,一事无成。

五、身心系统熵增

身心系统另一个问题就是与环境相互作用在减缓,即表现为不愿意与环境交换信息,懒得听闻,对事物状况不感兴趣,不关注,更不愿意学习,思想僵化,思维迟钝,心理系统行为简单缓慢等。身体系统四肢不勤,代谢缓慢,一动就累,什么事都不愿意做,嗜睡好卧等。从总体上来说,就是人变得懒惰了,变得与环境越来越远,严重者会走向自闭症。这种懒惰按照前述有关身心系统的耗散特性分析就是熵增的表象。

在第三章第一节已论述过熵增原理,即一个孤立系统中的熵值一定会随时间的延长而增加,而熵增过程是一个自发的由有序向无序发展的过程。近年来所取得的大量生物医学,特别是现代分子生物学的研究成果,从整个物理化学和生物医学的大视野,探讨和揭示了衰老过程的生化本质就是"生命与熵增之战"。因此,身心系统发展演进的本质也是与熵增之战。身心系统的熵增问题分为如下三个方面:

(一)身体系统的熵增问题

身体系统的熵增表现在宏观整体和微观组织器官两个层面。身体系统如不坚持耗散运动,不论是整体还是组织器官的微观熵都会不可避免地增加。在宏观整体方面,主要表现为食欲不振,消化系统功能紊乱,身体整体物质摄入不够或转换效率低下。同时,会导致血液循环系统能量不足,输运转化效率下降,进而导致体能乏力,运动不足,能量耗散不够,身体各个子系统协同能力下降,有序性难于维持,使身体系统紊乱程度加剧,即熵增。

在微观组织器官方面,主要表现有胃功能紊乱,如胃的蠕动、胃液分泌、胃交感神经信息传导等协同失调。再有肺,其由肺泡、血管、淋巴管、神经等相互协同,完成气体交换和把静脉血液过滤赋予充分的氧气形成新鲜的动脉血液的功能,这种协同有序性,如果由于某些肺泡局部功能失衡、血管不畅、淋巴液不足导致病毒病菌入侵或神经信息传导有误等,就会遭到破坏,出现熵增,进而导致肺病症灶。

(二)心理系统的熵增问题

除了身体系统的熵增问题外,心理系统也存在熵增问题。心理系统也是一个动态开放的耗散结构系统。心理系统同样需要与外界环境进行物质、能量和信息的交换,它不但从外界摄入负熵,同时也摄入正熵,负熵促进心理系统有序健康发展,正熵则阻碍心理系统的发展。随着一个人的认知水平的提高和对外界环境现象反应的辨别能力的增加,心理系统摄取外界信息的目的性、选择性将不断增加,从而保证从外界摄入的负熵足以抵消内部产生的和摄入的正熵,不断促进心理自主地从低有序状态向高有序状态发展,心理系统会更加成熟和健康。

心理系统的熵增主要表现在心理上的纠结,思绪紊乱。心理系统的发展,不仅受到所处外部环境的影响和制约,同时还受到自有身心系统特性的约束。心理系统在不断发展的过程中,其主要的一个任务就是要鉴别环境刺激和防御不良的习性,形成正确的人生观和价值取向,培养积极向上的生活态度,自觉地在环境中寻求带有负熵性质的正确信息,抑制带有正熵性质的信息。心理系统熵增的本质就是自己这方面的能力下降,不能正确调控自己的心理活动和协调自己的心理状态,使心理系统走向无序,心理紊乱程度增高。

心理系统熵增另一个主要表现就是趋向平衡态。表现为不愿意保持与外界进行物质、能量和信息的交换,满足于现状,无高尚的追求,整天无所事事,空虚难耐,缺乏朝气,懒惰消极,没有真正的喜悦和快乐。

心理系统熵增在一些人群会有更显著的表现。当一个人通过自己的拼搏和机遇的把握,在社会中获得比较高的地位,并具有丰富人生阅历和物质财富时,即到了常人所说的可以享清福的时候,他或她就不用操心受累了,这就给懒惰提供了温床。这样必然会减少身心系统与外界环境的能量与信息交换,产生熵增,心理系统的紊乱程度就会提升。

(三)身心系统的相对熵增问题

身心系统熵增还表现为心理系统与身体系统之间的能量和信息的交换不足。具体表现就是心理系统经常忘掉身体系统状态,什么五脏六腑都没想过,对于它们近况如何很少或没有主动去感知。身体系统的一些变化包括不适或舒适对心理系统的作用通路也处于中断状态,心理系统与身体系统之间的相互作用处于无序的紊乱状态,从而构成另外一种原因的身心系统不和合问题,不和合即紊乱。

身心系统熵增最大的健康损害就是慢性的生命衰老,同时会引发前述所提到的各类身心系统问题,如心理问题的最基本的知识系统问题,抑郁问题,血液循环不畅等。现今的亚健康和慢性病多发的一个主要原因就是现代人的身心系统熵增。

第四节 身心环境系统问题

比起远古时代的人,环境系统带给现代人的身心问题要多得多,现代人比远古时代的人更加依赖环境。如在第二章第三节所述,身心系统是与社会、经济、自然、人文环境不可分割的,这些环境构成了身心环境系统。人与环境纠结、挣扎着形成身心环境系统问题。身心环境系统问题是身心系统问题的外因,但由于身心系统与环境系统的关联性,其已成为当今人类身心健康的不可忽略的作用因素。

一、人与自然环境系统问题

对于身心环境系统问题,首先从自然环境系统进行梳理。自然环境中水、空气、食物和生物环境是与身心系统最密切相关的,下面分别加以分析。

(一)水环境系统问题

水环境系统问题首要的就是淡水资源短缺。如前所述,水是生命的源泉,万物生存之本。整个地球表面约有70.8%被水覆盖着,但只有不到1%的淡水可为人类直接利用。这就是整个人类面临的水环境整体系统,并表明人类所能利用的淡水资源是有限的。这有限的资源正在随着经济与社会发展,农业、工业和城市供水需求量的不断提高,处在淡水资源的分配竞争中,正在加剧淡水资源短缺的矛盾。

水环境系统的最大问题就是污染问题。水污染原因可归结为两大类,一类是自然污染,包括地质的溶解作用,降雨对大气的淋洗、对地面的冲刷所挟带各种污染物流入水体而形成的。另一类是人为污染,包括工业废水污染、城市污水污染、农业回流水污染、固体废物污染及其他污染等方面。

水污染会引发身心环境系统问题进而引发疾病。如果不注意饮水卫生,污染的水会对饮用者的五脏六腑、消化系统、血液循环系统等产生不良作用或直接致病。污染水中含有的重金属一旦进入肠胃,将会破坏肠胃黏膜,杀死部分的有益菌破坏消化酶等,导致胃炎、胃溃疡、胃穿孔、结肠炎等慢性疾病的产生。而对肾脏来说,由于其包含若干个肾小球,负责人体每天摄入大约5千克水的过滤,水中的污染物超标产生碳酸盐会加重肾的过滤负担,增加肾结石病的发生率。水污染也是形成肝病的主要原因之一。肝脏的一个功能就是加工过滤血液,饮用污染水就会促使血液的质量降低,增加肝脏负担,易形成肝炎、肝硬化等肝病等。同时,污染水分子通过血液循环进入心脏,再输送到千万条血管,血液中的重金属和油脂结合,会形成血栓因子,流动到狭窄部位形成阻塞,造成脑血栓、心肌梗死等疾病等。如饮用水严重重金属超标,相应重金属元素会引发更严重的疾病,如汞会引发神经中毒、疯狂、痉挛乃至死亡,铬会使肾脏慢性中毒,铅会引起肾病和麻风病,砷会引发神经炎症,甚至死亡,镉会使骨骼变形和红细胞病变,磷可导致有机磷中毒、呼吸困难,钙可造成结石症、痛风等。

(二)空气环境系统问题

由前述身体的血液循环系统可以理解,呼吸是肺循环的主要功能,是血液循环的核心环节。可见,空气环境系统是身心自然环境系统的重要构成部分。空气环境系统的主要问题就是空气污染。好的空气具有各种人体需要的营养元素,同时灰尘如$PM_{2.5}$、细菌、病毒、甲醛等有害物质不超标,负离子浓度在1000个/立方厘米以上等。

随着工业化等经济、生活和社会发展对环境的反作用,人类生存的空气环境正在经受前所未有的污染,空气质量在急速变差。同时,现在人类生活的很多环境人造化,一个人一天,基本不是在密封住宅或办公室里,就是在轿车中,已经远离或与自然大气生态环境隔绝。国际联盟大气联合委员会的一份报告揭示,一个人每天需要约 130 亿个生态负离子,而居室、办公室、车中等环境,只能提供 1 亿～20 亿个。这说明生活环境中的负离子严重缺乏。

目前已知的大气污染物有 100 多种。其中产生原因有森林火灾、火山爆发和工业废气、生活燃煤、汽车尾气等,而后者是主要因素,尤其是工业生产和交通运输所造成的污染。大气污染按照存在状态亦可分为两大类:一类是气溶胶状态污染物,另一类是气体状态污染物。气溶胶状态污染物主要有粉尘、烟液滴、雾、降尘、飘尘、悬浮物等。气体状态污染物主要有硫氧化合物、氮氧化合物、碳氧化合物以及碳氢化合物。大气中不仅含无机污染物,还含有有机污染物。并且随着人类不断开发新的物质,大气污染物的种类和数量也在不断变化着。

空气污染造成最多的疾病主要在呼吸系统和血液系统,常见的如肺癌、慢性阻塞性肺病、哮喘病、白血病等疾病。肺癌是当今世界各国最常见的恶性肿瘤之一,每四个癌症病患中就有一个是肺癌患者。而引起肺癌的主要原因就是吸烟和空气污染。

(三)食物环境系统问题

食物环境系统问题首要的就是食物源生物生产污染问题。随着现代农业的发展,有关食物源生物的种植、养殖、培育、生育过程逐渐工程化,以及优良种群、肥料食料、精细工艺、大规模的集约化和机械化经营与管理等,都在快速地提升农业产出量,这些毫无疑问地解决了绝大多数人的吃饭问题。但是相应的新技术也带来了一些新的困扰,引发食物环境系统问题。农药、除草剂、化肥和激素等不当施用,以及工业和生活废水排放造成农业用水质量下降,使得蔬菜、水果、粮食中的各种污染物的积淀量不断高升,食物中的农药残留、重金属指数超标等问题,已现实地摆在每个人面前,对身心健康构成了严重威胁。

除了上述食物源生物生产环节引发的食物环境系统问题外,现代人特别是城镇人和年轻人群,尤其是那些宅男宅女,大多以熟食餐饮为主,而熟食品加工、储藏、输运和外卖供应过程又大大地增加了食物环境系统复杂性。当今的这类食品加工企业绝大多数规模比较小,手工作业为主,其加工及生活用水,食物原料采购、输运和储藏,各种防腐剂、保鲜膜和调味剂的使用等,都在增加着食品安全的脆弱性。

食物环境是人身心系统能量摄入的重要环境。所谓"病从口入",食物环境系统问题是引发身心系统疾病的主要外因。

(四)生物环境系统问题

地球村除了人类,其他的有机生命如植物、动物和微生物等构成了身心的生物环境系统。生物环境系统与人类生命息息相关,是生态平衡的支柱。但在当今世界,随着经济和社会发展,人类与生物环境系统的相互作用,现有的生物环境系统已经不可与原始以及近百年前的生物环境系统相比,这一系统正在脆弱化,危机四伏,系统问题不断显现,并越来越严重地影响着人类的身心系统健康。

植物资源环境 植物资源现今正面临的问题,一是人为对植物资源的破坏与不合理的利用而造成的"物种生存危机",如乱砍滥伐森林,导致水土流失,造成生态破坏,导致自然植被及多种植物资源受到损毁。二是生态破坏与环境污染而造成的"物种减少危机",以及导致"物种退化""植物利用率、生产能力低"等状况。植物资源面临环境问题,即受全球环境问题及国内普遍存在的环境问题的影响,如地球臭氧层破坏、温室效应、酸雨等导致全球生态环境日趋恶化,以及风沙、干旱、洪涝等自然灾害侵袭等。

植物资源环境系统的损害将会导致制氧功能的低下,地球每年通过绿色植物固定的太阳能大大减少,这会摧毁地球包括人类和各种动物在内的所有异养生物赖以生存的能量基础。此外,植物提供的防风固沙、气候调节、水土保持、有害气体吸收、环境监测、污水净化、噪声减弱、生活美化等功能也会随之丧失,进而引发身心系统问题乃至疾病。

动物资源环境　动物资源同植物资源一样,现今也面临诸多问题,而动物一般不能将无机物合成有机物,只能以有机物为食料,与植物具有不同的形态结构和生理功能,植物是其生物链的始端,它们除了面临植物所面临的问题外,还面临动物端生物链更复杂的问题。动物自身摄食、消化、吸收、呼吸、循环、排泄、感知、行为、运动和繁殖等生命活动过程更加依赖水和空气环境。动物与人类一直在分享着自然资源,同时它们又是人类的生物环境的重要构成部分。

随着全球气候变暖、人类生产与生活活动对动植物生境破坏,动物数量在大幅度下降,如不加以保护,最终将导致物种的灭绝。如北极熊正面临着来自全球气候变暖所引起的北极冰盖融化问题,正在失去生活和捕食猎物的平台。受人类活动影响最大的当数各种淡水鱼类等。

微生物环境　前文已论述过微生物包括细菌、病毒、霉菌、酵母菌等。生物界的微生物达几万种,构成了人类身心系统的微观生物环境。微生物与其他生物的环境性质不同,它们不但满布人体系统周遭,还深入充斥身体的各个组织器官。人体内大约有 500 种不同细菌,会形成大约 100 万亿个单细胞,远远超过组成每个人体的约 8 万亿个人体细胞。虽然这些微生物绝大多数都对人体有益,但随着环境污染和微生物变异,这个微生物环境系统也在日趋恶化。

微生物环境恶化的一个特征就是传染病的流行。在人类疾病中有

50%是由微生物病毒引起的。世界卫生组织公布的资料显示,传染病的发病率和病死率在所有疾病中占据第一位。虽然人类在疾病的预防和治疗方面取得了长足的进展,但是新发现和再现的微生物感染还是不断发生,而大量的病毒性疾病一直缺乏有效的治疗药物。特别是大量的广谱抗生素的使用使许多菌株发生变异,导致耐药性的产生,人类健康受到新的威胁。一些分节段的病毒之间可以通过重组或重配发生变异,最典型的例子就是流行性感冒病毒。每次流感的病毒都与前次导致感染的病毒株型发生了变异,这种快速的变异给疫苗的设计和治疗造成了很大的障碍。而耐药性结核杆菌的出现使原本已近乎控制住的结核感染又在世界范围内猖獗起来。除了甲类传染病如鼠疫、霍乱等的防疫外,其他乙类传染病和突发原因不明的传染病也在频发。如乙类传染病中的传染性非典型肺炎、人感染程度高的致病性禽流感及甲型 H1N1 等。

二、人与经济环境系统问题

经济环境或经济基础是安身立命的第二基础环境,现今这个基础环境系统也正在发生日新月异的变化。经济环境系统正处在全球化、信息化和新技术革命等的变革中,人们也正面临诸多的世界、国家、区域、行业以及具体组织单位的不同层面的经济问题,这些都在制约影响着人们的身心系统发展。

经济消费观念的问题　　现代人远比古代人的物质生活好得多,大部分国度或区域都有社会保障,应该说基本生存都没什么问题。由于个人的经济消费行为及消费生活环境是与整个社会交融的,其经济消费观念和行为是由所在的人群和所处的社会经济消费观念和行为构成的。一个人的经济环境构成一个人的物质生活基础,但一个人到底需要多少物质财富才能满足,这本质上是关于人生价值取向的消费观念的问题,涉及一个人对有关消费满意度、营养健康水平和娱乐体验等的具体认知与形成的观念或信仰。所谓"比上不足,比下有余""知足者常乐"等都在阐释相应的观念。但究竟要树立一种什么样的消费观念是现代人仍然面临的,有人类社会以来一直在研究和思考的问题。人们不可以连最基本的温饱物质基础都不具备,但也没必要把改善一个人的经济环境作为人的一生责任和目标,每天都在忙忙碌碌以赚取更多的物质收益。此外,随着物质的积淀以及新型消费的不断涌现,经济消费观念的内涵、行为和模式也在演化转变。特别是随着人们的经济收入水平的差异加大,消费活动中的攀比行为也越来越突出,经济犯罪、拜金主义、本性贪婪的不能抑制等变态经济消费观念都是人们必须面对的经济环境问题。

生产关系的变化 经济环境的另一个问题来源于当今的多元经济关系的纠缠与关联。随着计划经济或再分配经济向市场经济的转型,经济结构快速演变,工业化速度加快,服务业迅猛发展。特别是以信息化为支撑的现代生产力革命,工业化与信息化并进,电子商务的兴起,商品化及商品交换市场模式的迅速变化等,正在改变经济生产分配的一次分配、二次分配模式。金融证券、基金、股票及各种理财产品以及网络虚拟经济都在改变着人们作为消费者和生产者的经济关系。生产关系的变化使得人们有时难于认知和习惯,会产生相关的经济纠结,因而对身心系统产生不良影响。

择业就业问题 现代科学技术的发展和新经济时代的兴起,在给人类创造和带来更多的物质财富的同时,也为人们带来了择业就业难的负面问题。从工业自动化到机器人为代表的人工智能化,特别是以互联网、云计算等为代表的信息化和智慧化的推进,正加速生产分工、组织和流通关系等生产方式的转变。现代人的体力劳动正在被机器逐渐取代,劳动方式向智慧化的劳动方式转化,这导致每个择业者或劳动者正面临自身劳动素质的智慧化提升压力。同时,经济增长速度相对劳动力供给的增长速度的变缓,资本和技术对劳动的替代等,使得传统就业机会变得越来越少。因此,现今大多数人们不得不面对就业和适应新的劳动岗位需求的压力,需要不断地学习以提升自身的生产力素质。

区域经济环境问题 个人经济环境密切关联于所在区域经济系统,区域经济的落后会引发该区域人们的身心系统问题。在贫穷落后的国家或地区,相应的传染病发病率高。对应移民、流动人口等弱势人群,相应患病率就会更高。一般农村由于经济较城镇欠发达,相应地传染病发病率高于城区。一些寄生虫病,病毒性、细菌性疾病主要流行于发展中国家,其主要原因就是贫穷、缺乏卫生设施、住房简陋、收入和受教育程度低、环境卫生差等。

三、人与文化环境系统问题

在第二章已论述过身心系统与文化环境的关系,一个人的心理系统与文化环境密切相关,因此当今社会文化环境存在的问题也必然引发人与文化环境系统问题,现梳理如下:

(一)文化的功能紊乱

随着经济全球化、政治全球化,文化也处在全球化进程中。网络信息技术等新媒体正在促进全球性文化交流,各民族文化特别是东西方文化也正在交融。但由于经济基础、社会制度和已有文化的差异,一个人所处社会的文化功能与作用也会出现紊乱。一是文化的整合功能紊乱,即出现多种文化共存,缺乏核心文化,特别是整合性文化,社会群体中不同成员都具有独特的文化理念,或理念紊乱。他们的行为基于自己的需要,根据对情景的判断和理解采取行动,缺乏沟通的共同文化中介,因此经常形成沟通障碍,易产生隔阂,影响和谐有序。二是文化的导向紊乱,缺乏共享文化,多文化形态冲突以及某些人的无文化信仰,会导致人们的行动缺失适宜的方向等。这种文化环境必然会引起价值观和行为规范的紊乱,使得文化不能正确发挥维持社会秩序的功能。对个人来说,会影响世界观、人生观、价值观的形成,对综合素质和终身发展产生深远而持久的影响,并造成心理紊乱从而影响身心健康等。

(二)现代文化的适应问题

现代文化是指能促进社会整体和个人的自身现代化的文化发展形态和过程,是以传统文化为对应和参照的。现代文化发展是与现代经济、政治、社会、生态建设为一体的,以人为本、与时俱进的具有世界眼光的文化,是主导文化,主流的意识形态,是社会核心价值观的体现。

现代文化的内涵范畴包括现代知识、观念、制度,包括现代科学技术、生产方式、生活方式和艺术等。现代文化主要体现在,它是人类在继承传统文化的基础上的现代创造,具有现代社会性,是一种创新文化,是为适应和满足人类现代的生活和社会发展的需要而存在和发展的。现代文化着眼于科学文化、人文文化、自然文化(包括绿色文化)和法治文化的建立。

现代文化的适应问题,首先表现在对现代文化的认识上,作为社会大众,科学知识、人文知识的不足,很容易导致对现代文化特别是科学文化的真正认识,缺乏科学精神。现代文明和现代文化都是以科学发展观为指导的,一个人缺乏科学素养就会与现代文化不适应,就会产生对现代科学文化的迷茫,与现代人文文化冲突纠结,缺乏对现代法治文化的理性认知,进而产生心理矛盾和冲突,影响身心健康。

(三)文化的经济化问题

文化的经济化问题即文化的产业化、商业化和市场化的问题。俗语说得好,"一个美好的事物一旦与金钱挂上钩就会发铜臭"。在市场经济中,利润最大化仍是大多数文化服务提供商的主要价值取向。现在各类媒体中都不同程度存在这三种文化:一是虚无主义的文化,即否认人生和世界的本原意义,以非人类基础、目的和价值的虚无主义人物为时代偶像,将一个非英雄变成英雄,极尽所能地虚化神化事物现象。二是技术主义的文化,当代的各种文化特别是广告、电影、电视剧和舞台艺术等,只要它试图进入市场,那么它们就必须借助于传媒和信息等现代技术。一个最突出的特征是虚拟现实技术的应用。一个网络化虚拟化的文化产品可让人们犹如身临其境,感受同生活在现实世界里一样,但这也容易混淆现实和虚拟的界限,促使文化虚妄化,以及会造成网络依赖症等问题。三是享乐主义的文化,即娱乐至上的文化。当某种文化成为产品时,它就要考虑消费者需求,满足人的欲望,包括身体的、社会的和精神的,其中身体感官欲望的满足亦即享乐,是消费最直接的形态。因此一些文化产品为了扩大或占有市场,便直接或间接地将享乐主义作为自己的原则,奉行"娱乐至上""娱乐至死"的口号,更有甚者诲淫诲盗,宣传色情和暴力。这种文化就不是一般的享乐主义了,而是虚假与丑恶、毒害身心,尤其对青少年人群影响最严重。

(四)宗族文化问题

宗族文化是民族文化的重要构成部分。所谓宗族,是一种以血缘关系为基础、以家庭为最小单位结成的亲缘集团或社会群体组织,是家族的扩大,人们也因此常常用家族代称宗族。宗族是构成人们社会生活的基本单位和活动中心。以中国为例,这种社会组织,从原始社会结束以来,始终以各种变化了的形式,或松或紧地伴随着中国几千年的历史而存在和发展,是构成中国古代和近代社会结构的重要内容。

宗族作为一种血缘组织,它是依据一定权利关系的原则组织起来并开展活动的,从权力关系的划分和维持的相应组织形式,到活动规则等形成了在相应历史条件下的社会文化,孕育了宗族制度,并渗透到社会伦理、道德规范等社会生活的各个方面。由于家庭一直是社会的最基本构成单元,从夫权、父权到现在的父母权,以及家族文化为核心的宗族文化现象仍具有很强的生命力,所以一个人的成长都不同程度地伴随这类文化的影响。

四、人与社会环境系统的纠结

除了自然、经济和文化环境外,一个人所处的民族和国家的社会是其身心的更大环境。因此一个民族或一个国度的社会问题必然影响一个人的身心健康。一个人首先要面对婚姻、生儿育女、赡养老人等家庭问题,然后要与他人和国家政府相辅相成,纠结关联,从而引发人与社会环境系统的纠结问题。

(一)个人直面的社会问题

无论是什么民族和在什么国度,一个人都必然会面对的与个人密切相关的最突出的社会问题,至少有如下三个:

1.恋爱婚姻问题

恋爱到婚姻是一个人一生中最重要的社会事务,主导这一事务的主旋律是所谓的爱情,所谓"爱情价更高",正是古今中外多少圣贤名人所信奉的。但随着社会变迁,经济基础和上层建筑的变化,现今的恋爱、婚姻社会观念正在变化。

首先,现在爱情的自然性、社会性和复杂性更加突出,一些人缺乏真正的爱情认知,随意乱爱,造成恋爱和婚姻的不稳定,进而产生问题。一些人则缺乏爱情自信,总感到自己缺乏被爱的吸引力,自卑,产生内心的痛苦与失落。同时,一些人在择偶中的逆反心理、从众心理、恋爱错觉等也都会导致事与愿违,极易伤害自己和他人。

其次,在婚姻问题方面,由于现代文化特别是西方文化的融合,一些年轻人不知如何面对婚前性行为和试婚现象,一方面是受西方"性自由""性解放"的影响,另一方面性知识缺乏等,极易产生婚恋问题。

此外,家庭婚姻问题也是千头万绪,如夫妻之间的相处问题,即由于夫妻双方是相对独立的,并具有不同的家庭背景、教育程度、个性特征、价值观念、生活习惯等,共同生活在一起,必然会有各种冲突和矛盾。还有婚姻发展阶段的适应问题,这是因为夫妻关系是一种随着时间与婚姻阶段而逐渐改变与适应的关系。再有性生活的适应问题,性生活是夫妻生活的重要组成部分,性生活出现问题肯定会影响到夫妻之间的关系。还有夫妻与父母间,与子女间,与兄弟姐妹或其他亲人的家庭关系问题,以及婚外恋问题,离婚、再婚与单亲家庭问题等。

2.子女教育问题

教育是一个民族和一个国家的传承发展的基本之策,也是一个家庭兴旺发达的基础,因此子女教育越来越成为现在大多数家庭的重中之重,甚至是头等大事。但由此也引发一些问题,例如教育资源配置与教育公平问题,家庭教育方式不当,子女的各种行为、学习障碍问题等。

教育资源配置不公平问题主要表现为:不同教育阶段不公平,即高等教育投入较多,基础教育投入较少;区域不公平,即由于地区经济发展差距导致的教育经费及资源投入的差距;城乡不公平,由于中国的城乡二元制结构社会,在教育发展上,如办学条件、教育投入、师资水平、城乡人口受教育机会和受教育水平等方面实行两种配置标准,具有很大的差异;校际不公平,即近年来政府将较多的教育资源投入到了城市的重点学校,导致了择校热,造成了重点学校与普通学校之间在生源、办学规模、教学设施、师资力量、教育质量方面的差距越来越大;不同阶层间教育的不公平,这是由社会各阶层之间的家庭收入和生活方式的差异导致的。地位高和资源丰富的家长能为子女谋取较好的教育机会和资源,使得不同社会阶层的子女教育的差距明显增大。

教育方式不当问题主要表现为:家长尤其是隔代老人对孩子的过度保护,除学习活动之外,大多数孩子在家中几乎没有什么自己动手的机会,这使孩子养成了"衣来伸手,饭来张口"的生活习惯,离开了大人的照顾,就什么都不会做,无法自主生活,他们从心里觉得自己能力低下;独生子女耐受挫折性差,即对挫折的忍受能力差,出现灰心、抑郁甚至去自杀;精神孤独,现在的孩子,物质上极为丰富,但精神上更加孤独,从小就习惯与电视、电脑相伴,习惯了自己一个人玩,到了现实生活中,就缺乏与人进行社会交往的基本技能;知识面广,心理早熟而身体锻炼不足。现在的孩子,由于接触世界的方式更加多种多样,小小年纪就积累了很多自然和社会知识,知道哪些是世界未解之谜,知道天上、海底的生物特性,然而,过多的知识学习,占用了孩子的户外活动时间,导致现在孩子的体能普遍比 20 年前孩子的体能差;以自我为中心,独生子女是现在家庭的绝对中心,因而眼里只有自己没有他人,具有很强的自私特征,很难在社会上获得大家的支持;等等。

3.老龄化问题

随着人类社会的进步、医疗卫生的发展,人类的老龄化已成为地球村社会发展的必然趋势,老龄化问题已成为世界上普遍存在的社会性问题。由于人个体老龄化和人口群体的老龄化,一个人必然要同时面对赡养老人和自身老龄化问题。

老龄化会引起包括生理的、心理的、行为的和生活的个体问题。老龄化也会造成社会经济问题,即老年人的赡养及老年人的特殊需要会引发包括保健与营养、住房与环境、家庭、社会福利、收入保障、就业和教育等问题。常见的问题包括老年歧视问题、老年社会保障问题、老年越轨行为问题、老年犯罪与犯罪受害问题、老年婚姻与家庭问题、老年垂暮与死亡问题、老年就业与退休问题、老年闲暇时间利用问题等。

(二)人与社会的相互作用问题

每个人都是一个社会人,现今的社会不论是什么人都会不同程度地被连接在政治、党派、群体、家庭以及人与政府等各类关系之中。全部社会的人构成一个人类社会的历史演进大潮,其中有引领时代前行方向的先贤潮人,他们是时代的先锋,代表时代先进的认知、理念和特征;也有部分群体代表着跟潮者,他们在积极学习和转变自我,跟进时代的大潮,也是时代大潮的主流人群;当然还存在一种人,在迷茫之中看不清自身前进方向,徘徊迂回,被时代大潮裹着前行;当然也不乏对历史倒行逆施之人,他们企图阻挡历史的车轮,或改变人类前行方向。

一个一般的人与他人有着各种牵绊与纠结,包括来自爱人、父母、子女、家庭的,来自亲朋好友的,来自工作事业的,来自民族国家的以及来自一切称之缘分的人的关联。当然,一个人既有依赖于来自他人的人生力量和所得,也有必须承担的来自他人的社会责任和义务。

这里有五个辩证关系需要感悟：一是正负能量关系，一般来说代表时代潮流的促使前行的能量就是正能量，因为它会与时代之势能相叠加，得到大多数人的支持，具有顺水行舟之势，是积极向上的人间大道之能。负能量则是与正能量相反的能量，是消极抱怨的能量。二是作用与反作用关系，作用与反作用是一个对立统一体，没有作用就没有反作用，物理现象如此，社会现象亦如此。一个人从小主要受他人作用，但也反作用于他人，例如父母管你吃穿住行，但你的吃穿住行天天也制约着你的父母。长大了你主动作用他人的现象多了，正如你为人父母，前述例子的作用与反作用角色换位了，同样对社会的作用也是一样。三是纠结与扯裂关系，你被他人纠结、牵绊着，同时，你的所有有缘人也都在扯裂、拖累着你。这种既纠结又扯裂的关系演绎着人间情怀，不论是爱情、亲情或友情，这就是人生的意义。四是付出与获得关系，付出与获得是人们的一种认知观念，它们是相辅相成的，一个人为他人的付出也可以说就是他的获得，你携手他人前行，是在消耗你的能量（人们观念上的付出），但他人也在支撑着你，并使你的付出有意义。然而，人生之旅，你也总会有需要他人拉着你的时候。五是痛苦与快乐关系，人生大多数时候追求的就是快乐。然而痛苦与快乐天生就是并存的，可以说一个不懂痛苦的人是不会有真正的快乐的，这涉及幸福观问题，可见本书第六章第二节相关论述。一个人正能量越充足，与社会环境的作用和反作用力度越大，与他人的纠结与扯裂关系越繁复，对社会的付出和获得越多，这个人就会经历更多的痛苦，也必然获得人生更大的快乐。

第五节 身心系统问题综合分析图谱

至此，本章比较全面地梳理了身心系统，在一般情形易于出现的或常见的问题，为了便于更加综合和系统化地认识这些问题，下面以图4-8的示意做一概括小结。图中的核心就是血液循环系统问题，它是所有身心系统问题的根源，脏器为其循环提供动力，腑器为其循环提供血量，相辅相成，相生相克，循序演化。对这一图谱的理解和把握是对身体系统科学管理的关键。这一图谱诠释了身体系统问题辨识的整体逻辑，是身体系统科学管理的总纲。

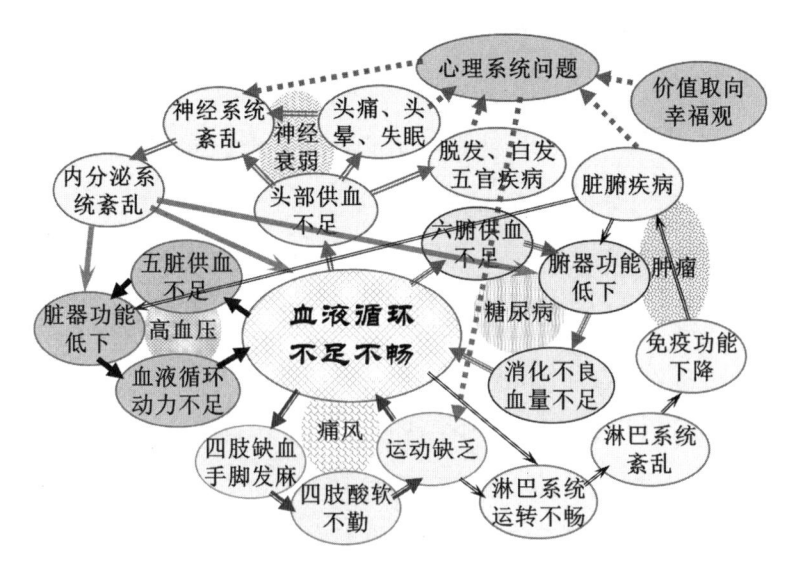

图 4-8 身心系统问题综合分析图谱

如图中黑实体箭头所示，血液循环不足、不畅首先会引起五脏供血不足，进而导致脏器功能低下，引发血液循环动力不足，又再次促使血液循环不足、不畅，进入病态循环；又如三线箭头所示，血液循环不足、不畅同样会导致六腑供血不足，进而导致腑器功能低下，引发消化不良，营养吸收不足，血液量减少，也再次促使血液循环不足、不畅，进入病态循环。血液循环不足不畅不仅对五脏六腑形成如上病态演化，更重要的是影响头部供血不足，引发头痛、头晕、失眠、脱发、白发以及五官疾病等，严重者还会引起神经系统紊乱，如图中双线箭头所示。而神经系统紊乱必然会进一步引起内分泌系统紊乱，使得身体的这一控制调节系统失调，并会如图中浅实线锐箭头所示，继续引发五脏六腑的功能紊乱，使得五脏功能低下，不能正确恰当地推动血液循环，严重情形下会导致高血压等病变；而六腑功能紊乱亦会导致消化和造血功能低下，最后又再次促使身体血液循环不足、不畅，进入更大的病态循环。同时，内分泌细胞分泌的大多数激素，需要通过血液循环输运到远处特定组织器官中的特定细胞，所以，血液循环不足、不畅也会阻碍内分泌系统的具体调节控制，加速其紊乱。此外，如图中粗细双线箭头所示，血液循环不足、不畅的人，经常会四肢缺血，手脚发麻，重者会伴有痛风疾病。同时会四肢酸软不勤，不愿意运动，而缺乏运动，又进一步使得肌肉筋骨僵化，形成血液循环特别是微循环障碍，再次促使身体血液循环不足、不畅进入更大的病态循环。

如前所述，身体中的淋巴液循环是没有自身动力系统推进的，完全依赖血液循环和躯体机械运动而流转，因此，一个人如果血液循环不足、不畅，又缺乏躯体运动，如图中细双线锐箭头所示，就会引发淋巴液系统运转不畅，造成淋巴液系统功能紊乱，使淋巴液不能正常到达身体相关部位或组织，导致这些地方缺乏或没有保安防护，免疫功能下降，病毒病菌自由泛滥滋生，进而引发相关脏腑疾病，减弱脏腑功能，再次促使身体血液循环不足、不畅，进而引发更大的病态循环，以及引发肿瘤、高血压、糖尿病、神经衰弱、痛风等疾病。

关于心理系统问题，这里没有详细展开，仅以图中虚线箭头给予简单描述。其核心的主导因素就是一个人的价值观和幸福观，不科学的价值取向和追求会导致对人生相关事务的错误认知和判断，从而产生各种纠结，形成心理系统问题，具体可见本章第一节的内容。当然，五脏六腑的问题或疾病，以及头痛、头晕、失眠、脱发、白发以及五官疾病等也会产生心理负担，引起心理系统问题。心理系统问题对身体的反作用主要是通过神经系统的作用实现的。心理问题影响脑的正常活动和代谢，引起神经系统紊乱，进而导致内分泌系统和功能紊乱，从而引起前述的更大的病态循环。而且，一个人的躯体运动不足的主要原因，也是来自对心理系统的认知不足和心理不能承受初期的运动不适所形成的"厌恶运动"症。

第五章
身心系统管理原理

基于身心系统的基本构成、系统化的认知和问题的梳理，身心系统的管理包括身体系统的管理和心理系统的管理两大部分，前者的主要基础原理来自生命科学和医学，而后者的主要来自心理学，这些已有大量的著作和各类论述可学习和借鉴。本章将从系统分析的观点强调系统和管理两个关键方面。众所周知，有关身心系统的理论，特别是身心相关科学著作和文章浩如烟海，一个人穷其一生也不能学完，但天人之道，殊途同归，而系统科学思想与理论就是同归之法。因此，本章从古典原理、系统学原理和管理学原理三方面，梳理和简约论述身心系统管理应遵循的基本原理。

第一节 古典原理

所谓古典原理，是指古代人总结的身体与心理系统的管理理论。世界古文明中，西方多偏重神化宗教和微观科学，相对缺乏东方整体性系统科学思想。而中华民族的五千年文明中，则发展积淀出丰富的整体系性思想和方法论,尤其以中华文明的三大瑰宝《易经》《道德经》《黄帝内经》为精髓。它们分别从宏观整体上阐释了天之道、人之道和身心之道,是源远流长的传统身心系统管理之魂。本节就从身心系统管理的需求对其相关的思想和原理做一些梳理和诠释。

一、易理

易理源于《易经》,《易经》也称《周易》或《易》,是中国最古老的占卜术原著,是中国传统思想文化中自然哲学与伦理实践的根源。"易"的本意就是改变,所以《易经》是一本揭示变化的书,世界万物,特别是身心系统无时无刻不在变化之中,变是绝对的,"变"是自然万物之道,即天之道。《易经》主体内容由太极阴阳图和八卦及六十四卦构成,包含黑格尔辩证法思想中的三个基本规律,即对立统一规律、量变质变规律、否定之否定规律,是华夏智慧与文化的结晶,是中华文化之源,哲学之根。据说它是由伏羲氏与周文王(姬昌,约前1152—约前1056)根据《河图》《洛书》演绎并加以总结概括而来,被赞誉为"群经之首,大道之源",是《道德经》和《黄帝内经》的基础。在古代易学是帝王之学,政治家、军事家、商家的必修之术。从本质和主体内容上来讲,它是关于预测的万物规律性理论。

《易经》以宇宙间万事万物的大系统为观察和研究的对象,用"阴"和"阳"两个基本要素,即一分为二,描述一个阴阳变化的客观世界系统。其核心经义为"无极生有极,有极生太极,太极生两仪(阴阳),两仪生四象(少阳、太阳、少阴、太阴),四象演八卦,八八六十四卦"。太极即指宇宙间万事万物的大系统,两仪是对太极的一级细分;八卦是对阴阳的二级细分;六十四卦是对八卦的三级细分。而六十四卦的每卦都有相应卦爻,即由阳爻阴爻(由长短图表示)排列构成的六爻,这样就有三百八十四爻。六爻中,阳爻阴爻数量及上下位置演绎着每一卦象的含义,六爻分为初爻、二爻、三爻、四爻、五爻和上爻,分别表示事物演化程度,初爻表象事物的初始变化,二爻表象事物的变化初显成效,三爻表象事物发展变化的中间阶段,四爻表象事物变革性发展,五爻表象事物处在兴盛状态,而上爻则表象事物发展到终极,开始走向衰落。

《易经》通篇虽没有空谈什么远大的理想和抱负,但是一个人能认识感悟宇宙万物之本原的道理,即天之道,能做到与天道相合,这将是更大的理想与抱负。

(一)三大原理

1.变易

"易"字的原意就有交换、易手、易地的变易之意,所以《易经》的第一原理就是变易,是指宇宙间万事万物都是随时间变化的,没有不变的客观事与物,包括人的身体和心理都是在随时间不停地变化着。《易经》将事物分为阴阳既矛盾又统一的两个方面,认为阴阳二性不停地切摩,阴极则阳生,阳极则阴生。万物时刻都处在变化之中,一而二,二而四,四而八,以至无穷。世间的人、事和物也一样在不断变化着,正所谓"三十年河东,三十年河西",成功不必得意忘形,失败也不必垂头丧气,失败是成功之母。身心系统也是瞬息万变的,从物质构成上讲,此时的你与前一时刻的你已完全不同了,你的新陈代谢已使细胞更新了很多。身心的健康态都是在变化着的,身体多病衰弱不要气馁,而身体倍儿棒也不要忘乎所以。变易之原理就是变是绝对的,这也告诉我们一切都是可以改变的,关键是要抓住变易中的规律,与其合和,推进事物向期望的方向发展。

2.不易

宇宙万事万物的变化都有一定的规律可循,即有不变之道理,这就是不易之理。像天体运行,一年四季的交替,冬去春来,花开花落,地球绕着太阳转,月球绕着地球转;苹果从树上脱落要掉向地面,水向低处流,岩石要风化,落叶要腐烂,生物生长靠太阳,如此等等都是宇宙万物的物理、生化、生命和天体运转变化规律的表象,在不断依据这些不变的规律轮回演进着。身心系统正如前面所述也是有规律的,这些规律是不以人的意志而转移的,是不变的。宇宙的宏观世界、中观世界和微观世界,蕴含着物理学、化学、生命科学等万千规律,身心活动正是受这些规律所支配,规律虽然不可以改变,但是规律的组合和科学的理解与运用,则可以对事物的变化施加影响,从而改变人的命运,学习和把握身心系统的演化规律,就可以使之向健康方向发展。

3.简易

宇宙万事万物都是非常简单的,大道至简,这也是宇宙的普遍法则。一切事物看起来复杂,那是因为不明其理。正所谓难者不会,会者不难。简易就是指天地自然法则的简朴平易,世间万物都以简朴平易的内在规则在运行存在着,纯正、虔诚和行健是简易的操手。一个事物之所以被认为是复杂的,是因为当事者想得太多,对事物缺乏尊重的虔诚和处置行健的执着,因而失去了简易之理,被事物的复杂表象所牵绊。面对复杂问题时,不要仅限于繁多的事物细节的分析,有时需向高一些层面更简单的一些方面去思考,可能就会豁然开朗,使问题迎刃而解。向高一些层面的思考就是向事物的大道理进行认知和思考,就会厘清事物的主体框架,透析事物的本原,这也是大道至简之诠释。

《易经》的"三易"或"三大原理"之间的关系可以具体理解为:由其

生之原而论,是简易;由其生生不已而论,是变易;由其生之有序而论,是不易。简易者其德,不易者其体,变易者其用。变易最繁化,即《易经》以六十四卦及三百八十四爻进行推演,并用之"趋吉避凶",提升世人智慧。但作者认为简易最重要,其教化世人多以纯正、虔诚和行健之理念,待人处事,多做好事、积累善行和祥瑞之气,这样能以简易之本原,应对生息万千之变易,进而做到与天相合的有序之不易。

(二)五大规律

1.全息对应律

全息即全部信息,全息对应律是指宇宙万事万物从潜在和显在信息总和上看,任一部分都包含着整体的全部信息,即认为宇宙是各部分之间全息关联的统一整体。在宇宙整体构成中,各种万物子系统与系统、系统与宇宙之间全息对应。通俗地说,一切事物都具有全息性,即同一事物个体的部分与整体之间、同一层次的事物之间、不同层次与系统中的事物之间、事物的发生开端与结果、事物发展的大过程与小过程、时间与空间,都存在着相互对应的全息关系。每一事物部分中都包含着其他部分,同时它又被包含在其他事物部分之中。宇宙万事万物都是相互联系和对应的,没有单独存在的事物。一件事情的发生,都有其内在其他事物原因,并往往也预示着另一件事情也将会发生,就像生物的食物链、经济市场的商品供应链以及人脉等一样,形成更大事物系统的关联网络。一个人的身心系统也必然处在这样的全息网络之中,与其他事物相互关联,而身心系统的内部构成各部分也是全息对应关联的。

2.阴阳律

宇宙万事万物都分阴阳,阳中有阴,阴中有阳。阳久必阴,阴久必阳,阴阳是互相转化的。一个人的成就到达最高峰时容易走向衰落,一个人失败到极点时也是成功开始的时候,万事不能做得太绝,太绝对了容易出问题。

3.五行生克制化律

宇宙万事万物都可以归到五类元素,即金、木、水、火、土。一物生一物,一物克一物,没有强者,也没有弱者。事物在相生相克中才能得到发展。相生规律顺序是水木火土金水,相克规律的顺序是金木土水火金,从此可以看出只有相对最强与最弱,没有绝对最强与最弱。五行中"五"是数量词,即五种,"行"是关系、运行的意思,即生克关系。相生即相互促进、支持、友好、利于,相克即制约、限制、不利。我们已在第三章中运用五行生克关系具体阐述了身体系统五脏六腑的一种综合认知。

4.时空律

宇宙间万事万物的变化都随着时间和空间的变化而变化,时间是一刻也不会停息的,一个事物的空间位置及空间自身也都在随时间不停地变化着,一切事物自身也会随着时空的变化而变化。所谓"天时、地利、人和",正如孟子曰:"天时不如地利,地利不如人和。"就是时空律的一种诠释与规制。天时、地利、人和为三要素,它涵盖了事物发展演化的一切,是一个人走向成功之路的最基本要素。天时是走向成功之路的伯乐和机遇,地利是走向成功之路的空间环境和条件,而人和是走向成功之路的综合实力。时空律告诉我们,做事情不可冒进,也不可畏缩不前,不仅要逢时,还要逢位。

5.因果报应律

原因和结果是揭示宇宙万物普遍联系的先后相继、彼此制约的一对范畴。原因是指引起一定现象的现象,结果是指由于原因的作用而引起的现象。原因在先,结果在后,即先因后果,属于引起和被引起的关系。

(三)天人合一

天人合一是易学秉承弘扬的基本思想,是中国哲学的基本精神,也是中国哲学异于西方哲学的最显著的特征,其意蕴广远。认识天之道的目的是要遵从天道,运用自然规律改造自然,但不是要破坏自然,而是要创建人与自然的和谐,即实现天人合一。

所谓"天人合一",实则包含了天定胜人与人定胜天两个观念。中国的思想,不偏于天定胜人,亦不偏于人定胜天。历代圣哲,莫不为继续弘扬这一天人合一之道而努力。与西方比较,中国哲学的归终趋向是人与天合,而西方哲学的归终趋向是人与天分。因此中国哲学的宗旨是以人生观察宇宙,使人与天合而为一。西方哲学,有道德哲学(精神哲学)与自然哲学,各有相应领域,分路发展,源远而未益分。中西方由于整体论和还原论的思想方法不同,治学方法也随之不同,对天人关系所成的思想体系亦迥异。

"天人合一"的思想观念最早由庄子阐述,后被汉代儒家思想家董仲舒发展为天人合一的哲学思想体系,并由此构建了中华传统文化的主体。天人合一,不仅仅是一种思想,而且是一种状态。也是中国人最基本的思维方式,具体表现在天与人的关系上。它认为人与天不是处在一种主体与对象之关系,而是处在一种部分与整体、扭曲与原貌或为学之初与最高境界的关系之中。季羡林先生对其解释为:天,就是大自然;人,就是人类;合,就是互相理解,结成友谊。天是物质世界,是绝对运动的,人是有思想意识的,人的思维反映存在,所以思维也应当是不断变化的、与时俱进的。天人合一就是物质世界与人以及物质之间是和谐统一的。

二、《道德经》

《道德经》是春秋末期,曾担任周朝守藏室之吏的老子(姓李名耳,字伯阳,又称老聃所著,论述的是修身立命、治国安邦、出世入世之道。鲁迅誉言"不读《道德经》一书,不知中国文化,不知人生真谛"。《道德经》又称《道德真经》《老子》《五千言》《老子五千文》等。

《道德经》的核心思想是从天人合一的立场出发,深刻探究天地万物的本源以及宇宙最高的道理,即"道",以其为宗极,进而发明推演修身治政等人道。正如其第二十五章所述,"人法地,地法天,天法道,道法自然",人法当取法于地,地法当取法于天,天法当取法于道,而道则以自然为本。《道德经》分为道经和德经,道经讲的是仁义之道,君子之道,无为之道,无争故莫能与之争之道,逍遥之道。因此,其是对身心系统的修为,特别是提升自身心理系统水平,认识和处理人世间的矛盾、问题和纠结的本原之道。德经则是修身之法,是做到人我合一的准则,是真正的处世方法。

《道德经》博大精深,所论内容很难理解,其不但有文字叙述方式方面的困难,更有读者自身对其所需知识背景和人生阅历的局限,并且现有各个《道德经》的译本对其内容理解也有很大差异。如把德经的内容说成是为人处世的方法、治家的方法、治国的方法等。而在《道德经》中老子的本意在于教诲人修道的方法。其道经与德经分而不分,互为基础,其有形存在于事物的演化行进中。德的根本源于道,是自然之本,即从整体全过程讲道是基础根本。但从一个人的修为过程讲,德是有形的,可见可用,故修德是基础,而道则是在修德的过程中的升华。没有德的基础,就不能深刻理解道,为人处世、治家、治国,就很可能都失败,也不能真正悟道而实现"修道"。所以修"德",是为修道所必经的外部途径,是创造良好的修道外部环境。

对于《道德经》的内容,虽各人有各人不同的见解,但对《道德经》的道之理还是基本达成共识的。这里仅据笔者的粗浅感悟,简述与身心系统自我管理相关的可遵循之道。

(一)众妙之道

《道德经》开篇一章是最重要的道的定义与陈述,是众妙之道,万物道之门。"道可道,非常道。名可名,非常名。无名天地之始,有名万物之母。故常无,欲以观其妙;常有,欲以观其徼。此两者同出而异名,同谓之玄,玄之又玄,众妙之门。"其意是:大道是可以言说的,但不好言喻,能言说讲解出来的都已不是那个最根本和最本质的道了。同时,道的本质也是不好称谓的,其本质概念有形又无形,难于言说。无和有的无或无名、无概念,是天地世界之初始状态。无和有的有或有名、有概念,是世界的发生和万物的演进状态。因此,我们要常常以无,即无概念和无称谓的视角去观察、思考世界万物的变化及万千之奥妙。同时,要常常以有,即从有概念和有称谓的角度去观察、思考世界万物的生生不已和万千变化。无和有都来自同一个世界,既同源又在同一变化过程中,既可以说无"无和有",又可以说有"无和有",但称谓不同。它们都是极为抽象的终极概念,可同称之为玄妙。它们最接近那个深远广大的本质概念,即"道"。其深而又深,广而又广,千姿百态,变化无限,是万道之门,众妙之大道。

《道德经》第二十五章内容对众妙之道的理解非常重要,这里引述译之。"有物混成,先天地生。寂兮寥兮,独立而不改,周行而不殆,可以为天下母。吾不知其名,强字之曰'道',强为之名曰'大'。大曰逝,逝曰远,远曰反。故道大,天大,地大,人亦大。域中有四大,而人居其一焉。人法地,地法天,天法道,道法自然。"其说道是包罗万象浑然一体,产生先于天地,它无形状无声息,既是可变不固定的,又是独立按自身方向和规律运转的。其周而复始,无休无止,可以说它就是天地万物的母体、起源和初始。我不知道如何称呼它,勉强将它叫作道,并再勉强解释它为无限博大。它瞬息万里,运行不息,深远渺茫,但又回到起点,周而复始。所以说道大、天大、地大、人也大。世界有四大,而人是四大之一。人取法于地,地取法于天,天取法于道,道取法于自然。

《道德经》认为无形产生有形,有形又细分成为更复杂的东西,从而产生了整个有形的世界。道是宇宙万物的第一动力,它产生了宇宙世界之后并没有消失,并且存在于每一个事物之中。因为道永远和这个本质或称元气的"一"在一起,万物能够发展、壮大、成功,就是要适应和依赖这种本原能量。其认为每一个有形事物之所以能够发展就是因为使用了内在的无形的宇宙动力,也就是"道"。

道就是本质与起源和归宿,在人和万物中的显现就是德。因此,万物莫不尊道而贵德。《道德经》的第四十二章中"道生一,一生二,二生三,三生万物。万物负阴而抱阳,冲气以为和",也在讲众妙之大道,其意是说道具有唯一性和普遍性,世界万物紧密联系一起,混沌一体沿着自然之道衍生演化,即道生一。我们从有概念和有称谓的常有角度去观察思考世界万物时,这种唯一中就产生了或分裂出现了对立面,即一生二,这种对立的两面既相互冲突争斗又相互支撑结合,进而产生下一代,产生第三样事物,使得第三样事物从无到有,这样不停地在无中生有,有又还无地周而复始运转变化,进而出现世界万物生化及万象。万物既背负世间阴气又拥抱阳气,阴阳两气相互作用,以求阴阳相合,维系物的生息。

道法自然,事物遵道,因此,自然是事物的本性或天然状态,事物的本性产生的外在表现就叫作自然。"不学而能者,自然也。自然者,无称之言,穷极之辞也。"自然而然,本来就是。每个事物生来都有自然之性,自然之性的展现就是这个事物的自然。在道家看来,"自然"是万物的最佳状态,"道"通过万物的"自然"表象着。"道"是其大无外、其小无内、至简至易、至精至微、至玄至妙的自然之始祖、万殊之大宗。

(二)仁义之道

仁义之道是《道德经》又一核心之道,《道德经》第八章"上善若水。水善利万物而不争,处众人之所恶,故几于道。居善地,心善渊,与善仁,言善信,政善治,事善能,动善时。夫唯不争,故无尤。"最好至善的状态是与水一样的状态。水善于给万物以好处,却不考虑争取自身的利益,可以待在众人不愿意待的地方,所以接近大道。水总是待在最适宜的地方,心善的人心胸深远阔大,给万物以和善仁义,言语诚信可靠,善于或以善治政,事也做得成功,行动符合时宜。由于它不争什么,也就没有争执发生,也就不会有什么过错或被抱怨。

《道德经》第二十七章云:"善行无辙迹,善言无瑕谪,善数不用筹策。善闭无关楗而不可开,善结无绳约而不可解。是以圣人常善救人,故无弃人。常善救物,故无弃物。是谓袭明。故善人者不善人之师。不善人者善人之资。不贵其师,不爱其资,虽智大迷,是谓要妙。"善于行为或做事,以及美好善意的行为,都不留下多少痕迹和张扬。善于说话或善意美好的话语都无懈可击。善于计算或善意的数值都不需要筹策,即古代的计算器的运用。善于关闭或好的闭锁,都不需要门插栓等器具,却谁也打不开。善于系扣打结或好的结,无须把绳子绕来绕去,而谁也解不开。所以圣人善于或以善救人助人,世上就没有被冷淡遗弃的废人。善于或以善救物,也就没有被遗弃的废物。这是深藏而深刻的明智。这样善人是不善人的老师,非善的人为善人的借鉴和参考。如果一个人不尊敬老师,不重视珍爱相应的参考借鉴,聪明人也就变成智力障碍者而迷失道路。这才是善行的重要和奥妙的关键。

《道德经》第三十八章云:"上德不德,是以有德;下德不失德,是以无德。上德无为而无以为;下德无为而有以为。上仁为之而无以为。上义为之而有以为。上礼为之而莫之应,则攘臂而扔之。故失道而后德,失德而后仁,失仁而后义,失义而后礼。夫礼者,忠信之薄,而乱之首。前识者,道之华,而愚之始。是以大丈夫处其厚,不居其薄;处其实,不居其华。故去彼取此。"该章阐释,真正上品被推崇的道德不是有意而为的道德,所以才是真正的道德。而下品的道德是不愿意失去的道德,所以不是真正的道德。上品的道德并不刻意去做什么,也没有理由要求去做什么。而下品的道德也做不成什么,但却老想着做这做那。上品的仁爱不是刻意要做的,不为仁爱而仁爱。上品的义气则是有意要做的义气。上品的礼法你努力为之却无人响应,所以就将胳膊挽袖子来硬的了。所以说,大道丢失了才重视道德,道德不管用了才强调仁爱,没有了仁爱才注重义气,连义气都不讲了就只剩礼法了。然而这个礼法也是忠信渐渐失却,乱象已出的标志。前人已经认识到,德仁义礼都是大道的华美的表象,也是愚傻的开始。所以大丈夫选择纯朴敦厚,而不屑其浅薄,选择真实本质,而摒弃浮华。所以一个人要在薄与厚和华与实中做出选择。

(三)无为之道

道分无、有二面,"有生于无"。道法之自然无为,以之修身,当无欲而静,无心而虚,不自见自是,自伐自矜,为而不持,功成而不居,怀慈尚俭,处实去华,以之治天下,"处无为之事,行不言之教"。

《道德经》第三十七章云:"道常无为,而无不为。侯王若能守之,万物将自化。化而欲作,吾将镇之以无名之朴。无名之朴,夫亦将不欲。不欲以静,天下将自定。"这是无为之道的核心,其意是,大道通常不做什么事,不干扰万物的应道而行,所以各种事情都做得比较好。诸侯君王如果能遵循秉持此大道,万物都将自己化育、教化和成长,并合乎自然正常的规律发展。当万物发展成长到一定程度出现想要做这做那的想法,我就用没有命名的质朴来约束制动它,使之回归无名。回到无名的淳朴,你也就不会有私欲了。没有私欲也就平静了,天下自然也就稳定有序了。

《道德经》第十八章云:"大道废,有仁义,慧智出,有大伪,六亲不和,有孝慈,国家昏乱,有忠臣。"意思是说,丢弃了大道,人们各行其是甚至胡作非为,就会出现仁义道德的彰显;而智慧计谋出现以至发达,就会出现虚伪和欺骗;六亲不和以至六亲不认,才会知道亲情的可贵而出现孝子慈父;国家的君王昏乱了,才有忠臣的需要和价值。老子强调的恰是无为逻辑,他认为仁义道德、智慧谋略、孝子慈父、忠勇良臣应是大道的自然,而不是天天谆谆教诲,人为推销,物极必反,无为而为。与第十九章"绝圣弃智,民利百倍;绝仁弃义,民孝慈;绝巧弃利,盗贼无有。此三者以为文不足,故令有所属。见素抱朴,少私寡欲"亦同无为而为,即什么圣贤、大师、高人和智者呀,如果没有他们,老百姓会生活得更踏实、舒服和实惠百倍;什么仁义道德,如果被废弃,老百姓会自然而然孝亲爱子,回归人性孝慈;而什么能工巧匠啊,如果没有他们,连盗贼也不会出现了。老子认为智、仁和巧三方面,作为文明是不够有效的,需要其他补充和归属,就是说要坚持素净与质朴,减少私心,淡漠欲望。老子引圣人话:"我无为而民自化,我好静而民自正,我无事而民自富,我无欲而民自朴。"又如他在第七十三章所说:"天之道,不争而善胜,不言而善应,不召而自来,坦然而善谋。天网恢恢,疏而不失。"

《道德经》第四十三章"天下之至柔,驰骋天下之至坚。无有入无间。吾是以知无为之有益。不言之教,无为之益,天下希及之",更是无为之道之精华。老子认为,天下最柔弱的东西能够自由驰骋天下,进入和带动世间最坚硬强固的东西。没有存在痕迹、无形无声的东西,能够进入细密无间的东西,发挥自身作用。所以,我们可以认识到无为的作用与好处,不言与无为之教的作用与好处是天下一切别的东西所难以比拟的。

一个人所有不快乐或悲切可以说都是来自他或她的所为。"为"的核心就是目的性,特别是贪欲和过高的期盼,有为也就是要有所得,特别是自己的所得。这样的幸福观和快乐感就偏颇了,而人间事又大多不尽如人意,所以,心理问题就来了。

三、《黄帝内经》

《黄帝内经》在第一章已提及,是中国现存医学文献中最早的一部经典著作,它以黄帝、岐伯、雷公等对话、问答的形式阐述病机病理,是中国传统医学四大经典著作(《黄帝内经》《难经》《伤寒杂病论》《神农本草经》)之一。《黄帝内经》集中总结和反映了中国古代的医学成就,它创立了中医学的理论体系,奠定了中医学的发展基础。

《黄帝内经》梳理、概括、总结了秦汉以前的医疗经验和医学积淀,汲取和融会了古代哲学、社会科学和自然科学的成就,从宏观整体角度论述了天、地、人之间的相互作用关系,讨论、揭示和分析了医学科学最基本的问题,即关于生命的规律,并创建了相应的科学理论体系和防治疾病的原则和技术。两千多年来,中国历代医家正是在《黄帝内经》所开创的理论原理、应用技术及其所采用的方法论的基础上,通过不断的探索、实践和创新,使中医学理论和技术得到持续的发展,为中华民族的生存、繁衍和身体健康做出了不可磨灭的贡献。这也是《黄帝内经》被历代医家民众奉为"医家之宗"的重要缘由。及至今日,《黄帝内经》对中医学术的研究发展及临床实践,以及对人类整个医学的发展仍然具有重要的指导价值,更是身心系统自我管理的理论支撑。

《黄帝内经》成编于春秋之前,在国学经典中具有独特地位,是唯一以圣王之名命名的书。《黄帝内经》分为《素问》和《灵枢》两部分。《素问》重点论述了脏腑、经络、病因、病机、病症、诊法、治疗原则以及针灸等内容。《灵枢》是《素问》不可分割的姊妹篇,除了论述脏腑功能、病因、病机之外,还重点阐述了经络腧穴,针具、刺法及治疗原则等。《黄帝内经》核心思想是强调人体本身与自然界是一个整体,同时人体结构和各个部分都是彼此联系的,主张不治已病,而治未病,同时主张养生、摄生、益寿、延年。

《黄帝内经》基本精神及主要内容包括:整体观念、阴阳五行、藏象经络、病因病机、诊法治则、预防养生和运气学说等。"整体观念"强调人体本身与自然界是一个整体,同时人体结构和各个部分都是彼此联系的。"阴阳五行"是用来说明事物之间对立统一关系的理论。"藏象经络"是以研究人体五脏六腑、十二经脉、奇经八脉等生理功能、病理变化及相互关系为主要内容的。"病因病机"阐述了各种致病因素作用于人体后是否发病以及疾病发生和变化的内在机理。"诊法治则"是中医认识和治疗疾病的基本原则。"预防养生"系统地阐述了中医的养生学说,是养生防病经验的重要总结。"运气学说"研究自然界气候对人体生理、病理的影响,并以此为依据,指导人们趋利避害。

(一)天人相应学说

《黄帝内经》首先主张"天人合一"的大系统整体观,其具体为"天人相应"学说,即强调人"与天地相应,与四时相副,人参天地"。天人相应学说包括两方面的思维进路:一是从大的自然生态环境,即天地这个大宇宙的本质与现象来看"天人合一"的内涵;二是从生命个体即小宇宙的本质与现象来看"天人合一"的内涵。

关于天地的认识,中国古代是指以地球为参照物的天体运动学,即天体是地球的扩大,或地球是天体的缩小。认为天体球的南北极所形成的天轴与地球南北极所形成的地轴处在同一条直线上,北极总是指向北极星附近,这是天地感应的最本质的表现。《黄帝内经》所述五运六气的种种感应之道,统统建立在这个感应性上。这种感应性或磁力,都属于无形的能,即中医所说的"气"。天人合一的最重要的体现就是合于"气",即天地人本源于一气,在《素问·六微旨大论》称为气交:"岐伯曰:言天者求之本,言地者求之位,言人者求之气交。帝曰:何谓气交?岐伯曰:上下之位,气交之中,人之居也。"其中求之本,求之位,求之气交,都是指求气之本。认为天地人三者是一气分布到不同领域的结果,因而是可以认知和掌握的。并提出:"天枢之上,天气主之;天枢之下,地气主之;气交之分,人气从之,万物由之。"即认为人与万物,生于天地气交之中,人气从之顺之则生长壮老已,万物从之则生长化收藏。人虽有自身特殊的生命运动方式,但其基本形式是与天地万物相同、相通的。

天人不合就是"气交易位",是指自然"天"气候的太过和不及而导致气交的位置发生移动,如《黄帝内经》所言"时有定位,气无必至",即一年四季二十四节气有一定的次序和时位,温热寒凉的秩序是不会错的,但是,气有未至而至,至而不至的现象却也是经常发生的。大宇宙的基本温热寒凉是有大秩序的,然而小宇宙的气交秩序会有无常之易位。

《黄帝内经》天地人系统中的人与天相通的总原则是:同气相求,同类相应。顺则为利,逆则为害。并依据此原则创建了的独特的"五运六气历"。这种历法揭示了气候变化与人体生理现象及时间的周期关系,是《黄帝内经》的时空合一理念的集中表达,从非常广泛的时空角度反映了天地人的统一和相合作用关系。《灵枢·顺气一日分为四时》中,就一年四季而言,"春生、夏长、秋收、冬藏,是气之常也。人亦应之"。人的生理功能活动随春夏秋冬四季的变更,发生着生长收藏的相应变化。而《素问·诊要经终论》就是依据一年十二月而言,即"正月二月,天气始方,地气始发,人气在肝。三月四月,天气正方,地气定发,人气在脾。五月六月,天气盛,地气高,人气在头。七月八月,阴气始杀,人气在肺。九月十月,阴气始冰,地气始闭,人气在心。十一月十二月,冰复,地气合,人气在肾"。揭示了人体随着月份的推移,人气在不同部位发挥作用。同时《素问·生气通天论》,就一日而言,"阳气者,一日而主外,平旦人气生,日中而阳气隆,日西而阳气已虚,气门乃闭",指出随着自然界阳气的消长变化,人体的阳气发生相应的改变。

《黄帝内经》的天人合一的医学内涵主要是说明人作为"小宇宙"是如何与天地这个大宇宙相同相应的,其中,人天同象与同类是中医取象比类思想的具体体现,人天同数则是人与天气运数之理的相应。总之,《黄帝内经》将生命过程及其运动方式与自然规律进行类比,是以自然法则为基础本原,以人事法则为归宿的系统理论。

(二)阴阳五行学说

《黄帝内经》传承《易经》的阴阳五行论,在《灵枢·通天》中,以阴阳为原则将人分为太阴、少阴、太阳、少阳、阴阳和平五个状态,认为太阴之人"多阴而无阳",少阴之人"多阴少阳",太阳之人"多阳而少阴",少阳之人"多阳少阴",阴阳和平之人"阴阳之气和"。这将先天阴阳之"气"作为人性的基础,以气论人性,从先天自然生理因素寻找人性的根据,关注阴阳五态之人的发病及其治法,为养生及疾病治疗提供理论指导。

在《素问·金匮真言论》《素问·阴阳应象大论》等篇中的五行归类,就是以事物内在的运动方式、状态或显象的同一性为依据而成。这里把《素问·金匮真言论》的主要内容引译如下:

黄帝问道:自然界有八风,人的经脉病变又有五风的说法,这是怎么回事呢?岐伯答:自然界的八风是外部的致病邪气,它侵犯经脉,产生经脉的风病,风邪还会继续经经脉而侵害五脏,使五脏发生病变。一年的四个季节,有相克的关系,如春胜长夏,长夏胜冬,冬胜夏,夏胜秋,冬胜春,某个季节出现了克制它的季节气候,这就是所谓四时相胜。

东风生于春季,病多发生在肝,肝的经气输注于颈项。南风生于夏季,病多发生于心,心的经气输注于胸胁。西风生于秋季,病多发生在肺,肺的经气输注于肩背。北风生于冬季,病多发生在肾,肾的经气输注于腰股。长夏季节和中央的方位属于土,病多发生在脾,脾的经气输注于脊。所以春季邪气伤人,多病在头部;夏季邪气伤人,多病在心;秋季邪气伤人,多病在肩背;冬季邪气伤人,多病在四肢。这是诊察普通人四时发病的一般律。

阴阳之中,还各有阴阳。白昼属阳,平旦到中午,为阳中之阳。中午到黄昏,则属阳中之阴。黑夜属阴,合夜到鸡鸣,为阴中之阴。鸡鸣到平旦,则属阴中之阳。人的情况也与此相应。就人体阴阳而论,外部属阳,内部属阴。就身体的部位来分阴阳,则背为阳,腹为阴。从脏腑的阴阳划分来说,则脏属阴,腑属阳。肝、心、脾、肺、肾五脏都属阴。胆、胃、大肠、小肠、膀胱、三焦六腑都属阳。了解阴阳之中复有阴阳就是要分析四时疾病的在阴在阳,以之作为治疗的依据,如冬病在阴,夏病在阳,春病在阴,秋病在阳,都要根据疾病的部位来施用针刺和砭石的疗法。此外,背为阳,阳中之阳为心,阳中之阴为肺。腹为阴,阴中之阴为肾,阴中之阳为肝,阴中的至阴为脾。以上这些都是人体阴阳表里、内外雌雄相互联系又相互对应的例证,所以人与自然界的阴阳是相应的。

(三)脉象学说

《黄帝内经》包含有大量关于脉象学的内容,脉象学以"脉映气血"理论为基础,主要思想是认为气血决定脉象,象即是表象,人体气血如何,其状态在脉象中便会有所表现。认为经脉是人身体里的一个重要组成部分,对全身有着贯通营养的作用,是将营养物质输布于全身的通道,这就是第二、四章所述的血液循环系统,而《黄帝内经》中关于"脉"的一个十分清楚而且重要的含义就是血脉,即血管。

《黄帝内经》的《灵枢·经脉》还从胚胎生命的发展过程描绘了经脉:"人始生,先成精,精成而脑髓生。骨为干,脉为营,筋为刚,肉为墙,皮肤坚而毛发长。谷入于胃,脉道以通,血气乃行。"即是说人刚生成时,脉是人体中起营养作用的一部分,倘若只从物质的角度理解经脉,则是远远不够的。经脉是营养全身的通道,输运的物质是血液,但输运量及通达能力则取决于"气",即能量,如果没有气的推动温养及血液的充注流溢，经脉就只能是没有任何功用的简单物质而已。因此，《灵枢·本藏篇》又说："人之血气精神者，所以奉生而周于性命者也；经脉者，所以行血气而营阴阳，濡筋骨，利关节者也。卫气者，所以温分肉，充皮肤，肥腠理，司开阖者也；是故血和则经脉流行，营复阴阳，筋骨劲强，关节清利矣。卫气和则分肉解利，皮肤调柔，腠理致密矣。"意思是说：人体的血、气、精、神，是奉养身体而维持生命的物质。经脉可以通行气血而营养人体内外的脏腑、组织和器官，濡润筋骨，保持关节活动滑利。卫气可以温养肌肉，充养皮肤，滋养腠理，掌管汗孔的正常开合。所以血液调和，就能够在经脉中正常运行，遍布周身而营养身体的内外，从而保持筋骨强劲有力，关节滑利自如。卫气的功能正常，就会使肌肉舒展滑润，皮肤和调柔润，腠理致密。

经络系统可以分为经脉、络脉和腧穴三部分。经脉有正经十二：手太阴肺经、手阳明大肠经、足阳明胃经、足太阴脾经、手少阴心经、手太阳小肠经、足太阳膀胱经、足少阴肾经、手厥阴心包经、手少阳三焦经、足少阳胆经、足厥阴肝经。十二经脉首尾相连如环无端，经气流行其中周而复始。另有别于正经的奇经八脉：督脉、任脉、冲脉、带脉、阴跷脉、阳跷脉、阴维脉、阳维脉。经脉之间相交通联络的称络脉。其小者为孙络，不计其数；其大者有十五，称十五络脉。《灵枢·经脉》叙述得非常详细。腧穴为经气游行出入之所，有如运输，是以名之。《黄帝内经》言腧穴者，首见《素问·气穴论》，再见于《素问·气府论》，两论皆言三百六十五穴。实际《气穴论》载穴三百四十二，《气府论》载穴三百八十六。

综上所述，可知气、血、脉在人体中的重要地位。气血是生命赖以发挥功能的基础，经脉运载气血，是联络营养全身的通道，气血的变化在脉象上能得到充分的反映。因此，脉象学的核心认知就是：气血是本，脉象是标；气血是基础，脉象是反映；气血决定脉象，脉象反映气血。

这样人若气血调和，经脉通畅，则体态安泰，精神祥和，百病不起，所以身心系统健康贵在气血调顺。

正常健康的脉象，《黄帝内经》谓之有胃气，胃气有两种：一是指六腑之一胃的功能，因为胃为水谷之海，气血生化之源，人体所需要的水谷精微均源于胃的受纳腐熟，故胃有"仓廪之官"的称谓；二是指脉象得冲和流利之气，与四时相应，既无太过又无不及，表现出软弱而滑的一种脉象。如其所说"脉弱以滑，是有胃气"。脉得胃气，基础在于气血的调和。

气血不仅受胃的功能即物质能量的摄入的影响，而且天气的寒温及月亮的周期亦能令气血发生变化，因此《黄帝内经》又说："天温日明，则人血淖液，而卫气浮，故血易泻，气易行；天寒日阴，则人血凝泣，而卫气沉。月始生，则血气始精，卫气始行；月廓满，则血气实，肌肉坚；月廓空，则肌肉减，经络虚，卫气去，形独居。是以因天时而调血气也。"其说明，当寒温日月周始，改变气血的时候，脉象也会随之自然变化。但是，如果人体自身的正气充足，外界的变化则不足以致病。

以脉象学为基础就可以衍生出脉诊诊断技术，脉诊是中医诊察疾病的重要方法，在辨证论治中起着重要的作用。经过两千多年医疗实践和不断总结，中医已形成朴素的脉学理论体系和独特的脉诊诊断技术。健康人的脉象应为一次呼吸跳四次，寸关尺三部有脉，脉不浮不沉，和缓有力，尺脉沉取应有力。常见病脉有浮脉、沉脉、迟脉、数脉、虚脉、实脉、滑脉、洪脉、细脉、弦脉等。

（四）藏象学说

藏象学说是《黄帝内经》又一核心内容，是关于人体脏器与阴阳五行相应的形象化学说。举个例子说，比如一个人肝有病了，不要仅考虑肝,还要考虑肾。因为肝的象是木,肾的象是水,而水生木,木的问题因于水,即肝的问题因于肾。"藏象"二字,首见于《素问·六节藏象论》。藏指藏于体内的内脏,象指表现于外在的生理、病理现象。藏象包括各个内脏实体及其生理活动和病理变化表现于外在的各种征象。藏象学说是以阴阳五行学说为指导的,研究人体各个脏腑的生理功能、病理变化及其相互关系的学说,是中医学理论体系中极其重要的组成部分。

藏象学说中脏腑不单纯是一个解剖学的概念,更重要的则是总结概括了人体某一系统的生理和病理学的系统化概念。心、肺、脾、肝、肾等五脏六腑名称,虽然与现代人体解剖学的脏器名称相同,但在生理或病理的含义诠释中,却不完全相同。一般来讲,《黄帝内经》相关的藏象学说中,一个脏腑的生理功能,可能包含着现代解剖生理学意义下的几个脏器的生理功能。而现代解剖生理学中的一个脏器的生理功能,亦可能分散在藏象学说的某几个脏腑的生理功能之中。

《黄帝内经》认为生命运动与自然一样,有理、有象、有数。通过取象比类,可知气运数理。《素问·六节藏象论》先论数理,后论藏象,深意寓在其中。天人之间的取象类比,是超逻辑、超概念的心领神会的类比。它把五行比作为一个大象,这一点就不是物理学家能够概括的,而是哲人对客观世界的感觉分类,是对世界上的物质及其性情的感觉分类,是所谓的"同气相求",而不是物质结构的等量齐观。而感觉的相似、感觉的类同、感觉的相通,这就是现在所说的"象思维",其蕴含着深刻的生理学、心理学乃至物理学的意义。这也是我们领会《黄帝内经》要义的真正出发点。

《黄帝内经》中的藏象理论以五元序列来表现。自然界以四时阴阳为核心,四时阴阳涵盖了五方、五气、五味等自然因素以及它们之间的类属、调控关系。人体以五藏阴阳为核心,五藏阴阳涵盖了五体、五官、五脉、五志、五病等形体、生理、病理各因素及它们之间的类属、调控关系。自然界的四时阴阳与人体的五藏阴阳相互收受、通应，共同遵循阴阳五行的生克制化法则。

藏象学说以脏腑为基础，脏腑是内脏的总称。按脏腑生理功能特点，可分为脏、腑、奇恒三类，即五脏、六腑和奇恒六腑。奇恒六腑为脑、髓、骨、脉、胆、女子胞。五脏共同生理特点，是化生和贮藏精气。六腑共同生理特点则是受盛和传化水谷。脏病多虚，腑病多实。脏实可泻其腑，腑虚者可补其脏。

藏象学说可由如下藏象五系统细化。

心系统　心为神之居、血之主、脉之宗，在五行属火。生理功能主血脉、主神志，心开窍于舌，在体合脉，其华在面，在志为喜，在液为汗。心与小肠为表里。

肺系统　肺为魄之处、气之主，在五行属金。生理功能主气，司呼吸，主宣发肃降，通调水道，朝百脉主治节，辅心调节气血运行。肺上通喉咙，在体合皮，其华在毛，开窍于鼻，在志为忧，在液为涕，肺与大肠相表里。

脾系统　脾为气血生化之源、后天之本，藏意，在五行属土。生理功能主运化，主升清，主统血。开窍于口，在体合肉，主四肢，其华在唇，在志为思，在液为涎，与胃相表里。

肝系统　肝为魂之处、血之藏、筋之宗。在五行属木，主升主动。生理功能生疏泄，主藏血。开窍于目，在体合筋，其华在爪，在志为怒，在液为泪，肝与胆相表里。

肾系统　肾为先天之本，藏志，腰为肾之府，在五行属水。生理功能藏精，主生长发育与生殖，主水，主纳气。在体为骨，主骨生髓，其华在发，开窍于耳及二阴，在志为恐，在液为唾，肾与膀胱相表里。

第二节　系统学原理

系统科学及相关基本理论在第三章已有所论述，是身心系统自我管理的核心思想和方法论基础，是系统科学思想和理论在身心系统研究的科学拓展。系统科学从基本原理上讲，它是跨越自然科学和社会科学的，具有哲学内涵的方法性科学，其核心思想是系统的整体观念。本节旨在从身心系统的管理视域对相关原理进行一些梳理，具体阐述整体性原理、耗散原理、新陈代谢原理、对立统一原理和内外因辩证原理。

一、整体性原理

整体性原理的核心思想就是要按照第三章第三节的身心系统综合整体认知，把身心系统作为一个整体去进行分析和管理，就是要时刻秉承整体性观念。系统观点的第一个方面的内容就是整体性原理或者说联系原理。从哲学上讲，系统观点的一个基本思想就是认为世界是关系的集合体，而非实物的集合体。整体性方法论的原则就是这种思想的体现。一切从整体出发是系统科学最基本的和核心的原理。

系统科学的核心问题就是事物的整体性，因此也可以说系统科学是关于整体的科学。其主要的观点：一是整体性是事物的普遍属性；二是世界上一切事物，从原子、分子到所有的人为事物，乃至符号、概念体系，都有自己的整体性；三是不同事物的整体性各不相同，需要分别从事物的内部和外部进行其整体性的研究。对应身心系统管理来说，就是要杜绝"头疼医头，脚痛医脚"的形而上学逻辑。现今医学发展的分科越来越细，这虽然深化了身心认知的深度细节，但却丢失或淡忘了整体。身心系统与环境是一个复杂的大系统,不能简单地运用还原论的方法加以研究,必须把整体论和还原论进行辨证的融合,构建更加综合整体化的方法体系。

整体性原理是本书的核心原理,是本书写作的主线和总指导原则,其思想和理念贯穿各个章节,是认识身心系统、分析身心系统问题、解决身心系统问题、进行身心系统自我管理的方法论核心和总纲。因此,本节再加以提炼,以便使之化为身心系统自我管理的自觉行为。据笔者近四十年对系统科学和工程的学习、研究和实践,整体性原理至少要从四个方面或层面加以把握和践行,即一般系统理论的整体性原理、对象系统整体性原理、方法系统整体性原理和动态整体性原理。现分述如下:

(一)一般系统理论的整体性原理

一般系统理论的整体性原理指的是,系统是由若干要素(也称组分)组成的,具有一定新功能的有机整体,各个作为系统子单元的要素一旦组成系统整体,就具有独立要素所不具有的性质和功能,形成了新的系统整体上的质的规定性,从而表现出整体的性质和功能不等于各个要素的性质和功能的简单加和。要素与系统的关系即部分与整体关系问题,是系统科学的一个基本问题,也是被称为"整体性之谜"的人类古老难题。

系统局部与整体关系 传统上的认识是整体等于部分之和,这是人们较为直观的、带有机械论特色的认识。人类科学发展到20世纪中叶,系统科学诞生,系统论揭示系统规律,整体不等于部分之和。即系统会出现整体性,出现要素不具有的新性质,又称为涌现属性。整体不等于部分之和意味着可能是整体大于部分之和,这种情形称为系统正效应。另一种情形是整体小于部分之和,称为系统负效应。其原因就在于系统不是要素的简单堆集叠加,而是要素之间具有相互作用。如果相互作用关系稳定化,就会形成系统结构。系统的不同结构使系统产生不同的整体性与功能。

整体突现性 这是系统的首要特性,即系统作为整体具有部分或部分之和所没有的性质,即整体不等于(大于或小于)部分之和,称之为系统质。与此同时,系统组分受到系统整体的约束和限制,其性质被屏蔽,独立性丧失。这种特性被称之为整体突现性,也称非加和性或非还原性。整体突现性来自系统的非线性作用。系统组分间存在的各种联系方式的总和构成系统的结构。系统结构的直接内容就是系统要素即组分之间的联系方式。

等级层次性 任何一个系统的构成要素本身也同样是另一个视域下的一个系统,要素作为系统构成原系统的子系统,子系统又必然由次子系统构成,如此,又可以次子系统的子系统形成一种层次递进关系。从而,形成系统的层次结构,即系统具有等级层次性。

系统环境整体性 与一个系统相关联的组分构成关系,不再起作用或比较微弱的外部存在称为系统的环境。系统主要以其整体属性与环境作用,相对应产生的环境变化称为系统的行为,系统相对于环境表现出来的性质称为系统的性能。系统行为所引起的环境变化,称为系统的功能。系统功能由元素、结构和环境三者共同决定。相对于环境而言,系统是封闭性和开放性的统一。这使系统在与环境不停地进行物质、能量和信息交换中保持自身存在的连续性。系统与环境的相互作用使二者组成一个更大的、更高等级的系统。

身心系统是一个复杂系统,在复杂性背景下的整体性原理的关键是在其结构及非线性的作用机制。复杂性科学已揭示复杂系统有其特殊结构,即自相关结构,就是说系统的部分与整体在不同层次上具有自相缠绕、相互渗透的特征。一般说来,简单系统的结构是直接、硬性、局域式的联系关系,部分到整体是显性秩序的因果关系,其整体性可还原。复杂系统结构的部分到整体是隐性秩序的非因果关系、广域式联系,其整体性不可还原。自我相关这种奇异的结构是事物系统的部分与整体,在不同层次的自相缠绕,即整体之中有部分、部分之中有整体。因此,复杂系统规律或整体原理就是复杂系统没有整体就没有部分,例如身体系统的手、脚、鼻、眼的功能属性,只有在身体这个整体存在和活着的时候才能呈现,即系统各部分是相互提供生存条件,是复杂系统的部分与整体自我相关。并且,其遵从《易经》的全息对应律,即对应复杂系统在其部分之中含有其整体的全部信息,整体分布于各个部分之中,也是复杂系统各部分生存条件的相互依赖性。

一般系统理论的整体性原理,特别是复杂系统整体性原理,给我们以广泛的科学表现和无穷的辩证分析原理。如复杂系统表现出来的"有限之中有无限;未知之中有已知;有序之中有无序;确定之中有不确定;简单性之中有复杂性;显秩序之中有隐秩序"等等。一个人的身心系统如第三章所论述,特别是身体系统就是具有这样高度复杂性的系统。

(二)对象系统整体性原理

对象系统是指所考查的客观事物对象,对应身心系统自我管理而言,就是身体与心理系统及其环境这个整体,身心系统整体性更为突出。第三章我们已对身心系统的整体性认知进行了较详细的论述,它由身体系统的六个子系统(消化系统、血液循环系统、内分泌系统、神经系统、免疫系统和肌骨系统)和心理系统的四个子系统(感知系统、知识系统、思维系统和行为系统)共十个子系统构成。其中除了身体和心理系统的各自内在的系统关联整体性关系外,这里主要描述在子系统层面的跨越身与心各自界限的综合作用关系,并从自我管理视角梳理应遵循的整体性原理。

1.身心系统与环境的顶层整体性原理

按照系统科学和工程观点,研究一个复杂大系统时,首先必须从顶层宏观整体出发去思考、规划和处理问题。对应身心系统这样的复杂系统,就是要从身体系统、心理系统和环境系统的这个宏观顶层认清对象系统的顶层架构,构成的各个层次的子系统,理清它们之间的关系。图 3-5 给出了身体六大核心子系统、心理四个核心子系统和自然及社会环境系统的结构关系,身心系统自我管理的顶层整体性原理,就是要求我们时刻保持这个整体认知,体悟各个子系统的相互作用,洞察相应的宏观矛盾冲突所在,从而把握身心问题的宏观大局,或称之为大道本质的所在。

顶层宏观整体性旨在强化认识包括身体健康、心理健康和环境适应能力三大部分的本原关系,即三者密切相关,缺一不可,无法分割。这是身心系统管理和健康概念的精髓。其中最重要的关系就是身心关系,如第三章所述,身心关系乃至身心医学已越来越得到人们和医学界、生命科学界,特别是养生学的认可和重视。许添盛、王季庆探讨了身体心灵的奥妙关系,认为情感储存在身体内,身体心灵分裂的主要形态为左右分裂、上下分裂、前后分裂、头部和身体分裂、躯干四肢分裂,然而它们又相互依存,认为脚与腿为心理支持,脚板为身心平衡点,脚踝与膝盖是轻松感的关键,腿部为自我立场安全感所在,骨盆为生存的原始能量,生殖器区域为性功能与人际关系本源,腹部与下背为情绪的工厂,胸腔为感情的表达,肩膀与手臂为行动的信号,手臂和双手为行动的延伸,颈部、喉咙与下颌为沟通的媒介,脸部与头部为自我意识核心,眼睛为灵魂之窗,等等。虽然,这些还没有更确切的科学验证,但心理系统是身体所承载的高级信息系统的理念,人的心理或意识活动,就是身体包括大脑和整个神经系统所有组织共同参与的信息活动。信息离不开载体,载体的物质活动亦离不开信息,这个信息系统就是心灵,所以,身心是不可分的整体。

把握顶层整体性原理就是要时刻把身心联系起来,清楚自身的身心互动关系状态,以及与自然环境和社会环境的主要要素关系与作用。例如,要知道此时此刻你的身体状态、心情(心理状态),这些状态怎样相互影响,谁是主因;自然气候冷暖、天气阴晴,如何在影响你的身体而作用于心情;你的工作、你关注的人和事,你是否豁然或纠结;等等。而把握顶层整体性原理的目标就是要提升整体功能,这个功能的度量就是和谐向上,就是天人合一、人我合一和身心合一的境界。具体地讲就是要从身心系统整体出发,以整体为本,时刻注意身心各自系统整体性,身心综合整体性及与环境作用整体性。

2.身体系统的整体性原理

身体系统主要由消化系统、血液循环系统、内分泌系统、神经系统、免疫系统和肌骨系统构成,更全面整体地讲,其包括构成身体的每一个细胞和组织。作者在本书中主要强调了前述六大子系统,除了限于篇幅而简化论述外,主要是它们更符合一般系统论的基本构成。而身体系统的整体性正是由这些子系统的各自整体性和相互联系整体性所维系的。

消化系统对应一般系统论的物质流转系统,主要完成水和食物的摄入,分解消耗,并把废弃物排出体外,从而完成与自然界的主要物质交换。大部分人都学过的小学课文《一个豆瓣的旅行》:"我是一颗小小的豆瓣。我跟同伴们离开了豆芽筐子，先来到一口锅里，又来到一个盘子里，接着我被一双筷子夹起来，送进一个小孩儿的嘴里。那个小孩儿嘴里长着两排整齐的牙齿。许多同伴被牙齿嚼碎了，跟嘴里的唾液搅和在一起。那个小孩儿吃得太快了，我还没有被嚼碎，就跟大伙一起进了食道。我顺着食道往下溜，来到一个倒挂的葫芦里。这个葫芦就是胃。胃不停地蠕动，分泌出胃液，嚼碎了的同伴都变成了粥一样的糊糊。我在胃里转了几个钟头，还是一颗好好的豆瓣。后来，我跟着粥糊到了小肠。小肠就像一根弯弯曲曲的管子。它分泌出很多肠液，加上胆汁、胰液，搅拌着胃里送来的糊糊。糊糊里许多养料被肠壁吸收了，剩下一些渣滓。我在小肠里转了半天，还是一颗好好的豆瓣，又跟着渣滓滑进了大肠。大肠是排泄渣滓的。我同渣滓一起，顺着大肠从肛门里跑了出来。就这样，我在那个小孩儿的身体里白白旅行了一趟。"

为什么这里引了这篇课文？一是它生动地描绘了人体消化系统及吃饭不认真的现象，让人印象深刻。二是通过它可以更容易理解在第二章中图 2-1 所描绘的消化系统，并可以窥见整个消化系统的各个子系统及其细节组织与分工。消化系统的整体把握，就是要保障其构成的所有组织的功能都能得以正常发挥，当消化不畅营养不良时，要从这一系统的整体联系上去分析问题的所在。一个豆瓣为什么在那个小孩儿的身体里白白旅行了一趟？就是因为整个消化系统在吃的环节功能不到位，豆瓣没有被咀嚼。然而，咀嚼、唾液搅和、食道畅通、胃的蠕动、胃液分泌、小肠、肠液、胆汁、胰液、肠壁吸收到大肠再经肛门的排泄是一个整体过程，任何一部分功能的薄弱都会影响消化系统的整体性。

由第四章的身心系统问题的梳理与分析可知，身体问题的核心就是血液循环系统问题，它是所有身心系统问题的总根源。这一图谱初步描绘了身体系统各个器官和组织的联系与制约影响的逻辑整体特性，是理解和把握身体系统科学管理的整体性原理的总纲。因此，身体系统的整体性原理把握的关键，就是要从整体性上认清自身血液循环系统的所有构成部分和相应关系。从一般系统论的视角看，血液循环系统对应能量流转系统。其中脏器为其循环提供动力，腑器为其提供血量，相辅相成，相生相克，循序演化。除了通过肺循环完成身体与空气的物质交换外，主要是通过体循环完成身体各个组织器官的能量输运与调配。

把握血液循环系统整体性原理的目标就是要提升系统整体功能，这个功能的度量指标就是气血充盈，具体表现为精力充沛，肌肤红润水嫩，头发光泽浓密等。这种状态说明血液循环能通达内外，由里及表，又由表及里。构成身体的每一个细胞都需要血液提供代谢能量，包括承担血液循环的每个器官和组织在内。因此，血液循环系统的全部循环过程，可以说身体的每一个细胞和每个器官或组织都参与其中，血液循环的通畅是气血充盈的基础。把握血液循环系统整体性原理，就是要实时审视、分析自身系统的血液循环状态，找出循环过程中的薄弱环节或问题所在，然后采取措施加以弥补。血液循环系统犹如一个居民区楼宇的自来水系统，加压泵好比心脏，供排水管网好比主动脉、主静脉血管和毛细血管系统，各个楼宇及各家各户的卫生间、洗浴室和厨房等就好比身体的用血器官或组织，最后到下水排水系统，构成一个水系统整体。分析这一水系统可以从宏观整体上把握水系统的问题，其中常见的有用水器问题、水龙头问题、管路问题以及加压泵问题等，这些属于具体局部问题，而水流不畅则是整体功能性问题，即它与整个水系统各个构成部分都可能有关系。并且，前述局部问题也可能产生于整体功能，如果一个水系统基本不怎么运用，那么，水龙头、水管等可能就会出现锈蚀、淤堵等问题。血液循环系统远比自来水系统复杂得多，血液循环系统的整体运行功能会反馈影响系统中的各个部分,例如整体气血薄弱就会导致心肌供血不足,以致心肌功能下降。同样,也会使得各类血管中的血液流量流速不足,以致血管变窄,新陈代谢不畅,老化加剧。特别是影响胃、肠的代谢功能,进一步导致能量摄入和造血功能不足,以及肺循环不足。或者恰是因为肺循环问题,如肺活量小造成总血量少,导致气血不足等。

此外,血液循环系统与身体其他系统密切相关,构成更复杂的整体关系。例如协调身体系统各个组织器官协同工作的内分泌系统,完成身体系统内、外环境的变化信息获取、传输、加工并形成指令传递给内分泌系统的神经系统,负责身体系统安全保卫的免疫系统。特别是肌骨系统,它负责支撑人的形体,承担机械保护、完成物理运动和做功等功能,它的新陈代谢及血液循环也影响身体整体系统。

构成身体系统的六个子系统相互关联,相互作用,相互制约,不可分离独立存在,是一个辩证统一的整体。把握身体系统的整体性原理就是从构成身体的所有子系统的整体联系出发,以血液循环系统为主轴,以消化系统为输入基础,以肌骨系统为主输出基础,促进各个子系统的合理分工、密切配合、勤奋工作,不断与环境进行物质、能量和信息的交换,汲取负熵,维持身体系统的生命活力。

3.心理系统的整体性原理

心理系统以身体的神经系统为基础,以自然社会系统为环境,由感觉、知觉和注意构成的感知系统,由大脑记忆和积累的知识构成的记忆系统,由思维想象、语言和自我意识构成的意识系统和由需求动机、气质性格和行为能力构成的行为系统四个层面的子系统构成。四个层面的各个子系统或要素活动相互关联、协同作用、相互渗透、相互制约,并与神经系统和自然社会系统环境因素相互作用,从而构成复杂的心理活动整体逻辑体系。按照系统科学思想方法，在第三章提出了如图3-4所示的心理系统模型，它是关于心理系统的一种系统化抽象，由感知、知识、思维和行为四个内部子系统和身体与自然社会经济两个环境系统构成。

人的心理系统是一个复杂的完整系统。心理系统是一种多水平、多层次的结构系统，是心理过程的性质、内容、结果经心理状态中介而逐渐积淀、升华而形成的，又对心理过程、心理状态起监控、调整作用的独特的系统。

按照这一心理系统模型，其中知识系统是心理系统核心的子系统，是一个人对客观世界认知的总和。对于一个人来说，认识和管理自我身心系统，首先就是要完善这一知识系统，这也是本书著述的宗旨。对于一个正常的人，影响或主宰其心理行为的主要子系统，就是其自身形成的知识系统，是关于自然界、物理、化学、生物、社会政治、经济、科技和文化等的知识，而更重要的是关于世界观、人生观和价值观的知识。基于知识系统，心理系统可以从哲学和认知科学的宏观整体上去理解，这是把握心理系统整体性原理的核心。因此，提升心理系统的整体功能水平的整体性原理的核心，就是加强自身的知识修为，提升对身心的系统化整体性的认知。进而使心理的感知、思维和行为活动和谐，心胸开阔，心情舒畅，快乐向善，勤奋奉献。

（三）方法系统整体性原理

要实现对身心这个对象系统的整体性认知和整体性管理，除了运用系统整体性原理，还要把握有关认识和管理对象系统的所有方法和手段所构成系统的整体性原理。对方法手段系统的整体性把握，是实现对象系统整体功能的关键所在。一个方法系统至少包括理论层、方法层和技术手段层三个层面,面对一个复杂大系统对象,相应的方法系统必然包括众多理论、方法和技术手段,它们相互关联,相互依存,构成方法系统的整体性和整体功能。

关于身心系统自我管理的方法系统所涉及的理论,相关科学著作和文章浩如烟海,如生命科学、生物科学、西医学、中医学、身心医学、心理学、认知科学、思维科学、系统科学和管理学等,包括本章所述的古典理论、系统理论和管理理论等。所涉及或按各类理论展开衍生的方法也五花八门,数不胜数。有中医药、针灸、推拿及中医诊疗法和技术。西医诊疗方法和技术更是多如牛毛。现代医学特别是临床实践的知识积淀,一般面对大多数的具体健康或疾病问题,都有相应的具体方法系统或医疗方案。但对应的每一个医疗方案都会涉及诊断、治疗、修复各个环节以及各种方法或医术,它们构成一个方法系统整体,其整体性功能对病患医治直至健康水平提升是至关重要的。

把握方法系统的整体性原理就是要从对象系统整体性需求出发,融会贯通各种理论、方法和技术,使之融合成一个有机整体,发挥各自理论、方法和技术优势和相应功能定位,不偏听偏信某一理论、方法或技术。

亚健康、慢性病或要提升自身的健康态或年轻态,这属于身心系统的整体性的问题,这需要身心系统的科学自我管理或修炼。本书的宗旨就是要尝试融会古今中外的相关理论和方法,构建系统化简易化的理论体系,聚集出具有整体功能跃升的方法体系,而其核心就是方法系统的整体性原理。

(四)动态整体性原理

系统科学与工程的第二个重要观点就是动态演化原理或过程原理,其核心本质就是动态整体性原理。从哲学上看,客观世界是过程的集合体,事物都是随时变化的,而形成概念的事物集合体只是一个瞬间状态。系统科学的动态演化原理可概括如下:一切实际系统由于其内外部联系复杂的相互作用,总是处于无序与有序、平衡与非平衡的相互转化的运动变化之中的,任何系统都要经历一个系统的发生、系统的维生、系统的消亡这一不可逆的演化过程。其核心思想就是,系统的存在,在本质上是一个动态过程,系统结构不过是动态过程的外部表现。而任一个系统作为过程又构成更大过程的一个环节、一个阶段。

动态整体性是由系统变化发展动态原理的时间域的整体性观念形成的。身心系统这个对象系统在时间维度上,从出生、成长、衰老至死亡构成人生的整体过程,都具有相应的整体性特征。同样,相应的身心系统的管理方法系统,也在时间维度上发生动态演变,从幼小时的被父母呵护管理到成人后的自我管理,以及生病治病时的医护管理,形成人生的管理方法系统的整体特征。动态整体性是指由时间周期在时间分段上的每一个小周期构成的整体性,再由相联系的小周期构成更大时间维度的整体性所表现的综合整体功能和特征。遵循动态整体性原理就是要在时间维度上,把握身心系统变化以及管理方法运用的过程。具体要着眼于长远和发展地认识和处理身心系统问题,在管理方法上要使相应技术和手段相辅相成,张弛有度,循序渐进。

对于亚健康、慢性病或要提升自身的健康态或年轻态等身心管理类问题,秉承动态整体性原理更加重要。慢性病或衰老性问题均属于身心系统整体功能性的衰变动态演化现象。之所以有的人未老先衰,就是因为没有把握好身心系统的动态演化规律,没有遵循好动态整体性原理。一个人早逝,其中最重要的一个原因,就是其缺乏对身心系统的动态变化的科学认知,缺乏自我管理身心系统向健康态发展演变的自信,进而缺乏持之以恒的快乐、有序和勤奋的自我身心管理。

二、耗散原理

在第三章中我们已经引入了普里戈金的耗散系统理论,并讨论了身心系统的耗散特性,认为身心系统是一个典型的耗散系统。按照耗散系统理论,身心系统属于耗散结构,是不断与身心无序状态进行奋争的一个高度有序系统。这种奋争必须与外界不断地进行物质和能量的交换,是远离传统的静平衡状态的,并且身心系统中的物质、能量流和热力学力的关系是非线性的。身心系统内部不同器官、组织、元素和要素之间存在着非线性相互作用,并且需要不断输入能量来维持,即构成不断的能量消耗,故称为耗散结构。身心系统管理的耗散原理就是依据这种耗散系统理论形成的。

(一)有序性原理

有序性是一个动态平衡系统的能量交换过程的秩序稳定态的表征,与之相对的无序态就是系统的紊乱现象,如前所述表征这种无序程度的测量就是熵,熵值越小系统的无序性越小,即有序性越高。生命有机体产生之初,可以说就是一群无机物分子在水中由于不断周期性接受太阳能,形成了这些分子在水环境的热运动,由于水的游离性和容热性等物理化学性质,这些分子在无限多紊乱混沌态中涌现出了一种有序态,即这群分子有序地连接合作,利用水有序地吸收和传递着太阳能,因而,单细胞生命诞生了。所有生命过程,从草履虫到复杂的人类,都是这样一种动态的有序态,只不过是相应的有序体系有简单和复杂性之分,身心系统就是一个复杂的有序系统。所以,可以说有序性既是耗散系统的起因也是其归宿,因此,把握耗散原理首先要深刻认识和掌握有序性原理。

按照生物学和物理化学理论，生命体的存在时时刻刻都在与自发的化学反应即熵增相对抗，可以说生命就是在为其机体的有序性不停歇地与熵增进行奋争。生物学和熵增化学过程之间的持久战是与生俱来和与时俱进的，而且是终身不可避免的。在茫茫万千物质世界的物理化学演进的洪流中，生命与熵增的奋争，是逆水行舟，不进则退。非平衡是有序之源，有序的生机就在远离平衡态的萌动之中。

1.身体系统的有序性

对应复杂的身体系统，其有序体系分布于各个子系统及其所有组织和器官，子系统及其组织和器官的自身局部的有序性以及相互之间的有序联结构成身心系统整体有序性。如消化系统的有序和谐，就会提升自身营养摄入和造血能力，保障总能量的获取。血液循环系统的有序和谐，就会促进对身体其他系统的能量供给。内分泌系统、神经系统、免疫系统和肌骨系统的有序和谐，同样会提升各自的功能，进而提升整个身体系统的整体有序性和功能。

在身体之中生命与熵增之战，无论防御系统建设得如何天衣无缝，这场战争就只有一个结果，即衰老性损伤在细胞内外的逐渐积累。这些损伤在免疫系统和内分泌系统上会造成细微生理性改变，并进一步导致损伤的加速以致造成病理性的滚雪球效应，使整个身体机体的无序度上升，特别在生命的晚期，将会迅速上升，最终致人死亡。

2.心理系统的有序性

在第三章中已论述过人的心理系统也是一个复杂的耗散系统，并且人的心理系统主要是进行人的行为活动信息的处理，所以它要不断地与环境进行信息交换，获取和消化信息能。从感觉、知觉和注意信息输入或获取，经由神经系统记忆传输到大脑记忆和积累构成知识系统，再由思维想象、语言和自我意识构成意识和需求动机，形成气质性格和行为能力，最后到具体的与环境交互的行为输出，也是一个典型的耗散结构。心理系统的有序性，是指包括内在信息加工处理和外在信息释放与反馈整个心理过程的性质、内容、结果的有序和流畅。

一个人的心理系统发展要通过信息逐渐积淀并升华到知识而形成知识系统。心理系统又是一个典型的自组织系统，而知识系统就是其组织者，是对心理过程、心理状态起监控、调整、稳定、平静作用的有序性维系的独特系统。

对于一个人来说，要把握心理系统的有序性原理，首先就是要完善自我的知识系统，做到知身体，知自我，知他人，知自然，知社会，即做到开悟自我，树立科学的世界观、人生观和价值观。看开世界，自然就会心胸开阔、坦荡平和，这就是上乘的心理系统的有序状态。

心理系统与身体系统不同，在与环境交互中，心理系统是可以对外界环境信息进行选择的，身体一般不能自觉选择。根据耗散结构理论，外界传递给心理系统的可以是正熵，也可以是负熵。健康、和谐的气氛，宽松、安定的人际关系和适当的竞争压力，提供给心理系统的主要是有利于心理健康发展的负熵流，能很好地消化个体心理系统释放给环境的正熵流，使心理处于熵值减少、序参量增加的状态，因而降低心理的无序性，为心理朝着健康、有序的方向发展提供保障。这说明一个人如果总抱怨自然、社会和他人，即表明其接受了太多的正熵流，必然导致自身心理系统的无序性上升，就会心情烦乱，纠结气愤，心理有序性下降。

3. 与环境的有序与和谐

有序性原理的第三个要点就是要做到身心与环境相互作用的有序与和谐。宏观上讲就是要做到身体与自然环境的有序与和谐，心理上要做到与社会环境的有序与和谐。社会环境、自然环境和身心系统各自有序性相辅相成,互相制约,形成更高一层的有序状态。

自然环境的一年四季变化,气候的干湿冷暖、阴晴雨雪,对身体自身的有序性维系都会产生影响并使之变化,而这种变化正是身体系统所处的一种不平衡态过程,是由地球村所处的天体物理学规律即更高一层的有序性所决定的。身体系统如何以某种方式与这些环境状态实现动态和谐,即达到更高水平的与环境的有序性,则是身体健康的重要标志。原始人一般是靠自身本原结构和能力来适应的,而现代人则更多的是靠科学和技术外延的身体防护和能力来适应的,但是无论如何身体总会有直接与大自然相互作用的时候,这种有序性能力也是非常重要的。之所以现代有些人连小冷风或微细雨都经不起,就是因为其身体的环境有序性不足。

社会环境也是随着时代年份和国度区域的不同,随着民族家庭文化的不同和时间演进,在不停地动态变化之中。一个正常人必然是社会化的人,也可能是一个社会群体或家庭中的重要人,他的行为活动与社会环境密切相关,并主要取决于其心理系统。对心理系统的自身有序性以及与环境中的人与人、事与事的关联有序性认知,以及动态维系或提升这类有序性是至关重要的。

(二)身心的用与耗

耗散原理的另一个关键理论点,就是在于"耗"字,运用系统学概念就是要加大系统的输出,就是要充分使用身体和运用自己的知识,使身体的物理、化学能和心理的知识能顺畅输出。输入与输出是辩证统一的,是身心系统提升负熵的行为,输入、输出的均衡,数量和质量水平决定着身心系统的有序性和健康水平。你可以考察刚出生的婴儿,特别是顽童,只要他们不睡觉,就会不停地玩耍,疯玩起来是不留余地的,身心系统的输入和输出是高流量的,所以,其身心系统是快速成长的。生命的本源就是不停地使用身体和运用心灵,或者说是在不停歇地消耗着身心系统能量。

1. 休养与修炼

身心系统的用与耗,首先要科学地认知身心的休养与修炼的观念。休养的意思就是休息调养,指使身心得到休息或调养。休息就是缓解疲劳、放松神经、重获精力。调养是指调治保养,使身体健康。休养是医学保健特别是中医养生的主旨观念。而修炼的意思是修为和锻炼。修为包括修理完善身心,悟修行为。锻炼是指加强使用和运动身心,锻造心志。

如前所述,养生之道多强调"平正"养生,主张虚静、恬愉,以养心神。此外,人们大多以不操心、不受累作为福之表象,把操心、受累作为个人的付出,认为是个人工作和生活的成本,并以成本效益指标为优化目标去进行工作、生活和人生活动。现在医学保健理论和方法也颇有偏见,过分强调了休息与保养。

基于耗散系统理论观点,休养会促进熵增,使身心内部以及与外部的能量交换减慢,身心系统的有序性降低,会导致身心系统整体功能减弱。而修炼则是促进身心内部以及与外部的能量交换,是对身心系统引进负熵的行为,必然会提升身心系统的有序性和整体功能水平。管仲也提倡"老则长虑",若"老不长虑,困乃竭"。即老人如不经常动脑思考问题的话,就会很快变得呆钝,进而迈向衰老。

人体组织不同于机器部件,具有耗散再生性。机器部件长期或频繁使用是会加速磨损和废弃的。而构成身心的各个子系统、组织或器官,越使用越促进其血液循环,越促进其内部以及与外部的能量交换,越会提升有序性和功能水平。正所谓"用进废退"。

强调修炼并不是不要休养了,而是要科学地理解休息与调养。休息的本意是使人摆脱疲劳,放松神经,重获充沛精力。一个人为什么会疲劳呢?从耗散系统原理分析,就是与身心劳动相关的子系统、组织与器官构成耗散过程的能量供给、输运和使用不流畅,能量交换不足所致。休息就是停止相关的劳动,减缓相关组织与器官的能量耗散活动。但是,其根本还是要其恢复正常的通畅的耗散过程。大脑晕胀、四肢酸软的疲惫感就是由相应的供血不足,耗散不畅,使得体内产生大量酸性物质所引起的。睡眠的确是一种有效的休息方式,但它主要是对睡眠不足者或体力劳动者更适用。对体力劳动者来说,睡觉可以把失去的能量补充回来,把堆积的废物排除出去。但是,对于坐办公室的白领劳动者,他们以脑力运用为主,其大脑皮层极度兴奋,主体耗散过程在大脑,身体几乎不怎么动,可以说处于近乎静止状态。对待这种疲劳,睡眠能起到的作用不大(除非缺乏正常的睡眠),因为这不能通过"静止"的睡眠恢复精力,而是要通过体能的耗散,即身体的运动把神经放松下来。这就是为什么有人周末两天睡觉不出门但依旧无精打采,而有人下班后游泳半小时就神采奕奕。这就是所谓休息中的修炼。

2.保持远离平衡态

身心系统的使用与耗散就是要保持与外界进行物质、能量和信息的不间断交换,就必须保持远离平衡态。远离平衡态经常会在不同的有序态上跃变,有序态是一种动态平衡,是一种动中之"静"。远离平衡态的身心系统耗散过程一般会出现涨落或起伏的变化,进而启动身心系统各个构成部分的非线性相互作用,并使身心系统离开原来的状态,发生质的变化,进而跃迁到一个新的、稳定的有序态,形成更高一个层次的耗散结构。因此,一个人如果持之以恒地不断突破身心系统现有状态,保持远离平衡态,就会有机会或必然导致新的有序态。

身心系统的发展是一个不断达到新的稳定状态的过程。根据耗散结构理论,处于远离平衡态的身心系统可能在内部非线性相互作用机制的作用下,将与自身结构相干的涨落迅速放大,越过临界值而进入新的耗散结构分支,达到新的稳定态,引起身心系统质的变化。达到新的稳定态后,身心系统内部的非线性相互作用机制,会对来自外界微扰动所引起的涨落起限制作用,就会维持新的状态在一定的时间和空间里的稳定性,这就是身心系统的新的健康态。

一个勤劳活跃,永远不满足现状,不计较劳心用身,始终保持高尚追求的人,就是一个身心系统保持远离平衡态的人,就一定不会整天无所事事,空虚难耐;而必然会朝气蓬勃,积极向上,在不断追求真理、实现人生目标与自身价值的过程中,体验到成功的喜悦、收获的快乐,同时不断产生更高的追求,使得身心系统向着更高的水平演进。

(三)开放原理

遵从耗散原理的另一个要点就是要坚持身心系统的开放性。开放意味着身心要向外界敞开,要与身心系统环境进行物质、信息和能量交换,这是耗散过程的输入与输出之门。开放体系是耗散结构形成或保持的基础,所以,秉承耗散原理就必须坚持身心系统的开放性。

1.身体系统开放

从一般意义讲,一个人的身体一直在开放着,因为时刻不停的呼吸,身体与环境的热交换,一日三餐,喝水与排尿排便等,即与环境的空气、水等自然物进行着交换。但是,这种开放状态,对很多人而言是被动的。特别是对于白领群体和宅男宅女们,身体一天中大都禁陷在房间、车内,很少有机会与大自然亲密接触。呼吸的是室内大多经过人造物沾染过的空气,几乎没有自然太阳光的沐浴,食用大量速食便当,食物摄入单调,食欲不振,睡眠浅浮,精力不足等,可以说是属于不开放状态,或者说是开放度不足。

强调身体系统的开放性,就是要提升开放度。开放度可从身体的开放维度和每个维度的程度综合进行度量。从维度上讲,至少有体表、呼吸、饮食、喝水、排泄、肌骨做功六个维度。体表的开放并不是简单的裸露,主要是多进行室外活动,特别是到自然山水净地,沐浴自然阳光,多接触水等。体表的开放度还体现在腠理和毛孔的开放的吸纳与排泄能力,保持皮肤的微循环畅通是体表开放度的重要子指标。呼吸的开放度,在于呼吸量的大小,是血液循环系统的肺循环的关键。呼吸量又称肺活量,肺活量大意味着肺交换的血量及血液中的含氧量大。而能吃能喝能排必然会加速身体的物质循环,提升身体的物质开放水平。肌骨维度即肌骨系统的功能,它将身体化学能转换为机械能,并伴随热扩散,实现身体与外界的能量交换,也是一种能量维度的开放。

具体说来,身体系统的开放,可以使身体系统从外界向系统内输入反应物等,使身体系统的自由能或有效能量不断增加,即有序度不断增加。同时,身体系统向外界输出生成物等,可使身体系统无效能不断减少,即无序度或熵量不断减少。前者是向身体系统输入负熵,后者是从身体系统输出正熵,从而使身体系统的熵量增长为零或为负值,进而形成或保持身体系统的有序结构。输入负熵,是消耗外界有效物质与能量的过程。输出正熵,是发散身体系统无效物质与能量的过程。这一耗一散,也就成了产生自组织有序结构的必要条件,是维系生命体和提升健康水平的基础。

2.心理系统开放

心理也需要开放,前文已论述过,心理系统也是一个动态开放的耗散结构系统。心理系统依托身体系统在与外界环境进行物质和能量的交换的过程中,主要承担信息的交换功能。一个人的心事、个体知识系统都需要与他人交互。多参与社会活动,多与周边的人交流,敞开心扉,是心理系统开放的良好状态,是保持心理系统健康的根本。

信息熵亦有正熵和负熵。心理系统从外界摄入负熵的同时也会带入正熵。负熵促进心理系统健康发展,正熵阻碍心理系统发展。随着人的阅历增长、知识系统水平的提升,特别是认知水平的提高,对外界自然、社会和人际环境信息的刺激的辨别能力也会增强,心理系统摄取外界信息的目的性、选择性将不断增加,从而保证从外界摄入的负熵足以抵消内部的熵产生和摄入的正熵。

一个人所处的自然、社会、经济、人文环境不是静止的,必然是在不断地变化演进中的。这种环境的演变,属于自然和人类社会的大道行为,不以个人意志为转移。自然生态、气象变迁、社会舆论、他人利益、工作事物等的发展演进有利于个人发展的一面,这就是负熵,必然也有不利于个人的一面,这就是正熵。负熵对应正能量,正熵对应负能量。一个经常看不惯自然环境,抱怨社会问题,喋喋不休地怨恨领导,批评同事,经常指责家人的人就是专门吸收正熵,充满负能量的人,必然是一位心理系统不健康的人。而热爱自然,爱国家,爱民族,爱社会,喜欢自己所从事的工作,以善度人,以善与人,必然负熵洋溢,正能量满满。心理系统开放的人,必然会从环境吸纳丰富的负熵,而心理系统的正熵量可以降为零,向环境散发的也是负熵,即心理系统健康,正能量四射,变成他人喜爱的人。

(四)分层耗散

身体系统和心理系统都是多层次、多构成单元的复杂系统,身心系统整体和身心各自系统的耗散过程,都是由各个层次的各个子系统或构成单元的耗散子过程构成的。因此,遵从耗散原理也必须从分层耗散做起。

1. 耗散的分层

身心系统的层次结构在第二章已做过论述,就身体系统来讲,其耗散的分层可以从消化系统的耗散过程、血液循环系统的耗散过程,到内分泌系统、神经系统、免疫系统和肌骨系统的耗散过程,以及到人体的具体脏器、腑器等器官和组织的耗散过程,一直到一个细胞的代谢耗散过程。从生物化学视角来讲,人体就是一个各类生化混合物不断进行着种种复杂化学反应的大反应器。身体的细胞内、外均存在复杂的浆状生化物质,它们是各种无机和有机化学反应的温床。细胞的生命过程就是由其各种遗传因子决定的,发生在碳水化合物与蛋白质之间的酶促调控反应过程。耗散的分层性就是告诉我们,要系统细致地兼顾考虑身心系统的各个分层的子系统和器官及组织的各自耗散过程。

2. 耗散的叠加

认清身心系统的各个分层的子系统和器官及组织的各自耗散过程后,就要考虑身心系统内各个耗散过程之间的叠加关系和作用。各个耗散过程之间的叠加具有超出整体、是局部线性叠加效果的非线性作用,是一种所得超所望的非线性因果关系。这说明即使是一个小的输入耗散过程,也能产生巨大而惊人的上一级系统或组织的整体效果。这种叠加原理是使身心系统具有自我放大的变化机制,产生突变或跃变的原因。

耗散过程的非线性叠加特征不仅体现在身心系统的有序化过程,还体现在无序化过程中。正所谓"病来如山倒",就是由身体系统各个子系统或组织的子耗散或微耗散过程的紊乱状态,不断叠加放大累积所形成的身体系统宏观状态的紊乱突变。当然,一个人可以从身体系统各个子系统或组织的子耗散或微耗散过程,一个个地进行调理,改善其有序性。这样也会通过非线性的叠加,从一开始的微细效果,即所谓的"病去如抽丝",经过相对漫长的努力度与效果度的非线性低迷期,但坚持下去,仍会使身体系统产生向健康态的飞跃。

这种非线性作用,在分层耗散叠加过程中具有正反馈效应,即小耗散过程越有序,叠加形成的上一级耗散过程也会越有序;反之,小耗散过程越紊乱无序,叠加形成的上一级耗散过程也会越紊乱无序。正反馈会加速整个耗散过程,因此会产生突变行为。正反馈也会使系统具有足够的反应推动力,推进无序转化为有序,形成耗散结构的基本过程。

3. 结构平衡

由于身心系统的分层与结构的多元性,身心系统的各个分层耗散也是多方面的,这样就带来了各个耗散子系统的协同与平衡问题。一个人的疲惫或劳累感,主要是由身体系统的各个子系统耗散不均、不协调所引起。

现代经济生产过程中的白领和蓝领人员以及退休人员及所有学生,身体的使用与耗散都存在着严重的失衡。白领人员脑力头部运用多,身体肌骨使用少,即头部大脑耗散负担重,而身体特别是四肢肌骨耗散不够,颈部肌骨负担沉重且僵化,进一步有碍头部供血回血,使头部耗散过程走向紊乱无序,引发各类健康问题。蓝领人员脑力使用较少,体力特别是肌骨系统使用较多,并依据不同的工作性质,肌骨系统的使用也存在一些失衡,如有的久站会出现腰部负担加重和僵化,引起腰痛等疾病。但大多数蓝领人员,身体的综合耗散过程的有序性要好于白领人员。从小学、中学、高中、大学到研究生阶段的学生们,类似白领人群,但由于其处在长身体或身体处在年轻态,身体系统的各个分层子系统和器官及组织的各自耗散过程都比较通畅和具有活力,因而,总体上讲耗散结构失衡不会表现为明显病态。但是一个心理系统较封闭,基础条件欠缺的学生,从小学直到大学,必然会积淀相应的众多微耗散过程的无序性的非线性叠加,如不经过适当的调节就会产生一些疾病或亚健康状态,如失眠、白发、脱发、肥胖、肌骨系统运动水平低下、驼背等。并大多伴有心理系统问题,如抑郁症、焦躁症,再遇到升学、求偶、择业等问题,极易走向极端甚至出现轻生等现象。

过度耗散与耗散结构平衡是辩证统一的。一些社会负担沉重,天天忙忙碌碌的人,会觉得精力不足,即常有被耗竭的感觉,因而可能会不接纳耗散原理。不排除有的人是耗散过度,但要仔细分析是属于什么样情形的过度。真正的深度睡眠对大脑细胞讲三个小时就可以了,若一个人一天能保证六个多小时的睡眠,这样的劳作从宏观上讲就不属于耗散过度或叫操劳过度。然而,大多数人的操劳过度基本上都是属于耗散失衡状态,是整体耗散过程的紊乱所致,或者说是一种局部的或子耗散过程的紊乱,过度的本质就是耗散过程的紊乱。这种局部的紊乱一般源于其与相关局部的器官或组织的耗散过程的不协调,即能量的交换和信息传递,神经、内分泌、血液循环和肌骨运动等耗散过程不协调所致。因此,局部的耗散紊乱即劳累,人们一般会通过局部的休息来缓解,但这种休息只是减轻了相应耗散过程的强度,使其与其他相关的耗散过程的有序性得到改善。然而,按照耗散原理,其核心是促使它与其他相关的耗散过程也跟着有序地联动,改善整体耗散过程的有序性,起到更好的休息效果,并能提升人们局部劳作的能力和效率。

"学优网"的一篇文章《创业人,你该如何休息》符合耗散原理,这里引述一段:

"既然睡觉不能帮助我们休息大脑,那什么办法才可以？答案是不停止活动,而只是改变活动的内容。大脑皮质的一百多亿个神经细胞,功能都不一样,它们以不同的方式排列组合成各不相同的联合功能区,这一区域活动,另一区域就休息。所以,通过改换活动内容,就能使大脑的不同区域得到休息。心理生理学家谢切诺夫做过一个实验。为了消除右手的疲劳,他采取两种方式：一种是让两只手静止休息,另一种是在右手静止的同时又让左手适当活动,然后在疲劳测量器上对右手的握力进行测试。结果表明,在左手活动的情况下,右手的疲劳消除得更快。这证明变换人的活动内容确实是积极的休息方式。"

三、新陈代谢原理

在第三章我们已论述过,身心系统是一个最高层次的、复杂的、典型的有机生命系统,而有机生命系统最基本的生命过程就是新陈代谢。新陈代谢的本质就是从外界不断地汲取负熵,以抵消生命系统运作过程中不得不产生的熵增。新陈代谢包括物质代谢和能量代谢两个方面,以同化与异化两种方式进行。新陈代谢是时刻不停息地在身心系统内进行的最基本活动,所以,新陈代谢原理也是身心系统自我管理要遵循的重要原理。

（一）身体系统的新陈代谢原理

身体不同的组织器官虽然有不同情况,但一般说来,人体细胞每两天就要完成一个生产、磨耗和代换的过程。有些人体器官的细胞更新得非常频繁,它们的DNA复制过程必须完美无缺,否则就会百病丛生。如血液细胞的更新就非常迅速,肠内膜的上皮细胞也在一直不停地以新换旧。每一天有近170亿个上皮细胞被换掉。人类皮肤大约每27天更新一次，一生中更新的皮肤近千张。每小时中，我们的身体会抖落掉60万块皮屑，加起来每年有1.5磅。人体骨骼的改造和重塑过程相对较慢，但也在夜以继日不断进行着，大约每两年骨骼会全部更新一次。由于股骨头在日常生活和运动中承重磨损得厉害，因此，它的更新频率也自然而然是最高的。

在身体系统中，有些组织器官在履行职责工作的同时需承受巨大伤害，所以每次都需要更换大量细胞。其中最有代表性的是肝脏，它除制造与新陈代谢相关的重要物质如胆固醇和凝固蛋白质外，还负责化解人体内部的有毒化学物质，例如药物和酒精等。在解毒过程中，肝脏细胞以牺牲自我来保护身体免遭严重破坏，所以说肝脏是人体内部器官中细胞更新量最大的器官。

身体系统新陈代谢原理的科学内涵就是运用系统学融合生命科学和耗散系统原理来认识和运用生命或有机体的基本新陈代谢过程。按照耗散系统原理，新陈代谢过程就是增加负熵的过程。具体体现如下观念：

1. 身体不是机器

遵循新陈代谢原理，首先就要纠正身体好比机器的理念。经常有人讲，身体类似机器系统，各个组织器官就好比机器的零部件，它们会老化磨损，因此提倡保养，主张少使用。然而，生命的有机系统论和新陈代谢原理告诉我们，构成身体的一切组织都由细胞构成，而这些细胞时时刻刻都在进行着新陈代谢。人体的各个组织器官的细胞都在进行着再生循环过程，对各个组织器官的运用，会加速组织器官的整体新陈代谢过程。因此，构成人体的各器官组织不会像机器零部件那样，使用会造成磨损，而都具有自适应、再生修复能力，越用越新。

2.加速新陈代谢

加速新陈代谢,让细胞再生循环过程活跃,这样构成人体器官组织的新细胞多于老细胞,器官组织就会提升新鲜活力,身体系统就会保持年轻态。新陈代谢与耗散是生命的本源,从孩童身上就可以看到这种本源的生命力。人只要不睡觉就会以不倦的精神进行着需求、探索、玩耍,动脑、跑跳、动手动脚、吵吵闹闹、哭哭笑笑,会一刻不停,这就是生命之本初,即加速新陈代谢!老人之所以"老",一般认为是由身体器官组织机能退化,新陈代谢效率降低造成的。但笔者认为更主要是因为老人缺乏体力活动,且伴有很强的心理暗示,认为自己老了,一些活动主观上就放弃了,这样新陈代谢效率就会降低,进而造成身体器官组织机能退化,最终导致衰老。

3.同化与异化的辩证关系

新陈代谢的同化与异化相辅相成,相互作用,是一种辩证的统一。同化作用也叫作合成代谢,是指生物细胞或器官把从外界获取的营养物质转变成自身的组成物质,并且储存能量的变化过程。异化作用也叫作分解代谢,是指生物细胞或器官能够把自身的一部分组成物质加以分解,释放出其中的能量,并把分解的终产物排出体外的变化过程。因此,同化作用与异化作用是两个相反而又同一的辩证统一过程。

身体系统的新陈代谢,在生长、发育和衰老阶段是不同的。婴幼儿、青少年正在长身体的过程中,需要更多的物质来生成自身的机体,因此新陈代谢旺盛,同化作用要强于异化作用,同化作用占主导位置。到了老年、晚年,人体机能日趋退化,新陈代谢就逐渐缓慢,特别是同化作用会明显减弱,与异化作用的主次关系也随之转化,异化作用占主导位置。同化作用与异化作用平衡是维系身体状态相对稳定的基础,作用的活动水平高,是身体内在活力所在。一个人同化作用水平与其身心系统的运动水平互为因果,新陈代谢的同化作用虽不能自我直接干预提升,但身心系统的运动则是自我可把控的。

4. 新陈代谢与体重的关系

显然新陈代谢与体重是有密切关系的,但人们对其认知存在两种片面性,也称双片面性:一是认为新陈代谢率越低,越容易变胖;二是反之,认为新陈代谢率越高,越容易变胖。这实质上是由新陈代谢的两种方式来决定,即同化异化过程的均衡或主导关系决定的,不能简单论之。一般而言,当同化过程活动能力高于异化过程时,物质和能量就会多于异化过程的物质排泄和能量释放,体重就会增加;反之亦然。

5. 能量摄入与代谢率的关系

应该说当减少能量的摄入时,身体的代谢会变慢,因此同化过程活动水平就会降低。更有一些人为了减肥,不吃晚餐,认为这样新陈代谢就会变慢,就会失去更多的重量。诚然,他们一段时间没吃晚餐或少吃食物,可以减少体重,但那只是因为他们减少了总的热量消耗,不是因为他们早些时候摄入的热量少了。错误地让新陈代谢活动变慢,实质上就是让身体早衰,提前进入老态。解决肥胖问题的关键是加速新陈代谢的异化过程,标准体重是靠新陈代谢的同化异化过程的均衡来实现的。

(二)心理系统的新陈代谢原理

新陈代谢从广义上讲是一般开放事物系统演化的普遍模式。一个开放系统的发展必然要从环境不断摄取物质和能量,并要分解代谢掉系统陈旧的物质和释放相应能量,并在整个过程中伴随信息的交换。心理系统也一样,一个人的心理成长过程,就是通过书本和师长教诲学习、与人交流、亲身实践感悟等方式摄入心理系统所需的"物质"和"能量",并通过心理系统信息和知识的同化过程,完善心理系统构成,储存知识,同时也会通过扬弃旧知识,净化心灵,开发心智,让心理系统与身体系统相合,与自然相合,与他人相合。

加速心理系统的新陈代谢也是促进心理系统健康的必然之路。一个勤于学习,善于思考,不断接受新事物,不保守依旧,不故步自封,勇于创新的人,就是一位心理系统新陈代谢旺盛的人,必然就会心理健康,正能量满满。老人之所以"老",除了身体新陈代谢效率低下外,还因为经多见广,知识经验丰富,使得心理系统新陈代谢效率也低下,即心老身亦老也!

四、系统哲学原理

身心系统是自然和社会创生的,因此其基本的发展演化规律,必然蕴含着自然科学和社会科学的基本规律,这就需要从这两个科学的结晶即哲学的高度,来进一步凝练身心系统自我管理的根本原理,这里称其为系统哲学原理。系统哲学原理既不是系统的哲学,也不是哲学的系统,是两者兼而有之,把哲学基本原理与前述相关的系统学原理进一步融合,也可以说是基本哲学原理与系统观在身心系统认知和管理中的集成运用。

(一)对立统一原理

对立统一原理是指运用哲学中称为对立统一规律的原理,对立统一规律是唯物辩证法的根本规律,亦称对立面的统一和斗争的规律或矛盾规律。它揭示自然、社会和思想领域中的任何事物以及事物之间

都包含着矛盾性,事物矛盾双方既统一又斗争,推动事物的运动、变化和发展。对立统一规律的内涵具体可表述如下:

1.对立面的统一和斗争

统一和斗争是对立矛盾双方面所固有的两种属性,统一性表现为对立面之间具有相互依存、相互渗透、相互贯通的性质,斗争性表现为对立面之间具有相互排斥,相互否定的性质。

2.矛盾的统一性和斗争性是相互联结的

统一是对立面双方的统一,它是以对立面之间的差别和对立为前提的。矛盾的斗争性寓于矛盾的统一性之中。斗争是统一体内部的斗争,在对立面的相互斗争中存在着双方的相互依存,相互渗透。斗争的结果导致双方的相互转化,相互过渡。

3.矛盾的统一性是相对的,矛盾的斗争性是绝对的

矛盾的统一性是指它的条件性,任何矛盾统一体的存在都是有条件的;矛盾的斗争性的绝对性是指它的普遍性、无条件性。矛盾的斗争性不仅存在于每个具体矛盾运动的始终,而且存在于新旧矛盾交替的过程中。

4.矛盾双方既统一又斗争推动事物发展

矛盾的统一性是矛盾存在和发展的前提,矛盾双方互相渗透、贯通为矛盾的解决准备了条件。矛盾的斗争性导致矛盾双方力量对比和相互关系不断变化,以致最终造成矛盾统一体的破裂,致使旧事物被新事物所取代。

对立面的统一和斗争思想在前述古典原理中就有很好的体现,《易经》用阴、阳两种力量的相互作用解释事物的发展变化。《道德经》中老子提出"反者通之动"这一命题,概括了矛盾的存在及其在事物发展中的作用。而《黄帝内经》中的阴阳五行及脏腑论、相克相生的辩证关系等都体现了对立统一原理。当代马克思主义哲学家,特别是列宁第一次提出对立统一规律是唯物辩证法的实质和核心,而毛泽东在其《矛盾论》中对对立统一规律进行了全面深刻的论述,并提出了一系列在具体工作中分析和解决矛盾的思想方法和工作方法。

身心系统就是一个充满各层次众多方面的多重对立统一体的系统,它的运动、变化、发展的根本原因在于身心系统内部的矛盾性,所有矛盾或对立统一体的普遍联系的对立与统一的演化,构成了身心系统的发展和演进。

(二)身心系统自我管理的辩证法

辩证法是解决一切矛盾的方法论。在哲学上普遍性认知的辩证法规律有三个,它们是对立统一规律、量变质变规律、否定之否定规律。其中对立统一规律揭示了客观存在具有的特点,任何事物内部都是矛盾的统一体,矛盾是事物发展变化的源泉、动力。量变质变规律揭示了事物发展变化形式上具有的特点,从量变开始,质变是量变的终结。否定之否定规律揭示了矛盾运动过程具有的特点,它告诉人们,矛盾运动是生命力的表现,其特点是自我否定、向对立面转化。因此否定之否定规律构成了辩证运动的实质。

1.对立统一的辩证关系

一切事物为了呈现个性都与其他事物相对立,但又相互依赖和相互作用着。都会存在作用与反作用的对立统一,一个作用都会有被作用的对象,当一个作用施予时它会以同样的反作用相呼应,就像力学中的作用力与反作用力关系一样,并且作用与反作用同质同在同等。从本质上讲,你给他人爱,他人就给你爱。你恨他人,他人就恨你。你管着别人,别人就管着你。统一与协同是普遍联系的基础,而求同存异、包容以及孔孟的中庸之道等辩证逻辑是处理天人关系、人我关系和身心关系的基础。相应的距离定理,即太近就会相斥,远离反会相吸,正所谓距离产生美。人与环境的对立与统一矛盾的辩证纠结就是,人要不断地进行奋争、改变和适应环境。这些都是身心系统自我管理应该遵循的有关对立统一的辩证思想或方法。

2.量变质变的辩证关系

在身心系统自我管理中,更应特别强调量变质变规律。身心系统整体或构成身心系统的各个子系统、组织或器官的发展演变和病变都是遵从量变质变规律的。对绝大多数人来讲,都忽视或没注意到身心系统在日常工作和生活中的量变,只是在质变出现时才猛然意识到,但大多已造成身心的创伤。俗语所说"病来如山倒"的本质不只是在人的认知层面,从身心系统自身早就有了足够的量变积淀。并且一个人在恢复身心系统健康时也是要经历量变到质变的过程,此时人们会关注这个量变过程,因而觉得"病去如抽丝"。因此,人们在康复或锻炼身体过程中不应心急,需要持之以恒,积淀足够的量变,让其自然而然地产生身心系统向健康的质变。

3.否定之否定的辩证关系

否定之否定规律表明事物自身发展的整个过程,是由肯定、否定和否定之否定诸环节构成的。其中否定之否定是过程的核心,是事物自身矛盾运动的结果,是矛盾的解决形式。一切事物都是肯定方面和否定方面的统一,身心系统也是一样。一个人当前的身心系统状态,就是由肯定方面居于主导地位所保持的这种状态的现有性质、特征和倾向。当身心系统内部的否定方面战胜肯定方面并居于矛盾的主导地位时,身心系统状态的性质、特征和趋势就发生变化,健康态就会发生转化。身心系统发展过程中的每一阶段,都是对前一阶段的否定,同时它自身也被后一阶段再否定。经过否定之否定,身心系统发展就表现为周期性和曲折性。否定之否定规律告诉我们,身心系统的任何一种状态都是可以被否定的,都可以经由身心系统的矛盾主导作用的改变而改变。因此,一个人即使处在病态或亚健康态,也不要有丝毫的惊慌,它是可以被否定的。

4.抓主要矛盾

事物都是由众多矛盾构成的,事物的各个矛盾以及矛盾的各个方面在事物发展中的地位和作用是不同的,有主要矛盾和非主要矛盾、矛盾的主要方面和非主要方面。这种矛盾力量的不平衡性,是矛盾特殊性的重要表现。其中,主要矛盾是居于支配地位、对事物的发展起主导和决定作用的矛盾,而与之对应的就是非主要矛盾或称次要矛盾。主要矛盾和次要矛盾是相互影响、相互制约,并在一定条件下相互转化的关系。由于主要矛盾规定和制约着次要矛盾的存在和发展,对事物的发展起主导和决定作用,主要矛盾解决得好,次要矛盾就可以比较顺利地得到解决。

身心系统特别是身心系统问题,在本质上就是由各种矛盾构成的,各种矛盾就是各种身心系统问题。在第四章我们已较全面地梳理了身心系统问题,其中,血液循环系统的矛盾运动是身体系统的主要矛盾,价值观和对付出的认知矛盾冲突是心理系统的主要矛盾。但对具体一个人,如何解决血液循环、价值观和对付出的认知矛盾还需要依据个人的不同身心系统状况,在更下一层的具体矛盾中辨识相应的主要矛盾,并设法解决相应问题。同时,要注意主要矛盾和次要矛盾的地位不是一成不变的,在一定条件下它们可以相互转化,即主要矛盾可能会转化为次要矛盾,次要矛盾也会上升为主要矛盾。

(三)外因总是通过内因在起作用

由前述我们已知,身心系统依赖于环境,时刻与环境进行相互作用。按照哲学观点,环境因素属于外因,身心系统内部因素属于内因。内因与外因也是一种辩证的对立统一,而核心的一个理念就是"外因总是通过内因在起作用"。

1. 内因与外因的辩证关系

内因与外因的辩证关系,在哲学范畴上,表明了一个事物运动发展的自身动力同其所处条件之间的关系。

事物的产生、发展和灭亡都是内因外因共同作用的结果,既是由它本身所固有的内部原因所引起的,又同一定的外部条件密切联系。但是二者在事物发展中的地位和作用是不同的。外因是变化的条件,内因则是变化的根据,外因通过内因而起作用。内因既是事物存在和发展的根据,又是一个事物系统区别于他事物系统的内在本质,它决定着事物系统的发展方向。

内因和外因在事物发展过程中的地位和作用不同。内因是事物发展的源泉,是事物发展的根据,是事物发展的根本原因,决定着事物的性质和发展方向。但内因不是唯一原因,也不是唯一动力。还有外因,它是事物变化发展的条件。外因对于事物变化发展,可以起到加速或延缓的作用。外因是事物发展的必要条件,任何事物的发展,仅有内因是不够的。外因在事物的发展过程中,有时会起非常重大的作用。但是,外因的作用再大,也只是第二位的原因,而绝不能撇开内因独立地起作用。

2. 身心系统自我内因认知

身心系统的内因与外因关系,就是身心系统内部因素与环境因素和外部管理(包括医护人员等)因素的关系。身心系统的健康总是通过身心内因起作用的。这可以从一些常见事实认识这种道理。同样经历一场流行病或传染病,如"非典"时期的身心环境,不是所有接触到传染源的人都有事;同样的一场寒流或流行性感冒来了,人家没事,可你感冒了;与人家同样吃了一餐不太卫生的饭菜,人家肠胃没坏,你住院了;同样经历一次恐怖事件,人家能睡安稳觉,你却失眠了;等等。为什么?你的身心系统内因不如人也!

身心系统的内因就是身心系统内在整体矛盾运动的全部要素。对应一个内在健康充满活力的机体或组织,外在因素是很难左右它的,身心系统也是同样道理。身心系统自我管理关键在于抓住内因,外因一般是一个人不能改变的,并且大多数时候也是规避不了的。一个人只要身心系统内在健康和强大,那就能经得起风吹浪打、严寒酷暑,就能在人生逆境中绝处逢生、奋勇向前。

第三节 管理学原理

管理学是一门综合性交叉学科,是系统研究管理活动的基本规律和一般方法的科学。管理学现今研究的对象主要是现代社会化大生产系统或社会各类组织的管理,研究目标是在现有的条件下,如何通过合理的组织和配置人、财、物等因素,提高生产力或组织的功能水平。简单地说,管理就是在特定的环境下,对组织所拥有的资源进行有效的计划、组织、领导和控制,以便达成既定的组织目标的过程。

管理概念是在人类文明程度及其社会性发展到一定阶段出现的,是人类社会化达到一定水平,即人们社会生产和生活活动的复杂度以及对其认识的水平达到一定程度时的自然产物。管理最初是掌管事务,传说黄帝时代设百官,"百官以治,万民以察",百官就是负责主管各方面事务的官员。国际知名的"科学管理之父"弗雷德里克·温斯洛·泰勒(Frederick Winslow Taylor)认为:"管理就是确切地知道你要别人干什么,并使他用最好的方法去干。"诺贝尔经济学奖获得者赫伯特·A. 西蒙(Herbert A. Simon)对管理的定义是:"管理就是制定决策。"

虽然在现代市场经济中工商企业的管理最为常见,但还有很多其他种类的管理活动,比如行政管理、经济管理、社会管理、城市管理、卫生管理等等。每一种组织都需要对其事务、资源、人员进行管理。同样,当今每个人的身心系统已发展到这样一个复杂程度,必须有意识地进行身心系统的自我管理。这可以说是一个新的管理学派,是以自我认知,以自我为管理行为主体的,以系统科学为基础,以一般管理学为手段的融合生命科学、医学等自然科学和心理学、行为学等社会科学为一体的新的管理学范畴。

身心系统的自我管理就是要在一个人的复杂身心环境的发展中,确立身心系统发展目标,拟订发展计划,自我执行计划,科学组织身体系统和心理系统的各个构成部分,主导和控制身心系统行为,持之以恒、连续奋进的活动过程。

关于管理学的一般原理,大多学者认为包括以下内容:

人本原理 一般的管理问题或系统都是以人(员工)为中心,以人为本。人是管理系统的核心,管理活动应充分考虑人的思想、感情和需求,最大化发挥人的主动性、创造性和积极性。相对地,身心系统自我管理就是要以心理系统为本,或称"心本原理"。

系统原理 将组织看成一个系统,用系统论观点和方法解决管理中遇到的各种问题,把管理系统及其对象都看作一个系统,这是本书的核心主导思想和方法论,前面章节多有论述。

循环与反馈原理 即在一定的管理回路上进行管理,而任何管理都要有一个反馈过程。相对地,身心系统自我管理就是要以血液循环管理回路为着眼点,以心理对自我付出与获得的循环感知为管理回路,并及时感悟相应各个循环节点的信息回馈。

择优与效益原理 一般的工商管理就是通过不断选择或优化来实现组织利益的最大化,即以尽量少的消耗和资金占用,生产出尽可能多的符合社会需要的产品,不断提高经济效益。而相对地,身心系统自我管理就是要优化自身时间和精力,综合优化运用身心系统各个部分,提升身心系统的综合健康水平这个效益。

权变原理 根据外部条件的变化,采用不同的方法来解决问题。从实际出发,在不违背客观规律的前提下,发扬创新精神,灵活选用不同的管理模式及管理策略,及时组织管理变革,以适应管理目标和客观条件的变化,使企业不断发展。相对地,身心系统自我管理就是要针对身心环境的变化,调整自我身心行为,促使身心系统健康发展。

责任原理 该原理主要包括明确每个人的职责,合理设计职位和职责权限,奖惩分明、公正而及时等观点。相对地,身心系统自我管理这个责任人就是自己,要强化这个责任。自我管理的关键是自己要承担起责任,不要依赖医护人员或他人。

动态相关原理 管理系统及其各要素之间的相互关系是运动变化的,应在动态中把管理工作做好。这也属于系统学原理范畴,相对应的身心系统动态理论前一节已多有论述。

控制性原理 通过不断接受和交换内外信息,依据一定的标准,监督检查计划的执行情况,发现偏差,采取有效措施,调整生产经营活动,以达到预期目标。控制性原理将是身心系统自我管理实践的最难和最重要原理，下面将专门加以论述。

除了这些基本原理外，管理强调其具体实施的基本职能，即指管理承担的功能。依据最为广泛接受的管理基本职能的划分，结合身心系统自我管理的需要，现把身心系统自我管理的职能内容梳理为四个方面，即计划与规划管理、自我组织、指挥与协调管理和自我控制与约束，现分别进行简要介绍。

一、计划与规划管理

计划与规划是管理的首要活动，一项事业或一项工作，首先要具有计划，才会有后续的组织、指挥协调和控制，没有计划的工作，不叫管理工作。所以，必须先有计划，才有组织的目的，指挥和协调的依据和控制的标准。计划，在管理工作活动中具有预先性，同时，它对管理活动的执行和控制又具有指导性。科学的计划对人生具有非常重要的意义。古语云："凡事预则立，不预则废。"一个人一天要有所收获在于这一天开始时的计划，一年要达到一定的目的在于这一年之初的计划，而一生要有所成就关键在于要有一个科学的人生规划，一个人的身心系统自我管理的实施也需要科学地规划和计划，特别是在刚开始启动身心系统自我管理时。

(一)计划与规划概念

规划与计划基本相似，但规划先于计划。规划具有长远性、全局性、战略性、方向性、概括性和鼓动性，是个人或组织制定的比较全面长远的发展计划，是对未来整体性、长期性、基本性问题的思考和预判，是设计的未来整套行动的方案。规划是融合多要素、多学科、多人士看法的具有鲜明目标的发展愿景。

计划是规划的延伸与展开,计划是规划的一个子集,即"规划"里面包含着若干个"计划",一般按时间阶段,可分解为年度计划、月度计划或日计划。即计划从时间尺度来说侧重于短期,从内容角度来说侧重战术层面的执行性和操作性活动。计划的基本活动为合算、刻画,拟定具体行动内容、步骤和方法。

计划管理就是计划的编制、执行、调整、考核的过程。它是用计划来组织,指导和调节一系列管理活动的总称。计划和规划按照内容性质分,有总体计划和规划,专业计划和规划。规划按时间分,有远景规划、中期规划、近期规划。

(二)计划与规划编制指导思想

计划与规划的编制需要依据科学的理念,一般需要遵从如下指导思想。

1. 计划和规划要具有科学性

计划与规划的科学性首先是指它必须符合客观事物发展规律,即计划与规划的目标符合人类社会和自然的大道理,符合实际事物演化的必然趋势。其次,计划与规划的内容和实施方法和步骤要符合事物的演化机理。最后,计划与规划的科学性体现在它们的预先性上。即计划与规划是对未来行为的规范与指导。对应身心系统自我管理的计划与规划的制定,就是要充分了解前述各个章节的主要内容,对自我身心系统的基本机理,自我的身心系统现状和问题有一个较系统化的认知和分析,然后依据相应原理制定管理计划和规划。

2. 计划的可行性

计划的可行性是科学性的具体深化或强化。可行性包括计划目标的可行性和方案的可行性,方案的可行性是目标的可行性的保障。计划比规划更具体,并具有面向自身问题的针对性,目标是具体和分阶段的,并要具有可行性。计划方案就是面向目标的实现综合考虑各方面因素,诸如时间、人力、物力、财力等后所形成的工作方案。它应该是一个可行的行动方案。不可行的计划是失败的计划。

3.计划与规划的原则性与灵活性

计划与规划一旦制定了就应该遵照执行,这就是它具有的原则性,不能随意更改和破坏。对应一个组织,计划与规划是指导和协调团队有条不紊工作的基础,如果某个人或某个方面破坏,可能会影响到整个组织计划的达成。对应身心系统自我管理计划,由于制定者和实施者都是自己,所以既容易坚持又最不容易坚持,因为自说自话无他人相关左右。计划贵在遵行。此外,计划并不是僵化的和一成不变的。因计划是对事物未来的预判,在计划的执行过程当中,一些相关因素原有的预判可能会发生变化,从而导致计划的执行或预期的结果将发生改变,这样,就要适时调整计划,灵活应对,以使计划更切合实际、更可行。

(三)计划与规划编制的一般步骤

按照管理学原理,计划与规划的科学编制所遵循的步骤具有普遍性,一般都可遵循如下步骤。以身心系统的自我管理为例简单叙述如下:

1.预估身心系统及环境变化

计划与规划的编制者应对系统和环境做一个全面分析,对未来的发展态势做充分的预估,明确能够取得成功的机会。编制者应该考虑的内容包括:对身心系统期望的水平,身心系统存在的问题,成功的机会,把握这些机会所需的时间、空间及物资资源和自身能力,自己的长处、短处和所处的身心状态,以及自身工作和生活环境的可能变化等。这些工作是整个计划与规划工作的真正起点和基础。

2.确定计划与规划目标

在充分做好身心系统及环境的系统分析基础上,计划工作的下一个步骤就是为整个计划确立目标,也就是计划预期的成果。对应规划就是要确立长远的目标,而对应计划就是要确立不同阶段的具体身心系统发展目标。目标的选择是计划工作极为关键的内容,首先要注意目标的价值,其次要注意目标的内容及其优先顺序。最后,目标应有其明确的衡量指标,不能含糊不清。目标应该尽可能地量化,以便度量和控制。

3.确定相关前提条件

计划和规划是对未来条件的一种"情景模拟",选定目标即是确定计划和规划的预期成果,而确定前提条件则是要确定整个计划活动所处的未来环境。计划和规划的这个工作步骤就是要确定这种"情景"所处的状态和环境,对这种环境和状态进行科学的预估。前述各章节所述的对身心系统的认知及原理和规律,就是对自我身心系统发展的前提条件进行确定的基础。

4.确定实施方案

任何计划和规划的目标实现都有多种不同的途径、不同的实现方式和方法。所以,计划和规划的下一步工作就是要确定实施方案。首先就要集思广益、拓展思路、大胆创新,发掘或准备多种高质量的方案,每个方案要明确需要做哪些工作,重点在哪里,如何运用战略、程序、规章、预算等计划方法去完成计划工作的任务等等。其次,就要根据计划和规划的目标和前提条件,通过考察、分析对各种备选方案进行评价。

最后,进行方案选择。一般为了保持计划的灵活性,可能会选择两个或两个以上的方案,即留有后备方案。

5.执行与检查

计划与规划工作最后的关键步骤就是实施计划,以及观察计划和规划实施过程是否正常,有无障碍出现,有没有环境状态或因素的变化,进而,进入管理活动的组织、协调和控制环节。

(四)人生规划

对应身心系统自我管理,首要的就是做好人生规划。所谓人生规划,就是一个人根据社会发展的需要和个人发展的志向,对自我身心系统及相关有限资源进行合理的配置,对自己的未来的人生发展道路做出一种预先的策划和设计。业界和学术界普遍认为,人生规划就是对职业生涯乃至人生持续发展进行的系统的计划的过程。人生就是在社会人海和自然物海相融的大海之中的航行,人生规划就是要确立自我人生的基本航线,有了明确的航线,一个人就不会偏离目标和迷失方向,才能淡定自得、从容前行,驶向成功的彼岸。一个完整的人生规划由职业定位、目标设定和通道设计三个要素构成。

1.职业生涯规划

职业生涯规划就是确定自己的职业定位,是指组织或者个人把个人发展与组织发展相结合,对决定个人职业生涯的个人因素、组织因素和社会因素等进行分析,制定有关个人一生中在事业发展上的战略设想与计划安排。一般来说,职业生涯规划可以从个人角度和企业角度划分成两个方面,而个人职业生涯规划即是在组织中的发展计划,是指一个人一生的工作经历,特别是职业、职位的变动及工作理想实现的整个过程。对应身心系统自我管理,职业生涯规划主要是从个人角度,对整个人生职业生涯加以规划。

2. 确立自己的人生目标

人生规划的目的就是要实现自己的人生目标,也是人生规划的基础和原则。人生目标的确立取决于自己的人生观、价值观和幸福观。而人的人生观、价值观和幸福观会随年龄的增长、对社会认识不断的深入,特别是自身知识系统的水平提升,而不断改变和逐渐清晰。人生规划也应该根据这些变化进行相应的调整和改进。人生目标决定着身心系统追求指标,而这些指标必须符合事理,即要符合天道和人道。诺贝尔文学奖获得者萧伯纳有一句名言:"明白事理的人使自己适应世界,不明白事理的人,硬想使世界适应自己。"人生的幸福根本就是在于这种适应中,即与天合、与人合和身心合的前进中。

3. 确立人生规划方案

在对自我身心系统充分了解和分析后,确定自己的性格特质与天赋,并对未来社会发展有个基本的预估,遵从天道,践行人道,详细制定自己的人生规划,可细化到各个年龄段。人生规划可分为长远规划,包括短期与长期的学习、工作、爱情、事业等规划,以及晚景规划方案等。

4. 做好实施规划

实施规划也可以分解到计划和行动计划层面,就是要发挥自己的优势,以完善自己的素质和能力为自己制定的目标付诸行动。并在成长过程中磨炼自己,及时调整自己的人生目标,因为没有什么规划是一成不变的。在人生的每一段漂流中,都可能会偏离人生坐标。因此,一个人要不断地进取和求索,去创造条件接近目标。人生规划成功的关键在于一种心向既定目标的执着和坚忍不拔的追求。

二、自我组织

组织与组织管理是管理活动的重要组成部分。自我组织即自组织。自组织现象无论在自然界还是在人类社会中都普遍存在。德国理论物理学家 H. Haken 认为,从组织的进化形式来看,组织可以分为两类:他组织和自组织。如果一个系统靠外部指令而形成组织,就是他组织。如果不存在外部指令,系统按照相互默契的某种规则,各尽其责而又协调地自动地形成有序结构,就是自组织。一个系统自组织功能越强,其保持和产生新功能的能力也就越强。从系统论的观点来说,自组织是指一个系统在内在机制的驱动下,自行从简单向复杂,不断地提高自身的复杂度和精细度的更高层有序性的发展过程。

身心系统的自我管理需要基于身心系统的组织体系。一般说来,一个人的身体已经在自组织,不能重新进行组织设计,但须再强化组织力,充分发挥身体的自组织能力。而心理系统则需要个人这个管理者进行科学的组织设计和强化组织管理。因此,这里简述管理学的组织管理理念和方法,以指导身心系统的组织管理。

(一)组织的概念

1.组织

一般有两种含义:一是动词,就是描述有目的、有系统地组合起来的行为过程,如组织群众,这种组织是管理的一种职能。二是名词,是指按照一定的宗旨和目标建立起来的集合体,在一般的管理范畴中如工厂、机关、学校、医院,各级政府部门、各个层次的经济实体、各个党派和政治团体等,这些都是组织。对应身心系统的组织就是身体系统构成的各个子系统和心理系统构成的各个子系统的集合体。

2.组织的含义

组织是指由诸多要素按照一定方式相互联系起来的一个系统。系统论、控制论、信息论、耗散结构论和协同论等,都是从不同的角度研究有组织的系统的方法论,并说明组织和系统是同等程度的概念。在生物学中有机体的组织,按西方的原义是来源于器官,因为器官是自成系统的,如身体的皮下组织、肌肉组织等出自细胞组成的活组织等。

3.组织的性质

组织的性质是由组织系统本身所决定的,或者说由组织的构成要素和其间相互关系所决定的,组织的性质同时也反映了组织的构成要素,可以通过了解组织的性质去了解组织的构成要素。从人的认识过程来说,也是先了解组织的外在性质,然后才能进一步去研究组织的内在构成要素。在系统科学研究中,人们从各个方面描述了系统的具体特征,例如整体性、统一性、结构性、功能性、层次性、动态性和目的性等。

(二)身心系统的自组织

身心系统的自我管理的组织管理理念与活动不同于一般管理中的组织管理。一般管理中组织管理的主要管理对象是系统中的人,涉及领导体制,管理组织机构等。身心系统的自我管理的组织者主要是自我,而亲人和医护人员主要是环境化的外部干预者,一般情形不参与其自我管理活动。在病患过程中,自我则是参与组织活动的主力,这是另一种身心系统管理活动非正常态情形。因此,身心系统的自我管理的组织管理活动关键在自我和身心系统构成的各个子系统的自组织实现。

1.自组织的体制建立

身心系统的自我管理的组织管理同样需要建立一种体制,首先要明确管理主体和客体,即自己作为管理主体,是责任人,而自我身心系统的各个子系统是管理客体。其次,建立亲人或朋友团以及医护人员的监督及咨询机制。

2.设计有效的工作程序

工作程序对应身心系统自我管理活动,就是一天的生活和工作的行为过程,包括工作流程、生活起居、衣食住行等活动要求。因为,一个人的任何事情都涉及身心活动,都应该按照人生规划和身心系统管理计划所设计的程序来进行。所以要有明确的责任制和良好的操作规程。

3.组织的长期性和稳定性

组织管理特别是自组织是维系系统的有序性和有效性的抓手。一般来讲,组织结构或模式要具有相对的长期性和稳定性,这是人生规划和具体身心健康管理计划实现的保障。一个朝令夕改、三分钟热血的人,是无法完成或实现其所谓管理计划的。

4.组织的灵活性

组织结构是指组织中各部分之间相对稳定关系的一种模式,除了要有长期性和稳定性外,组织又是一个动态的概念和过程,不是一成不变的。因为身心系统发展的环境和内部条件是不断变化的,所以组织结构和具体的自我组织模式需要不断地调整、改革和完善。

5.身体系统的自组织

身体系统的发展演进就是最典型和最复杂的自组织过程。因此,身体系统的管理就是要充分调动和发挥身体的自组织能力,药物和医护管理仅是外因,身体自组织体系的健康和能力提升才是根本。

三、指挥与协调管理

指挥与协调是一般管理活动的第三环节,对应身心系统自我管理活动来说主要是协调,即依据目标与计划,按照组织程序,协调身心系统各单元执行相应职责,并使各类活动相互衔接和作用有序。指挥与协调管理能力主要取决于领导力和协调能力。

(一)领导力

在管理学概念上,领导力是指在管辖的范围内充分地利用人力和客观条件,以最小的成本办成所需要的事务,并提高整个组织或团体的办事效率的能力。领导能力是一种能够激发团队成员热情与想象力的能力,也是一种能够统率团队成员全力以赴去完成目标的能力。

对应的,身心系统自我管理者必须让自己聪明起来,要有创造性。因此,要对身心系统进行科学的认知,把握身心系统的整体性原理,分析认清自我身心系统问题,找出相应的长期基本问题和现实的主要症结,抓住这些关键所在,运用身心系统管理原理,统领自身各个组成系统,提升自组织力,持之以恒推进身心系统的健康发展,这就是身心系统自我管理的领导力所在。

(二)协调能力

在管理学中,协调能力是指决策和实施计划的组织过程中的协调指挥才能或能力。决策或计划实施的领导者需要懂得一套科学的组织设计原则,应该熟悉并善于运用各种组织形式和各种方法及手段。

自我身心系统管理的协调能力体现在对身心系统各个构成部分的发展演化关系的感知能力和自我行为协调能力方面。

1. 有效的感知能力

有效的感知能力是指自我对身心系统各个构成部分的当前状态的认识和熟悉能力,除了对身心系统各个构成部分的具体构成、功能和运作原理的认知外,更重要的是自身能够实时掌握各自状态及可能的变化趋势。

2. 自我行为协调能力

身心系统问题可以说都是由身心系统内部构成部分之间以及与环境之间的不和谐或矛盾纠结所致,需要通过自我行为调节。而自我行为协调能力就是化解这些纠结和矛盾的能力,是聚身心系统各部分分力为合力的能力,是变消极因素为积极因素,提升身心系统正能量的能力。

(三)身心系统协调管理内容

身心系统的健康发展和自我管理很重要的环节就是要协调身心系统内部构成部分之间以及与环境之间的关系,身心系统协调可分为四大类,现梳理如下:

1. 身体系统内在协调

身体系统的六个子系统,即消化系统、血液循环系统、内分泌系统、神经系统、免疫系统和肌骨系统,是需要按照系统学原理,对它们实施协调管理的。在管理学概念上,协调或和谐是指系统中所有子系统或组织都能尽情发挥自身的积极性,使功能都能按系统总目标尽其所能地发挥。即消化系统各个构成部分要能够协同工作,能够充分摄入身体所需的物质营养和能量,顺畅排泄糟粕物质。血液循环系统从造血至推送输运血液到各个组织细胞,需要心脏动力充沛,主动静脉到血管、毛细血管及细胞层微循环通畅,能量供应满满。神经系统从大脑、脊神经中枢、神经支路到各组织内及感官神经细胞,需要信息灵敏感知通达,融合反馈顺畅。内分泌系统在神经系统的正确信息指令协调下,内分泌腺和分布于身体各组织器官的内分泌细胞要分泌恰当的各类激素,正确作用相应靶细胞实现相应的调节效应。免疫系统相关的胸腺、淋巴结、脾、扁桃体淋巴器官,以及其他器官内的淋巴组织要能够产生足够的淋巴细胞,并能通达身体的各个部分,从而杀灭侵入人体的病原体,实现免疫防御功能。肌骨系统,要使肌肉的血液供应丰富,相应的淋巴回流顺畅等。

2. 心理系统内在协调

心理系统的四个子系统,即感知系统、知识系统、思维系统和行为系统,是需要相容、互通、协调和共生的。其中感知系统的感觉、知觉和注意三个心理活动,是心理系统的起端,而知识系统是心理系统的核心子系统。因此,心理系统的内在协调管理主要取决于管理者的知识系统,丰富的知识和高水平的知识体系是协调化解心理冲突的关键。

3. 身与心的协调

身心系统的协调管理宏观上在于身体系统与心理系统的协调,从管理的主动性视角看,心理是主体,即心主身。身心系统的自我管理的主体意识源于心理系统,取决于心理系统,特别是其中知识系统的水平,身与心的协调管理最高水平就是做到身心合一。心理系统的感知、思维和行为活动与身体系统的六个子系统密切相关,其首先影响神经系统,其次影响内分泌系统,进而影响消化系统、血液循环系统和免疫系统。常常看到一些人在用餐时,手不离报纸或手机,认真读着其中的内容,甚至时不时停顿夹菜或咀嚼,并被相关信息左右着自己的情绪,几乎忘掉菜肴的美味。这是心理活动与身体消化系统活动完全不协调的一种状态,作者考察了这类人,他们当中大多胃不太好,存在不同程度的消化系统功能障碍。

身与心的协调管理是互动的。一个人如果长期以心理系统活动为主,如白领阶层,以脑力劳动为主的伏案人员,最易造成身心活动的不协调。身与心的协调管理就是强调,要经常保持身心之间的全面互动,伏案之时要经常动动腿脚,活动下肩部头部,特别是颈部。当一个人心情不好的时候去运动下身体,改善下血液循环模式,即心理问题通过身体运动协调解决。同样,当身体不太舒服,特别是疲惫时可想点开心事,通过心理活动去解决。本质上,就是让心理意念随身体而动,当然身体各个子系统也随意念而动,做到身心相合。

4.身心系统与环境的协调

身心系统的协调管理最复杂的就是身心系统与环境的协调。我们前面已多有论述,一个人的身心系统与其所处和经历的自然、社会,特别是经济和文化环境因素密切相关,并相互作用。身心系统与环境的协调管理就是要按照人生规划和计划,做到与自然相合,与社会相合。一个人出生时的天时地利构成身心系统的自然环境,国家地方政治状态、军事状态、经济状态、文化状态以及民族环境和家族环境等均是身心系统发展变化的外在因素。这些因素的发生演化一般不会因个人的意志而转移,但任何一件事物或因素都有正反两重性,身心系统与环境的协调管理就是要科学运用其中有利的一面,特别是把众多环境因素的各自有利一面协同综合运用,趋利弃弊,甚至在非常的人生逆境中也会走出灿烂的人生。

四、自我控制与约束

控制与约束是管理活动的最后一个,是持续保障管理规划或计划目标实现的活动。从一定意义上说,管理的过程就是控制的过程。因此,控制既是管理的一项重要职能,又贯穿于管理活动的全过程。身心系统自我管理的控制与约束,基于前述的系统学原理就是维系身心系统的有序性过程,其核心内涵就是使一切身心管理活动都能按计划有序进行。

(一)控制的概念

从一般意义上讲,控制是指控制的行为主体按照给定的条件和目标,对控制客体施加影响的过程和行为。控制一词,最初运用于技术工程系统。自从维纳的控制论问世以来,控制的概念更加广泛,它已用于生命机体、人类社会和管理系统之中。

在管理学中的控制职能就是指管理的行为主体为了达到一定的组织目标,在给定的内外部条件下,运用一定的控制机制和方法手段,对组织客体施加影响和约束的过程。遵照控制原理,对应身心系统自我管理的控制活动必须具有如下三个条件:

1.目的或目标

身心系统管理控制与约束活动,首先要有明确的具体目的或目标,它们一般是计划或协调活动的目的性的具体细化,没有目的或目标就无所谓控制或约束。

2.多种发展可能性

即被管理的身体相关子系统或心理子系统的具体受控客体必须具

有多种发展可能性。发展的多种可能性,可由前述各章节关于对身心系统的科学认知和问题分析,加以深化发掘。如果事物即相应的身体组织或每一心理状态发展的未来方向和结果是唯一的、确定的,就谈不上控制,而身心系统的科学认知告诉我们,身心系统的各个构成部分的状态都是有多种变化的。

3.存在一定的方法或手段施予影响

依据控制论的可控性原理,控制主体可以在被控客体的多种发展可能性中通过一定的方法手段进行选择,如果这种选择不成立,控制也就无法实现。身心系统的发展,各个构成子系统都是可以通过自我行为进行控制和约束,具体包括学习、运动、饮食和医护等方法手段,使其按照既定目标改变。下一章会给出一些身心系统管理的具体方法或手段。

(二)控制的原则

按照管理学和一般控制理论原理,身心系统自我管理的控制活动应遵循如下原则:

1.遵从计划要求的原则

控制是实现计划的保证,控制的目的是实现计划,所以控制活动首先就是要遵从计划的要求。身心系统自我管理的计划越是明确、全面、完整,平时身心系统自我管理的控制约束活动越是能反映这样的计划要求,则管理活动也就越有效。

2.控制关键点原则

为了进行有效的身心系统自我管理控制,要特别注意管理计划中对活动成效具有关键意义的那些因素。对一个人来说,要结合自我身心系统的现状特征,分析计划执行情况的每一个细节,寻找并将注意力集中于计划执行中的一些主要影响因素上。事实上,控制住了关键点,也就控制住了全局。

3.控制趋势原则

身心系统自我管理控制的另一个重要原则,就是要针对身心系统的全局,辨识身心系统现状所预示的趋势,而不限于现状本身。按控制论原理,控制系统变化的趋势比仅仅是改变系统现状要重要得多,但也困难得多。一般来说,身心系统变化趋势是多种复杂内外在因素综合作用的结果,是经过一段较长时间的积累逐渐形成的。而相应的趋势往往容易被现象所掩盖,控制趋势的关键在于从现状中及时发现和揭示趋势,并给予有效的控制。在身心系统自我管理控制活动中,趋势会有正向与负向两类,所以,控制也相应分为助力性和遏制性两类。

4.例外性原则

在身心系统自我管理控制过程中,不可避免地会出现一些重要的例外偏差,也就是说身心系统自我管理控制也要把主要注意力集中在那些超出一般情况的、特别好或特别坏的情况,这样管理控制活动就会更有效。此外,例外原则必须与控制关键点的原则相结合,就是说要多注意关键点的例外情况。

5.和谐控制

在一般管理控制理论中,更精准的控制是优化控制或最优控制,但"最优性"的界定取决于系统的界域和价值取向,对一般的管理问题特别是身心系统管理问题,不存在广域全方面的价值体系最优情形,所以,这里用和谐控制代之。和谐控制是指在给定的身心系统情境约束条件下,寻求一个以身体各个构成部分和谐,心理淡定平和与身心和谐为目标或准则的控制理念。其重心一是促进身心系统各类及各个性能或评价指标取得协调共享的包容。二是强调身心系统行为活动的各类活动有序协同和相互包容,即在静中有动,动中有静,体中有心,心中有体。例如,在脑力劳作过程中加入体力活动,在体力劳作过程中加入心理意念流转等。

  古今中外之人都在不同视域对身心系统自我管理给予了重要的关注,并在相应的视域内都有着深厚的理论和实践凝练以及相应的效果。上述各种原理都有各自的科学之处,关键在于融合,而系统科学理论与方法就是融合之法,是原理的原理。当今复杂的人生活动及各类科学及实践高度融合,人们的认知广度和深度都在无限地推进,但我们不能深陷这茫茫无际的知识海洋,要跳出这广袤的知识宇宙苍穹,突破各自知识视域的边界,更全面系统地认识主客观世界,融会知识海洋之大道,从而更加科学地认识自我身心系统,进而做到自觉地管理身心系统。

第六章
身心系统自我管理方法

至此我们可以说对身心系统的基本构成、发展演化的系统机理、身心系统问题和相应的管理原理有了一个较系统的认知,其中也能体会到笔者身心系统管理的核心思想、理念和一些理性主旨。这些道理或原理如何在日常的工作和生活中遵行,就是本章要梳理的具体身心系统管理方法。

对于一个具体的人,其身心系统的自我管理都是起始于其自我的认知与觉醒,特别是对身心系统的健康开始重视的时候,而且大多是在身心系统已经不健康的时候。由前述知识的领悟也不难理解,此时这个人身心系统的大系统情境已是独一无二的,即世间没有一个人身心系统的孕育、出生、生长、演化、基因、构成、功能等,以及自然、社会、文化和心理境域等能够与之相同。这意味着对别人好用的方法对你未必好用,所以,笔者这里要说的本意就是:身心系统的自我管理不存在万能的普遍适用的具体方法,但原理具有很好的普适性,而方法则要因人而异。

因此,本章的核心就是如何运用基本原理,针对自我身心系统的历史及现状,探寻自我管理的具体举措、做法或方法。具体包括身心系统评价方法、心理管理方法、身体修炼方法、对待疾病的方法和身心综合运行管理方法。

第一节　身心系统评价方法

　　身心系统什么时候需要管理？管理什么？此时此刻一个人的身心系统处在什么样的状态？如何描述或测定其状态？这就涉及对身心系统的科学评价，评价是对身心系统的检查、审视和评定，是发现身心系统问题的主动自觉管理的始端，同时获得身心系统的好评价，也是身心系统自我管理的目标和管理有效性的评定。本节将简要梳理中西医的身体健康评价和心理评价方法，并整理推介身心系统评价方法。

一、西医指标法

　　西医和中医对人体机理的解释不同，在诊断和治病上的思路不同，各有一套。因此，对身体系统的评价指标和方法也不同。西医是架构在自然科学及技术的基础上的，强调大自然有其自身的运动规律，不能按人们的主观意愿或者猜想来解释，而只能是用机械理论并以几何和数学语言来表述。而科学技术进步大大推动了医学的发展，特别是系统生物学与技术的发展正在变革着身体的诊断、病理分析以及治疗方法。西医对身体系统的评价体现在各种身体检查，即各种体检科目上，并以定量化指标为主体。

　　首先是一般检查，即评价身体的基本情况，包括的指标主要有：临床科室指标、基于辅助科室的指标、妇科专项指标等。

二、中医评价法

中医学理论认为人体是一个有机整体,其局部病变可以影响全身,内里病变能够表象于外。而外部的表现可以反映内在疾病的本质。因此,中医在诊断评价身体状态或疾病时,主张通过个人的自我感觉和医生观察到的一些外在表象,去推断评估人的身体系统状态或病理变化,认为身体的表象变化可以反映身体内在健康或病变本质。中医评价法由于不需要严格的化验和检验设备,一个人自身就可以进行评价,故这里稍微多介绍一些。中医对身体系统的诊断和评价方法主要分为如下望、闻、问、切四诊法。

三、心理评价法

由前述已知心理系统是一个复杂系统,至今在心理学领域,还没有被一致认为科学的心理系统评价方法,但心理学家们还是将心理健康评价的基本视角和标准进行了相关的描述,并给出一些评价方法,笔者梳理如下:

(一)心理评价的维度

心理学家认为心理评价应从如下几个维度展开:

(1)有适度的安全感,有自尊心,对自我的成就有价值感;

(2)适度地自我批评,不过分夸耀自己也不苛责自己;

(3)在日常生活中,具有一定的主动性,不为环境所左右;

(4)理智、现实、客观,与现实有良好的接触,能容忍挫折,无过度的幻想;

(5)适度地接受个人的需要,并具有满足此种需要的能力;

(6)有自知之明,了解自己的动机和目的,能对自己的能力做客观的估计;

(7)能保持人格的完整与和谐,个人的价值观能适应社会的标准,对自己的工作能集中注意力;

(8)有切合实际的生活目标;

(9)具有从经验中学习的能力,能适应环境的需要改变自己;

(10)有良好的人际关系,有爱人的能力和被爱的能力。在不违背社会标准的前提下,能保持自己的个性,既不过分阿谀,也不过分寻求社会赞许,有个人独立的见解,有判断是非的标准。

(二)心理评价指标测试题

这里选择一种心理评测的方法,其将心理疾病分成六个大维度,即分别表述为自卑、忧郁、恐惧、焦虑、强迫和怀疑症状。每个维度设有10个题项,共计60题,具体如下:

(1)我认为自己太大众化了。　　　　　　　　　　是☐　否☐

(2)当我注意自己的照片时,总觉得很不满意。　　是☐　否☐

(3)有时我怕别人嘲笑或批评而隐瞒自己的意见。　是☐　否☐

(4)我觉得自己不可能赢得别人的关注。　　　　　是☐　否☐

(5)获取称赞是非常困难的事。　　　　　　　　　是☐　否☐

(6)与身边的人相比,我觉得自己不够好。　　　　是☐　否☐

(7)在社交场合中我感到害羞,并且自觉意识到这种害羞。

　　　　　　　　　　　　　　　　　　　　　　　是☐　否☐

(8)我常常把自己设想得比实际更好。　　　　　　是☐　否☐

(9) 直到现在我认为自己没有成功过。 是☐ 否☐
(10) 我常常觉得自己是失败者。 是☐ 否☐
(11) 总的来说,我认为自己自信不够。 是☐ 否☐
(12) 近来,我感到情绪低落。 是☐ 否☐
(13) 我时常无缘无故地觉得自己很悲惨。 是☐ 否☐
(14) 以前感兴趣的事情,我现在一点兴趣也没有。 是☐ 否☐
(15) 我现在比以前更容易生气激动。 是☐ 否☐
(16) 一切事情我很难做出决定。 是☐ 否☐
(17) 无缘无故感到疲乏。 是☐ 否☐
(18) 一个人的时候想哭泣或有哭泣的冲动。 是☐ 否☐
(19) 觉得自己是个多余的人,没有人需要我。 是☐ 否☐
(20) 近来,感到做任何事情都很费力。 是☐ 否☐
(21) 我时常有无能为力的感觉。 是☐ 否☐
(22) 我担心会随时丢掉自己的工作。 是☐ 否☐
(23) 我做任何事都不想承担责任。 是☐ 否☐
(24) 做任何决定,都令我内心十分痛苦。 是☐ 否☐
(25) 我为自己的健康而担心。 是☐ 否☐
(26) 有时我担心会失去自己心爱的人。 是☐ 否☐
(27) 我恐惧与陌生人相处。 是☐ 否☐
(28) 我时常关心别人对我的印象。 是☐ 否☐
(29) 我对具有威慑力的人物总是感到害怕与苦恼。 是☐ 否☐
(30) 我对无害的动物也感到恐惧。 是☐ 否☐
(31) 我比一般人更容易脸红。 是☐ 否☐
(32) 为了一些事情我经常失眠。 是☐ 否☐
(33) 我觉得自己有许多无法克服的困难。 是☐ 否☐

(34) 我总是感到生活非常紧张。　　　　　　　　　是☐　否☐

(35) 面对艰难的任务,心中充满担心。　　　　　　是☐　否☐

(36) 我常无缘无故地为一些不现实的东西而担心。　是☐　否☐

(37) 如果事情没有按照原计划进行,我常感到手足无措。

　　　　　　　　　　　　　　　　　　　　　　是☐　否☐

(38) 当我和别人谈话时,并特别想给人留下深刻印象时,我的声音常会变得颤抖。　　　　　　　　　　　　　　是☐　否☐

(39) 公共场合说错了话,会使我很长时间不敢与人接触。

　　　　　　　　　　　　　　　　　　　　　　是☐　否☐

(40) 我经常服用镇静剂。　　　　　　　　　　　　是☐　否☐

(41) 有时一个念头总在脑中反复出现,我想打消它,但怎么也办不到。　　　　　　　　　　　　　　　　　　　　是☐　否☐

(42) 我时常为了一些细枝末节的小事而烦恼。　　　是☐　否☐

(43) 我常担心抽屉、窗户、门是否锁好。　　　　　是☐　否☐

(44) 我会为东西放错了地方而烦躁难受。　　　　　是☐　否☐

(45) 如果我的生活被一些预料外的事打乱,我会感到非常不快。

　　　　　　　　　　　　　　　　　　　　　　是☐　否☐

(46) 我常把自己描述成一个完美的人。　　　　　　是☐　否☐

(47) 做事必须做得很慢以保证正确。　　　　　　　是☐　否☐

(48) 做事必须反复检查。　　　　　　　　　　　　是☐　否☐

(49) 我是一个万事不求人的人。　　　　　　　　　是☐　否☐

(50) 我常常花大量的时间整理自己的东西,这样我可以在需要的时候找到它们。　　　　　　　　　　　　　　　是☐　否☐

(51) 我认为很多人的心理都不正常,只是他们不愿意承认而已。

　　　　　　　　　　　　　　　　　　　　　　是☐　否☐

(52) 我常常怀疑那些出乎我意料的、对我过于友善的人的真实动机。

是☐ 否☐

(53) 我认为有人会幸灾乐祸,希望我遇到困难。 是☐ 否☐

(54) 我总担心与我一起工作的同事会把工作搞砸。 是☐ 否☐

(55) 我有忽冷忽热的感觉。 是☐ 否☐

(56) 我常感到心悸。 是☐ 否☐

(57) 我时常认为别人想占我的便宜。 是☐ 否☐

(58) 身体一有不适,我就担心自己是否有病。 是☐ 否☐

(59) 我无法影响和我一起工作的同事,使他们能协助我实现我所计划的目标。 是☐ 否☐

(60) 我认为很少有人值得我信赖。 是☐ 否☐

(三) 心理评价的计算与评估方法

以上60题,每选择一个"是"得一分,然后将得分对照以下6类:

自卑症 第1～10题。如果你的得分在5分以上,说明你陷入了自卑的泥淖,你认为自己事事不如人,自惭形秽,丧失信心,进而悲观失望,不思进取。

忧郁症 第11～20题。如果你的得分在5分以上,说明你受到一定程度忧郁的困扰,表现为常常为兴趣减退、情绪低沉、自我谴责、睡眠差,而且缺乏食欲。

恐惧症 第21～30题。如果你的得分在5分以上,说明你时常具有恐惧感,可以说你有点懦弱,常常过多地自寻烦恼,杞人忧天,其实怕祸害比祸害本身更可怕,有时你明知恐惧没有必要,可你就是无法控制自己。

焦虑症 第31～40题。如果你的得分在5分以上,说明你受到焦虑的困扰,表现为常常出汗、心悸,总是担心某事发生,甚至伴有尿急、头痛等症状。

强迫症 第 41～50 题。如果你的得分在 5 分以上,说明你具有一定程度的强迫症,你总是想不该想或不愿想的事,或者控制不住做无意义的动作,比如每次出门后总是反复回来检查门是否锁好。更为严重的是,这些想法或动作已影响了你的正常工作和生活。

怀疑症 第 51～60 题。如果你的得分在 5 分以上,说明你的疑心较重,不信任别人,与别人相处常常斤斤计较,不顾别人利益。

所有 60 题,你选择"是"的题目在 5 题以下,说明你的心理素质较好,你有较强的适应性、承受能力、自信心和意志力,你会拥有奋进、快乐、幸福的人生。

四、系统评价法

前述评价方法可以从不同角度和层次给予身心系统的状态一定程度的评估,对自我身心系统管理的着眼点给予支持,并有相应的理论作支撑,是现在医疗和健康管理的主流方法手段。但是,由于相应的评价指标分得比较细,使人不能很好地评估身心系统的整体性特征,不能抓住身心系统的总体脉络。因此本小节提出身心系统的系统化评价方法,其核心思想是从身心系统整体出发,把身心系统的所有构成部分联系起来去检测、评估或推断身心系统的状态、症状或病灶。具体方法就是以一般系统论的流分析为主导,即从身心系统的物质流、能量流和信息流分析入手,从各种流的"源"开始,流经各种身心系统的相关构成部分或组织,一直追溯至"汇"或循环往复。分析检测各个相关部分,评估流的充盈顺畅或虚亏阻滞状态,从而给出身心系统的整体状态特征。

第六章　身心系统自我管理方法

（一）物质流分析法

身心系统特别是身体系统其主要的动态运行基础就是物质在身体中的流动，即物流，其主要由消化系统、血液循环系统、免疫系统承载，物质包括食物、水、气、血液、淋巴液等。身体系统的物流"源"与"汇"来自与自然和社会环境的交互。消化系统口腔和咽喉就是物流食物和水的主要"源"头，而口鼻又是物流气的主要"源"头，食物和水由口腔进入，经咽喉、食管、胃、小肠、大肠，经过一系列物质形态的生化转变，主要营养被吸收，糟粕部分被排出形成物流的一个"汇"。血液循环系统通过肺脏把经由口鼻及呼吸道流入的空气进行氧气和二氧化碳的交换，完成静脉血液到新鲜动脉血液的转换，并由心脏推送全身，经由各个器官组织新陈代谢，和能量流融会。

物流分析旨在以流动的概念，去分析整个物质流网络系统的充盈顺畅程度，借以评估诊断相应系统状态。如果网络中某些组织感觉不舒服，先要从物流的源头进行分析，如吃喝食物与水如何，咀嚼到胃，在胃中的舒畅感及生化转变排放顺畅度。如果一个人能吃能喝，排泄顺畅正常，消化系统就属于健康态。如果排汗顺畅，即手指脚趾都能顺利排汗就为物流系统性通畅。

（二）能量流分析法

身体的能量流可分为气力和血液能量流，主要包括机械运动能和身体热能。身体的整体能量流涉及身体的消化系统、血液循环系统、肌骨系统、内分泌系统以及神经系统和心理系统等。中医学又称为气血系统，并认为气与血各有其不同作用而又相互依存，以营养脏器组织，维持生命活动。作为一般人更易理解的说法，可称为"精力"，即精神和体力。

能量流转可分为有意识的和无意识的两种。有意识的能量流转就是指人自身的有主观意向的行为活动所产生或依赖的身心系统能量流转。如体力劳作、体育运动，以及有意向的思维活动等。而无意识的能量流转一般指身体内在的气血运转。如细胞新陈代谢、血液环流等。能量流分析旨在以能量流动的概念，去分析整个能量流动系统的气血充盈顺畅程度，借以评估诊断相应系统状态。由于血液能量流与血液循环密切相关，并在物质流分析中已有所涉及，这里主要讨论气的运转。

气是人体最基本的物质，是机械能的主要载体。按中医理论，其由肾中的精气、脾胃吸收运化的水谷之气和肺部吸入的空气几部分融合而成。人体的五脏六腑均有相应的气，以提供或传递相应的气息运转。脏腑泄了气，就会出现如肝气虚、肾气虚等症状，进而造成器官的原有生理功能受损，造成一系列疾病。一位身心系统健康者其气息是顺畅平和的，而气力是充沛的。

当气息运转发生异常时，就说明身心系统有问题，由于气息流经全身又受心理意念影响，表象出来的征兆不一样，用中医术语可以归纳为"气滞""气郁""气逆""气陷"四种情况。

气滞是指气息运转不畅，常出现的最典型的症状就是感觉某个器官胀痛。

气郁是指气结聚在内，不能流转周身和外泄。这样就会出现五脏六腑功能运转障碍，进而影响物质流的运输和排泄。

气逆指的是体内之气上升太过或下降不及，即与气息的和谐运转相逆。气或能量在人体中的运动是有升和降形态的，气的升降与心脏推动血液升降相辅相成。气的上升作用能保证辅助身体将体内的营养物质运输到头面，并维持各脏器在体内的正常位置。下降则促使进入人体的物质能自上而下地依次传递,并能将各种代谢物向下汇集排出体外。

气陷与气逆正好相反,即指体内之气上升不足或下降太过。上升不足则会导致身体上部气血不足,头部缺血缺氧或脏腑不能固定在原来的位置。如出现头晕、健忘、眼前发黑、精神不振等。而下降太过则会导致物质流下行失常,出现食物传递过快或代谢物的过度排出,如腹泻、尿频等。

(三)信息流分析法

信息流是表征、协调、综合物质流、能量流和心理活动的中枢,是身心系统自我管理的主旋律。身心系统的内在或外在的物质或能量运动与变化,无论是有意识的还是无意识的,都会伴随信息的产生与传递,特别是自我的主观意识,可以调动身体系统的无意识或潜意识信息。因此,身心系统的状态可以通过相应的信息收集、综合,以及信息流的"源"和"汇"等流转过程分析来进行评估。

身心系统的信息包括物理生化和心理意识两个层面,一个人不管他或她愿意不愿意,每时每刻都要处理大量的信息。这些信息处理得如何和信息感知流转是否流畅反映身心系统的相关状态,同时也会影响身体的状态。信息是身心系统内在和外在所有相关组织或事物的一种普遍联系媒介。

信息流分析首要的就是随时有序地进行身心系统运行状态信息的获取与分析,自我从主观上主动地感觉获取信息。大多数人在繁忙的工作和生活过程中忽略或根本上忘记感知自己的身心状态信息,五脏、六腑、大脑和四肢都有什么感觉和处在什么状态下,无暇或从不去想,只有到了生病时才去关注。身心系统的信息感知或获取,特别是身体状态的感知,除了通过医学方式外,还可通过信息流动感知。人的心理活动特别是意识活动会通过大脑分区及相应的神经系统与身体的各个组织器官联系起来,即意识活动与身体器官的生化活动是共现的,所以人的主观意识或意念可以带动躯体的器官活动,其中包括信息活动。

信息流分析法是身心系统评价的核心和综合方法。身心系统的系统化评价可以融会西医、中医、心理以及物质流和能量流分析所获得的全部信息,进行更科学全面的系统化诊断或评价。具体来说就是要运用前述对身心系统的系统化认知,从身心系统的构成、功能、运动原理和规律来理解身心系统的各类指标或信息,把它们联系起来,辨识身心系统问题所在,进而加以调理或施治。

第二节 心理管理方法

对身心系统有了一个基本的评价后,接下来就是要发现身心系统问题的症结所在,或持续提升身心系统的健康水平,即主动自觉地实施身心系统自我管理,首先要从心理管理开始。心理管理是一个复杂的意识与行为过程,这方面的研究还远远不够,古今中外所提供的方法迥异,本节根据前述的心理系统认知及系统学原理,加之笔者自身的感悟和相关研究,对心理管理方法进行梳理。

一、学习知识,树立科学的世界观和人生观

由第二章和第三章可知,心理系统的核心是个体知识系统,它是一个人对客观世界认知的总和,是影响或主宰其心理行为的主要子系统。而从知识系统和心理系统的综合层面来看,世界的本质是什么?怎么

去认识这个包括客观自我和主观自我的世界？你的认识和看法对吗？这是心理活动自觉或不自觉所必须面对的问题，这就是世界观。世界观也叫宇宙观，是人们对世界或宇宙的基本看法和观点。世界观是建立在一个人对自然、人生、社会和精神的科学的、系统的、丰富的认识基础上的，它包括自然观、社会观、人生观、历史观、物质观、运动观和时空观，也是价值观、幸福观的基础。作为一个人，世界观又总是和他的理想、信念有机联系起来的，世界观总是处于最高层次，对理想和信念起支配作用和导向作用。同时世界观也是人的行为的最高调节器，制约着人的整个心理面貌，直接影响人的个性品质。可以讲，世界观决定一个人的人生观和价值观。

(一)科学的世界观

对每个人来说，无论其认识到与否，世界观都客观存在，关键是要树立科学的世界观。科学的世界观是以自然规律和人间大道为基础的，具有真理性，所以世界观不仅仅是认识问题，而且包括坚定的理想信念和积极的行动。例如，共产主义世界观就不仅仅包括对共产主义的认识，而且包括共产主义信念和为实现共产主义而奋斗的精神和积极的行动。

对一个人来说，其世界观在初期，一般是朴素的，但随着自身生产生活实践，特别是学习知识，世界观会发展演变成被逻辑严格证明的原理或定律，而相应的对世界的根本看法，也就变成了对自然规律和人间大道的精华表象。树立了科学的世界观，一个人就可以把握自然和社会的大道规则，就会明事理，就会看清世间万事万物的内里与走向，就会开明豁达，就会去除或杜绝心理纠结，就会做到身心和合，与他人和合，与天和合。所以，确立科学的世界观是心理系统管理的根本。

(二)如何树立科学的世界观

世界观的基本问题是意识和物质、思维和存在的关系问题,是社会意识对社会存在的反映,同时任何世界观的形成和确立,都要利用先辈特别是先贤们留传下来的现成思想材料。所以,要确立正确的、科学的世界观就必须认真学习人类的知识。这些知识是人类共有的,是关于自然、物理、化学、生物、社会政治、经济、科技和文化等的知识,其中更重要的就是关于世界观、人生观和价值观的知识。

现今,地球村各个民族的绝大多数人都知道学习知识的重要性,但大多是把学习求知作为择业立世之本。笔者认为,求知不仅是为事业,更重要的是解放自我,开悟身心系统。学习专业知识,掌握生产与生活技能无疑是必要的。世间很多学习者处在知、识、合的不同状态,知是了解是什么,识是理解为什么,还要知一物或多物之间的关系,即为合。因此,知而不识,不为有知;识而不合,不如不识;知而识,识而合,为大智。然而,一个人又不能达成全知、全识、全合,因此,知该知,为大知。一个人达到了大知大智境界,就是确立了科学的世界观。

从方法论上讲,树立科学的世界观,就是要遵从系统科学的思想方法论,运用系统科学理论和方法去分析世界和理解世界。从自然、社会、经济、文化和行为科学等方面,从系统的内部构成、层次、单元、子系统、内环境、外环境等多维度、多视域去认识世界,既要把握宏观整体,又能游刃于微观细节之中。这就是系统的世界观方法论,其强调分系统层次地、普遍联系地、整体地、环境互动地、动态演化地认识世界。

在世界观中关于宇宙、万物和意识特别是生命的看法最为基本,古今中外圣贤大师多有见地,至今尚无定论。按照系统科学的方法论,世界万物包括宇宙都是由不同形态的物质、能量和信息构成。物质是不灭永恒的,能量是维系物质存在的动力,信息是协调其保持形态有序的控制因子。万千物种的产生演变都是由其内外能量和信息驱动维系着,也正是由物理的惯性定律和平衡定律驱使物的形态衍生与存在。一个具体事物的存在就是其形态的存在,并由其所处的能量场和信息场所决定,而其中内在的能量和信息场是维系其存在的主因素。

物质的永恒决定宇宙无始无终,从物理世界的基本粒子、原子、分子到化学世界的各种元素和化合物,从宇宙的基本粒子团大爆炸说,特别是现代量子物理学、分子生物学等都可以理解宇宙万物都是由基本粒子这个最小系统单元,在不同的外界能量和信息场的作用下,通过内在能量和信息场的主导聚集成一个个、一群群的万千大小事物系统。聚集过程从量变到质变,混沌与涌现,而其中能量流与信息记忆,在惯性定律和平衡定律的驱使下,形成一种物系统形态的质存在。因此,不存在任何的造物主,宇宙大系统的大爆炸正是由于内能的动能蓄积引发,而原始的粒子团块的构成及相对位置不同,造成了宇宙不同星系的万千星体,以及星体上的万千初始基本粒子团,具体到化学元素构成的基本物质。

有机生命或物的产生也正是由于星系内星体能量辐射流转及运动相关信息的作用,以及在具体化学物质团块的内在能量和信息场的作用下形成的新的物质形态。星体中的无机物质首先通过内外能量和信息场的作用形成了有机化合物,如脂肪、氨基酸、蛋白质、糖、血红素、叶绿素、酶、激素等。而这些有机化合物质,进一步在所处的内外能量和信息场,如在水中和太阳的光照中,再聚合成生命的基本单元——细胞,进而产生了万千生命。即具体的微生物、植物、动物,从简单到复杂,再从生物种群之间的生物链序,到高级的人类,都是通过内外能量和信息场的作用,从一个有序态到另一个有序态的进化形成的。

由上述观念不难理解生命的灵性,特别是人的灵魂和意识,就是在人体中承载记忆的信息特别是知识化了信息或知识,以及包括人身现势所感知的信息在内的,信息活动的行为与内容的总和,或者说人的灵魂和意识就是作为个体所有的信息与知识构成的系统,姑且称之为个体信息知识系统。它包含身体所有的感知、记忆、传输和计算神经单元,以及全身特别是大脑中所记忆的全部信息和知识。这些信息和知识构成了人的意识和思想,因此,个体信息知识系统的水平与行为决定着人的心理系统,或者说它就是心理系统。

上述就是笔者从系统科学视域理解的,对宇宙、万物和意识的基本观点。本书的立意、组织、论述无一不力求体现这一观念和相应方法论。

(三)树立科学的人生观

科学认识世界的同时必须科学地认识自我,认识自我首要的就是正确看待人生,这就是人生观问题。人生观是人们在生产生活实践中形成的对于人生目的和意义的根本看法,它决定着人们生产生活实践活动的目标、人生的取向和对待工作和生活的态度。

人生观的基本问题是人关于自我本质的认识问题,这是一个古老而又现实的问题。在古今中外思想史上,许多哲学家、思想家都从不同的角度提出了自己的见解,为科学认识人的本质提供了大量的思想素材。马克思运用辩证唯物主义和历史唯物主义的立场、观点和方法,指出:"人的本质不是单个人所固有的抽象物,在其现实性上,它是一切社会关系的总和。"这就是说,任何一个人都是处在一定社会关系中从事社会实践活动的人。人的社会属性是人的本质属性,而人的自然属性也深深打上了社会属性的烙印。

毫无疑问，每一个人从其来到地球的那天起，就从属于一定的国度和民族的社会群体，同周围的人发生着各种各样的社会关系，如家庭、地缘、业缘、经济、政治、法律、文化、道德等关系。这些社会关系的总和决定了人的心理世界，这就是马克思指出的人的现实性本质。一个人正是在这种客观的、现实的、不断变化的社会关系中完善自我，进而表现为真正意义上具有个性特征的自我。在生产生活实践中，人们不断面对和处理各种各样的问题，积累阅历和获取知识，逐渐地认识和领悟人生，形成关于人生的根本看法、价值判断和生活态度，这就是一个人的人生观。

世界观和人生观是紧密联系在一起的。一方面，世界观决定人生观，有什么样的世界观，就有什么样的人生观。科学的世界观，是科学人生观的基础，人们对人生意义的科学理解，需要建立在对世界发展的客观规律的科学认识的基础之上。因此，从这个意义上讲，人生观从属于世界观，树立了科学的世界观，就能树立科学的人生观。

二、确立科学的价值观和幸福观

主宰一个人内心世界即整个心理系统的除了对世界和人生的科学认知外，还要具体地科学地树立人生价值观和幸福观。一个人来到世间虽然不是其主观意愿决定的，但无疑是人类这个群体整体发展演进的必然，是父母把一个人带到这个世界的。一个人天生就具有人生的两个责任，即自我生存及社会责任。责任是从利他视角所形成的概念。人类社会由每一个自我个体构成，维系个体自我存在是人类群体发展进化的基本价值。同时，为了整个群体的大多数存在及发展，还需要个人担当群体即社会赋予个体的责任，这是社会价值。如何科学地看待人生价值,进而科学地评价自我价值,这就涉及一个人的价值观和幸福观。价值观和幸福观在第四章第一节作为心理系统目的性问题有所提及,这里做一下较深入的论述,以分析确立相应的科学观念。

(一)价值观

价值观是人们基于其世界观对事物是非判定的一种思维或价值取向,从而体现出人、事、物一定的价值或作用,即价值观念。一个人、一件事、一个物的价值或作用,具有其客观性,但对于人类来讲,主要在于其相对人的活动价值,更主要的取决于人的心理认知,具有很强的心理主观特征。价值观决定着为人处世的出发点和目标取向,具体主导着待人、处世、理物活动的目标或指标尺度。

价值观对人的行为动机有导向作用,活动主导人的心理。人们行为的动机受价值观的支配和制约,并对动机模式有重要影响。在同样的客观环境条件下,具有不同价值观的人,其动机模式不同,产生的行为活动也不相同。一个人心理动机的目的方向受其价值观支配,只有那些行为活动经过价值判断被认为是可取的,才能转换为行为的动机,并以此为目标引导人们的行为活动。

价值观具有相对的稳定性和持久性。对大多数人来说,在特定的时间、地点、条件下,一个人的价值观总是相对稳定和持久的。比如,对某种人、事、物的好坏总会有一个看法和评价,在条件没有太大变化的情况下,这种看法和评价也不会改变。

价值观还具有历史性与选择性。在不同时代、不同社会生活,特别是不同文化和家庭环境中,人形成的价值观是不同的。一个人的价值观同其世界观一样,是从出生开始,甚至某些自然属性感知在母体时就已开始,在家庭和社会的影响下,逐步形成的。一个人所处的时代社会生产方式及其所处的经济地位,对其价值观的形成有决定性的影响。当然,社会教育、网络、报刊、电视和广播等宣传媒体的观点以及父母、老师、朋友和公众名人的观点与行为,也会对一个人的价值观形成有着不可忽视的影响。

(二)人生价值体系

在心理活动中,人生价值观至关重要。人生价值是人的生活实践对于社会和个人所具有的作用和意义。选择什么样的人生目标,走什么样的人生道路,如何处理生活实践中个人与社会、付出与获得、身与心、现实与理想、生与死等一系列矛盾,人们总是要有所取舍、有所好恶、有所赞成和有所反对、有所认同和有所抵制,其所依据的就是人生价值体系。

可以说,绝大多数人的心理纠结等问题的根本原因就在于缺乏对自我身心系统的科学认识,更没有建立科学的价值度量体系。美国社会心理学家罗基奇于1973年提出价值系统理论,认为各种价值观是按一定的逻辑意义联结在一起的,按一定的结构层次或价值系统而存在,并提出以下两类价值体系:

终极性价值体系即表示存在的理想化终极状态或结果,具体维度有:舒适的生活、振奋的生活、成就感、和平的世界、美丽的世界、平等、家庭保障、自由、幸福、内心平静、成熟的爱、国家安全、享乐、灵魂得到拯救、自尊、社会承认、真正的友谊、智慧。

工具性价值体系指达到理想化终极状态所采用的行为方式或手段,具体维度有:有抱负、心胸宽广、有才能、快活、整洁、勇敢、助人、诚实、富于想象、独立、有理智、有逻辑性、钟情、顺从、有教养、负责任、自控、仁慈。

笔者之所以引用罗基奇的这一人生价值体系,是因为它是在一定的理论框架指导下梳理而成的,包含的价值维度较多且简单明了,便于从系统性和整体性上加以理解和把握。终极性价值体系给出了一般人的理想化的终极状态,是一种期望目标。而工具性价值体系指出了达到理想化的终极状态,一个人应该秉持的行为方式或手段。这些可以具体化为一个人如何指导自身行为目的的准则。

(三)确立科学的人生价值观

在关于人生的思考和评价中,人生目标、怎样对待人生等问题是人生价值观的本质问题,也就是前述的人生两个责任的认识问题,而责任就是价值的本源。确立科学的人生价值观要科学地认识这两个责任,处理好两个责任间的辩证关系,并把责任化为自觉自在的行为活动。

一个人的社会责任是社会赋予和规范的。任何一个国度和社会都会在一定的历史发展阶段上,形成与其根本制度和要求相适应的、主导全社会思想和行为的社会核心价值体系。这个社会核心价值体系,是社会系统整体基本制度在价值层面的本质规定,体现着社会系统整体意识的性质和方向,它不仅作用于经济、政治、文化和社会生活的各个方面,而且规范着每个社会成员人生价值观的社会属性。前述价值体系中有关和平的世界、美丽的世界、平等、家庭保障、自由、国家安全、社会承认、真正的友谊,有抱负、助人、诚实、钟情、顺从、有教养、负责任、仁慈等就是关于人生价值的社会属性维度。

一个人的自我责任由自我存在的价值所表象,由自我需求所规范。稻盛和夫认为宇宙万物存在是因为其具备存在的必然性,都是必要的,所以具有价值。正所谓"天生我材必有用"。人的自我认识是从其存在开始的,而一个人的存在也是社会存在的基石。按照马斯洛的需要层

第六章 身心系统自我管理方法

次论,人的需求从低级到高级依次为生理的需要、安全的需要、归属和爱的需要、尊重的需要、认知的需要、审美的需要和自我实现的需要。前述价值体系中有关舒适的生活、振奋的生活、成就感、自由、幸福、内心平静、成熟的爱、享乐、灵魂得到拯救、自尊、智慧、有抱负、心胸宽广、有才能、快活、整洁、勇敢、富于想象、独立、有理智、有逻辑性、自控等就是关于人生价值的自我属性维度。

确立科学的人生价值观最常见的基本纠结问题是人生价值体系中的自我属性和社会属性的矛盾和冲突,也是古今中外先贤认知的焦点。其本质问题是关于所为何人的问题,即是利己还是利他的问题,涉及人性到底是善或恶的认知。一般认为利他者为善,利己者为恶。善与恶的本身属于价值判断范畴,具有人的认知主观成分。人生的本质就是身心系统与环境交互的演化发展过程。人之初由于心理系统的幼小,主要以身体的生物特征表象为主调,也无主观即心灵层面的善与恶之念,肉体受到父母家族和社会整体的呵护哺育,行为以利己为主。随着一个人的成长,其与社会关系日益密切,进而成为真正的社会一员,从系统科学观点看,他或她是社会系统的一个构成单元,具有社会整体所赋予的属性,是社会系统不可或缺的。这样个体与社会就是系统的部分与整体的关系,就是相辅相成的关系,个体的强大会为社会繁荣奠定基础,而社会昌盛会给个体发展提供空间与外部能量。系统科学的世界观认知,系统的构成单元之间及与系统的整体之间只有处于互利互惠相互支持的状态,系统才会发达昌盛。一个人一定要从自身提升自我价值,要有抱负、胸怀、才能、知识、教养等,身心系统健康并能负起社会责任,坚持学习,勤奋做事,能够自律,以善待人,不以牺牲损害他人或社会利益为交换提升自己人生价值。

科学的人生价值观是人生实践的正确导向,除了要具有科学的内容维度和正确的管理维度外,还要在人生价值体系的各个维度上设定期望值,当然这种设定也需要科学的观念和态度。每个人往往在上述价值取向上都有自己的梦想,但由于每个人的自我素质和人生际遇不同,人生价值实现情况不尽相同。人生要有梦想,梦想就是人生价值体系各个维度期望程度的目的地,是目标,是人生命的光源,无论是否达成,都会指引其绽放人生的灿烂辉煌。

(四)确立科学的幸福观

幸福观是指一个人对幸福的根本看法,是其世界观、人生观和价值观的反映。一般意义的幸福是指人们在生活实践中,由于目标和理想的实现而感受到的精神上的满足。由于人的世界观和价值观不同,人的幸福观也就不同。不同的阶级、不同的文明都有不同的幸福观。

资产阶级的幸福观以利己主义、享乐主义、个人主义为主导,认为物质享受与个人私欲的满足是衡量幸福快乐的尺度。以马克思主义为指导的无产阶级幸福观则认为,每个人都在谋求幸福,个人的幸福与大家的幸福是分不开的。对于无产阶级和劳动人民来说,没有劳动就没有幸福可言,只有社会劳动才是创造幸福的根本途径。共产主义幸福观则把全心全意为人民服务、为全人类解放而奋斗看成最大的幸福,坚持把追求个人幸福和实现共产主义理想统一起来。

西方理性主义的幸福观强调理性作用,贬低感性与情感的作用,主张抑制欲望,追求道德的完善或精神上的幸福。他们认为人生目的和幸福在于按理性命令行事,而感官的享受和快乐只会玷污理性,荒废人生。理性主义的幸福观分为两种:一是以柏拉图、亚里士多德为代表的和谐说;二是以犬儒学派和斯多葛学派为代表的禁欲主义。

被誉为哈佛大学最受欢迎的"人生导师"泰勒·本·沙哈尔博士有

第六章 身心系统自我管理方法

关幸福的研究认为,人的幸福主要是一种感觉,其取决于三个因素,即遗传基因,与幸福有关的环境因素,以及能够帮助我们获得幸福的行动。幸福＝快乐＋意义,其含义是:一个幸福的人,必须有一个明确的、可以带来快乐和意义的目标,然后努力地去追求。真正快乐的人,会在自己觉得有意义的生活方式里,享受它的点点滴滴。他从四种汉堡包里,总结出了关于幸福的四种人生模式,这就是他的幸福的汉堡包模型,如图 6-1 所示。

第一种汉堡包,口味诱人,但正是大家所说的标准"垃圾食品",吃它就是享受眼前的快乐,同时也埋下未来的痛苦。用它隐喻注重及时享乐,出卖未来幸福的人生,即"享乐主义型"。第二种汉堡包,口味很差,但里边全是蔬菜和有机食物,吃了会使人日后更健康,但会吃得很痛苦。即隐喻牺牲眼前的幸福,为的是追求未来的目标和幸福,称之为"忙碌奔波型"。第三种汉堡包,是最糟糕的,既不美味又会影响日后的健康。其比喻对生活丧失了追求和希望,既不享受眼前的事物,也不对未来抱有期许,称为"虚无主义型"。第四种就是"幸福型"汉堡包,又好吃,又健康。一个幸福的人,既能享受当下所做的事,又可以获得更美满的未来。

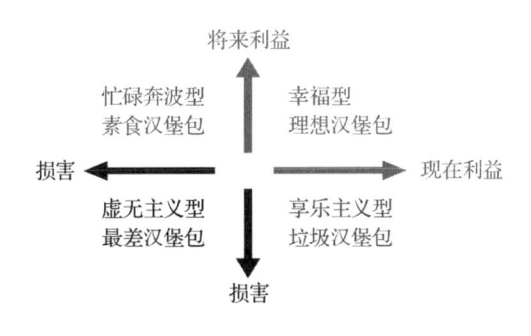

图 6-1　幸福的汉堡包模型

幸福是人类永恒的追求，更是人们普遍关注的一个热点问题。幸福既简单又复杂，也很难给出普遍认可的定义。幸福的简单在于生活中随处可得、无处不在。幸福的复杂在于其可化身于世界上有形的和无形的万事万物中，需要用科学的世界观、人生观、价值观，即智慧的眼睛去发现。实际上你的存在，仅是活着就值得感谢并称之为幸福。这里所梳理的有关幸福的观念来自不同的世界观和价值观，其共有的核心观点就是来自人生价值的一种实现与满足，而如上述幸福的汉堡包模型所代表的西方幸福理念是以人的利益获得为轴向的，把幸福建立在付出与获得的思维逻辑上。

幸福的大系统观，是从系统科学的世界观、价值观和方法论所推演出来的，认为幸福来自快乐，快乐来自美好，美好来自和谐，而和谐是人与所处的层级的自然、经济、社会和心灵系统的和合。一个人只是天人系统中的一个微系统的节点，每时每刻都被这个系统承载着、关联着、作用着，同时也反作用于这些系统。在系统中若一直积极主动、快乐勤奋地为系统施以正能量，感悟感恩系统的作用，就会从一个个小事物系统到一层层的大事物系统均与之和谐，进而实现更大的系统和谐。因此，简而言之，幸福是一种自我与天人的身与心的和谐，更高境界的幸福是大系统的动态和合，这是一种复杂的幸福观。

这里的两个关键认知，一是关于美的认知，事物的美来自其几何、物理、化学、生理、灵性以及与观美者的身心系统等的和合。二是关于付出，付出本质上就是一个人对所在系统的一种作用，它不是损失或成本，而是促进身心代谢。这在后面会专门加以诠释。人类的一个悲哀是大多数人都没有正确认识"付出"，把幸福建立在"获得"上，更甚者"贪得无厌"。

三、树立科学的劳累观

一个人的身心存在及其活动必然与所处的自然、经济、社会和行为系统相互作用,其对系统输出的作用会创造自身和社会的价值,这个过程的一种说法即劳动。劳动是人维系自我生存和发展的唯一手段。劳累是指劳心用身的不适感。由于人们的工作和生活都伴随着劳动,因此,心理活动及管理必须对劳动和劳累的认知树立科学的观念。这是继价值观和幸福观更下一层次的观念,是影响心理活动的最基本的重要的心理要素。

(一)劳动的本质

按照传统的劳动分类理论,劳动可分为脑力和体力劳动两大类,即劳心、用身两大活动。身心系统的内在主要矛盾,即人的意识主体(即心理)与生命本体(即身体)间的矛盾。人的任何行为都是这对矛盾的外在化,都是它们的综合性作用结果。体力与脑力的劳动是统一在人的身心系统与其他系统交互作用的实践活动中的,没有完全分割的体力劳动或者脑力劳动。

劳动是人身心系统运动的一种特殊形式,是一个人维系其身心存在的本源固有的运动。由前述相关章节的论述可知,人的身体是由众多生理系统、组织或细胞组成的,其中各个系统、组织和细胞相互联系、相互作用、各有分工、各司其职,井然有序地通过新陈代谢来完成各种生理、心理和精神功能,以维持和发展整个身心系统的复杂生命运动。

1.用身的本质

用身即体力劳动,是指以人体肌骨系统的运动为主,以大脑和其他身心系统的运动为辅的主体运动,如步行、田间耕作、打扫卫生、操作机器等。体力劳动是人乃至所有动物都具有的运动形式,动物的运动系统是生物进化的必然形式。体力运动的形成也使动物一方面能够通过自身运动改变与外部客观事物的空间位置,灵活地选择客观事物对象和外部环境。另一方面又能够通过肌骨系统形成一定的机械作用力来改变事物的数学、物理和生物属性,如事物对象的空间位置、几何尺寸、猎杀食物等。用身的本质是为身体系统提供物质、能量和信息,是促进血液循环,支持肌肉及整个身体组织的新陈代谢,保持身体系统耗散平衡的生命有序性所必需的运动。

2.劳心的本质

劳心即用心,属于心理系统活动,而心理活动是在大脑计算支撑下的信息系统活动,因此通常称为脑力劳动。脑力劳动以大脑神经系统的运动为主,以其他身心子系统的运动为辅,如思考、记忆等。脑力劳动是人类最高级、最复杂的运动形式。以信息科学的观点来看脑力劳动就是个体信息知识系统的运动,即接受、记忆、传递、比较、融合信息,与记忆积淀的经验或理性知识联系、分析和净化等的心理系统活动。脑力劳动是使人类区别于一般低等生物,使人类具有极高的预见性、自觉性、主动性和创造性的根本,并具有无限的发展潜力。按系统论观点,科学的脑力劳动就应该是一个促进个体信息系统减少信息熵,进而提升身心系统负熵,使心理系统更加有序和谐的过程。

劳心、用身都以生理力的运动为基础。广义上讲,生理力的运动是一切生物都具有的运动形式。例如,对于植物来说,有光合作用、蒸腾作用、呼吸作用等;对于动物来说,有消化运动、呼吸运动、血液循环运动、生殖运动、分泌运动、神经运动等。从前述章节可知,任何一种生理力的运动都可以归结为细胞的运动,细胞的运动实质上就是一个物质和能量代谢的过程,因此,劳动的本质就是新陈代谢。

(二)劳累的本质

劳累是一种劳心用身的不适感,表现为疲惫和厌倦。医学研究发现,身体劳累的感觉是由人体产生的一些特殊的物质造成的,运动时它的产量就会增加,并经过血液循环将其运送到人体的各个部分,人体就产生了类似于乳酸堆积、肌肉痉挛、肌纤维或结缔组织损伤等,即腰酸背痛的疲劳感。这些物质被称为"疲劳毒素"。人体运动时需要能量代谢,如果能量来自细胞内的有氧代谢,就是有氧运动。若能量来自无氧酵解,就是无氧运动。有氧运动时葡萄糖代谢后生成水和二氧化碳,可以通过呼吸很容易被排出体外,对人体无害。无氧运动时,体内的葡萄糖、脂肪等营养物质便不能被充分氧化为二氧化碳和水代谢掉,而会生成大量的乳酸、氨、尿素、二氧化碳等,这些物质就是"疲劳毒素"。

有科学家做过一个实验,他首先让一只狗不停地运动,直到它累得睡着为止;然后将其血液注入另一只正常的没进行运动的狗体内,而第二只狗竟然也立刻疲惫入睡了。这说明,运动产生的劳累不是机体磨损导致的,而是代谢不畅导致的。

劳累更多地来自主观心理意识,即对劳累的认识。大多数时候是由于主观意识上的厌烦、厌倦。对于某些人而言,虽然他们工作上劳动量很大,别人都觉得他们累,但是他们自己并没有感受到疲惫劳累。这是因为他们热爱工作,劳动过程新陈代谢顺畅,身心系统处在一个良性的耗散有序的进程中。

大多数人的累是由于他们把劳动看成自身的付出,是向所处系统索取回报的成本,总是想以最小成本获取最大的收益。劳动时总是计量付出和收益,与劳动的有序活动心理上不合,更缺乏快乐感,因此,压抑疲劳毒素的代谢,会感觉更加劳累。因此,要彻底认清正常的劳动是身心的新陈代谢的必然必需的运动，不是付出更不是成本，是与所处系统进行能量和信息的交换，增加负熵的生命有益过程。

生命的本源就是增加负熵的耗散运动过程。不妨用心观察刚出生的婴儿，特别是三五岁的孩童，只要他们没睡觉，他们就会无休止地不知疲惫地活动着，不是自己玩，就是缠着父母或他人给讲故事，或陪着玩耍等。就是说他们的身心系统要不停地进行新陈代谢，这是他们健康成长的主旋律，也是生命本源的原动力。可惜现在的人类文明正在抹杀或遏制这种原动力，人们自觉或不自觉地认为这是身心的付出，并越来越吝啬这种身心的所谓付出，不但辅以科学手段，更利用身份地位、长者智者之权力躲避这种劳动。久而久之一个人就会越来越感觉劳累，越来越不愿意劳动，特别是体力劳动，这也是人类不能实现其理论生存寿命的根本原因。

除了上述的论断外，劳累本质更多的是心理系统活动层面的，即心累。对应当代人，面对复杂的信息社会，多种文明的交织，多面人性，多种人生境遇等，所演变形成的心理系统，必然存在诸多矛盾和纠结，而导致心累。其中除了世界观、人生观、价值观和幸福观的缺失或冲突外，主要来自多重自我。作为一般人，会存在两个自我，即肉体本原的自我和心灵意境的自我，前者为身体本原信息活动系统形成的自我，后者则是社会教育和文明构筑的自我，而后者，对于一些人来说还会有多个自我。这些自我的价值观念和行为取向不同（否则即为合我），所以冲突和斗争就会不断，造成心理系统混乱和熵增，内耗无序性增大，导致心累。

（三）劳累观内涵

理解了劳动和劳累的本质后，就要树立科学的劳累观。所谓科学的劳累观就是要秉承系统科学思想，依据前述世界观、人生观、价值观和幸福观的认知,记住耗散原理,不要吝啬身心的付出,科学地、快乐地、积极地和勤奋地进行工作和生活运动,尽可能地"付出",从而更有益身心健康。

1. 切忌愚孝

经常见有的子女为孝敬父母,奉行减轻父母的劳动负担理念,千方百计创建让父母不操心不受累的环境。毫无疑问,这种想法是对的,但是剥夺了人的第一需要,是有碍身心系统健康和加速身心衰老的愚蠢行为。一位老人什么活都不干或自己也认为不应该干活了,什么心都不操或自己也认为不应该操心了,那他或她对家庭对社会对他人的作用就不存在了,价值和实现价值的感觉也没了,新陈代谢就会减缓,身心系统的熵就会增加,新细胞就会减少,旧细胞就会增加,组织总细胞量也会减少,身心就会加速衰老,就只有快速走向人生终点。因此,孝敬老人一定要尽可能维系老人的适当劳动,保持或提升相应身心系统的新陈代谢水平,给他或她更安全便捷的与自然和社会等系统进行能量和信息交换的环境。

2. 开悟自己

心理为什么会有多重自我及其矛盾和纠结,其根本原因就是没有看清自我,没有开悟。按照系统论的观点,遵照身心系统管理原理,就是要用科学的世界观、人生观、价值观和幸福观来认识自我。最了解自己的人永远只有自己,要改变自己也只有通过自己。解决多重自我的矛盾与纠结关键在于开悟。人之所以出现多重自我,其本质就是人同时处在大大小小的不同自然、经济、社会和文化系统中,而在这些系统中的角色就是多重自我的本像。所以运用系统科学思想与方法认清各个系统的内在联系,开阔胸怀,包容万千,就会使多重自我融为一体,进而实现与自然和社会之和合。

四、博爱少怨保持心理系统的耗散

前面主要是从思想观念上,为心理系统的科学管理解决理性认知层面的问题,下面从具体方法或做法上论述心理系统自我管理之术。

(一)上善博爱

在第五章的身心系统管理原理中已提及的上善之理,在一个人所处的大大小小的不同自然、经济、社会和文化系统中,至善若水,给系统和万物以好处,不争自身的利益。以和善仁义为怀,心胸心善深远阔大,言语诚信可靠,善于行动或做事,不留痕迹,不事张扬。即一个人对万物充满善意,以善待人,以善施予所处的系统,就会与他人和合,与所处系统和合。

善的本意是以好与人,上善的最高境界即博爱,是博大精深之爱,是"不独亲其亲,不独子其子,老吾老以及人之老,幼吾幼以及人之幼"的爱。"博爱"一词出于唐朝韩愈的《原道》"博爱之谓仁",按系统论观点就是要对一个人所处的大大小小的不同自然、经济、社会和文化系统及系统中万物施予仁爱。

博爱,是无私的,不求回报的。博爱是广大的,既能给予亲人,给予朋友,又能给予不认识的人,甚至是平时反目的敌人。博爱的力量是伟大的,能让人心胸豁达,可把人的暴躁化为似水柔情,把百炼成钢化为绕指柔韧。博爱并不是滥施滥爱,是为仁者之爱!博爱是以爱人为基础的,包括爱你所在的家庭、集体、民族、祖国,爱生命,爱人类的生存环境和大自然,爱人类的劳动创造和文明进步,爱一切真善美的事物。

从人类社会大系统的演化发展来看,提出和明确博爱的思想,是人类走向文明成熟的表现,是人类智慧的结晶,是人类社会大系统可持续发展的基石。因此,理所应当成为自我心理系统管理的指导思想方法。博爱是人有博大的心怀,能容大千世界的表象,是一个人具有科学的世界观、人生观、价值观和幸福观的体现。而遵循上善博爱也是一个人提升自我科学的世界观、人生观、价值观和幸福观的途径。

(二)摒弃怨恨

怨恨、仇恨、悔恨、抱怨、不满和生气等,是指某些外界原因使心理系统充满强烈矛盾或冲突,是对他人或所处系统不满情绪的反应,是常见的心理行为,是心理系统不健康的表现。怨恨就是由怨生恨,怨气积累过多就会生成恨。它是人的正常心理情绪,类似喜怒哀乐等情绪。

怨恨来自一个人对所处大大小小的不同自然、经济、社会和文化等某些系统的要素或他人的行为,在某件事情或交互作用中不满或威胁到自身利益而产生怨的心理,继而对造成这件事的系统、人或物产生抱怨和厌恶,进而演变成了恨。

怨恨的根源在于没有树立科学的世界观、人生观、价值观和幸福观,缺乏对满足和公平的科学理解,缺乏对所处系统整体的把握,缺乏对自己所谓的付出的正确认知。经常会听到某些人不断地抱怨家庭,如抱怨父母不是富豪,不是圣贤名人等;抱怨社会,如为什么升学要考试,为什么招生名额有限,为什么择业晋级要竞争,为什么有人挣钱多;抱怨自然,如为什么我家附近的空气不清新,为什么我家附近的河水有污染,为什么我家附近无植被或植被不绿,为什么我家这儿冬天这么冷、夏天这么热等;抱怨自己,如为什么自己小时候没努力学习,为什么自己选择了当前的职业,为什么自己把事情想错做错了;等等。人们所观察或所遭遇的这些现象是客观存在的,但这都是人间大道的微观表象,是人类历史长河流淌的暂瞬状态。如前文所述,人出生的初始状态是自己不能选择的,但后续人生可通过自身的努力去创造,而幸福并不在于你所拥有的财富和地位,而是大系统的和合。

一个人一生气或产生怨恨,自然而然会与所处的所怨恨的系统不相容,就会损害系统的和合。正如刘子非编著《一生气你就输了》一书中所说,生气、怨恨是一种情绪和感性层面的心理行为,失去理性即失去对系统的整体的把握,所以就会在官场、商场、情场等竞争场合失去理性优势,进而导致失败。生气、怨恨也是一个人痛苦的根源,是身心系统健康的最大负能量。正所谓气大伤身,更伤心。所以,一定要摒弃怨恨。

摒弃怨恨除了在世界观、人生观、价值观和幸福观方面提升认识水平外,具体可从如下两方面做起:

1.不以获得为追求

大部分怨恨是因不满足引发的,而不满足又是由追求得太多导致的。追求是一个人的期望,而人生在世,不可能事事都能得偿所愿。当期望没有实现时,不必觉得自己很不幸,其实世界上比你不幸的人要多得多。人要有追求,要有梦想,这是人生前行的目标和动力。但不能将其当作包袱和负担,这样才会轻松自在,不会感到负累就不会生气和抱怨。

2.不要计较太多

人的怨恨大多还来自计较得太多。一个人在世间必然与所处的系统和他人相辅相成,相互作用。拥有得多与少,本无从计量,所谓的拥有也不是拥有,即生不带来死不带去。多与少,只是人为的计较。抱怨的人,总认为自己拥有的太少,而付出的太多,经常以付出收益法去计量。计较的近义词就是攀比,不要一看到别人过得比自己幸福,就有失落感和压抑感,对社会、他人或自己产生怨恨。其实你所看到的是别人所谓幸福的表面现象,或许他或她过得并不如你快乐。

(三)勤奋学习

从系统论的耗散原理来看,一个人的怨恨、仇恨、悔恨、抱怨、不满和生气等都是其心理系统熵增的紊乱所致。一个人与所处的各个系统及他人如果缺乏信息交流,其心理系统的信息熵就会增加而产生混乱,就会充满冲突与纠结,并作用于所处的系统或他人,同时也会反作用于自身,产生怨恨或抱怨情绪。所以,进行心理系统管理,调节自我情绪的另一种有效途径就是加强与外部的信息交换,获取信息负熵。获取信息就是要向所处的系统学习,向相关的他人学习,向圣贤大师们学习,向大自然学习天之道,向社会学习人之道,向本我学习身心之道。要勤奋学习,格物致知,加速心理系统的耗散,以开悟心怀。

1. 向大自然学习天之道

即一个人应该知晓基本的自然科学知识,特别是物理学、化学和生物学知识,这是格物中的自然之物。人是自然的,必然与物理世界(机械运动、热运动、电磁运动、天体运动和气象等)、与化学世界(分解化合反应)及生物世界(细胞、遗传、生化、生命的耗散过程)息息相关。一个人不必是自然科学的专业人员,但认识和掌握自然的基本规律,即知天之大道,就不会在所处的大大小小的自然系统中迷失方向。

2. 向社会学习人之道

人在社会之中就要掌握基本的为人处世的道理,这就是人之道。人在世间必然要参与生产和社会活动,所以要学习基本的经济学、政治学和人文社会学原理或基本常识。这是一个人与所处的各种社会系统及他人相处,进行理解及信息交换,即获取负信息熵的基础。

3. 向本我学习身心之道

向本我学习就是要科学地认识自我,这也是本书的主旨。笔者在成书过程中,资料收集和梳理及撰写就是自身的体悟与思悟的学习过程。由于每个人的身心各异,最了解自己的永远只有自己,所以,必须时时刻刻向本我获取信息,认识自我。诚然,由于身心自我的自然属性和社会属性,必然要以天之道和人之道来诠释。

4.学习与遵行道的和合

格物致知还要知行合一,按王阳明的经典语录:"知是行的主意,行是知的功夫。知是行之始,行是知之成。"因此,知后必须遵行,遵行就是要遵循知之理,达知之意。然而,真正的致知,也必须由行来检验和提升。毛泽东在《实践论》中指出:"实践、认识、再实践、再认识,这种形式,循环往复以至无穷,而实践和认识之每一循环的内容,都比较地进到了高一级的程度。"[①]并认为实践是认识的来源,实践是检验认识是否正确的唯一标准。大道不可违,遵行大道就是要顺大道之自然,奉献自身之作为,进而实现大系统之和合。

五、提升快乐的正能量

快乐是心理系统健康的重要表现,让自己快乐也是实现心理系统健康的重要手段和方法,快乐是幸福的基石。因此,心理系统管理具体要抓住快乐这根琴弦,按照身心系统管理原理这个乐理,充满自信,这样就可以奏响健康的主旋律。

(一)对快乐的认识

快乐是灵长类动物都具有的在精神上的一种愉悦感,是一种心灵心理上的满足,是从内心到外在感受到的一种非常舒服的感觉。比喻

---

① 毛泽东.毛泽东选集(第一卷).2版.北京:人民出版社,1991:296-297.

一个人非常开心、非常高兴的心理状态。

1.快乐有多少、大小、深浅和时间长短之分

快乐的多少是指一个人经历有乐趣事物的多少,一个兴趣广泛、乐于助人的人快乐就会多。快乐的大小,取决于所做的有乐趣之事的大小及意义,如有关国家、社会、全球的大事,或买到一件喜欢的衣服、吃了一顿美食、得到你喜欢的人的一个微笑等小事。快乐的深浅,则指所做的有乐趣之事在你心中的地位深浅,如爱情、友情、伟大之事等一般会具有更深层的快乐。而快乐的时间长短就是指享受快乐过程的长短,其长短与相应事物过程的长短有关,但取决于人们对这个过程正面焦点关注的时间长短。

2.心理快乐对身体的正向作用

人快乐时身体会释放一种神经化学物质,即多巴胺。多巴胺是一种神经系统传导物质,即人下丘脑和脑垂体中的一种关键神经递质,用来帮助细胞传递脉冲的化学物质。多巴胺能直接影响人的心理情绪,可以使人感觉兴奋,传递开心激动的信息,激发人对事物的情感,帮助人们体验快乐和幸福。而更重要的是它会激活大脑的休眠细胞,提升大脑的活力,进而提升人的运动或工作效率。资料显示,一个快乐开心的孩子拼积木的速度要比一般孩子最多可以快50%,积极快乐的医生做出正确诊断的速度会比消极的医生快19%,在情绪乐观的时候销售人员的销售额会增加37%。

从生理学视域来讲,人的快乐有三大源泉:一是为机体新陈代谢能力所带来的快乐,如吃喝、消化、休息和睡觉;二是发挥肌肉力量所带来的快乐,包括步行、跳跃、击剑、骑马、舞蹈、狩猎和各种各样的体育游戏;三是关于施展感觉能力方面的快乐,具体包括观察、思考、感觉、阅读、默想、写作、学习、发明、绘画、演奏音乐和感悟哲学等。其中感觉能力则是心理主导的,比另外两种基本生理力量更为优越,而卓越的感觉力使人们有能力享受到属于认知的快乐,即所谓精神层面的快乐。

(二)正能量

能量对事物的作用从价值取向上有正、负之分,能促使事物向所取向的价值方向发展的作用能量,就属于正能量,否则为负能量。包括物质能量和信息能量,快乐取决于人生的价值取向,需要相应的正能量驱动。心理系统管理需要源源不断的正能量涵养,否则心理将会变得灰暗无序。"英国大众心理学传播的第一教授"理查德·怀斯曼通过各种有趣新奇的实验,讲述了一个普通人如何积聚起内心正能量的诀窍,可以帮助身处人生低谷,长期焦虑、沮丧、消沉、自我怀疑的人提升快乐的正能量。

具有快乐正能量的人,无疑会充满自我的快乐,并会激情四射,像阳光一样把快乐洒向四方,温暖所处的系统和相关的人。因而,他或她就会有无限魅力和吸引力,具有与所处系统和合的人际关系以及与事物的关系。

那么,怎样提升正能量呢?笔者认为主要有两点:一是通过内在的自我身心修为,即通过树立科学的世界观、人生观、价值观和幸福观,认识快乐的真谛即其价值取向,认清所处的各个系统的人与事物,集聚系统内的势能和动能,并以开放的胸怀吸纳外界的可用之能,让自身的智慧和体能满满,进而再用上善博爱施洒所处系统的内外,促使系统繁荣昌盛。

二是从外在的表现做起,即依据心理学的"表现原理"激发正能量。一个事物的内在与外在本是一个统一系统,外在本就是其内在的表现,通过改变外在表现也会改变内在,这就是"表现原理"的内涵。就是说,如果你想拥有一种品质,那就表现得像是已经拥有了这种品质一样,并坚持下去,最终你就会真的具有这种品质。因此,提升自我的正能量,可从自我的外在行为模式的改变开始,即从表现开始。具体地,可以主动去发掘事物的正能量,以微笑和快乐面对所处系统、事物或他人,摒弃自私、猜疑、不自信的负能量。这样就会改变自我的信念、情绪和意志力,提升内在的信任、豁达、愉悦、进取等正能量,进而塑造一个新的自我,让自己变得更加自信、充满活力和快乐。

(三)"聪明"与"傻"的辩证

快乐与幸福一般与"聪明"和"傻"紧密相关。俗语常说"无知便是福","聪明反被聪明误","幸福的人都不怎么聪明","傻人有傻福",等等。之所以有如是说,主要是对什么是聪明、什么是傻的认知及其辩证关系的认识不同所致。毫无疑问,人们都想成为聪明人,都想幸福快乐,因此,有必要认识聪明与傻的本原及其辩证关系,这是心理系统管理所面对的一个有意义的命题。

聪明为褒义词,指一个人的天资较高,思维能力、记忆力好。聪明人一般也表现为懂得为人处世,品质高尚,知识渊博,令人敬佩。按照个体信息知识系统的概念,一个人聪明说明其信息系统硬件条件好,即有灵敏的感知能力,有很好的传输记忆存储能力和很强的计算分析能力。至于品质修为与知识,则属于系统的信息与知识内容的丰厚与融合程度,这是智慧核心。

傻也称为愚蠢,是聪明的反义词,首先是指反应迟钝、不记事、头脑糊涂,表现为呆笨、智力低下。其次是指一般不明事理,死心眼,不知变通、迂腐,不计个人得失,只知蛮干等。同样,前者指智力基础差,记不住事,即知事少,因而有后者的不明事理、死心眼等。

毫无疑问,一般人都会向往聪明,认为聪明人会比较快乐幸福。然而，世事造化弄人，大多数幸福的人都不像人们所想象的那么"聪明"。一些公认为聪明的人却并不快乐和幸福，许多人在事业上获得成功但不幸福。这说明，"聪明"与"傻"相辅相成，具有对立统一的辩证关系。

大智者之傻 一个大智者，能够领悟世事的大道理，处世把握大势，愚钝于小事。看世间，真正的大智者鲜见，很难获得世人之认同，故世人常见其多失小利，故谓之傻，即大智若愚，而把握大道就是其傻之中的聪明。

敏锐智者之聪 世人常见的聪明人，可以说是敏于万事、八面玲珑，世事难逃其法眼。更有善言、显摆、好胜和激进等表现。但由于当今时代，人众万物关联日趋密切复杂，信息巨量、世事千头万绪，尽管一个人敏锐睿智，但精力总是有限的，想做到八面玲珑是不可能的。所以，要把握系统之大道，顺大势，应采用"三分之二原理"，放下三分之一的表象小利，八面顾及五六面就可以了，否则会失大聪。

一个快乐的充满正能量的人，是最健康、最美、最可爱的人！

第三节　身体修炼方法

至此，根据对身体系统的认知以及对身体系统的管理原理的理解，要具体进行身体系统的自我管理。作为本节开始的引语，再次强调身体在于修炼而不是休养，要加速身体耗散促进细胞及组织再生。身体系统不同于心理系统，它不可以按人为的需要进行取舍或重建，它从开始存在的那天起就一刻不停息地运动着，即"生命在于运动"。因此，身体的管理就是要建立在这个运动的主旋律上。"生命在于运动"的格言是17世纪法国思想家伏尔泰（Voltaire，1694—1778）提出的，他喜欢散步、跑步、击剑、骑马、游泳、爬山、日光浴等运动，直到 80 多岁高龄时，还和朋友一起登山看日出。

身体修炼方法的总体思路就是要先从身体系统整体出发，强调系统全面地使用身体，然后抓住血液循环这个身体主要矛盾问题，以增加血液总量促进血液循环为主导，具体做到科学饮食，多喝水、多出汗与多洗浴，坚持运动以增加肺活量，进而提升血液循环总体水平和身体有序能。

一、系统全面地使用身体

身体系统是一个紧密联系在一起的整体，如第四章所述，身体系统问题大多出于系统的整体性受损，现代人的一个身体运用的主要矛盾就是身体健康需求与身体使用结构不平衡及总体体能不发达的矛盾。因此，身体管理首先就要从解决这一矛盾入手，要系统全面地使用身体，努力提升身体的综合素质和整体体能。

（一）身体使用的含义

身体的每一部分都有其存在的意义，在原始时代人对各部分的使用是比较充分和相对平衡的，但是现在的人，随着生产力的发展，工作和生活的便捷，身体各个部分的使用已经变得不充分和不均衡。正所谓"用进废退"，身体的各个器官组织只有不断使用，才能加速或维持正常的新陈代谢，才能具有活力。而不使用或经常忘却废弃，器官或组织就会得不到正常的新陈代谢，就会颓废、衰退和老化。

被动使用是指一个人为了生存在工作和生活中对身体组织和器官的使用，如人在醒着甚至睡眠中对脑的使用，物理活动中对手和眼睛的使用,吃饭时对口腔、牙齿和舌的使用,走路对腰、腿、脚等的使用等,还有身体五脏六腑自身组织的自行运用等。这种使用身体的过程,一般人的注意方向是所做的工作和生活事务,所以,相对而言身体是被动的。绝大多数人身体的使用都属于被动性的,并以最少的使用为行为目标,能不走路就不走,能不爬楼梯就不爬,能不动手就不动,能躺着就不坐着等。而一个勤奋工作、激情生活的人,其活动方式和量就会较他人多得多,身体被使用的充分性和全面性就会较好。

主动使用即指从心理主观行为上,有意识和注意取向地使用身体的相应组织和器官。主动使用身体包括两种情况:一是在前述的工作和生活中变被动使用为主动使用,即在用脑、用口、用手、用腿脚等身体组织器官时,给它们一定的意念关注,可以让身体的参与部分使用得更充分。常见一些人吃饭时,边吃边看电视或读报看书,并时不时地为相应情景或信息动情,浑然忘却口腔、牙齿、舌、喉咙、食道和胃的使用,更不知或忽视了食物的美味,而其十之有九胃口不好。二是运动锻炼。最具代表性的主动使用身体的主体活动就是运动锻炼。对现代人来讲,锻炼身体是进行身体系统管理,发展身体,增强体质,增进健康,调节精神和丰富文化生活的被普遍认可的生活方式。运动锻炼是一个人主动使用身体的过程,可由主观和心理行为把控。因此,运动锻炼是调节身体使用不平衡和提升身体总体使用充分性的最好方式。但也由于其具有的主观把控性,常常被自身所懈怠。

(二)全面使用身体

全面使用身体就是要经常顾及使用身体的各个组织和器官,如五脏六腑和四肢。按照系统论观点就是要综合使用构成身体的六大核心子系统,即消化系统、血液循环系统、内分泌系统、神经系统、免疫系统和肌骨系统,使用就是让每个子系统的物质流、能量流和信息流循环系统活跃起来,促进提升身体的各组织和器官的自组织与协同能力。

宏观上的全面使用　　即要从身体的整体出发,对构成身体系统的各个子系统进行综合评价,找出相对薄弱的子系统。具体可依据本章第一节所提供的评价方法进行评估,然后采用主动使用或运动锻炼方法,对薄弱子系统进行关注式的使用或锻炼。例如,以脑力劳动为主的人,血液循环系统和肌骨系统大都使用不足,这样就应加强肌骨系统的运用,即需要在劳作时注意肌骨的使用,特别是要加强体育锻炼,提升肌骨运用水平,并通过肌骨运动促进血液循环系统的运转。首先是要注重完善肺循环,提升身体与空气的物质交换效率,其次是通过体循环改善身体其他子系统的能量输运与调配水平。

子系统内部的全面使用　　除了宏观上的全面使用外,对每一个子系统的内部构成单元也要全面协调地使用。如消化系统对应的消化道部分就包括口腔、咽喉、食管、胃、小肠和大肠等,它们需要全面协调合作完成水和食物的摄入,分解消耗,并把废物排出体外,虽然这些组织器官的使用是被动的,但一个人若吃饭时能够注意体验每一部分的运用,就会促进它们的协调合作,进而提升消化系统的功能水平。对应血液循环系统,其中肺循环与体循环两大部分的协调合作最重要,血液的体循环可以通过肢体肌骨系统运动促进,而肺循环相对体循环更易于从主观加以控制,如经常的深呼吸会有助于增加肺活量,促进血液的肺循环,从而促进整个身体系统的血液循环水平的提升。神经系统各个构成部分的全面使用最为重要,现在很多的神经系统问题,都是由于缺乏对其综合全面的使用所产生的。现代人处在信息时代,神经系统中大脑的使用相对于身体其他神经系统构成部分使用差别过大,一个久坐办公室之人,会经常忘却自身的十个脚趾等末梢神经细胞及信息,对应身体系统的信息获取、传输、加工并形成指令的过程不协调,进而还会导致内分泌系统紊乱。肌骨系统的全面使用是人最可以主动为之的,四肢和腰部及颈部的全面使用是完善身体整体机械运动能力的关键。所谓全面使用肌骨系统,其核心思想就是要针对自身肌骨系统的弱项进行补亏式锻炼。如果一个人的腿脚不好,就要选择以使用腿脚为主的运动;一个以伏案劳作为主的人,就要选择以活动颈部为主的运动项目;等等。

(三)充分使用身体

在全面系统地使用身体的前提下,身体系统的管理要注重充分地使用身体。可以说身体能力不足的主要原因,就是身体长期缺乏充分的使用,以至于身体构成部分及整体的新陈代谢不足,进而导致功能和效力的衰退。人体40%以上的热量是由肌肉运动产生的,以前,人们的工作和生活离不开肌骨运动,但随着科技的发达,已经很少进行体力劳动了,因此,普遍具有身体使用不充分问题。

身体使用不足,特别是肌骨系统使用不足,就会减缓身体的新陈代谢,使体温下降、血管收缩、血液流通不畅,进而导致血压上升,引起心肌梗死、脑梗死等血栓症。体温下降还会阻碍血液中糖分及脂肪等能量源的消耗,阻碍尿酸、丙酮酸等废物的排泄,引发高血糖、高血脂和痛风等病症。身体使用不足,同时会影响身体免疫系统的淋巴液运转,再加之体温下降,就会降低人体的免疫力。充分使用身体,特别是运动或体力劳动后出一点汗,会让体温上升,而体温上升1℃免疫力就会提高5~6倍。所以,一个人若能做到"一日一出汗",就会变得不那么容易生病。

何谓身体使用充分?其最基本的就是要做到"一日一出汗",即身体的肌骨系统使用或运动锻炼要达到出汗的状态。如前所述,出汗说明体温升高,提高免疫力,而更重要的在于排毒,通过汗腺排泄身体代谢废物,同时促进皮肤微循环,表皮细胞新陈代谢,保持或提升皮肤健康水平。英国广播公司做过一个关于锻炼真相的调查,可帮助理解如何才是充分使用身体。调查通过数据和实验证实:

(1)低强度运动,如慢跑、快走等,虽然对人体有益,但是其能量消耗却相当低。低强度的有氧运动并不能完全给我们带来想象中的减脂升温效果。

(2)看上去瘦的人,实际上不一定"瘦"。他们大多数人内脏周围的脂肪可能已经达到了足以产生危害的程度。很多不运动的人虽然看起来不胖,但是内脏脂肪含量很高,所以,也需要运动起来。

(3)对于没时间运动的人来说,每周只要运动3分钟,就足以保持身体健康,并有一定的减肥效果。肥胖无疑是身体没有充分使用而造成的,实际上,减肥首先需要具有一个积极活动的生活态度,提高日常生活中的活动量,如多走路、多站立,而不是静坐少动。

相应实验还证明,短时间大强度运动的确可以消耗更多的脂肪和能量,能够更好地改善身体的各项健康指标。因此,笔者推崇全身肌骨系统运动的锻炼,即达到出透汗的效果。所谓透汗,最好是十个手指和十个脚趾都能出汗的状态。当然,由于每个人的身体系统状态不同,进行什么样的高强度运动,要进行量身评估,以确保运动安全。所谓高强度是相对个人状态所说,虽然说"矫枉过正"是个贬义词,但矫正过错,即改变亚健康或病态,要稍过正一些,否则充分性就不够,但不能太过。

二、科学饮食增加血液总量

"民以食为天","人是铁饭是钢,一顿不吃饿得慌",以及"吃喝玩乐"等说法,虽然俗了点,但足以说明饮食对人体的重要性。身体系统中消化系统是人体与外界进行物质交换最重要的系统,它从外界摄入食物和水,为血液提供最原始的物质内容,是血液循环的源泉,是身体这一耗散系统的最主要能量供给侧。进行科学饮食优化血液成分,提升血液质量,同时增加血液总量,让血液充盈,通达身体各个组织器官,滋润微循环系统,为细胞提供及时充分的新陈代谢物质与能量,这是身体系统管理的主旋律。

(一)饮食多样性

由于人们对健康的高度重视,各种媒体如电视、网站、论坛、期刊、杂志、丛书等纷纷建言献策,有关饮食各有高论妙招,众说纷纭。之所以会这样,其中最主要的原因,是每个人的人体系统以及所处的近时状态不同,而饮食只是影响身体健康和进行身体系统管理的一个关键环节,但不是唯一决定性环节,所以,要运用系统科学观点全面辩证地进行饮食管理,提倡科学饮食。除了遵行医嘱针对身体特殊情况进行饮食调理外,笔者认同多样性饮食。实际上,不论什么食物都要通过消化腺先分解为糖类、蛋白质和脂肪,所以,要保证它们的摄入量和平衡。具体要从主食、蔬菜、豆类和肉类全面摄入并加以均衡着手。

主食 谷物食品不可少,现在大多数家庭、食堂或饭店等,往往主食多为精米细面,而全谷物、杂豆、薯类很少。血糖含量对于人的精力状态有直接的影响,谷物富含糖类,多吃全谷类食品可以更好地维持血糖含量,这样有助于保持情绪稳定,并令新陈代谢积极运作,所需要的能量得到有效支持。所以,晚餐的主食应以粗粮饭、粗粮粥、杂粮饼子或者薯类食物为主。

蔬菜与水果 它们富含高纤维素及各种身体所需的微量元素,能量低、饱腹感强。所以要多吃各类蔬菜、水果,每日摄入量最好超500克。由于现在人早上和中午吃的菜量都比较少,无法达到要求,所以建议晚餐要尽可能多吃一些新鲜的深色蔬菜和水果,尤其是不需要烹饪的新鲜蔬菜,最好生吃,既爽口,又能完整保留营养成分。

豆类与豆制品 研究表明,摄取足量的蛋白质能够提高肌体的新陈代谢水平,会使人体每日多燃烧150～200千卡的热量。大豆及其制品具有优质蛋白质,而且脂肪含量比较低,因此,适量多吃一些大豆和豆制品,既能摄入优质蛋白质,又能平衡脂肪的摄入。如毛豆、青豆、豌豆以及豆腐、豆浆等都是不错的选择。

肉类 肉类含有丰富的脂肪和蛋白质,因此绝大多数人都爱吃肉。肉类品种繁多,包括猪、牛、羊、鸡、鸭等禽畜肉,海水淡水的鱼、虾、参、贝等水产品。但是,不管是水产品还是禽畜肉,每日摄入量不要超过50克,并且应以海产品的海鱼为宜。经常吃鱼特别是海鱼的人,能降低身体内莱普亭(Leptin)这种激素的水平,提升肌体的新陈代谢效率。同时,肉类中都含有一定量的脂肪,所以要注意平衡摄入。

牛奶及奶制品 牛奶或奶制品最好天天有。奶中富含钙质,钙与其他成分相互作用,可以增强肌体的新陈代谢水平,提高肌体燃烧多余脂肪的速度。如牛奶、酸奶及奶酪均可,每天半斤鲜奶为宜。

茶类 茶特别是绿茶,含有能够降低身体去甲肾上腺素这种物质水平的成分,常饮不但可以抗癌,而且具有促进新陈代谢的作用。

饮食的多样性一定要因人而异,没有固定的人人适用的模式,即使自身在不同季节和不同的年龄段适合的饮食模式也不同。总的来说不要偏食,尽可能多样。

(二)饮食量的辩证

科学的饮食另一个要点就是要处理好饮食量,即吃多吃少问题。这个问题也是说法多多,有些人不吃早饭,有些人不吃午饭,还有些人不吃晚饭;有些养生专家主张少食多餐,有些养生专家主张吃七分饱。凤凰网曾访问一些健康专家,他们认为,饭量减 1/3,可多活 20 年。他们引用自 20 世纪 30 年代以来,科学家们以蠕虫、苍蝇、小鼠和猴子为对象的实验,其都表明每天少吃 30% 食物,可以显著改善健康、延长寿命,并认为这一效果可能同样适用于人类。当然这些有待于进一步的证实。

毫无疑问的是长时间吃得过饱必然有碍健康,人们在吃饱后,肠胃系统工作会分流身体中的血液,使得脑供血不足,容易让人长期处于昏昏欲睡的疲劳状态,会引起大脑反应迟钝,加速大脑的衰老。同时,吃得太饱会造成身体中的细胞癌化抑制因子的活动能力降低,增加患癌的可能性。饮食过量过多,需要从肾脏排出更多非蛋白氮,容易伤害人的泌尿系统,加重肾脏的负担。

什么叫吃饱 对何谓饱,每个人的认识和感觉不同,不同的生活和工作情境,饱的度量也不应相同。饱的程度要与身体能量的代谢相适应。一般说来,如果吃饭时间相对规律,按时固定,每一顿吃饱的程度是使自己下一餐之前不会提前饥饿为宜。这种状态需要自我进行一个不断感受和调整的过程,才能科学把握。

肥胖与节食 吃得过饱过多是肥胖的一个原因,而无数科学研究已证实,肥胖会带来高血压、心血管疾病、脂肪肝、糖尿病、动脉硬化、胆囊炎等,再加上由此带来的相应并发症,可能达到上百种,非常可怕。

肥胖不论男女都会影响体态脸型,降低颜值。因此,很多肥胖者以及一些怕肥胖者都采取节食措施,少吃或不吃午餐或晚餐。按照系统科学观点,饮食是身体的输入,而让身体系统没有过量脂肪积淀,最好是加大身体的耗散输出,而不是节食。现代人虽然饮食水平很高,但大多数人的身体,在能力总水平和营养结构上都不能适应身体健康发展的需求。因此,要提倡加大身体耗散输出,以提升身体能量的摄入水平,并带动营养结构的平衡。

(三)增加身体总血量

现代人特别是年长者或亚健康者,基本都存在身体总血量不足的问题,即中医所讲气血亏。身体血液的总量现在还没有科学的方法进行准确度量,但它绝对是身体健康及能力的重要指标。总血量大,身体系统各个组织器官的血液供给就会充分,新陈代谢就会旺盛,新细胞就会多,就会更好地激发细胞潜能,激发人体与生俱来的细胞自我修复与再生的超级力量。因此,增加总血量是一个人体能提升的根本途径。

身体系统的血液源泉来自消化系统,而饮食是总输入,显然足量的饮食是增加血液量的基础。从系统物质能量转换守恒关系上分析,一个人如果想要有像20多岁人体能活力,就应该像20多岁人的那样能吃,保持相应的饮食量。为什么年轻人肌肤红润,上了年纪的老年人就不然,就是因为总血量的差异。一个人如果怕冷又怕热,就说明其总血量低,身体容热能力就低,所以对温度敏感,自身调节温度的能力就差。

增加总血量的方法,首先就是要有足够的饮食,饮食量低就不可能有较高的血量。其次,就是让摄入的营养物质尽可能变成血液而不是变成脂肪,并让脂肪转化为血液,这除了运动锻炼加强耗散外,还可以通过改变身体温度环境来耗散脂肪增加血量。比如,通过洗热水澡,特别是桑拿,让身体多出汗,大汗淋漓时身体水液流动量加大,血量就会随之加大。同时,也可以通过冷水浴提升血液总量,身体接触冷水自然就会增加相应局部的血液供给,促进身体血液运行以调整保持体温,进而增加血液量总的需求,身体系统就会通过内分泌系统调节各个相关系统以提升血液供给量。现代人由于生活工作环境基本四季温差不大,自身又衣着丰富,综合保暖或者纳凉条件优越,长时间的这种环境或状态,已使一些人越来越不需要自身的血液量来调整体温,这也是亚健康的一个原因。所以,不要天一冷就加衣,一热就减衣,要适当地捂一捂、冻一冻。

三、促进肌骨系统血液循环

有了身体系统的全面使用和科学饮食增加总血量后,就要进一步抓住血液循环这一身体系统主要问题的根源(见第四章内容)。血液循环是身体这一耗散系统的核心,让血液充盈,通达五脏六腑和身体的所有组织器官,特别是让血液滋润身体的微循环系统。身体系统管理的核心思想就是要不断地提醒自己,检验自己的血液循环是否全面通畅,坚持促进身体的血液循环。那么如何促进血液循环呢?身体有些组织器官一个人无法直接施加作用,所以必须从可以作用的身体部位特别是肌骨系统,采取加速血液循环的运动,进而间接带动其他组织器官或系统的血液循环改善,而主要方式方法就是身体锻炼加按摩。

(一)肌骨系统锻炼

对于现代人,特别是白领,肌骨系统血液循环不畅是身体系统的最大问题,而肌骨系统是一个人可以自己控制和主动运动锻炼的系统。

肌骨系统的血液循环顺畅旺盛，可以带动身体其他系统和相应组织器官的血液循环的改善。肌骨系统的运动锻炼方式很多，其核心就是要勤动胳膊和腿脚。一个人可以根据自己身体的特点选择一两项运动。现在常见的运动方式有走步、爬山、跑步、跳绳、做体操、打篮球、踢足球、打乒乓球、打羽毛球、游泳、打太极拳、练瑜伽，还有跳广场舞等。但无论采取哪种运动锻炼方式，关键要掌握如下一般意义上的运动要点。

1. 注意拉筋

道家有一种说法："筋长一寸，寿延十年。"而大多长寿者通常都有一副柔软的筋骨，因此不论采取哪一种运动方式，都要主动注意尽可能地拉筋。筋缩是现在大多体能低下或衰老人群的主要现象，是肌骨系统功能下降的表征。筋缩是由相应的筋腱、韧带及肌肉血液循环不畅，血液供应不足造成的。可以说，亚健康人群都有不同程度的筋缩。所以，运动时要注意尽可能地拉伸筋骨。拉筋可以促使其变得柔韧，可令脊椎、腰膝、四肢及全身各处的错位得以复位，痛、麻、胀等病症得以消除或减缓，可以使人达到"骨正筋柔，气血自流"的健康状态。

运动中拉筋会产生疼痛，如大多数人胯部、大腿内侧、腘窝等处会有疼痛感，这恰恰说明这些部位存在筋缩，之所以疼痛正是因为相应的筋缩得太紧，以至于不易拉开。有的人怕拉伤筋肌或怕痛，但越紧越要拉，否则它就越缩越紧，坚持到它被拉过痛点后就会变松，当然也不是不顾一切地拼命拉。实际上，平日坚持拉筋，就是最好的一种肌骨系统锻炼方法。

2. 注意用力

运动一定要用力。常见有些人，在运动时不用力，只注意体态、姿势和形式，打球像跳舞，步履轻飘，半个小时也不见出汗，达不到理想的锻炼效果。所以,肌骨系统锻炼时一定要用力,除了按相应运动所需技巧要求外,要注意做到肌骨系统机械力一体化,即腰、肩、腹部、胳膊、腿脚肌骨形成一个整体,达到一个手指的力都源自全身。同时,要让脚趾用力抓地,让身体与大地一体。这样,肌骨系统自身就会气血涌动,血液循环加速,进而带动其他系统组织器官的气血循环。

仅就走路来说,只要做到用力,就是一项最好的健身方法。走路首先要颈部用力,要保持头正目平。其次要用力沉肩,力挺胸腰,微力收腹,保持躯干自然伸直。最后,每踏出一步都要做到脚趾用力抓地。这样,你若走完一公里或半个小时可能就会大汗淋漓,从而有利于身体气血运行顺畅,促进全身血液循环,达到理想的锻炼效果。

用力一般会引起肌肉酸痛。但此时的肌肉酸痛是一种正常的、积极的生理表现。这些症状在休息一段时间后或坚持一段时间后会自然消失,并且当再次进行同样的运动时肌肉酸痛症状会明显减轻或不产生。

3.再多坚持一分钟

运动锻炼时要秉持多坚持一分钟的要点。这有两层含义:一是整个运动过程要提倡再多做一分钟的观念,这是防止运动被缩水。二是要强调必要的运动动作要多坚持一分钟的理念。特别是拉筋相关动作,每次都要尽可能多坚持一会儿,这不但可以燃烧更多的脂肪,而且可以提升运动耐力。

(二)肩颈部锻炼

促进身体血液循环,肩颈部是关键。特别是对现在久坐伏案的白领人群来说,为了维持抬头这个姿势,颈部后群肌肉需要长时间收缩,大多数人都有不同程度的颈部肌肉僵化症,有的已向两肩延伸,有的已引起肩颈酸痛,如果长期不注意管理和锻炼,则很有可能会演变为如颈椎间盘突出等慢性不可逆的病症。所以,要注重管理好肩颈部。

颈部肌肉有近 20 块,分工合作来实现低头、抬头、扭头等头部活动。如图 6-2 所示,长时间伏案工作的人,颈部后及肩的群肌肉会长时间收缩,以维持抬头和肩臂这个姿势。长时间相对固定的姿势,不但会使肌肉收缩,还会使相关肌肉群血液循环不畅。此外,还会压迫头部供血主动脉和静动脉输送与回流,影响脑供血,导致大脑缺氧,犯困打哈欠。肩与颈部长期血液循环不畅,不但会引发肌肉僵硬、疼痛,还会导致颈椎病、肩周炎、头痛、耳鸣等。肩颈僵化就是相应肌肉群供血不足导致的。肌肉是以运动为生命的,需要一定频度的收缩松弛循环,久持一个姿势就会导致某些肌肉长期处于紧张收缩,而有些肌肉则相反,长期处于松弛不用状态,这都会影响其血液循环和新陈代谢。所以,肩颈部锻炼的核心,就是促使肩与颈部的每块肌肉都有使用和休息(即收缩与松弛)的循环运动机会。具体可以做一些肩与颈部的拉伸以及放松运动,这里推荐如下两种活动方式。

图 6-2 伏案工作人的肩颈部态势

1.坐在椅子上的活动

坐直挺胸,两肩膀尽量下垂,然后低头并尽量使其靠近胸部,保持低头状态,并将头转向右侧大约 45°,再把右手放在头顶并轻轻下拉直到感觉左侧颈部被拉伸,右手轻轻下拉的同时,头颈部缓慢地抬起,并以一定力度对抗右手施加的阻力,但要始终保持头部不动,坚持约 10 秒钟。然后放松进行吸气、呼气、再吸气。在下一次呼气的时候重复上述动作 2 次或 3 次。然后,再以同样的方式反方向拉伸右侧颈部。

2.站立姿势活动

站立身体,挺胸收腹,将双手在背后相握并尽量抬高双手,保持头部后仰。然后慢慢向左侧旋转,肩颈部要用力,要有拉伸感,转动到尽可能的最大幅度时,静止 5 秒。然后再反向进行,即慢慢向右侧旋转,同样转动到最大幅度时,保持 5 秒。这样重复上述动作 2 次或 3 次,即可完成一次活动。

(三)头部按摩

头部内颅脑由约 140 亿个细胞构成,重约 1400 克,脑虽只约占人体体重的 2%,但耗氧量达全身耗氧量的 25%,血流量占心脏输出血量的 15%,一天内流经脑的血液为 2000 升。脑消耗的能量若用电功率表示,大约相当于 25 瓦。头部除大脑外主要容易出问题的部位就是七窍,即两眼、两耳、两鼻孔和口,血管多,使用频繁。

现代人,特别是白领阶层,可以说都缺乏头部的科学管理,大多数男人无管理,而大多数女人只关心颜值。因此,头部供血不足是较常见的问题,可能导致失眠脱发,头晕头痛,眼花耳鸣,饮食乏味,鼻塞滞气,脸色不正等,衰老和慢性病也可能从此引现。所谓科学地进行头部管理,就是要时刻关注它们的血液循环状况,促进它们的血液供应和循环。提醒低头族们,不要总低着头,瞪着眼,两耳不闻窗外事,闷胸无语忘呼吸! 前述所提的肩颈部锻炼,即改善颈部的供血和输运轮回,是七窍的供血及循环的基础。此外,七窍的供血及循环状况也反过来影响颈部血液轮回,所以,一定要运动头皮和七窍,如要多眨眼,多咬牙(要带动耳根),多吞咽唾液,多紧鼻子等的主动运动。此外,可选择适合自己的按摩操来改善相应的血液循环。如眼保健操,可以通过按摩眼部穴位,达到提高人们的眼睛视力,调整眼及头部的血液循环,调节眼部肌肉,改善眼睛的疲劳的目的。

四、科学地饮水与多洗浴

水与氧气都是生命之中宝贵的东西。一个人几十天不吃饭尚可生存,但若几天不饮水,很快就会脱水死亡。所以说生命源于水。水也是血液的重要构成部分,因此身体管理与修炼也要强调加速身体与环境的水循环,简单说就是要多喝水、多洗浴。

(一)提升对水的认识

首先,要认识到水是维持生命不可缺少的物质,身体水循环如同血液循环一样重要,并与其相容相合。我国著名的药学家李时珍在《本草纲目》一书中把水置于全书药物的首卷,并指出:"盖水为万化之源,土为万物之母。饮资于水,食资于土。饮食者,人之命脉也,而营卫赖之。故曰:水去则营竭,谷去则卫亡。"这足以说明,水与健康的密切关系了。

其次,要了解水在人体中的分布和作用。水在人体内的分布非常广泛,各个身体组织、器官和体液中都含有水,水是人体中含量最多的组成成分。其中肌肉里大约含76%的水,皮肤中含72%的水,血液中的水含量就更多了,正常达到83%左右,就连骨骼中也含22%的水。在正常人的身体中,水的总量约占体重的2/3。年龄越小,身体内含水相对越多,正所谓年轻人水灵。水的具体作用包括:促进体内的新陈代谢,即辅助营养物质的消化、运输、吸收以及代谢废物的排泄;保持体温恒定,这是因为水的比热值大,因此在体外温度高低变化时,可以通过体液流动,特别是汗液蒸发来散热,或通过体内组织间温差调节体温,以使体温保持36℃~37℃;润滑作用,人体的机械运动就像一部机器,凡是转动的组织器官连接地方都需要润滑,而水就恰似这种润滑剂,可以减轻各个关节的摩擦;同时它能滋润皮肤、眼睛,湿润咽部及整个消化道等。

人体所需的水主要来源于饮用水、蔬菜和水果等。食物中包含的碳水化合物、脂肪、蛋白质三大营养素,在体内消化系统中氧化时,也能产生少量的水。人对水的需要量,依据年龄、体重、气候、环境和体力活动强度的不同而有所差异,没有统一的标准。正常的成年人一般每日需水量为2000~2500毫升。儿童处在生长发育迅速期,还有青少年,由于新陈代谢旺盛,因此需要的水分量相对成年长者来讲要多些。

(二)科学摄入水分

在正常情况下,人体系统具有自身调节水量的能力,以维持水分输入输出平衡。但是在异常情况下,如果人体摄入水分不足,或排出的水量过多,如呕吐、腹泻、高烧、大汗、大面积烧伤等,超出机体的调节能力时,就会出现脱水征兆,出现口渴、尿少、皮肤凹陷、皱缩甚至昏迷、死亡等。人体水量不足也会引起血液变浓,降低血液总量,影响血液循环。因此,笔者在此提倡多饮水,特别是提倡多饮多排,提升身体系统的水循环量。当然,饮水过多而没有进入循环体系顺利排放,也不利于健康。《饮膳正要》中说："善养性者，先饥而食，食勿令饱。先渴而饮，饮勿令过。"所以，要积极运动排汗，这样可以做到先渴而饮，进而增加身体的水循环量。

除了足够的饮水量外，科学的饮水还要提倡喝开水，即喝最卫生、最安全的水。也包括矿泉水、蒸馏水等无色、无内容物的水制品。当前市场供应的花色饮料，按需求有解渴型、营养型、特殊需要型等上百种。其中大多以糖、香精、色素等加水或充气制成，一般都有专门饮用的对象，并非老、中、青、少儿任何人群都适宜。所以，要根据自身情况选择饮用。

另外，要多喝热水，现在日本的艺能界流行一种"白汤排毒法"，即喝热水，并可达到如下效果：

(1)促进新陈代谢。热水能够刺激肠胃蠕动，也能促进肾肝脏等器官的活动能力，可以维持相应的排毒功能的活性，使血液更轻松地把氧气和养分运输到全身，进而促进新陈代谢。

(2)调整味觉。喝热水时会感觉到热水的甜味，慢慢会提升对于食物味道的敏锐度。

(3)排出毒素。热水温暖体内脏腑器官，促进脏腑中的血液循环，提升消化和利尿功能，利于把囤积体内的毒素排出体外。此外，可促进体内水分的调节，更能够改善便秘，并能加速排汗，达到良好的体表排毒效果。

(4)沉淀心情。喝热水除了前述身体机能的调整外，还具有精神层面排毒的功效。慢慢地喝热水，可以调节一下忙碌的心情，消除或减轻心理压力，使人神清气爽。

(三)多沐浴

科学的饮水是身体内在水循环的需要，然而人的体表也是身体水循环与环境输入输出的界面。皮肤细胞裸露在环境中，可根据自身的水液状态，向环境排出或吸收水液，从而实现与环境的水交换，同时也会改善身体的废旧物的排放。通过皮肤向外排放水液，其中附带物易凝结堵塞汗毛孔或皮肤凹陷处，滋生病毒病菌。所以从卫生角度就应该常洗手洗澡，即要多洗浴。

所有细胞都有水液辅助其新陈代谢，所以细胞喜水，多洗浴可对皮肤细胞补充足够的水分，有利于皮肤的新陈代谢。此外，洗浴时人们自然会擦搓皮肤表面，特别是水无微不至地对身体抚摸，对体表神经系统以及血液循环系统具有非常好的促进作用。所以，不要因为身体不脏就省略洗浴次数或洗浴时长，并且在每次洗浴时揉搓身体的所有部位，对身体薄弱部位，如血液不畅、不易出汗、痛风、酸痛等部位，把水加热一些，用力多按揉几分钟效果会更好。热水澡还可以通过体表特别是全身的热传导，疏通体内水液和气血的循环，促进淋巴液循环，提升身体系统的免疫功能。

有条件的可多泡澡。泡澡可使体表全面接受水温，通过热传导帮助血管扩张，促进血液循环，这样内部脏腑和肌肉可以补充到更多的氧气和养分，促使肾脏和肺及皮肤的废物排出。此外，身体浸在水中，可享受流体力学的静力平衡（即静水压平衡），这种平衡会压迫血管和淋巴管，促进血液和淋巴液的全身循环，让全身新陈代谢活跃起来，尤其会改善位于下半身的肾脏以及离心脏最远的脚和脚趾的血液循环，增加排尿量，去除水肿和冰冷现象，提升肾功能。同时，全身肌肉在水压作用下，会让肌肉局部放松，整体紧缩，增加肌肉的紧实效果等。当然，要注意水的卫生，这也是一些人不在公共浴室泡澡的原因。

最后说下冷水浴。温热水洗浴能促进血液循环，冷水浴亦能提高身体对寒冷刺激的适应能力，当人体受到冷水刺激时，会做出本能反应,皮肤血管急剧收缩,大量血液流向人体深部组织和器官,进而使皮肤血管扩张,大量血液又回流向体表,以调节并保持体温。这样往复,让全身血管都参与舒缩运动,锻炼血管,增加血管的弹性。当然,冷水浴的实施要根据自身情况,循序渐进,对于体质弱者,一定要从夏日开始,先从冷水擦身再逐步到冲洗或淋浴。一般说来,能坚持冷水擦身就可以有很好的效果。

五、增加肺活量

由于呼吸是人有生以来自然而然的事情,因此,也往往被人们忽略,更谈不上科学管理,这也是现代白领阶层,或体力活动不充分人群,特别是老年人血液循环不充分或不畅的一个根本原因。呼吸运动主要由肺完成,多吸收新鲜空气是健康之本。其中肺活量决定肺叶中血液更新量,从而决定血液总量,所以,身体修炼最后要强调增加肺活量。

(一)肺活量

肺活量与人的呼吸密切相关,是身体血液循环系统的肺循环的关键所在。人体所有系统的各器官、组织和细胞每时每刻都在消耗氧,这些机体只有在氧供应充足的情况下才能正常工作。而人体内部的氧供给全部靠肺的呼吸来获得,同时在呼吸过程中,肺不仅要摄入氧气,还要将由静脉血液携带的体内代谢出的二氧化碳排出,从而构造出新鲜血液。肺是身体气体和静动脉血液交换的中转站,因此,这个中转站的容积大小即肺活量直接决定着每次呼吸气体交换的量,是身体系统气血充盈的根本。

肺活量小,说明身体摄入氧气和排出废气的能力差,人体系统内部的氧供应就不充裕,身体系统的一些组织和器官的工作就不能正常。一旦身体需要大量消耗氧的时候,如长时间伏案学习、紧张工作、剧烈运动时,就会出现供氧严重不足的状况,从而导致诸如头晕、头痛、胸闷、注意力不集中、记忆力下降、精神萎靡、失眠等,这不仅会影响学习与工作,而且会给身体系统健康造成许多病变。因此,身体管理一定要注意增加肺活量。

(二)科学的呼吸方法

肺活量大小主要取决于胸腔壁的扩张和收缩的宽舒程度,显然体育锻炼是提高肺活量的直接方法,特别在运动中有意识地强化一些扩胸或振臂等动作,如坚持长跑、游泳、打球等,包括练瑜伽、打太极拳、跳舞、唱歌等都能有效提升肺活量。

由于氧气只能在体内贮存片刻时间,人们必须一刻不停地吸进新鲜空气,进行呼吸运动。但这种平时的呼吸运动仅在如前所述的潮气量水平上,而每个人的潮气量即平时呼吸量不同,并且大多数人只利用了自己肺活量的三分之一水平,久而久之,其肺活量也会随之降低。所以,更为重要的是要提升正常呼吸时的呼吸量,积极地进行呼吸运动,锻炼肺部,使正常呼吸量增加,充分利用肺活量,进而提升肺活量,向血液提供更多的氧气,使精力更加充沛。

所谓科学的呼吸方法主要从如下两个途径进行:

1.注意提升平时呼吸量

首先要从思想意识上重视平时的呼吸活动,太多的人不注意自己的呼吸方式,认为是先天自然而然的事,在平时特别是工作和生活中不注意呼吸活动和方法,使得呼吸活动被遗忘或排挤,正常的呼吸量不断地下降,肺活量也随之下降,进而导致摄氧量不足,气血不足,身体系统新陈代谢低下,引发慢性疾病。因此,注意提升平时呼吸量至关重要。

注意提升平时呼吸量,首先就要重视在工作和生活中关注呼吸活动,工作时特别是伏案工作,以及生活中如看电视等,一定要给自身呼吸创造或选择舒适的环境,包括空气质量和给予胸腹部足够的舒展和紧缩的空间。常见一些人,在伏案工作时低头窝胸,一些人躺着看电视窝着脖子窝着胸,根本没有考虑保持呼吸顺畅,更影响血液循环,特别是长期窝着脖子使颈部肌肉紧张僵化,压迫颈部血管,使头部供血受阻,再加之呼吸不畅、血液含氧量不足,就会导致大脑严重缺血缺氧,也易见一些人会哈气连篇,没多会就会鼾声如雷,打鼾除了呼吸道异常外,主要就是因为呼吸活动姿势不科学。

其次就要注意睡眠时的呼吸活动,人生近三分之一时间都在睡眠,睡眠时最重要的活动就是呼吸活动,呼吸活动好坏也决定着睡眠质量。睡眠时人们虽然无法自主进行呼吸管理或调节,但一定要根据自身状况,采用科学的睡眠姿势,为呼吸提供科学的活动场所。除了适宜的卧室环境外,床、被、褥、枕与睡姿要和合,睡姿首先要与自身肢体状况和合,然后依据此和合选择合适的床、被、褥、枕。科学的睡姿就是适合自己的健康姿势,而不是自己的习惯睡姿。其科学的本原就是要有利于呼吸活动,并使全身的血液循环舒畅。常见睡姿有胎儿式,即像胎儿在母体中那样蜷缩着,手抚着枕头侧睡,便于全身放松。仰卧式,即仰卧,四肢伸直,这样面部肌肉处于最佳松弛状态,不压迫身体脏腑器官,血液循环顺畅。俯卧式,即俯卧,双手伸到肩上,这有益于颈、腰椎舒缓和消化,但会压迫心脏和肺部,影响呼吸。侧卧式,包括左右侧,与胎儿式不同之处在于身体不要蜷缩,而只是双腿微曲,同样两者都为胸部舒缩留有足够空间,有利于呼吸,但由于心脏位于胸腔内左右两肺之间而偏左,左侧卧时会使心脏受到挤压,所以,正确的睡觉姿势应该是向右侧卧,有利于血液循环和氧气供给。显然,采用侧卧睡姿时,床和褥子以柔软,被可厚些重些,而枕头的高度应参考肩到耳的直线距离为宜。仰或俯卧睡姿相应的床和褥子则以柔硬为宜,被不可重,否则会压迫胸部,有碍呼吸活动,而枕头的高度要尽可能矮,否则不利于颈部放松。当然,一个人一晚睡眠不会只保持一个姿势,所以,要依据自身情况,遵循有利于呼吸活动和全身血液循环的准则进行适当的姿势调整。

2.深度呼吸法

深度呼吸就是主动地多吸气和多呼气的呼吸活动,即主动让肺部摄入更多的氧气。很多运动项目,如长跑到终点后,教练不会让你立即休息,而是要慢下来跨大步,伸展双臂,大喘气前行。而一个人紧张工作完成时,也会伸腰展臂,喘口气等,这都是深度呼吸。实际上,身体还会无意识地进行深度呼吸,即打哈欠,这是身体特别是大脑缺氧时身体系统的自我调节过程。

正确的深度呼吸过程是先慢慢地由鼻孔吸气,使肺的下部充满空气。在吸气过程中,让胸廓向上抬,横膈膜尽可能向下,并慢慢鼓起腹部,为胸腔腾出空间。这样继续吸气,使肺的上部也充满空气,并尽量上抬肋骨扩大胸腔,尽可能多地吸入空气。吸气过程在5秒左右完成为宜。然后屏住呼吸5秒或更多,让肺部有足够时间吸足氧气。最后慢慢吐气,让肋骨和胸骨渐渐回复到原来位置。每完成这一吸和一呼的过程后,停顿一两秒,再从头开始往复,做10分钟以上为宜。经常这样练习,可以增加肺活量,改善肺的摄氧量,而且时间长了,还能使其成为一种正常的呼吸方法,或至少提升平时的呼吸量水平。

实行或加强深呼吸练习,还可以打开更多或所有闲置的、平时呼吸用不到的、肺中储备的肺泡,让它们都能获得最大吸气量,积极活动起来,使得肺对氧气的吸纳和二氧化碳排放效率更高,也会使肺部能够交换更多的血液,提升肺循环水平,让身体系统的血液循环总量和效率增加。

第四节　对待疾病的方法

人的一生中总会要与疾病打一定的交道,身心系统自我管理必然要处理疾病的问题。这里不是介绍相关疾病的诊断和治疗方法,而是从管理学视域探讨对疾病的一般自我预防、应对和管理方法。经常会听到一些案例,如有的人把没病弄成有病,把小病处理成大病。有些人谈病色变,怕病,把正常的身体内在调整的不适看成疾病。也有些人本来已有病灶,却不予重视,贻误最佳诊治时机等。

因此,如何应对和处理疾病对身心系统健康至关重要。身心系统自我管理,特别是身体系统管理一定要正确理解疾病,促进健康态的科学演进,要以身心系统整体功能为目标或准则去处理疾病,以系统科学方法预防和处置疾病。

一、促进健康态上升的跃变

疾病与健康是身心系统状态水平的表述,一个人的身心系统时刻都处在变化之中,你的身心系统状态不是在爬坡就是在下滑,如图 6-3 所示,而且这种变化,特别是处在如图中实线箭头虚线箭头所示的状态变更点,人就会产生明显的不舒服感,相应状态指标就会偏离自身原有常态值,大多也会偏离统计人群的正常值域区间,因而就会怀疑或被诊断为生病了。

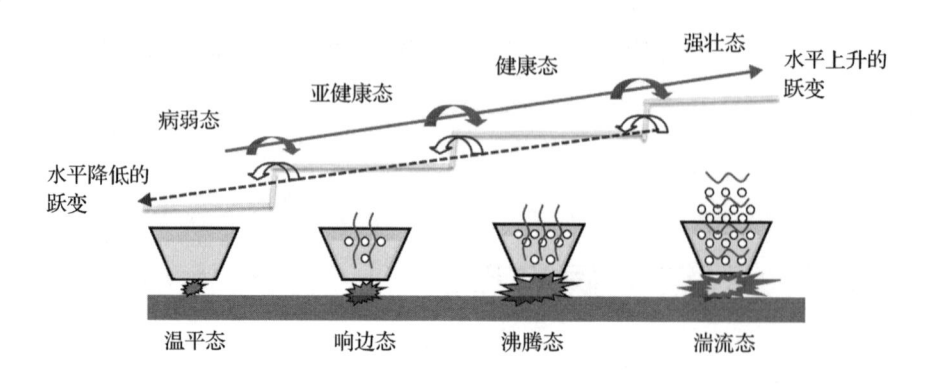

病弱态　亚健康态　健康态　强壮态　水平上升的跃变

水平降低的跃变

温平态　响边态　沸腾态　湍流态

图6-3　身体系统疾病或健康态跃变示意

这种不舒服或病态显然有两种不同状况：一是如图中虚线箭头所示的变化，是身心从高水平健康状态向低水平亚健康或病态方向滑落跌下，是向坏的方向发展，所以要改变自身的工作和生活习惯，并辅以适度的医疗手段；二是如图中实线箭头所示的状态变化，这时的不舒服是身心系统机能向高水平健康状态调整跃变所产生的，正说明自身的工作和生活所采取的行为在促进健康的爬坡，所以要坚持自身行为，促进这种健康上升的跃变。

（一）正确识别两种跃变

身心系统的状态时刻都在变化中。当然，一般的变化由于不注意不易被发现，而当有不舒服感觉时就已说明有跃变发生了。按照疾病的基本概念，由于状态偏离了正常范围，因此可以说有病灶，大多数人就会马上去看医生，改变工作和生活方式，采取医疗手段进行调理，这也是现在医疗系统所倡导的方式。但是笔者认为必须分析不舒服的前因后果，至少要清楚自身状态是向健康态方向调整或爬坡，还是反向的滑坡。而向健康态攀爬时所产生的不舒服是身体调整的正常反应，而没有这种反应身体就不会有本质上的健康提升，笔者认为这种情形不属于病态,而滑坡情形的不适感才属于病灶。所以,身心系统自我管理一定要科学辩证地认识和处理这种疾病问题,要正确识别这两种跃变现象。

一个人在心里纠结的问题较多,心情不愉快,工作赋予太多压力,工作和生活方式不科学,长期处在紧张状态中,不论自己处在青春期、中年期还是老年期,如出现不舒服就属于向亚健康或病态方向下滑的身体状态。不舒服是跃变跌落现象,正如俗语所说"病来如山倒"。此时,一定按本章第一节的身体系统评价法,配以医疗方法和手段进行深度科学的诊断。

当一个人,心胸开阔,心怀坦荡,对工作和生活充满希望和信心,快乐勤奋,积极主动地工作和生活,特别是从困境或低迷状态走出来一段时间后,由于心态的改变、工作和生活方式的改变,身心系统更加和谐顺畅耗散过程,所以身体相关组织器官新陈代谢活动改善,细胞代谢加快,功能需求提升,进而引起身体不舒服感。这就是身心系统状态向健康态的跃变。

另一类身心系统向健康态跃变存在于主动锻炼身体的人群中。爬山、跑步、走路、打球、游泳、瑜伽、太极等各种体育运动,可以说都会分别在运动的不同时间段产生身体的不舒服感。如腰痛,腿疼,膝关节、腕关节、肩颈痛等都属于这类不舒服,说明身体正在为你所进行的运动在自我调节,以提升相应组织器官的功能。

(二)正确对待两种跃变式疾病

人们在工作和生活中所产生的不舒服,如疲惫感和肌骨系统相关的酸痛感等,一般都可以通过改变当前的工作或生活状态(如休息一下)缓解和消失。但不舒服很难缓解,并有加重趋势,就要按身心系统综合评价方法,特别是分析确认属于前述哪种跃变情景,选择相应方法。

如果是跃变跌落状态，说明身体向虚弱方向发展，一般来说属于疾病状态。但此时先要按前面第二章至第五章所述的身心系统构成、身心系统论认识、身心系统问题和系统管理原理，从全面评价自身开始，分析身体状态下滑的系统原因所在，从根本原因处采取施治行动。可以说身心系统的状态在人生攀登的斜坡上，属于逆水行舟，不进则退。所以，一个人首先要做的就是针对自身情况，找到具体的原因，然后要振作精神，鼓起勇气，调整心态，改变工作和生活方式，充满自信，快乐勤奋地向健康的前峰攀登，这是对待疾病的治本所在。当然，此种状态要看医生遵循医嘱。

跃变的上升状态说明身心系统向健康态发展，此时出现的不舒服，除了必要的休息注意劳逸结合外，一定要坚持正在实行的工作和生活方式，并且要循序渐进地增加身心付出强度，忍耐住不舒服，且不可退缩。此时，身心系统正在进行自组织与自调整，以提升整体系统功能水平。此时的你要充满信心，快乐积极，持之以恒，发挥主观能动力，提升身心系统的自组织与自调整功能。当然，事物都是遵从物极必反规律的，所谓循序渐进就是不要过度，但是要前进，不能退缩和停滞不前。很多人身心系统之所以在下滑，就是每当身心系统状态向上跃变时，耐不住那种不舒服，不能持之以恒地坚持正确的工作和生活方式所致。

这里不得不说一下，对运动所产生的肌骨系统相关的不适或所谓的疾病，一定要科学地认识和正确对待。身体系统是由细胞构成的，细胞是生命的基本单位，而身体细胞每时每刻都在进行着新陈代谢，所以，不能简单地以机械论观点理解和认识身体。身体系统的所有组织与器官都有自我修复和再生能力。所谓肌骨系统的损伤包括骨折等硬伤，一般情形都会通过身体自组织进行修复，加以医疗手段会使其修复得更迅捷和完善。所以，什么膝关节疼痛，特别是认为滑膜使用会磨损而不会再生,前臂伸肌重复用力引起的慢性撕拉伤而很难恢复等的观念,使得众多爬山者、打球者停止了相应的体育运动,最后膝关节、肘关节和腕关节功能态就不会再提升,而只能顺其自然,沿着身心系统状态斜坡滑落下去。

二、以身心系统整体观念对待疾病

应对疾病必须树立科学的观念。有病要看医生要治理是天经地义的事,但是,要把自己、家人与医生,以及工作和生活与医疗系统行为联系起来看,形成应对疾病的系统化组织及资源体系,以系统科学的理论和方法,特别是身心系统的整体论观念去对待和处置疾病。具体应遵循如下方法和原则。

(一)树立对身心系统发展演化的自信

一个人无论得了什么病,都是身体系统与环境相互发展演化的状态,特别是与病毒病菌抗争的状态,所谓生病就是身体系统处在病原体占优势的状态。如果缺乏对身心系统的科学认知,那你就要建立信仰(即不理解的相信)。同时,当今科学技术的飞速发展必然推动医疗水平的提升,只要自己不放弃,就会有机会获得新的医疗手段的帮助。

自信的人就会有很强的正向意念。前述所讲过的"表现原理"也可以说明,一个人自信疾病会痊愈,表现出乐观和健康状态,持之以恒就会由表及里使本质发生变化。自信可以使人快乐,快乐时身体释放的一种神经化学物质多巴胺,有利于抑制病毒病菌和身心系统的紊乱。

如果一个人若丧失了自信,就会产生很强的负面意念,首先会减弱或失去抵抗疾病的能力,就会产生嗔恨、易发怒,表现出悲伤、悲痛、悲哀、哀愁、哀怨、哀思等行为,容易引发疾病。

(二)以身心系统整体功能行为分析为准则

在对待和处置疾病时,一定要时时刻刻牢记,身心系统是一个从其存在开始演化到此时的整体系统,且不能头疼医头,脚痛医脚。首先要系统地分析自己身心系统,按前述原理从整体上全面地分析身心系统中的物质流(消化系统)、能量流(血液循环系统)和信息流(神经和心理系统)各自及相互关联的流转运行的诸方面,找出自身疾病的根本原因所在。在第四章,笔者已全面梳理了身心系统的主要问题,可以说除了天灾人祸等不可抗外因所导致的疾病外,大多数疾病特别是慢性病,究其根本都是源来自血液循环和淋巴液循环的不畅或功能的衰落,其中有来自血液循环整体的薄弱和组织器官局部的不畅或薄弱。因此,对于一切疾病的处置应充分考虑这种身心系统的整体功能。

整体与部分是辩证统一体。所以分析过程中,要从身心系统的各个构成子系统的综合整体以及各自系统整体层面,然后到各个子系统的构成组织器官的局部环节,把相应的血液循环和淋巴液循环状态联系起来,即宏观和微观,整体与局部都要顾及。

(三)处置方案要以提升身心系统整体功能为目标

对待疾病采取的治疗方案要以改善和确保身心系统整体功能为目标,要采取自我管理和各种医疗手段综合运用的方案。具体应遵循如下三个准则:

1.要以调动身心系统的总体行为能力去对抗局部的病痛

身心系统的某一局部疾病,虽然说与局部的组织器官内在原因和外部侵害,如局部感染或损伤等有关,但从根本上是自我身心系统整体健康水平不高,所以,医疗方案的制订一定要从提升身心系统整体健康功能和水平出发,并以调动身心系统的总体行为能力为主导。而医治这类疾病不注意提升总体行为能力,即使医好了局部疾病,也容易再犯病。提升心系统的总体行为能力的最好方法就是加强身心修炼,其中在心理上保持快乐勤奋是根本,在身体上要能吃多动提升总血量,以及促进血液循环和淋巴液循环是根本。

2.所采取的医疗方案要确保身心系统整体功能不会被破坏和损伤

比如癌症,现代医学以手术、化疗、放疗三种方法为主,但任何一种癌症或肿瘤的治疗,都是两种甚至是三种方法的结合。其中手术是治疗早期和中期恶性肿瘤的重要方法,某些早期肿瘤经过手术切除可以达到完全治好。所以手术治疗也是目前较为有效的治疗方法。化疗即为抗癌药治疗,主要适用中晚期的癌症综合治疗。其原理是把抗癌药物吞服或者注射,经消化系统和血液循环系统带到全身各处,而现今的抗癌药物虽然可以杀伤癌细胞但也对身体所有的细胞都产生影响。而放疗就是利用较强的放射线促使癌细胞中的 DNA 成分破坏,以达到杀死癌细胞的目的,但其对皮肤有严重的副作用,还会出现恶心、呕吐、脱发、白细胞数量下降等现象。所以,上述治疗癌症的方案都有损伤身心系统整体功能的负面作用。

一个人之所以罹患癌症完全是由于其身心系统健康水平低下,治疗方案一定要以提升身心系统的总体行为能力为主导。应注意不要损伤心理系统和身体系统的积极状态,特别是对于身体中原生组织器官一定要给予尊重和尽可能的保护,要以维护身心系统的整体功能为目标。

3.运用综合施治方案

具体对待疾病的处置方案要根据个体身心系统的历史及现实情况

以及病灶特征，采取自我管理应对和各种医疗手段的综合施治方案。综合施治是一种系统科学和工程的思想方法，是综合运用身心系统科学规律，身心系统自组织自调节能力和必要的中西医理论、方法与手段的综合集成方案。其核心思想就是在医疗检查诊断和治疗过程中始终坚持以调动助力身心系统的自组织自修复能力为主导，以医疗手段应为辅助。医疗手段主要在身心系统已无能力自救时运用，若身心系统自组织自修复能力恢复就应该逐渐撤出。此外，综合施治要注意身心同治，可以说任何身体疾病都会带来心理上的影响或伤害，现在太多的医疗案例，包括诊断和治疗过程，有时会无视或忽视人的心理状态和心理能力。特别是对于一个缺乏身心系统科学知识的人，发现和诊断疾病过程中其心理就可能已经受到很深的伤害了。现代医学研究前沿已开始针对身心医学及身心同治进行研究，这是如今的一个趋势。另外，要标本兼治，不能治标不治本，特别是心理系统之本不能忽视。中西医结合，包括中医方法和中药与西医方法和西药的结合，中医注重身心系统的整体施治，以调气血为主导，更利于治本。俗语讲"是药三分毒"，要理疗与药物治疗相结合。理疗是利用人工或自然界物理因素或方式作用于人体，如阳光、石针、针灸、水疗、按摩、拔罐、发汗等，使之对身体系统各子系统，特别是血液循环和相应局部微循环等产生有利的反应，从而提升身心系统自组织自调节能力，达到预防和治疗疾病的目的，是康复治疗的重要方法。总之，施治方案各个构成单元要素的选择要规避对身心系统的损伤，各个单元要相互协同互补，并坚持以优化身心系统的整体功能目标为取向。

（四）医疗方案的实施要发挥自己的行为主体作用

依据系统学和管理学原理，有了对疾病施治的自信和科学的综合施治方案,就要实施方案。而实施过程的管理及具体实施效果的好坏对疾病的治愈和身心系统健康的提升亦更加重要,这一过程是一个复杂的管理系统工程。其中最复杂的莫过于相关的病人、病人家属和医护人员构成的人的系统。这个系统在实施过程中是行为主体,其中每个人的角色、责任和任务分工与执行得如何至关重要。实际上在施治方案的制订过程中,也有这样的人的组织行为。大量医疗案例表明,存在这样的人的组织不和谐,特别是分工不清,主要行为主体角色错位。其中最重要的是病人的这个自我行为主体的作用,往往被忽视或没有发挥好,包括病人家属和医护人员认为病人是弱者而不忍心让其承担责任,更关键的是病人对自身作为行为责任主体的无视。

除非病人病得特别严重,只要病人的意识力还存在就应该发挥病人行为主体作用,如果病人从主观意识上放弃生命或没了自信,疾病治愈的机会就会降低。前文已讲述一个人的心理作用和意念对疾病治愈的影响,而具体处置身体局部病灶时,虽说医疗手段是主体,但也要由病人这个行为主体来配合执行。因此,在疾病施治方案执行过程中,一定要发挥病人的行为主体的作用。

此外,对于平常人来说不会有高水平的专门医护人员来管理自己身心系统,对于个人的人生经历和行为信息所有状况,只有自己最清楚,医生水平再高也只能在疾病道理上或病例阅历上比你丰富,但一定没有你了解自己那么全面。所以,一定要充分利用自己的综合信息优势,发挥主观能动性,担当行为主体责任。如能花点时间学习掌握一些身心系统科学知识,一个人就能更好地发挥自己的行为主体作用,有效处置疾病或很少生病。

三、对待疾病贵在预防

除了遗传和天灾人祸所导致的疾病外,绝大多数疾病都可以预防。《黄帝内经》的核心思想"治未病"就是以预防为着眼点。中国特色卫生与健康发展道路,坚持的工作方针也一直把"预防为主"作为核心。所以,从身心系统自我管理的视角,对待疾病的最好方法就是预防疾病的发生。有关疾病预防古今中外有太多的思想与方法,这里仅从身心系统科学和身心系统自我管理视角,总结强化如下两方面的疾病预防思想与方法。实际上,科学的身心系统管理就是最好的疾病预防方式。

(一)运管好身心核心系统——血液循环系统

根据前述有关身心系统的认知,特别是身心系统问题的分析,可以说血液循环系统的问题是百病之源。读者至此或许对血液循环系统对身体系统的重要性有了较深的认识,笔者也论述颇多,但这里从疾病预防的角度还要再次强调血液循环系统的运管。

1. 从促进血液微循环做起

血液循环系统的主要环节点不多,一般人们还会和易于给予充分的重视,但微循环遍布身体所有组织器官,微乎其微,数不胜数,最容易让人们忽视。微循环障碍会导致局部组织缺血缺氧甚至坏死,是百病之源。若神经系统,脑部微循环障碍,就会发生脑供血不足,脑细胞得不到足够的氧气和养料,代谢产物也不能充分顺利排除,而导致头晕头痛、失眠多梦、记忆力下降、神经衰弱,重者还会引发脑梗死、中风等症。而心脏发生微循环障碍,就会引起心肌供血不足,心脏跳动无力,出现胸闷、心慌、心律不齐、心绞痛等冠心病的症状,甚至会发生心肌梗死。若胃部微循环发生障碍,就会引发胃组织功能紊乱,营养吸收不足,并会出现胃炎、溃疡等病变。特别是内分泌系统发生微循环障碍时,可导致身体各种激素分泌紊乱,引发甲状腺功能亢进、糖尿病、乳腺炎、小叶增生等。从肌骨系统讲,肌肉、骨关节微循环障碍,就会使代谢产物堆积,导致全身肌肉酸痛、麻木、冰冷,若四肢微血管堵塞不通,就会造成脉管炎、下肢静脉曲张等。

人体的衰老也是从微循环障碍开始的,特别是皮肤微循环障碍,就会使皮肤的微血管减少,引起供血、供氧不足,皮肤营养降低,弹性下降,进而出现松弛和皱纹、黄褐斑、老年斑、鱼尾纹、眼袋等,因此,不论是从预防疾病还是减缓衰老方面考虑,都要从促进微循环通畅做起。具体促进微循环方法在前一节已有所叙述,这里需要再说明一下,如果一个人没到生命的理论衰老期,其衰老的主要原因就是微循环障碍,而微循环障碍产生的主要原因就是身体系统使用不充分和不平衡,而不要强调年龄的增长和社会压力、污染等外部因素,它们在你百岁之前只占很小的影响权重。

2.关注肩与颈部血液循环

前面已叙述过促进身体血液循环,肩与颈部是关键,特别是对头部大脑和七窍相关疾病的预防至关重要。如图 6-4 所示,肩颈部是血液循环的重要枢纽,其血液循环的通畅与效率对头部供血影响极大,相应的循环障碍是头部疾病产生的主要因素。特别是对现在的久坐伏案的白领和个子高的人群来说,更要关注肩与颈部的血液循环。如图 6-4 所示,个子高的人头部相应的需血部位与心脏的距离相对较远,同样伏案颈部弯曲度也要比个子矮的人大,更易引起颈部肌肉僵化,影响或压迫肩与颈部供血及回血中枢,形成血液循环障碍。如果不注意管理和锻炼,不仅会引发头部疾病,还很有可能演变为其他如颈椎间盘突出等慢性病症。所以,为预防相关疾病,要关注和管理好肩与颈部的血液循环。

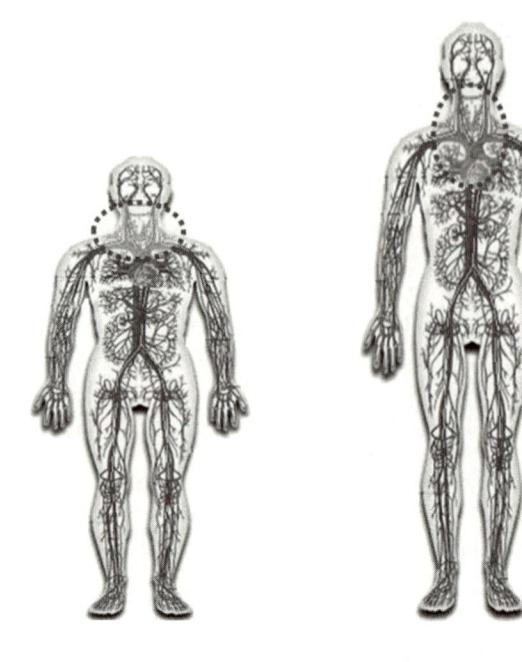

图 6-4　身体血液循环肩与颈部示意

3.提升血液总供给

身体系统是一个自组织自调节的系统,所以当身体气血不足时,就会自动选择身体比较不重要的组织器官,降低其机能,即逐一减少血液等资源的供应,这时身体就会出现许多变化或引发疾病。现代人传统的生活习惯的改变以及不当的疾病处理方式,如体力劳动减少、盲目减肥等,使得人体的总血量等能量供应处于不足状态。身体系统对资源管理需要不断的应变,就产生了各种可怕的慢性疾病。例如,当身体废物清除机能的能量供应被削减时,人体皮下的垃圾就会越来越多,表面就会越来越黑,斑点也越来越多,一些人还会越来越胖。脾脏的供血被削减时,身体的诊断维修机能就暂时减缓工作,仅对严重疾病做出应对,对较轻微的疾病就会搁置不管。而当削减了肝脏的供血时,就会造成血液清洗的频次减少,血液就会越来越脏,牙龈和嘴唇的色泽就会慢慢地变黑,肝也会慢慢地硬化,等等。所以,预防疾病一定要提升身体系统的血液供给总量,以使气血充盈,保障身体系统的各种机能不因气血不足而降低。

(二)保持或提升身心系统的应变能力

前述是从身心系统内在对疾病预防的核心思想与方法,但身心系统处在复杂的社会、经济和自然的工作和生活环境中,来自这些环境的各种因素的变化,特别是突然的变化,都会对身心系统产生影响,如果自己的身心系统不能很好地应变,就会引发疾病。虽然对有些环境因素的突变,人们可以采取必要的行为加以规避,但还有很多突变因素是一个人不可避免地要面对的,所以,要预防这类外界环境因素变化所引发的疾病,就要保持或提升身心系统的应变能力。

一个人的身心系统应变能力范围如图6-5所示。其中黑实曲线表示一种环境因素的变化走势,高峰及低谷表示突变情形。两条……曲线所夹区间表示一个人身心系统对这种因素适应范围。图中(a)部分描述了健康人和不健康的人对环境因素变化的适应范围,其中两条……曲线所夹区域表示健康人对环境因素变化的适应范围,而两条……曲线所夹区域表示不健康的人对环境因素变化的适应范围。当环境因素变化在图中椭圆标注的区间时,就是不健康的人产生不适或引发疾病的问题点。而对健康人来说,这条环境因素变化曲线都在其适应范围区间,所以他就不会生病。

图中(b)(c)(d)和(e)四个子图分别描述了一个人从幼年时、青少年时、中年时到老年时的身心系统对环境的适应范围。其适应范围在幼儿时开始会比较小,但随着成长会逐渐变大,而在青少年时会达到高峰，然后会依次变小，意味其身心系统的应变能力在降低。所以，一个人要想预防环境因素变化所产生的疾病，就要保持或扩展足够的两条……所夹区间，即提升身心系统的应变能力。

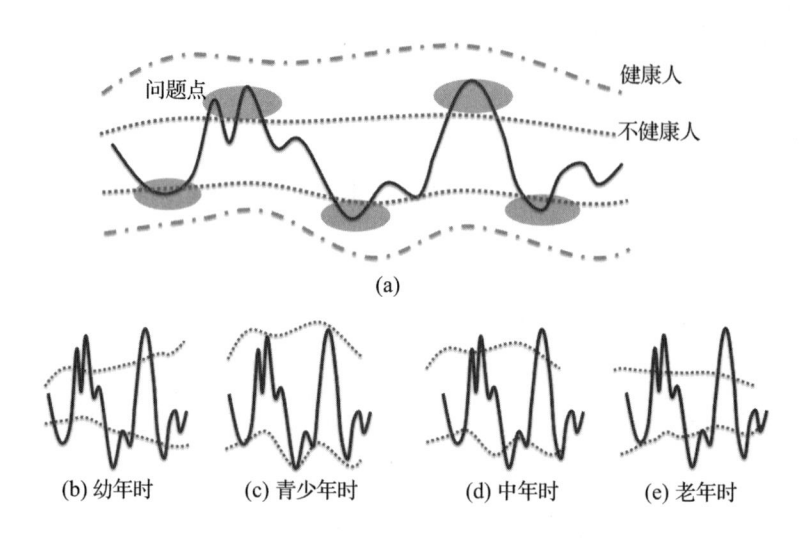

(a)

(b) 幼年时　　(c) 青少年时　　(d) 中年时　　(e) 老年时

图 6-5　身心系统的应变能力分析示意

身心系统的应变能力之所以会降低，对大多数人来讲，其主要原因并不是身心系统衰老，而是人们随着年龄增长及自身的知识水平、工作和生活阅历的丰富，更习惯于有效规避环境因素的变化，很少或不使用身心系统相应的应变能力，进而使应变机能衰退。特别是资深长者，绝大部分涉及复杂环境的事务均有小辈代劳，更没有机会使用自身应变机能，而反过来，这正是其衰老的主要原因。

仅从肌骨系统来说，一个人在走路时崴了脚，可能他或她会怪罪路上有块石头或有个坑。经常看见一个长者走路时很慢，颤颤巍巍，上台阶很费劲，一不小心还会摔倒等，这就说明肌骨系统应变能力不足。要想肌骨系统保持或提升相应的应变能力，就要在主观行为上重视，在平时扩大自身肌骨系统活动范围,主动在坑坑洼洼、多石头的路上行走,或故意用脚踩下石头,或落脚于坑洼的边沿,上下台阶,时不时地跳上跳下等,让腿脚肌骨系统有充分的机会学习和适应这些环境,进而保持和提升身体肌骨系统的应变能力。

对应自然气候的环境变化因素,如气温的冷热变化,一个人就应该在健康的状态下,主动让身体接触较冷或较热的环境,不要热一点就减衣,冷一点就加衣,要让身体有更大的气温适应范围,这样就会很少感冒或不感冒。同样道理,一个人也不要太注意讲卫生,身体中早已有足够多的病毒病菌,在健康时适当接触病毒病菌,就相当于种疫苗,可以提升自身的免疫应变能力,这也是有洁癖的人往往最爱生病的原因之一。

第五节　身心综合运行管理方法

前述分别从身体和心理系统进行了自我管理的思想与方法的介绍,但一个人一天没有时间也不可能分别实施遵行,而从系统科学思想方法论视角,更强调身心系统的综合系统化运行管理方法。所以本节从身体与心理运动如何相互融合,以及在日常工作和生活中如何融入身心系统锻炼等进行相关探讨。全身心系统的运动可以辅助心脏促进血液循环、淋巴液运转、胃肠蠕动,愉悦心情,从而有效解决前述身心系统问题,全面提升身心系统健康水平。

一、身体带心的运行管理

身体带心体育运动即强调身体运动锻炼时心理系统也要与之协同运动。现今很多人花了大量时间,还有的花费很多钱参加体育运动班,但却没有收到很好的运动效果,其主要的一个原因就是在运动中心理系统并没有参与或没有很好的参与。有的人只注重相应体育活动的具体动作和技巧,当熟悉后再运动时,心有杂念,身心不合,所以不能很好地达到锻炼身体的目的。不仅是体育运动,只要身体系统运动或运行时,都要尽可能让心理系统参与其中。下面针对体育锻炼如何实现体带心,提出几点建议。

(一)选择适合自己的身体运动项目

可以说只要有锻炼就比没有强,但如何提升运动效果,确实需要具体的科学方法。要选择适合自己的身体运动项目,这里除了要考虑自己的兴趣爱好和身体特点外,最重要的是要考虑如下的两条运动效果准则:

1.换心境

换心境即选择的体育运动项目有利于转换自己的心理活动情境。一个繁忙的脑力劳动者,一天众多事务缠身,每项事务都需要分头串并行处置,事务涉及的人、事项和资源多又有冲突,所以,心理活动强度大,大脑及神经系统长时间处于紧张状态,心理系统环境频繁进行事务性切换,环境因素与心理系统的信息交换紊乱,使得心理系统熵增。还有一些简单操作性工作者,虽然不需要复杂的脑力活动,但需集中精力长时间专注于一件事情或一个问题,特别是一些高强度的逻辑思维工作者,心理系统环境交互相对封闭,最容易产生心理疲劳。这些人,都需要从原有的心理系统环境中转换出来,即换心境,而只有换心境才能很好地解除疲劳。

因此,选择的体育运动首先应有利于转换心境。一般来说竞技性项目会较好实现这一准则,因在竞技活动中参与者的心理活动也会专注其中,因此,一般集体对抗式体育运动都可以较好地转换心境。一些文娱活动如唱歌、电子游戏、打牌、弈棋等也可以做到换心境。但有些人打牌、打麻将、玩电子游戏成瘾,久坐不动违背了肌骨系统的锻炼和下面出透汗的准则,并不应该被提倡,或一定要适度地参与。

2.出透汗

选择的体育运动要有利于出透汗。所谓出透汗从状态上讲,最高的水平是,不仅额头汗水淋漓,背部汗衫湿透,而且手脚都要出汗,十个手指和十个脚趾都见汗水。人体排泄体内不需要的废旧物质,主要是通过排便、排尿与排汗。其中,排汗更重要,其具有排泄体内疲劳物质或对人体有害的重金属、毒素的重要作用。

此外,汗从体表气化,令人得到爽快感,对精神也有很大的帮助。全身出汗,能够强化自律神经,提升总体代谢特别是皮肤的代谢水平,排出老旧废物与毒素,减少身体脂肪,有助于消除肥胖、美容与健康。中医学认为出汗不仅可通经活络,提高精神和恢复体力,而且具有调节神经的功能,扩张微细血管,改善微循环系统,提升人体五脏六腑的功能等。

出汗分为主动和被动两种方式。所谓被动出汗,就是指由于天气闷热或心情烦躁而引发的出汗,这种出汗方式对人身体是不利的。相反,人体主动运动,如体育活动出的汗,即为主动出汗。它不但通过散发热量保持人体内的温度,而且是最有效的排毒方式,有益于人们的身心健康。现代人由于肌骨系统运动不充分,主动出汗机会越来越少,所以，选择体育运动项目一定要有利于出透汗。

根据如上准则，笔者推荐的体育运动项目首要的是乒乓球运动。乒乓球运动属于对抗式竞技类运动，但又不需要竞技者身体接触，活动强度自己可控，并且只需一个对手即可，场地要求易满足，主要为室内，不受一年四季、风雨气候影响。乒乓球运动中，参与者需要专注精神，双目紧盯对手动作和球路轨迹，时刻需要判断对手发球、击球和回球方式，并筹划自身如何反击和回球，所以，心理系统必须与活动过程紧密融合，真正换了心境。同时，它是全身运动方式，让你腿脚、肩颈、两臂都能得到运动，特别是对眼睛及身体整体反应的提升最为有利，只要身心专注持续运动一小时就会出透汗。

当然对于年轻人，羽毛球、网球也是很好的运动，它们都可以做到换心境和出透汗，但是由于运动强度较大，容易损伤机体，所以不适宜年长者。特别是对于久未运动的中年人，突然想捡起年轻时练过的羽毛球运动项目，并想像年轻时那样雄风再现，最易伤跟腱。打台球、打牌、打麻将、打电子游戏等虽然可以换心境，但不会做到出透汗，特别是主动出汗。走路、长跑、爬山、游泳等体育运动项目，一般很难做到换心境，特别是当一个人运动时，一边走着、一边跑着、一边游着，心理很容易溜号，还会想着你关注和纠结的问题或事务，况且走路和游泳一般又不会出透汗。相对而言，跳舞和唱歌还是比较好的文体活动，一般人易于做到换心境和出透汗，这也是如今广场舞流行的内在原因。

（二）运动中用心

前述强调换心境是从运动项目本身让人们不得不转换心境来选择运动，但真正的或大智者的体育运动应该在运动中主动用心，即把心理系统与身体所从事体育活动时的身体系统融会合一。一些运动之所以没达到促进身心系统健康的效果,其主要的一个原因,就是运动者在运动时没有倾注主观意识,没有主动用心。

不论什么类型的体育运动,只要你用心去做,即把心理系统与身体神经系统、血液循环系统和肌骨系统有意识地结合融会起来,都能做到身心合一。实际上,不论做什么,如果心不在焉,必然会做不好。用心首先就是要在运动中,在项目的身体姿势、竞技动作及技巧等细节中注入意念,即心意要跟随这些动作细节流走,全过程保持专注。例如,在走路过程中,你的每一步,每一脚,胳膊的每一次摆动,每一次呼吸等都要有意念跟随。并且要与肌骨系统的机械力配合,意念要随之用力,即每一步迈出要有力,每一脚落下要抓地,胳膊的每一次摆动要伴有胸部扩张,意念导引血液循环,这样你即使就走半小时,也要比你走两个小时的效果好。同样地,走路、长跑、爬山、游泳等体育运动项目,如果你能主动融入心理系统活动,即用心理意念呼应每一动作,也会起到换心境的作用,提升运动效果。

一些体育运动项目,如太极剑、太极拳等太极系列,以及瑜伽系列都是较好的运动项目。太极拳是以中国传统儒家和道教哲学中的太极、阴阳辩证理论为核心思想,运用易学的阴阳五行变化和中医经络学,以及古代的导引术和吐纳术,把颐养性情、强身健体、技击对抗等多种功能融为一体,具有内外兼修、柔和、缓慢、轻灵、刚柔相济特性的一种传统拳术。太极拳讲究身心合一,含蓄内敛、连绵不断、以柔克刚、急缓相间、行云流水的拳术风格,强调意念、气息、形态和神貌圆融一体,因此,可使习练者在增强体质的同时提高自身心理素养,更好地体现体带心,并能提升人与自然和社会的融洽与和谐度。同时,太极拳虽然属于体育运动,以身体锻炼为主要形式,但其心理意念则是主导。常见有些习练者在运动时,只注重形态和神貌,没有很好地注入心理行为,忽略意念与气息的运用,因此而不能收到更好的锻炼效果。

瑜伽源于古印度,是印度梵语"yug"或"yuj"的译音,其含义为"一致""结合"或"和谐",是古印度六大哲学派系之一,主要探寻"梵我合一"的道理与方法。现今人们所称的瑜伽则主要是指一系列的修身养性方法,其包括智瑜伽、业瑜伽、哈他瑜伽、王瑜伽、昆达里尼瑜伽五大体系,相应的理论也有很大差别。智瑜伽倡导培养知识理念提升智慧;业瑜伽提倡内心修行,引导更加完善的从业行为;哈他瑜伽修习包括精神体系和肌体体系;王瑜伽的修习则偏于意念和调息;昆达里尼瑜伽着重能量的唤醒与提升。这些不同理论体系的瑜伽,对于修习者来说都是提升意识水平,帮助人类充分发挥身心系统潜能的一种运动方式。现在世界各地都能看到修习瑜伽的人们,正确习练瑜伽,可以改善提升人们的生理、心理、情感和精神方面的能力,是一种以达到身心和谐统一为目的的运动方式。

(三)循序渐进和持之以恒

一个人开展任何一项体育运动,初期都会有身体和心理的不适应。一些人至今还没有成功开展一项自己能够持续进行的运动,除了确实工作繁忙或生活紧张的原因外,一个重要原因就是缺乏对身心系统科学管理的认知,总无法突破初期的身心系统不适感,经常虎头蛇尾,半途而废。进行一项体育运动的开始阶段一定会很累,如前面相关章节的论述,累是一种身心系统状态跃变过程的反应。累说明身心系统所处的熵值太高,是习惯行为或惯性力太强所致,身心系统与外界的能量和信息交换不足,使得身心系统熵值增加。

因此,体带心运动管理在项目的进行过程中,一定要遵循循序渐进和持之以恒的原则。循序渐进就是运动者需要根据自己身心系统的实际状态,每天把握好运动强度,特别是在运动的初始时期,要保证每天有所前进,要感觉到有些累,运动量要增长(即使就一点点),决不能减少,当然也不要冒进,渐进核心就是要进。而持之以恒就是要有足够的自信,相信身心系统的内在力量,一切皆有可能。要忍住疲惫和肌骨酸痛,强化内在心理系统的坚韧,不屈不挠,日复一日,年复一年,这样你身心系统的熵值就会降低,你就会变勤快而不觉得累了,身心系统就会向着健康的高峰发展。

二、心带身体的意念运动

身心系统综合运管方法其次就要强调实现心带身体的意念运动。一个人可能由于时空的限制或事务繁忙及某些原因,无法开展必要的身体主导的体育运动,但可以通过心理特别是意念运动实现心带身体的身心系统综合锻炼。通过主观意志导引下的与身体运动密切关联的心理活动的主观再现,也可以实现身心系统的综合锻炼,进而提升身心系统宏观整体的健康水平。

(一)心理活动过程

为了理解心带身体的意念运动,这里首先要再认识下一个人的心理活动过程。按照一般心理学概念,心理活动过程包括认知过程、情感过程和意志过程,即所谓的知、情、意。认知过程是一个人在实践活动中通过感知觉、思维、记忆等,对事物信息的接收、编码、贮存、提取和适用的心理活动过程。其目的在于解决"是什么"的问题。一个人只有先了解了事物的外在特性和内在规律,才能对它进行更深入的了解。

情感过程是指一个人在实践活动中对事物的态度的体验。其目的在于解决事物"有何用"或"有什么价值"的问题。人在了解了事物"是什么东西"以后,还要了解事物"对自己有何用处和价值",这就涉及与事物的情感,就会产生相应的情绪等心理过程。情感与情绪虽是心理系统行为,但它与身体生理系统密切相关。身体系统的生理反应是情绪存在的必要条件。

意志过程是一个人在了解了事物"是什么"和"对自己有何用处和价值"后,自觉地确定行为目标,然后根据目标调节支配自身的行动,克服困难,以实现预定目标的行为心理过程。其主要目的在于解决"怎么办"或"实施什么行为"的问题。具体就是针对事物的品质特性以及每一品质特性对于人的价值,选择一个最合适的行为,以便能够充分有效地实现或利用事物的价值特性。

如上的三种心理活动即认知、情感与意志,分别反映了三种基本的客观事物,即事实关系、价值关系和行为关系。一个人为了生存和发展就必须先感知和了解各种事物的事实关系,其次要认识这些事物对于人的价值关系,然后要掌握每个行为的价值关系并经判断、选择、组织和实施一个最佳的行为方案。因此,从认知到情感,再从情感到意志,再从意志到进一步的认知,这样形成一条基本的、不可分割的人类自主行为的循环往复的流水线。

上述心理活动过程都是与身体密切相关的,即感知、体验和行为都是由躯体相应组织参与的涉身过程。而这一过程可以通过意念在心理重现,并同时引发身体相应组织器官的运动反应,所以,心理活动可以促进身体的神经与气血的活动。

(二)意念再认识

在人的心理活动过程中起主导和关键作用的就是意志,而意志的本质就是一个人对于自身行为关系的主观反映,是指一个人能自觉地确定目的,并根据目的来支配、调节自己的行为,达到目的的一种能力,这种能力也称为意志力。意志力,潜藏在每个人的身心系统内,受意念支配。而意念字典里的解释就是观念、念头、想法和思虑,它在身心系统内的力量具体体现就是意志力。用意念可以激发身心系统中这些力量潜能,进而形成所谓的意念力,并在这种力的作用下,自身的心理功能和生理功能,就会围绕着期望实现的目标,进行自组织和自调节,这正是意念运动带动身体运动的核心思想所在。

现今已有人对意念进行科学研究,即所谓的意念科学,旨在为开发人类意念力提供科学支持,通过研究人的意念波的形态与方向,对人的意念的物质基础加以证明,从而有效利用人的意念,提高人的思想觉悟或改变客观物质世界。具体的研究项目诸如身体自发治疗、心理能力、人体的能量场等。并认为意念力是存在的,其来自人体的能量场。人的一生就是一个耗能过程,即如前所述,身心系统是一个耗散系统,如不保持与外界能量和信息交换,不加强自我管理,一个人的这一能量场就只会减弱而不会增强。

(三)意念运动

意念运动就是主观意志导引下的与身体运动密切关联的心理活动的主观再现,这方面有很多方法,包括意念医疗、意念气功和意念按摩等,虽然依据的是不同学理,但均属于心理系统主导的身心系统行为,都可以实现身心系统的综合锻炼,进而提升身心系统宏观整体健康水平。这里简要介绍几种。

1.意念健身祛病法

意念可以控制一个人的心理过程,并通过神经系统及内分泌系统控制身体的每一部分，进而可以作用在免疫系统，促进淋巴液循环并制造出更多的白细胞等免疫细胞。所以意念运转可以预防疾病，减轻疼痛，甚至有助于治疗许多疾病。

2.体育运动意念再现法

体育运动意念再现法就是通过一个人的心理活动过程，把真实世界的体育运动再现在心象中，并通过涉身的记忆，让身体系统的相应意识神经和气血活动同步再现。一个人可以根据其自身的体育运动爱好或习惯，选择自己认为最有感觉和效果最好的体育运动，躺在床上或坐在沙发上，闭上眼睛认真回忆这次运动的全过程，让意念跟随运动的程序，一步一步、一个一个动作地驱动自己的肢体行为，但不需要肢体的真正动作，只需肢体相应的内在气血运行，即力气的运行。比如跳跃动作，你的两条腿虽然不动，但要再现相应跟腱、肌骨和相应气力，在腾空和落地时的感觉，最好包括心脏、头和两臂的感觉。又比如当你用乒乓球拍子回击对手的一个球时，特别是要回忆你最得意的一击，那时你的心态，身体的姿势，腿脚的着力模式，大臂、小臂、手腕和手指的气血和力度，尽可能再现和感知。这样当你认真，且有身临其境感地完成那次运动的几乎全过程时，也就会收到一种全身心的锻炼效果。当然，每次这样的心理活动也不用特意追求完美，也没有必要完全回忆起运动的每一细节。

三、工作生活中的科学劳作

不言而喻，一个人一天不可能以身心系统锻炼为主业，特别是中青年人群，正值工作和生活的中坚责任时期，很难抽出时间和投入精力进行专门的身心系统管理锻炼。但是，可以学习的了解身心系统的科学构成、功能机制、运行发展规律,掌握原理,调整自身在日常工作和生活中的身心劳作,把身心系统锻炼与管理寓于工作和生活之中。

(一)身心劳作的认识

工作和生活都离不开身心系统的参与,即常言所说的劳身和劳心,是一个人为了生存、发展或美好生活,对自然、社会和他人进行的必要的身心系统行为。一个人具有身心劳作能力是其存在的价值基础,是身心系统功能的体现。这里要再一次强调对身心劳作所带来的劳累感的科学认识,即要树立科学的劳累观。

1.劳累的心理

在前面已叙述,劳累主要来自主观心理意识,大多数时候是在主观意义上,对劳动的厌烦和厌倦与不得不进行的劳动现实,所引起的心理冲突所致。不论是劳身还是劳心,只要与心理系统的活动形成有序和谐状态,一个人就会愉悦快乐,就不会感受到疲倦劳累。在这种劳动过程中,身心系统新陈代谢过程顺畅,身心系统处在一个良性的耗散有序的进程中。一个人越认为劳作累人,就会越累,而相反,从心底深处或科学层面认识到身心劳作是身心系统与外界的并与人生发展密切相关的一个耗散代谢行为过程,就会心理释然,快乐劳作,去除劳累。

2.劳作的结构失衡

劳作之所以产生劳累,另外一个最重要的原因,是来自劳作方式和身心系统使用的不平衡。从常规上讲,一个人如果长时间从事一种工作事务或一种生活家务,劳作方式单调重复,身心系统仅使用部分或片面化,这样不但会产生心理厌倦,还会由于使用的不平衡,让身体各个子系统不能协调运行,特别是肌骨系统不能全面使用,就会使整个系统的血液循环不平衡、不顺畅,最易产生局部劳损,并增加整体劳累感。

因此，在工作和生活中，身心系统综合运行与管理就是要提升对劳作的科学认识，放下劳累包袱，快乐工作和生活，并秉持全面使用身心系统，维系身心系统运动的结构平衡和整体与部分的运动和谐。

(二)工作中的身心系统管理

工作是一个人的社会价值的体现，是参与经济和社会再生产过程、获取社会认同和经济回报的活动，是人生事业的主体。世间不论什么国度，工作的行业成百上千，一个人一生能做什么工作，与其素质能力、兴趣爱好、教育经历、自然社会环境和其人生际遇都有关系，所以，对大多数人来说，工作都不是完全由个人所能左右的。即使你已经在一个很好的行业内，在具体的工作岗位也不一定会称心如意。毫无疑问，有工作和有一个较好的工作，对自我的身心系统发展影响至关重要。所以，现代人都非常重视教育和学习，要提升自身素质和能力，这是谋求一份好工作的前提。但不管什么工作，每个人都要使用身心系统，有的劳身多些，有的劳心多些，无论如何，这份工作是你的身心系统及人生环境的必然，也是你的缘分，是你身心系统发展的社会环境系统，并会深刻影响你的身心。所以，在工作中必须主动实施身心系统自我管理，具体要做到如下几方面。

1.热爱所从事的工作

既然你能找到和从事一份工作，那就是你的机缘，你就要热爱这份工作。正所谓"三百六十行，行行出状元"，首先要有自信能够做好相应工作，并能有所创新和开拓。然后要快乐勤奋地工作。这样你就不会在心理上对工作产生劳作的厌烦，可以发挥自身工作潜力，提升工作水平和获得升迁机会。做到在工作中心情愉悦，促进心理系统健康，并反过来助力你的工作。

2.不计较劳作

工作必然要涉及经济和社会回报,除了个体的劳动外,还要涉及与同事的合作。一个人的工作除了前面所述的厌烦外,产生的劳累或身心系统问题还来自对回报的期望以及与他人的攀比。这其中的根本原因就是计较劳作,把劳作作为付出的成本,所以一定要科学认识劳作的本质。一个人如果在工作中不以劳作量与别人计较,而快乐积极地劳作,相信领导和同事都会欢迎。这样既可以促使一个人身心系统的科学耗散,又能提升工作效率和质量。

3.注意全面使用身体

一个人在工作中要注意身体使用的全面性,具体可通过改变劳作方式进行调整,要让四肢和头部多些机会活动,如多跑点腿,多动动手。对伏案者而言,可以时而挺胸抬头,换换坐姿,进行下深呼吸,押拉筋骨等。一开始时,可能会分散点你的工作注意力,但从整个工作时间周期看,会提高整体工作效率,而不会影响工作。同时,当你坚持一段时间后,这种调整劳作方式的行为就会变成你的自觉潜意识行为。

(三)生活中的身心系统管理

如果说一个人每天睡 8 小时觉,上班 8 小时,一天剩下的 8 小时就是生活。生活从主体行为讲是自身责任,特别是对单身个人。从内容上讲包括吃、穿、住、行、娱乐等,对已婚的人来讲还要有家务、培养子女、赡养老人等一系列责任。现代人的生活越来越社会化,越来越依赖社会化环境。每个人都是社会人,都属于相应的人群,如家庭、朋友、同学、老师、同事和领导等。所以,一个人的生活除了身心系统的劳作外,更需要自身资源包括金钱、物质和情感精神的给予,这样就会面临身心劳作、资源不足以满足需求,以及在诸多需求者中分配的不平衡所产生的劳累感,这也正是很多人认为生活比工作累的原因。因此,一个人的生活,特别是如何生活对其身心系统的发展与健康至关重要,同时如何在生活中运管好身心系统又反过来影响一个人的生活。如何生活的学问与论题太多,已超出本书的范畴,这里仅从身心系统管理视角,给出如下几点笔者认为的关键内容。

1. 热爱生活,敞开情怀

生活的本意是指人类生存过程中的各项活动的总和,简单说就是生存活动,就是人生,就是生命的存在。一个人的生命不是自己给的,是父母及人类社会大系统的发展必然,一个生命如同艺术品一样,不论其长短都是自然社会系统的一个重要构成部分,都在生命的过程中彰显和绽放属于系统和其自身的奇妙意义。所以,我们要热爱这个生命过程及其所有的活动,即热爱生活。如何热爱生活就是要用本章第二节所讲的系统科学思想、理论和方法,以及世界观、人生观和幸福观来理解爱和去爱。自然社会系统创造了你,包容着你,你也要敞开情怀去容纳这系统中的万千生命和事物,以大爱之心、大爱之怀,遵行物之情和人之情,你就会获得和拥有爱情、亲情和友情的真正之情。敞开情怀,就可开怀纳百川,就会释然以情,投之以情,就不会为情所困。情是生活旋律的主调,而只有大情怀才能包容和融会家国情怀以及爱情、亲情和友情之怀。大情怀是生活快乐之本,是身心系统健康之基石。

2. 善待他人,不计较付出

一个人的生命过程中,一切和你相遇的人,都是你的缘分(即人类大系统之作),特别是你的爱人、亲人、朋友、同学、同事等,以善良之心、大爱之心待之,尽自己可能之力扶之,上善若水,是人类大系统和谐之道。生活中以善待人,更具体地,同样需要你的劳作和工作劳作所获的资源付之以行。常听人讲一个人怎样为父母、为孩子操了多少心,受了多少累,勤俭生活,细心勤奋料理家事,但不被父母和孩子或家人理解,所以不开心,感觉生活疲惫、不快乐。这其中的主要原因仍旧是计较劳作,把劳作和资源作为付出的成本,而资源也是由劳作转变的,所以一定要科学认识劳作的本质。一个人如果在生活中不以劳作量与自身的回报,更不与爱人、亲人和友人计较,而是快乐积极地用之以情,付之以劳作,尽自己可能之力扶之,相信爱人、亲人和友人会更加爱你和喜欢你。这样你们的生活就会其乐融融,美好幸福。你身心系统的耗散就会科学顺畅,身心系统就会更健康。

3.管理好生活琐事和注意全面使用身体

由于生活劳作的频繁性、周期性、琐碎性,买菜、做饭、洗衣、拖地、刷碗、洗筷、吃喝、起居、扶持老人、接送孩子、教育孩子、照料父母等,特别是还要完成自己的基本生活事务,一个人确实会面临诸多生活琐事。现今社会越来越多的人不注重或不会管理自我的生活琐事,一天天的邋遢随便,家务紊乱,食宿无序等,这样必然会影响身心系统的健康。所以,身心系统综合运营管理首先就要对自身的生活事务按照系统管理学原理,做好一天生活中的事务计划,有条不紊地开展生活事务劳作。并在生活的劳作中注意身体使用的全面性,同样也可以通过改变家务劳作方式,让四肢和头部多些机会活动。特别是对上班族,要尽可能多参与家务劳作,这样可以通过生活劳作改变工作劳作的惯性。做做饭,拖拖地,做饭时记着动动肩,扭扭腰,拖地时记着进行下深呼吸,转转脖子,伸伸筋等。由于生活劳作的频繁性和周期性,只要坚持一段时间,就会形成一个人自然而然的身心系统行为模式,这不仅仅有利于身心系统健康,更增加生活情趣,和睦家庭生活。

四、身心系统大管理

按照系统科学理念,一个人的身心系统包含不同层次的子系统,同时它又被包含在家庭、生活、经济、社会、自然等更大的系统之中。前述身心系统的管理方法主要限于身心系统及以下的系统层次,身心系统的综合运行管理还要从更高层次的大系统视角,展开身心系统的大管理,具体就要把前述所有理念和方法融会贯通,以更高层次的理念和方法论为指导,综合运用身心系统管理原理,真正做到系统地运用身心。

(一)促进三合

人在人类社会系统之中,在宇宙空间地球村自然系统之中,所以,自然形成不可规避的天、人、我或身与心的三层次主体系统关系。即天中有人,人中有我,我中有心,因此,要从更高层次进行身心系统的管理,就要具体处理好人与天,我与人和身与心的关系,促进天人合,人我合和身心合,即三合。天、人、身、心相辅相成,相互作用,相互依存。

1.与天合

作为个体的人要促进天人和合,就要从自我做起,让自己身心与天和合。天即宇宙空间地球村之自然物理生物大系统,一个人及人类都是这个天所创造与养育的。所以,一个人要运用自己身和心去热爱自然,热爱生你养你的那方水土。多与自然亲密接触,天天要向大地母亲索求抚慰,给空气、水等万物以情怀和关爱。一个人的身体已在自然中,那身心系统管理就要让自己身体自然而然地融在自然中,并让自己的心声与天籁之音和谐共鸣,把自己的能量场与宇宙能量场融合。从理性上讲,与天合,还要尊重自然科学规律,遵循物理、化学、生物学和生态学等自然科学之理,就是要知天理行天道。这样身心系统的发展就会与天之大系统的演化顺应和合。

2. 与人合

地球村所有人构成人类社会大系统,这个大系统包含在宇宙这个天的大系统之中,每个人都主动遵行与天相和合,以促进人类社会大系统与宇宙这个天的大系统相合。身心系统自我管理秉持从自我做起,即在遵行与天和合的同时,要在人类社会大系统中做到与人和合。与人和合,就是要遵行人道,即人类社会大系统之大道。人类社会命运共同,唇齿相依,人和人之间相争与恶,不能促进社会发展,反而会阻碍和削弱社会应对人类共同问题的能力。而人和人之间相合与善,则能促进社会和谐发展,创建人类共荣的美好生活。与人和合,就是要以善为人,从系统关系讲,为人即是为己,致力为他人则为大为,一心为己则为小为。与人和合,要从与家人和合、与同事和合、与民族和合、与国人和合、与世界人们相和合做起。遵行人和合,要晓之以理,不抱怨人,多包容,不攀比与盲从,快乐勤奋为人。这样身心系统的发展就会与人道和合,发挥身心系统价值,提升健康水平。

3. 身心合

做到与天合、与人合两个高层次大系统的大合后,还要从自我这个系统做到身心合。身与心是一个整体系统,这在第三章已做过论述,其综合整体模型如图 3-4 所示,为便于一般人理解其整体系统性,笔者论述了身体系统的六个子系统,即消化系统、血液循环系统、内分泌系统、神经系统、免疫系统和肌骨系统,和心理系统的四个子系统,即感知系统、知识系统、思维系统和行为系统,作为身心系统的十个构成子系统。身心合也是前述各个章节论述的主旋律,其核心就是要做到这十个子系统和合。身心是你自己的,心你自己可以完全掌控,身可以通过心去调节改善。为什么有些人管不住自己的心?因为这个"管"在心中,而管不住自己的人心中无"管"。管好心的核心就是要丰富自己的知识系统,做到真正的知心、知身,即系统地认识身心系统,让心致知,让身遵行,身心和合就是要做到知行合一。身心系统的认知就是要理解身心系统的整体性,做到心理平和,身体协调,身心和谐。

(二)身心系统的大综合运行管理

至此,本章已从多个系统层次和视角梳理并讨论了身心系统自我管理的相应方法,并基本不失身心系统这个管理对象整体性的指导,但这仅仅是尊重了对象系统的整体性。然而,按照系统科学思想方法论,要想实现身心系统更加科学高效发展,还要对所有施予的方法进行综合,进行身心系统的综合大管理。所谓大管理,是面向大数据、大知识、大系统和大综合的一种新的管理理念。这里的"大"表示体量大、内容范畴广、样式多、变化快。身心系统就属于这样一个大系统典范。

1.管理行为及所有方法的大综合

这里首先就要综合运用身心系统的科学知识,全面审视分析自我身心系统的过去、现在和可能的未来状态,找出身心系统发展的主要矛盾和身心问题,针对相应的矛盾和问题,选择相关的各种可行方法,制订具体的管理行为方案和实施计划,并依据综合集成的系统思想和优化方法,分析各种方法、措施、方案和计划,进行优化筛选和组合,最后形成一个全方位的综合大管理方案。其核心是让每种方法、各项措施、具体方案和计划相互衔接,高效互动,充分发挥整体有序性。

2.与身心系统环境活动的大综合

综合大管理其次就是要与身心系统环境活动实现综合集成。一个人一天的工作和生活,乃至一生的行为,不能就做身心系统自我管理这一种事,但毫无疑问,一个人的所有行为都与身心系统密切相关。所以,一个人工作和生活的所有行为就是其进行身心系统自我管理的环境行为,综合大管理就是要与这些工作和生活行为实现综合集成。一个高水平的身心系统自我管理行为境界,就是使身心系统自我管理融入日常工作和生活的主旋律之中,让身心系统自我管理行为与日常工作和生活行为相融。

3.身体系统的宏观与微观综合管理

综合大管理强调身心系统的宏观和微观全层次的大范围管理,特别是对身体系统。对身体系统的管理大多数人容易看到宏观层面,但往往会忽略或忘记身体的微观层面,这里做几点强调,以保障身体管理的大综合性。一是要注重身体相对心脏的远端组织与器官的运用,包括手指和脚趾,经常关注下自己的指甲,如竖纹和月牙白状况,以及灰指甲等,促进手指和脚趾出汗,保持远端血液循环畅通,淋巴液可达;二是注意皮肤管理,即要加强皮肤锻炼,其核心就是要促进皮肤的血液微循环,让皮肤多出汗,让皮肤与水多接触,保持皮肤的清洁与湿润;三是注重脏腑器官的微循环,虽然自我不可显现它们,但要从意念上给予关注,适度锻炼脏腑器官,如当你健康时试着吃点凉食物,让胃充充血等。

(三)动态系统观的运动之恒

身心系统处在不断发展演化的过程,所以,身心系统大管理就要按照系统科学的动态大系统理念,制订长期管理方案,持续遵行,意志坚定,奋发图强,永不停息。正所谓:"天行健,君子以自强不息;地势坤,君子以厚德载物。"要强化身心系统自我管理的主观能动性,充满自信,养成一个系统地使用身心系统的好习惯,适度地矫枉过正,积极地进行身心系统的耗散,生命就是与熵增进行抗争的过程,身心系统的管理对非健康者就是治理,管理与治理永远在人生的路上。要坚忍不拔、持之以恒,以不停息的运动,展现自我身心系统的辉煌。

结语
启动身心系统再造工程

本章从身心系统的评价开始，具体从心理系统管理、身体系统修炼和如何对待疾病，以及从身心系统综合运行管理几个方面，总结提炼出相关的方法。所有方法力求体现对身心系统的系统整体性认知及系统思想和方法论，并强调各种方法、手段和方案的有机联系，注重这些联系组成的方法系统的整体性等。

毫无疑问，一个人的身心系统自我管理都是在一定的人生阶段开始的，相应的身心系统已经处于历史演化而形成的一种状态中，人们虽然不可能重新来过人生，但可以依据管理学原理中的"再造工程"理念，融会前述身心系统管理原理和方法，启动自我身心系统再造工程。所谓"再造"是管理学软科学概念，是借用机械式硬科学概念来提升管理变革的力度，是对管理业务流程根本性地重新思考及彻底重新的设计。而身心系统管理的实施不是轻而易举的事，所以要用"再造工程"的管理理念。"再造工程"，简单地说就是以身心系统的各个构成子系统及构成单元的有序协同流程为中心，重新设计身心系统的自我管理及运行方式。其具体包括身心系统的认知再造、心理系统再造、身体系统再造、身心使用模式再造、工作和生活方式再造，甚至于包括身体组织器官的再造等。作为本书的结束语,建议读者立即行动起来,评判自己的身心状态,选择一项适合你的身心系统再造模式,持之以恒实施该工程,身心系统的健康辉煌就会属于你!

身心系统自我管理的总体方法论可概括为:在身心认知的系统观基础上,把身心和环境作为一个大系统整体,遵循耗散与新陈代谢生命系统原理,运用管理科学方法,科学确立身心系统发展目标与轨迹,以综合系统地运用身心为主导,自觉管理自我身心行为,自信勤奋前行,那么你的身心系统就会健康,真正地幸福快乐。如下四句是笔者的座右铭,其核心内涵是"观""开""践""勤"四字。

系统观世界,开怀纳百川。
践行人天道,勤奋绽灿烂!
天道酬勤! 不为酬而勤,勤以自然!

最后,再强调下:意志与毅力是身心系统自我管理的关键,并用以下名人名言作为结束。

①在坚强的意志面前,一切都会臣服。——泰戈尔
②人们的毅力是衡量决心的尺度。——穆泰耐比
③意志与智慧两者是一个相同的东西。——斯宾诺莎
④伟大的人做事绝不半途而废。——维兰花
⑤只要有决心和毅力,什么时候也不算晚。——克雷洛夫
⑥意志引人入坦途,悲伤陷人于迷津。——埃·斯宾塞
⑦有了坚定的意志,就等于给双脚添了一双翅膀。——乔·贝利
⑧万事皆由人的意志创造。——普劳图斯

参考文献

[1] 张永民,赵士洞. 生态系统与人类健康 [J]. 地球科学进展, 2008, 23(6): 644-650.

[2] 鲍宗豪,洪菲菲. 后全球化视野下的社会管理 [J]. 上海行政学院学报, 2012(1): 64-72.

[3] 马克思. 青年在选择职业时的考虑 [J]. 中国民政, 2017(4): 54.

[4] [德]康德. 道德形而上学奠基 [M]. 杨云飞,译. 邓晓芒,校. 北京: 人民出版社, 2013.

[5] [美]杜卡斯,[美]霍夫曼. 爱因斯坦谈人生 [M]. 高志凯,译. 上海: 复旦大学出版社, 2013.

[6] 武国忠. 黄帝内经使用手册 [M]. 上海: 上海锦绣文章出版社, 2009.

[7] 苏晶,袁世宏,姚春鹏. 中信国学大典: 黄帝内经 [M]. 北京: 中信出版社, 2013.

[8] 王庆其. 内经讲义 [M]. 北京: 人民卫生出版社, 2012.

[9] 南怀瑾. 小言黄帝内经与生命科学 [M]. 北京: 东方出版社, 2008.

[10] 王蒙. 老子的帮助 [M]. 贵阳：贵州人民出版社，2012.

[11] 丁四新. 郭店楚竹书《老子》校注 [M]. 武汉：武汉大学出版社，2010.

[12] [清]陈士铎. 外经微言 [M]. 北京：中国医药科技出版社，2016.

[13] 赵家治. 释迦牟尼·佛教·中国佛教 [N]. 协商新报，2006.

[14] 陈树文. 周易与人生智慧 [M]. 北京：清华大学出版社，2010.

[15] 梁宋平.《生命科学研究》创刊二十周年：回顾与前行 [J]. 生命科学研究，2018，22(1)：1-2.

[16] 刘斌. 中医学与中国传统文化 [J]. 山东省农业管理干部学院学报，2011，28(5)：128-130.

[17] 李大宁，桑滨生. 关于加强中医理论建设与研究的探讨 [J]. 中医杂志，2012，53(9)：721-723.

[18] 吴杞纳，刘丽，梁民联，等. 中西医思维差异之我见 [J]. 浙江中医药大学学报，2013，2013(9)：1066-1067.

[19] 邹纪平. 反思西方医学 [M]. 北京：北京艺术与科学电子出版社，2011.

[20] 王雁. 普通心理学 [M]. 北京：人民教育出版社，2002.

[21] [英]迈克尔. 艾森克. 心理学(上册) [M]. 吕厚超，译. 北京：北京大学出版社，2010.

[22] 董淑敏. 心身医学 [M]. 北京：中国中医药出版社，2010.

[23] 朱志先，梁虹. 现代心身疾病治疗学 [M]. 北京：人民军医出版社，2002.

[24] 雷久南. 身心灵整体健康 [M]. 台北：慧炬出版社，2000.

[25] 思元. 自我管理学 [M]. 杭州：浙江大学出版社，2008.

[26] 李虹. 自我管理 [M]. 北京：北京大学音像出版社，2008.

[27] 赵继才. 健康需要管理，身体需要经营 [J]. 中华养生保健，2013，2013(9)：19-23.

[28] Coulombe S., Radziszewski S., Trépanier S. G., et al. Mental health self-management questionnaire: Development and psychometric properties [J]. Journal of Affective Disorders, 2015, 181: 41-49.

[29] Cramm J. M., Nieboer A. P.. Self-management abilities, physical health and depressive symptoms among patients with cardiovascular diseases, chronic obstructive pulmonary disease, and diabetes [J]. Patient Education and Counseling, 2012, 87: 411-415.

[30] 樊小力. 基础医学概论 [M]. 北京：科学出版社，2010.

[31] 邓铁涛. 中医五脏相关学说研究 [M]. 广州：广东科技出版社，2010.

[32] 顾晓松. 人体解剖学 [M]. 北京：科学出版社，2011.

[33] Frank H. Netter. 奈特人体解剖学彩色图谱 [M]. 张卫光，译. 北京：人民卫生出版社，2015.

[34] 刘文庆. 人体解剖学 [M]. 北京：人民卫生出版社，2004.

[35] William F. Young. 奈特绘图版医学全集 第2卷：内分泌系统 [M]. 潘慧，朱惠娟，陈适，译. 北京：科学出版社，2017.

[36] Joseph P. Iannotti, Richard D. Parker. 奈特绘图版医学全集 第6卷：骨骼肌肉系统 [M]. 付勤，白希壮，曹杨，译. 北京：科学出版社，2019.

[37] [奥] 西格蒙德·弗洛伊德. 弗洛伊德文集 2：日常生活心理病理学 [M]. 车文博，主编. 北京：九州出版社，2014.

[38] Boring, E. G.. Review of association theory to-day: An essay in systematic psychology [J]. Psychological Bulletin, 1993, 30(6): 451-455.

[39] 马克思, 恩格斯. 马克思恩格斯选集 [M]. 北京: 人民出版社, 2012.

[40] [英]罗素. 人类的知识 [M]. 张金言, 译. 北京: 商务印书馆, 2012.

[41] [美]克里斯托夫. 科赫. 意识探秘 [M]. 顾凡及, 侯晓迪, 译. 上海: 上海科学技术出版社, 2012.

[42] Wahba M. A., Bridwell L. G.. Maslow reconsidered: A review of research on the need hierarchy theory [J]. Organizational Behavior and Human Performance, 1976, 15: 212-240.

[43] 谢平. 生命的起源: 进化理论之扬弃与革新 [M]. 北京: 科学出版社, 2014.

[44] 朱智贤. 心理学大辞典 [M]. 北京: 北京师范大学出版社, 1991.

[45] 王林超. 简析不同性格倾向及特点对英语口语学习的影响 [J]. 海外英语, 2012(7): 33-34.

[46] 于晶汝. 从性格角度看三国风云人物 [J]. 考试周刊, 2011(35): 21-22.

[47] 甘伟. 能源开发利用引起的环境问题分析及对策研究 [J]. 北方环境, 2011(12): 49-51.

[48] 李家玉. 大气的"脸色" [J]. 水利天地, 2009(11): 1.

[49] 王伟凯. 论中国传统饮食理念中的生态观 [J]. 深圳大学学报: 人文社会科学版, 2011, 28(4): 54-57.

[50] 赵作栋, 孟昊, 郑竞翔. 生物农药, 路在何方——生物农药应用

和发展前景的社会调查[J]. 吉林农业, 2011(7): 9.

[51] 崔建伟, 关庆凡. 问题食品出现的根源与防治[J]. 企业经济, 2013(8): 169-172.

[52] 李友钟. 共生: 从自然界到人类社会[J]. 理论界, 2014(9): 84-87.

[53] 牛保明, 韩平, 肖金学. 职业的经济环境分析[J]. 华章, 2010(30): 11.

[54] [法]汪德迈. 新汉文化圈[M]. 陈彦, 译. 南昌: 江西人民出版社, 2017.

[55] 费孝通. 乡土中国[M]. 北京: 中华书局, 2013.

[56] 黄丹, 杨荣, 杨友华. 遗传与人类健康的研究[J]. 中外医疗, 2014, 33(4): 125-126.

[57] 周止敬. 遗传——来自父母的烙印[J]. 科学养生, 2011(10): 60.

[58] 沈小峰. 耗散结构论[M]. 上海: 上海人民出版社, 1987.

[59] 颜泽贤. 耗散结构与系统演化[M]. 福州: 福建人民出版社, 1987.

[60] 印大中. 衰老: 生命与熵增之战[J]. 中国老年学杂志, 2003(9): 555-559.

[61] 徐在新, 钱振华. 熵的物理意义[J]. 物理教学, 2008(9): 18-20.

[62] 赵守盈, 刘旭华. 从耗散结构理论看心理失调与调适[J]. 系统辩证学学报, 2003(3): 83-87.

[63] 阮学云, 胡坤. 熵增原理对构建心理和谐的理论探讨[J]. 心理科学, 2011(5): 1247-1251.

[64] 成军, 郭兰, 程永进, 等. 基于耗散结构理论的青年心理发展研

究[J]. 理论月刊, 2007(3): 170-173.

[65] [美]雷蒙德·弗朗西斯, 斯凯特·科顿. 选择健康[M]. 许育琳, 译. 北京: 电子工业出版社, 2005.

[66] [美]P. 亨德莱. 生物学与人类的未来[M]. 海生物化学所, 等, 译. 北京: 科学出版社, 1977.

[67] 牧之. 暗示的力量[M]. 北京: 电子工业出版社, 2012.

[68] THE WHOQOL GROUP. Development of the World Health Organization WHOQOL-BREF Quality of Life Assessment [J]. Psychological Medicine, 1998, 28: 551-558.

[69] 吴凤爱. 浅谈微生物与人类的关系[J]. 世界最新医学信息文摘, 2015(27): 63.

[70] 徐艳红, 袁静, 谭峰. 当前社会病态调查分析报告[J]. 人民论坛, 2014(17): 14-20.

[71] Bertalanffy L. V.. General System Theory [M]. NewYork: GeorgeBraziller, 1968.

[72] 许添盛, 王季庆. 我心医我病: 新时代身心灵整体健康观[M]. 北京: 华文出版社, 2009.

[73] 毛泽东. 毛泽东选集(第一卷)[M]. 2版. 北京: 人民出版社, 1991.

[74] [美]弗雷德里克·泰勒. 科学管理原理[M]. 北京: 机械工业出版社, 2014.

[75] [美]赫伯特·A. 西蒙. 管理决策新科学[M]. 马风才, 译. 北京: 中国社会科学出版社, 1982.

[76] 周三多, 陈传明, 鲁明泓. 管理学——原理与方法[M]. 上海: 复旦大学出版社, 2005.

[77] 杨善林. 企业管理学 [M]. 北京：高等教育出版社，2004.

[78] 黄津孚. 现代企业管理原理 [M]. 北京：北京经济学院出版社，1997.

[79] [美]诺伯特·维纳. 控制论 [M]. 郝季仁，译. 北京：科学出版社，1962.

[80] [美]Milton Rokeach. The Nature of Human Values [M]. New York：The Free Press, 1973.

[81] [日]稻盛和夫. 心法——稻盛和夫的哲学 [M]. 曹岫云，译. 北京：东方出版社，2014.

[82] [美]泰勒·本-沙哈尔. 幸福的方法 [M]. 汪冰，刘骏杰，译. 北京：当代中国出版社，2007.

[83] 刘子非. 一生气你就输了 [M]. 北京：中国长安出版社，2013.

[84] [明]王阳明. 传习录 [M]. 郑州：中州古籍出版社，2001.

[85] Achor S. The Happiness Advantage [M]. London：Virgin Books, 2011.

[86] [德]阿·叔本华. 人生的智慧 [M]. 韦启昌，译. 上海：上海人民出版社，2005.

[87] [英]理查德·怀斯曼. 正能量 [M]. 李磊，译. 长沙：湖南文艺出版社，2012.

[88] 忽思慧，尚衍斌，等. 饮膳正要 [M]. 北京：中央民族大学出版社，2009.

[89] 曹荣桂，刘爱民. 医院管理学：病案管理分册 [M]. 北京：人民卫生出版社，2003.

[90] 郭海英. 中医养生学 [M]. 北京：中国中医药出版社，2009.

[91] 王玉川. 中医养生学 [M]. 上海：上海科学技术出版社，2008.

[92] 皮斯李.心理学革命——以系统心理论统领心理学[M].武汉:武汉大学出版社,2015.

[93] 沈磊.中医浅谈五脏六腑[J].教师博览,2013,(6):61-63.

[94] 韩晓伟,谭健,关洪全.浅析中医六腑学说与现代免疫的关系[J].辽宁中医杂志,2017,44(7):1388-1390.

[95] 钟志平.人体消化系统的结构和功能[J].商情,2010,(17):23.

[96] 洁雪.消化道的运动在食物消化过程中起什么作用?[J].中老年保健,1994,(3):21.

[97] 周新,周耕野,赵智先,等.中华反射学:足疗临床手册[M].北京:中国医药科技出版社,2004.

[98] 丁青.骨髓是怎样造血的?[J].解放军健康,2000,(1):37.

[99] 高春东.老人贫血别乱补铁[J].健康必读(下半月·学术版),2008,8:30.

[100] 马锡慧,肖漓.淋巴细胞亚群成员研究进展[J].中华细胞与干细胞杂志(电子版),2017,7(3):168-172.

[101] 高东明,张莉.皮肤、感觉器官与神经系统[M].北京:科学出版社,2016.

[102] 赵岚.如何做好个人职业生涯规划[J].西北职教,2008,(3):28-29.

后　记

时光荏苒，年轮飞转！自2011年第一次开始"身心系统自我管理"讲座，一晃八年过去了！今天终于实现六年前的要使讲座内容深化融合为一本书的承诺。之所以花了这么长的时间，除了身心系统的复杂性，以及古今中外不同学科域的知识浩如烟海需要时间学习外，主要是因为想在自身的实践上感悟身心系统的客观机理与表象，探索身心系统自我管理方法。实践是认识的源泉，实践是检验真理的唯一标准。

1. 初衷

写这本书的萌芽意识始于2003年上半年的"非典"疫情期间，2002年底在中国广东顺德首先发现严重急性呼吸综合征传染病，随后"非典"扩散传染至东南亚乃至全球，直至2003年中期疫情才被逐渐消失。其引发了一系列事件，引起社会恐慌，北京为重灾区，发生病例2400多人，在中国包括医务人员在内的200多名患者死亡，等等。这让我深刻地看到了生命的脆弱性，也因此我所承担的在京科研项目全部停摆，有精力静下心来思考人的生命，认识到有必要探讨一个微弱的个体人如何在社会自然这个大系统中生存，如何面对各种突发事件。

此外，在我亲历的两项病例的发生演变及医治全程的成功与遗憾，也时时萦绕着我,让我从系统科学和工程视角有所醒悟,认识到一个人的身与心要以系统科学来对待。这里把这两项病例做一简述。

(1) 系统化施治的成功病例

某女1997年39岁,因工作及生活压力,加之原有身体素质较弱,同年8月罹患了红斑狼疮疾病,即一种典型的自身免疫性结缔组织病,身体系统的免疫功能基本丧失,在沈阳某著名医院住院治疗半月余,医护人员煞费心血,采用西医多种治疗方案和药物,仍无法恢复其免疫功能。

回到家里后,病人及其亲人朋友决定不能放弃,进而发掘中西医资源,采用中医偏方,西医补血和必要时的消炎,以及心理健康与意志力相结合的系统化医治方案。

这样坚持到同年底,患者并没有按医生诊断预测的那样!一年后基本治愈,免疫系统基本回到健康态。时至现在二十多年过去了,她已退休,并继续着她的相对健康和快乐的生活!

(2) 缺乏系统应对的遗憾病例

某男2003年30岁,在学习和工作期间,觉得有几天头特别晕,还伴有头痛,后来吃点药和休息一下就好了。但在家人和同事的建议督促下去医院进行了多次检查,确诊为脑瘤。这样,本人及家人等都有了很大的精神负担,又经进一步检查,并遵照多家医院及多位医生的嘱咐,决定去北京某著名医院做开颅切除肿瘤手术,应该说,手术做得很成功。

但从北京回到家里就不能正常睡觉和吃饭了,体能下降,免疫系统紊乱,出现多种并发症。头颅的恢复也许太艰难了,非他这样的年轻人所能承载,最后又住进了医院,撑了一段时间,终因身心衰竭去世了。

也许他不做开颅手术,或者说他当时若有今天这本书的一点修为,采用药物和运动等相结合的综合调节与治疗方案,调用身体的自我免疫能力,至少他不会那样快地离开人世。

这些让我深刻体会也深感有责任,非常有必要运用系统科学思想方法融会古今中外相关学科的理论、方法和见解,把身心联系起来,科学认识身心系统的整体,挖掘身心系统潜力,求索系统化身心系统问题处理方法,激发了探寻身心系统自我管理的情怀。自那时起,自己在业余和生活的时间里,以及作为系统科学的所谓学者,开始把身心系统作为一个重要的研究对象,终于在2011年开始了相关的讲座,并得到相关听众的认可,他们都希望我写成一本书,2013年我做出了承诺要写这本书。

本书撰写意义在书中第一章已进行了论述,基本诠释了作者的初衷和诉求。此外,作者深感当今的学术界把百科知识越分越细,关于身心系统知识的学科领域更加宽泛庞杂。可以说,有关身心系统自我管理,古今中外都在不同视域给予了重要的关注,在相应的视域内都有深厚的理论和实践凝练以及相应的效果。当今人们正面对着复杂的生活及剧变的环境,人们开始重视身心健康,但身心管理及养生之法众说纷纭:昨天有人说吃这个好,今天又有人说吃这个不好;今天说这个理或方法对,明天又会有人说不对。所以,作者的另一个诉求,就是想通过这本书呼吁人们要全面系统地认识自我身心系统,要运用系统科学思想与方法,融会提升身心系统管理理论和方法,以便做到自觉地科学地管理身心系统。

2.自身实践的体悟

自2003年"非典"之后,自己开始参悟人生,体悟身心。自己首先发现自己腰部不舒服,背部、肩部至颈部几乎僵化无知觉,大脑思维还灵光,但已严重脱发。现在看来,这是因为我从1983年开始喜欢软件研发,运用系统科学方法把决策科学、运筹学和信息技术等进行综合,让其变成软件工具或支撑平台,直至去北京开发国民经济综合发展决策支持系统。自己深感责任重大,乐此不疲,全身心投入,完全忘却身体系统,更没有进行身心系统的管理。也就是从"非典"疫情发生那时起,由于不能出差,开始把乒乓球运动捡起来,只要时间允许天天坚持打一个小时,做到出透汗和换心境。至此,有了如下的体悟:

(1)运动与高血压

1995年我就已被医生判定为患了高血压并要终身服药,通过坚持几年乒乓球运动和身心系统的初步管理,2005年后不吃降血压药了,血压恢复正常。直至2012年,血压有时偏高,此时的我对身心系统已有所感悟,认识到身体系统每个人都不一样,人体血压一天24小时也不相同,情绪波动血压也会变化。特别是当你处理重要事务或熬夜,血压都会升高。大部分的血压升高都是身体系统自我调整的需要,是保障如大脑等身体器官的特殊供血的需要,这时若盲目降压对身体反而有害。但是,如果血压升高已引起身体病态的不适,那还是要吃药的,这就是系统管理的核心理念。因此,时至今日在特殊情形下,如过度熬夜,长时间紧张工作后等,还会吃点降压药,但剂量尽可能小。

关于"过度"运动会损伤膝关节,会引起网球肘顽疾等说法,自身实践却不给予支持。自己的脚腕与膝关节曾在初中时受到损伤。笔者从老家爬上火车,站了两天两宿,到了北京站下车就无法走路了,在军宣队解放军叔叔的照料下,我还是好起来,见到了毛主席。但自那时起我的双腿脚就落下病根,不能多走路,走多了脚腕就会疼痛难忍。直至2006年三四月份,我突然发现打完球歇息一下后,脚腕站不起来,不能走路,只好继续休息,自己揉搓一段时间勉强忍痛走动。但是第二天,基本不感觉痛了,又继续打起球,然后再重复前一天的疼痛过程,一直持续一个多月,经过砥砺奋争,至今终于再打球、走路时脚腕已不再拖后腿。同样膝关节顽疾也是经历这样的一个周期过程彻底祛除。这其中最艰难的要数战胜网球肘顽疾的过程,乒乓球运动是非接触式,运动招式损伤风险小,所以自己一直采用高强度打法。2008年中,右肘到了要提升自身组织器官功能时期,开始不适到剧烈疼痛,有时挥拍都困难,我贴上伤骨祛痛膏止疼,继续坚持每天打球。一个月过去了还是痛,两个月过去了还是不好。其间参加每年例行的体检,我咨询医生,医生严厉告诫这是严重网球肘顽疾,立刻要开始休息,不要再打球了。我未遵循医嘱,继续坚持打球,但也用药止疼活血,又一个月、两个月过去,网球肘顽疾已离我远去,现在再怎么打球,肘腕关节已无恙。这里说明,一个人需要理性信念,更要有坚强的意志力和科学的处理方法,这也是这本书的核心理念。

战胜高血压、祛除脚腕和网球肘顽疾,让我更加增强自信,继续勤奋向前。同时加强学习古今中外身心系统相关学科书籍资料,特别关注网络信息源,以问题导向,开悟自我。自己开始对身心系统的所谓劳累有所认知,对人的付出与获得有所领悟,特别是运用系统科学思想方法论,系统观世界,感悟先贤、圣人、高人、大师和学者们的洞见和身体力行,让自己心怀豁然,心理系统明晰和谐,并使心中有身,能经常用意念从微循环到具体器官,感知身体系统的构成和状态。这样对身心系统的认识日益深入,并融合各家所长完善自我身心系统管理方法,具体针对自身问题特点,形成自己的身心系统管理,特别是身体系统健康提升方法。

坚持乒乓球运动可以说解决了自己四肢血液循环及淋巴液循环不通畅问题,腰部也开始好转。

(2) 对待疾病

关于对待疾病,虽然十几年已没去见过医生了,但也会因一时的环境突变或工作和生活的不规律,以及由于基因及过往的身心系统管理缺失等引发身体的不适,即所谓的疾病病灶。现在对待这些病灶,首先自己分析其发生的系统性原因,然后调整身心行为。2007年中在一次十几天外出旅行后,由于长期坐车,气候炎热,事项繁多,饮食与住行不规律,回来后身体主排泄处就长了个东西,越来越大,最大时直径近两厘米,无法坐座,疼痛难耐,家人、同事和朋友都一再规劝我去看医生并主张做手术切掉它。我坚持我的做法,借助药物以去身心之火,早晨热水加盐擦洗,中午照常打球,完后冷水擦洗,晚上洗热水澡时热水擦洗,并保证在排放之后立即擦洗。一个月过去后,东西完全消失,至此后自己坚持排放后擦洗的习惯至今,此病灶再也没发生过。

至此,有必要概括下自己的身心系统管理之法。按一般的工作日时序,早晨6:00～6:30起床,先做早餐,包括熬稀饭、蒸鸡蛋糕、热牛奶、冲芝麻糊、热馒头及菜肴,25分钟完成。然后卫生间洗漱等事务花了25分钟,这其中包括洗头及对口、鼻和脖子等的热水毛巾按摩十多分钟。然后吃早餐及整理上班行装花了25分钟。上下班步行,单程近20分钟,途中一进入校园就开始进行深呼吸,行走至办公楼,然后不乘电梯走楼梯至自己办公室。进办公室后先开窗,烧水,开电脑,简单整理下办公室,沏茶,然后开始一上午的工作,中间包括不定时的舒展身躯,押筋和深呼吸活动。中午11:20始走路去吃午饭,来回40分钟左右。回办公室后换运动服,去卫生间刷牙及处理相关事务,12:20左右开始不停息的一个小时乒乓球运动。运动回来等喝水散汗后,去卫生间冷水洗头洗脚擦身。然后类同上午工作模式工作至5点多,步行回家,途经市场买菜。进家门,放下菜肴原料,换好衣服,开始做晚饭,听着音乐,洗菜、切菜、做菜,扭动身躯,尽可能伸拉筋骨。晚餐都会有五六个菜,冬天一两左右白酒,夏天一听或一瓶啤酒。晚饭后,看《新闻联播》，然后看看书或看看电视，及相关工作事务处理下。中间会有半个小时热水浴，包括自我全身的热水毛巾按摩。每晚保持 10：30 左右睡觉。其中每周都会去洗一次桑拿，并进行头部、背部和脚部的专业按摩。时不时地在晚间，与朋友小聚，畅叙心怀。近几年，除了出差在外，基本保持上述工作生活模式，春夏秋冬，酷暑严寒，雨雪不误。

关于自身的心理管理，可以说本书撰写的全过程就是自我心理变革和管理过程。同时在上述的有规律的工作生活中，自然而然地伴随心理的有序活动。自己发自内心地把勤奋作为身心系统耗散的本能，不论是工作还是做家务自己完全不认为是自己的付出，而是身心系统发展和健康提升的需要。近几年基本彻底去除抱怨心态，看见自然万物，百千众人，不论熟悉与陌生，都会珍惜，都能看到他们或它们的存在价值和光鲜之处，都会感恩他们或它们与我有缘同在那片时空。对世间万事做到系统地看待和积极应对，多看事物的正面，发掘和传播事物的正能量。这样自身就会充满快乐和激情，情怀洋溢，善待他人，进而感悟身心合一、人我合一、与自然万物合一的幸福快乐。

3.本书的局限与展望

身心系统作为本书的研究对象，但其范畴到底有多大，实在是无法考究。因此，无论是从宏观世界的物和心，还是从微观世界的细胞到分子量子等的行为，本书的探讨都是很局限的。对古今中外的所有相关认知及研究成果也没能全面了解和把握，并且对所熟悉的也只是依据整体所需进行了取舍。虽然尽力以融合为主导，但有些地方在理论和逻辑上难免会有所不妥。

在研究方法论上主要以思辨为主调，缺少所谓的实证，特别是医学的临床大量例证，也缺乏科学研究范式的实验验证。在论述上也以关

后 记

联性的逻辑关系的叙述为主,缺乏事例性的诠释,原计划写一章案例,但由于涉及理想案例的采集和版权问题,以及不想增加篇幅,仅以此后记所述自身经历简释。这也有怕读者因具体的事例或案例简单对号入座,贻误身心系统问题的处理之忧。

虽然通过自身的十几年实践,对身心系统的客观机理与表象有所感悟,但这仅仅是初步的,虽然在实践中尽力运用系统科学理论与方法作为指导,但仍然很肤浅,书中所提出或倡导的观念和方法肯定会存在谬误之处,这些都是这本书的局限和不足。

身心系统的科学认知和科学管理,需要所有人在人生的实践中不断深化体悟,需要人类所有知识域的融会贯通,需要在更高的系统层次和层次系统上的聚集和涌现,升华出新的身心系统之序。

随着人类的科学技术和经济的发展,特别是近一个世纪以来,现代的大工业技术和信息技术的发展,作为个体的人生环境在发生着天翻地覆的巨变。互联网、物联网、大数据、人工智能、生物科学、基因工程和脑科学等正在变革着人类的生产模式、生产关系和社会关系,正在把全人类各个国度、各个民族、各种文明、各种行为联系在一起,人类正在开启世界命运共同体、人类文明的大系统融合聚集涌现的新时代。在现今的信息化大数据环境下,人类更便于把各类信息和知识汇集在一起,人们会更易于深化对身心系统的科学认知,毫无疑问地会聚集涌现出更科学的身心系统自我管理理论和方法。但愿抛出这本书之砖,能引身心系统科学管理之玉!

作 者
2019 年 8 月于大连

致　谢

　　感谢人类文明带我走向新时代！人类的智慧让自我开悟,给我光明和无限的情怀!

　　感谢系统科学给我可操作的科学观世界之方法论,给我认识、理解和应对复杂客观和主观世界的法宝!让我融会在这无限生命系统的美景之中,又让我剔透灵通于这血肉情怀相牵的身心人我真实系统之际!万千人物,生克服管,道易循演,造系统灿烂!

　　感谢我的恩师王慧炯教授(国务院发展研究中心学术委员会原副主任)、王众托院士(大连理工大学)!是他们带我走进系统科学殿堂,指导我获得系统工程硕士学位,又继续培养我完成博士学位的学习,特别是在我三十多年的科学研究工作中一直给我无私的指导和支持!两位导师言传身教,也是我身心系统自我管理的导师。他们均已年过九旬,但仍然精神抖擞,勤奋学习和工作,身心系统康健!他们无争而为,以善待人,知识渊博,乐观悟物,心怀坦荡,身勤行健,是他们身心系统健康之本!他们都有自我自然而然的身心管理之法,给本书以启迪和理念奠基!还要特别感谢两位恩师均对本书的成稿和初稿,进行了认真审读,并给予鼓励和修改卓见,还给写了推荐序!

致 谢

感谢中国系统工程学会理事长汪寿阳院士、研究员！他一直对本书的最初立意和撰写给予了大量的鼓励与支持，对书稿进行了认真审阅，并为本书做了推荐序！

感谢我的妻子韩胜菊教授和儿子王铀铀博士在我进行身心系统学习、研究和写作过程中给予的理解、支持和帮助！

感谢我的学生张磊博士在本书撰写、修改、编审和出版事务中做的大量工作和给予的理解与支持！

感谢夏昊翔博士、教授，裘江南博士、教授对书稿进行了认真审阅，给予作者以鼓励，并给出非常好的修改建议！

感谢大连理工大学信息与决策技术研究所的全体同事和大连倚天软件股份有限公司的全体高管和有关同事，对本书撰写给予的鼓励和帮助！

感谢所有听过我身心系统讲座的博士生、硕士生和本科生，MBA、EMBA学员，机关事业单位和企业单位的领导职员们！是你们的认同、鼓励和帮助让我有信心完成此书的撰写！

感谢大连理工大学经济管理学院对本书出版的支持与资助！

感谢我的研究生学生崔少泽、王宇燕、郝志刚、邱华昕、王苏桐等对本书初稿进行的认真校对、纠错和给出的修改建议！

感谢大连理工大学出版社对本书的接纳与出版！

感谢邵婉、张娜等编辑对本书内容、文字和排版等辛勤的编审工作！

作　者
2021年9月